线装中华国粹

颜氏家训

(南北朝)颜之推◎撰
颜兴林◎译注

二十一世纪出版社
21st Century Publishing House
全国百佳出版社

图书在版编目（CIP）数据

颜氏家训 / (南北朝) 颜之推撰；颜兴林译注．—
南昌：二十一世纪出版社，2015.1
（线装中华国粹系列）
ISBN 978-7-5568-0177-0

Ⅰ．①颜… Ⅱ．①颜… ②颜… Ⅲ．①家庭道德—中
国—南北朝时代②《颜氏家训》—译文③《颜氏家训》—
注释 Ⅳ．① B823.1

中国版本图书馆 CIP 数据核字 (2014) 第 222345 号

颜氏家训　（南北朝）颜之推　撰　颜兴林　译注

策　　划　张秋林
责任编辑　周向潮　张波虹
出版发行　二十一世纪出版社（江西省南昌市子安路 75 号　330009）
www.21cccc.com　cc21@163.net
出 版 人　张秋林
经　　销　全国各地书店
印　　刷　北京威远印刷有限公司
版　　次　2015 年 1 月第 1 版　2015 年 1 月第 1 次印刷
印　　数　0001 ~ 15000 册
开　　本　787mm × 1092mm　1/16
印　　张　20.75
字　　数　336 千字
书　　号　ISBN 978-7-5568-0177-0
定　　价　24.90 元

（如发现印装质量问题，请寄本社图书发行公司调换，服务热线：0791-86524997。）

序 言

中国人历来有崇尚家族、敬重先祖的传统，大族之内，往往有家训相传，其后人代代相承，谨从之而立身。家训，一般都是口头相传，然而不少大族家谱中亦有详记家训、家规以资子孙遵行，其中最著名的要数南北朝时期学者颜之推所著的《颜氏家训》。

了解《颜氏家训》，先要了解《颜氏家训》的作者颜之推。颜之推有三子，为思鲁、愍楚、游秦，这也正是他人生的三个重要阶段。

颜之推原籍琅邪临沂（今山东临沂），自九世祖颜含随晋元帝东渡，世居建康（今江苏南京）。其父颜勰，曾为梁湘东王萧绎镇西府谘议参军，卒于大同五年（539）。颜之推于中大通三年（531）生于江陵，幼年丧父，不辍于学。他七岁能诵《鲁灵光殿赋》，12岁时听讲老庄之学，因"虚谈非其所好，还习《礼》《传》"，生活上好饮酒，多任纵，不修边幅。他博览群书，为文辞情并茂，深得梁湘东王赏识，19岁就被任为国左常侍，加镇西墨曹参军。

大宝元年（550），颜之推随中抚军将军梁湘东王世子萧方诸出镇郢州，迁中抚军外兵参军、掌管记。次年四月，侯景击破郢州刺史萧方诸军，颜之推被俘。因遇侯景行台郎中王则相救，未被杀害，囚送建康。大宝三年三月，侯景败死。十一月，梁湘东王萧绎称帝于江陵，改元承圣，史称梁元帝。颜之推回到江陵，被梁元帝任命为散骑侍郎，奏舍人事。承圣三年（554），西魏军攻陷江陵，梁元帝被杀，颜之推再次被俘，迁移长安。西魏军在江陵大肆杀掠，江陵文物，玉石俱焚，颜之推为此甚为痛心，遂生奔北齐之心。

北齐天保七年（556），颜之推值河水暴涨，经砥柱之险，具船将妻子奔齐。次年十月，陈霸先称帝于南朝。颜之推遂仕于北齐，于武成帝河清末年，被举为赵州功曹参军。后主武平四年（573），北齐置文林馆，颜之推待诏文林馆，实掌馆事，除司徒录事参军，后为直散骑常侍、迁黄门侍郎。武平七年，北周兵陷晋阳，颜之推出任平原太守，守河津。次年，北周灭北齐，颜之推遂入北周，于北周静帝大象年间被征为御史上士。581年，北周禅隋，颜之推入隋。开皇二年（582），曾上书隋文帝正雅乐，后被太子杨勇召为东宫学士，甚见礼重。寻以疾终。

颜之推三经世变，身仕四朝，三为亡国之人，饱尝离乱之苦，身怀忐忑之虑。他一介儒生，保持家业不坠，诚然不易，因此他对于立身处世的经验之谈，对于后人是很有借鉴意义的。

《颜氏家训》一书训诫子孙，共二十篇，涉及的范围相当广泛，但主要是以传统儒家思想教育子弟，讲如何修身、治家、处世、为学等，其中不少见解至今仍有借鉴意义。如他提倡学习，反对不学无术；认为学习应以读书为主，也要注意工农商贾等方面的知识；主张“学贵能行”，反对空谈高论，不务实际等。他鄙视和讽刺南朝士族的腐化无能，认为那些贵族子弟大多没有学术，只会讲求衣履服饰，一旦遭了乱离，除转死沟壑，别无他路可走。对于北朝士族的腆颜媚敌，他也深致不满。且往往通过插叙自身见闻，寥寥数语，便将当时社会的人情世态，特别是士族社会的谄媚风气，写得淋漓尽致。

此外，《颜氏家训》对于研究南北朝诸史、《汉书》《经典释文》《文心雕龙》等皆有重要的参考价值。

在《颜氏家训》中，亦可见颜之推之博学，他实为一位百科全书式的大学者。如《归心第十六》是论证佛理的，里头却有一段讲到对宇宙星球的认识，反映了一千多年前中国古人的天文学知识水平，是既有趣又难得的资料。此外，在重道轻器的封建时代，颜之推对祖暅之的算术，陶弘景、皇甫谧等人的医学，都给予了应有的重视，这是非常难能可贵的。

然而《颜氏家训》中的思想与颜之推本人所为却有背离之处，这也使后世学者对其褒贬不一。颜之推身处乱世，他从忧患中得了一条安身立命的经验：“父兄不可常依，乡国不可常保。一旦流离，无人庇荫，当自求诸身耳。”他一方面颂扬“不屈二姓，夷、齐之节”，一方面又强调“何事非君，伊、箕之义也。自春秋已来，家有奔亡，国有吞灭，君臣固无常分矣”。一方面宣称“生不可惜”，“见危授命”，一方面又指出“人身难得”，“有此生然后养之，勿徒养其无生也”。这些观点看起来相当矛盾，甚至可视为虚伪，但若设身处地思之，则可解。

颜之推虽曾学玄、释，但他骨子里却是一个地道的儒者，他的内心里，是羡慕伯夷、叔齐那样的死节者的。情感上，他认为在国难之时，当以死报国。可现实里，他却不敢走极端。后人大可讥其贪生怕死，然身遭离乱，一死了之，固是快事，也可保全名节，但于家于后皆无益。我们景仰捐躯赴国难之人，但对于颜之推这样的无奈之人，亦不必过多指责。颜之推的选择，更多的是性格使然，且他的选择，是与同时代大多数人相一致的。其两种观点的矛盾，可视为他感性与理性的冲突。他在《序致第一》里写道："每常心共口敌，性与情竞，夜觉晓非，今悔昨失，自怜无教，以至于斯。"这可谓是他由衷的自白。从另一个角度来看，颜之推于文中如此不避，坦诚自我，亦可见其性情之处。当然，凡事见仁见智，读者明察。

此外，王利器先生还指责颜之推徘徊于玄、释之间，出入于"内外两教"之际，又想成为"专儒"，又要求"求诸内典"。梁武帝尚佛而饿死台城，梁元帝崇玄而身为俘虏，究其因，释、玄皆为致败之一端。这些都是颜之推耳闻目睹的，他却无动于衷，执迷不悟。诚然，颜之推确有不察之处，但玄学兴于魏晋，佛学盛于南朝，皆是当时显学，左右皆论，颜之推岂能独免？且后世学者，徘徊于诸学之间的大有人在，如苏轼，一生都在儒、释、道三学之间游走。倾向于某一学很大程度上是受人生经历影响，苏轼出仕时好儒，失落时则好释，达观时则好道，颜之推大抵也如斯，这本无可责之处。

不过，《颜氏家训》中也确有值得商榷之处。《勉学第八》中将以嵇康为代表的魏晋名士全盘否定，《文章第九》又将以屈原、司马迁为代表的古今文人数落了个遍，《省事第十二》竟然质疑向君王进谏，这些都是颜之推明哲保身庸人哲学的表现。然而，颜之推之所以有这种思想，也可说是那个时代造就的。

就"家训"而论，《颜氏家训》实为一部经典之作。清人王钺《读书丛残》曰："北齐黄门颜之推《家训》二十篇，篇篇药石，言言龟鉴，凡为人子弟者，当家置一册，奉为明训，不独颜氏。"

对于颜之推及其《颜氏家训》，范文澜《中国通史简编》评曰："他是当时南北两朝最通博最有思想的学者，经历南北两朝，深知南北政治、俗尚的弊病，洞悉南学北学的短长。当时，所有大小知识，他几乎都钻研过，并且提出自己的见解。《颜氏家训》二十篇，就是这些见解的记录。《颜氏家训》的佳处，在于立论平实。平而不流于凡庸，实而多异于世俗。在南方浮华北方粗疏的气氛中，《颜氏家训》保持平实的作风，自成一家言，所以被看作处世的良轨，广泛地流传在士人群中。”此评甚为精当。

目录

contents

卷一

序致第一①

原 文

夫圣贤之书，教人诚孝②，慎言检迹③，立身扬名④，亦已备矣。魏、晋已来，所著诸子⑤，理重事复，递相模效⑥，犹屋下架屋，床上施床耳⑦。吾今所以复为此者，非敢轨物范世也⑧，业以整齐门内⑨，提撕⑩子孙。夫同言而信，信其所亲；同命而行，行其所服。禁童子之暴谑⑪，则师友之诫，不如傅婢之指挥⑫；止凡人之斗阋⑬，则尧、舜之道，不如寡妻之诲谕⑭。吾望此书为汝曹⑮之所信，犹贤于傅婢寡妻耳。

注 释

①序致：即序。六朝以前的作品，自序往往在全书之末，亦有在全书之首者。传本“第”作“篇”。

②诚孝：即忠孝。《颜氏家训》成书于隋朝，为避隋文帝父亲杨忠之名讳，故改“忠”为“诚”。

③检迹：行为自持，不放纵。

④立身：指处世，使自己在社会上有相当地位。扬名：使自己名声远扬。《孝经·开宗明义章》：“立身行道，扬名于后世，以显父母，孝之终也。”

⑤诸子：此指魏晋以来的学者阐述儒家学说的著作。《隋书·经籍志》记载有徐干《徐氏中论》六卷、王肃《王氏正论》一卷、杜恕《杜氏体论》四卷、顾谭《顾子新语》十二卷、谯周《谯子法训》八卷、袁准《袁子正论》十九卷、夏侯湛《新论》十卷。

⑥递相：相互。模效：模仿，效法。

⑦屋下架屋，床上施床：六朝、唐人习用语，比喻废材重叠而无用。

⑧轨物：作为事物的规范。范世：作为世俗的模范。

⑨业以整齐门内：犹“以整齐门内为业”。业：事也。门内：指家族内部。

⑩提撕：提携，教诲。

⑪暴谑：过分戏谑，笑闹。

⑫傅婢：保姆，侍婢。指挥：指点，调教。

⑬凡人：当作“兄弟”。斗阋：指家庭内部兄弟之间的争斗。

⑭寡妻：嫡妻。诲谕：教诲，晓喻。

⑮汝曹：尔等，即颜之推的子孙。

译文

古代圣贤的著述，教导人们要忠君孝亲，说话谨慎，行为检点，要建立高尚的人格并扬名于世，这些道理，他们已经说得很完备了。魏、晋以来，阐述古代圣贤思想的著述，道理重复，相互效仿，无甚新意，好比屋里再建屋子，床上再放床一样。我现在又来著这样的书，并不敢以它来作世人行为的规范，只是为了整顿自家门风，教导子孙后辈。同样一句话，有的人会信服，是因为说话的人是他所亲近的人；同样的命令，有的人会执行，是因为下命令的人是他所敬服的人。要禁止孩童的过分戏谑，那么师友的劝诫不及保姆的调教有用；要禁止兄弟之间的争斗，那么尧、舜的大道理不及自家妻子的规劝有用。我希望这本书能被你们信服，希望它胜过保姆对孩子、妻子对丈夫所起的作用。

原文

吾家风教①，素为整密②。昔在龆龀③，便蒙诱诲④。每从两兄⑤，晓夕温凊⑥。规行矩步⑦，安辞定色⑧，锵锵翼翼⑨，若朝严君⑩焉。赐以优言⑪，问所好尚，励短引长⑫，莫不恳笃。年始九岁，便丁荼蓼⑬，家涂⑭离散，百口索然⑮。慈兄鞠养，苦辛备至；有仁无威，导示不切。虽读《礼》《传》⑯，微爱属文⑰，颇为凡人之所陶染⑱，肆欲轻言，不修边幅⑲。年十八九，少知砥砺⑳，习若自然㉑，卒难洗荡㉒。二十已后，大过稀焉；每常心共口敌㉓，性与情竞㉔，夜觉晓非，今悔昨失，自怜无教，以至于斯。追思平昔之指㉕，铭肌镂骨㉖，非徒古书之诫，经目过耳也。故留此二十篇，以为汝曹后车㉗耳。

注释

①风教：门风家教。《毛诗序》：“风，风也，教也，风以动之，教以化之。”

②素：素来。整密：严谨。

③龆龀（tiáo chèn）：垂髫换齿之时，指童年。“龆”通“髫”，指儿童下垂的头发。龀：儿童换齿。

④诱诲：诱导，教诲。

⑤两兄：《南史·颜协传》："子之仪、之推。"据此，颜之推当只有一兄，此言两兄，或兼有群从。又颜真卿《颜氏家庙碑》提及名曰颜之善者，但他是颜之推之弟。又或以为颜之仪有弟早卒，故此处称两兄。

⑥温凊（qìng）：冬天温被使暖，夏天扇席使凉。是为古代子女侍奉父母之举。《礼记·曲礼上》："凡为人子之礼，冬温而夏凊。"注："温以御其寒，凊以致其凉。"

⑦规行矩步：言行为举止皆符合规矩。

⑧安辞：指言辞平和得当。定色：指神色安详。《礼记·冠义》："礼义之始，在于正容体，齐颜色，顺辞令。"

⑨锵锵：走路大方得体貌。翼翼：行为举止恭敬谨慎貌。《广雅·释训》："锵锵，走也。翼翼，敬也，又和也。"

⑩朝：拜见。严君：此指父母。《周易·家人卦·彖》："家人有严君焉，父母之谓也。"

⑪优言：褒奖、赞美之言。

⑫励短：磨砺以改正短处。引长：引导使发扬长处。

⑬丁：丁忧，指遭逢父母死丧。荼蓼：荼味苦，蓼味辛，以此比喻艰难困苦。此指丧父之痛。

⑭家涂：或作"家徒"，指家人，家属。一说指家道。

⑮百口：指亲人。索然：离散零落貌。

⑯《礼》：指《礼记》。《传》：指《春秋》经传。

⑰微：稍。属（zhǔ）文：联字造句，使之相属，成为文章，即作文。

⑱陶染：熏陶渐染。

⑲不修边幅：指不注重修饰服饰、仪表。形容随随便便，不拘小节。边幅：布帛的边缘，比喻人的衣着、仪表。《北齐书·颜之推传》："好饮酒，多任纵，不修边幅。"

⑳砥砺：磨炼，锻炼。

㉑习若自然：贾谊《新书·保傅》："孔子曰：'少成若天性，习贯如自然。'"

㉒洗荡：此指彻底摈除不良习惯。

㉓心共口敌：谓口易放言，而心制之，使不出也。

㉔性与情竞：指理性与情感相矛盾。

㉕指：通"旨"，意旨，意向。

㉖铭肌镂骨：刻骨铭心，形容感受极深，永记不忘。

㉗后车：后继之车，指鉴诫。《汉书·贾谊传》："前车覆，后车戒。"

译文

我们家的门风家教，素来严谨缜密。我在幼年的时候，就受到启蒙和教诲。

每天跟随我的两位兄长，早晚侍奉双亲，冬日温被、夏日扇凉，行为举止都循规蹈矩，言语平和，神色安详，走路恭敬有礼而小心翼翼，就如同在给父母大人请安一样。长辈经常勉励我们，问我们的爱好崇尚，鼓励我们克服自己的短处而发扬自己的长处，态度都十分恳切深厚。

我刚满九岁时，父亲就去世了，从此家道中衰，亲人离散。慈爱的兄长抚养我，辛苦备至，但是他对我只有仁爱而缺少威严，对我督导启示不够严厉。我当时虽也读了《礼》《传》，又对写文章稍有点爱好，但是因为与世俗人之交往，受到他们的熏染，所以也欲望放纵，言语轻狂，且不修边幅。十八九岁时，才渐渐懂得要磨砺自己的操行，但因习惯已成自然，最终还是难以根除身上的恶习。直到二十岁以后，大的过错很少犯了；但还常常心是口非，理性与情感相交战，夜晚能够觉察到白天的错误，今天悔恨昨天的过失，我自伤因为小时候缺乏良好的教育，才会到这种地步。我回想平素所立的志向，这种感受真是刻骨铭心，决不仅仅是把古书上的告诫读读看看就能体会到的。所以留下这二十篇家训，以作为你们的前车之鉴。

教子第二

原　文

上智不教而成，下愚虽教无益，中庸之人①，不教不知也。古者，圣王有胎教之法：怀子三月，出居别宫②，目不邪视③，耳不妄听，音声滋味④，以礼节之⑤。书之玉版，藏诸金匮⑥。子生咳提⑦，师保固明孝仁礼义⑧，导习之矣。凡庶⑨纵不能尔，当及婴稚⑩，识人颜色，知人喜怒，便加教诲，使为则为，使止则止。比及⑪数岁，可省笞罚⑫。父母威严而有慈，则子女畏慎而生孝矣。吾见世间，无教而有爱，每不能然⑬；饮食运为⑭，恣其所欲，宜诫翻⑮奖，应诃⑯反笑，至有识知⑰，谓法当尔⑱。骄慢已习，方复制⑲之，捶挞至死而无威，忿怒日隆⑳而增怨，逮㉑于成长，终为败德。孔子云“少成若天性，习惯如自然”是也。俗谚曰：“教妇初来，教儿婴孩。”诚哉㉒斯语！

注释

①中庸之人：指智力平常之人，犹言中材，中人。《后汉书·杨终传》："终以书戒马廖云：'……上智下愚，谓之不移；中庸之流，要在教化。'"《论语·阳货篇》亦云："唯上智与下愚不移。"

②别宫：正式寝宫以外的宫室。

③目不邪视：犹"目不视邪"，即眼睛不看不该看的东西。一说"邪"通"斜"。

④音声：指所听的音乐。滋味：指日常的饮食。

⑤以礼节之：指按照礼仪的要求加以节制。

⑥匮：或作"柜"。金匮：铜制的柜。古时用以收藏文献或文物。汉贾谊《新书·胎教》："素成胎教之道，书之玉版，藏之金匮，置之宗庙，以为后世戒。"

⑦子生：或作"生子"。咳：小儿笑。提：通"啼"，小儿号哭。咳提：指幼小之时。或作"孩提"，亦指二三岁的幼童。

⑧师保：古时任辅弼帝王和教导王室子弟的官，有师有保，统称"师保"。固：一再。明：使明白。

⑨凡庶：普通庶民。

⑩婴稚：指幼年。

⑪比及：及至，等到。

⑫笞罚：拷打责罚。

⑬然：赞同。不能然：即不以为然，不能赞同。

⑭运为：所为。

⑮翻：通"反"，反而。

⑯诃：大言而怒。

⑰有识知：有辨别认知的能力，即懂事。

⑱法当尔：理应如此。

⑲制：管制，约束。

⑳隆：增加，积多。

㉑逮：等到。

㉒诚哉：确实如此。

译文

上等智慧的人不用教育也能成材，智力低下的人即使教育也无济于事，智力中等的普通人，不教导就不会懂得事理。古代的时候，圣贤的君王就有胎教的方法：嫔妃怀孕三个月的时候，就要移居专门的宫室，眼睛不看不该看的东西，耳朵不听不该听的声音，所听的音乐和日常的饮食，都要按照礼仪加以节制。这种胎教的方法写在玉版上，收藏在金柜里。等到孩子出生，在他还年幼时，就确定了太师、太保，开始对他讲解孝、仁、礼、义等方面的道理，并引导他练习。

普通百姓固然不能像圣王那般，但也应该在孩子已成幼儿，已经能识人脸色，知人喜怒时，就加以教诲，做到大人允许他做才做，大人不允许他做就立刻停止。等到孩子再长大几岁，就可省免鞭打惩罚了。父母既有威严又有慈爱，子女自然就会敬畏谨慎而有孝心。我看到世上有很多父母，对子女不加教育，只是一味溺爱，常常不以为然。他们对于孩子的饮食和言行，总是任其所欲，该训诫阻止的时候反而夸奖鼓励，该训斥责骂的时候反而和颜悦色，等到孩子懂事时，就会认为理应如此。当孩子骄横傲慢已经成为习惯，才开始去管制约束，就算把他们鞭打至死，恐怕也难以再树立父母的威信了。父母的愤怒导致子女的怨恨之情日益增加，等到子女长大成人，终究会成为品德败坏的人。孔子曾说过“少成若天性，习惯如自然”，说得一点不错。俗谚也说：“教导媳妇要在她刚入门时，教育子女要在他孩提时。”这话确实很有道理啊！

原 文

凡人不能教子女者，亦非欲陷其罪恶；但重于诃怒①，伤其颜色，不忍楚挞惨其肌肤耳②。当以疾病为谕③，安得不用汤药针艾④救之哉？又宜思勤督训者，可愿苛虐于骨肉乎⑤？诚不得已也。

注 释

①重：难，不欲召聚之。诃怒：怒斥。

②楚挞：以荆条抽打。此句或作“又不忍楚挞其肌肤耳”。

③谕：或作“喻”。

④艾：草本植物，嫩叶可食，老叶制成绒，可供针灸用。或作“灸”。

⑤可愿：或作“岂愿”。苛虐：严厉、苛刻地虐待。

译 文

一般的父母不能教育好子女，并非想要使子女陷于罪恶的境地；他们只是不忍心对子女怒斥，不愿意看到子女因受责骂而神情沮丧，也不忍心用荆条抽打子女，使他们遭受肌肤之苦。这应该用生病来比喻，哪有不用汤药、针灸就能治好病的呢？也应该想想那些勤于督促训导子女的父母，难道他们就愿意对自己的亲骨肉刻薄凌虐吗？实在是不得已啊！

原　文

王大司马母魏夫人[①]，性甚严正。王在湓城[②]时，为三千人将，年逾四十，少不如意，犹捶挞之，故能成其勋业。梁元帝时[③]，有一学士，聪敏有才，为父所宠，失于教义。一言之是，遍于行路[④]，终年誉之；一行之非，掩藏文饰[⑤]，冀其自改。年登婚宦[⑥]，暴慢日滋，竟以言语不择，为周逖抽肠衅鼓云[⑦]。

注　释

①王大司马：即梁朝名臣王僧辩。王僧辩，字君才，太原祁（今山西祁县）人。初为湘东王萧绎中兵参军，后任平南将军、左卫将军、骠骑大将军、尚书令等职。他智勇兼备，所经战阵，多获胜利。梁大宝二年（551），萧绎以他为大都督，领军讨伐兴兵作乱的原东魏大将侯景，获胜。王僧辩因功任征东将军、江州刺史。承圣元年（552），他与东扬州刺史陈霸先会师，水陆并进，攻破石头城，大败侯景。四年，在北齐的威逼利诱下，迎立北齐扶植的梁贞阳侯萧渊明为帝。萧渊明即位后，授王僧辩大司马，领太子太傅、扬州牧，余悉如故。陈霸先起兵反对，自京口率兵十万，袭建康，擒获王僧辩而杀之。《梁书·王僧辩传》记载其母曰："夫人姓魏氏，性甚安和，善于绥接，家门内外，莫不怀之。及僧辩克复旧京，功盖天下，夫人恒自谦损，不以富贵骄物。朝野咸共称之，谓为明哲妇人也。"

②湓城：也称湓口、湓浦，是湓水汇入长江之处，即今江西九江。《梁书·王僧辩传》："王（湘东王）为江州，仍除云骑将军司马，守湓城。"

③梁元帝：梁世祖孝元皇帝萧绎，字世诚，小字七符，自号金楼子，高祖第七子，简文帝萧纲之弟。梁武帝天监十三年（514），封湘东郡王。普通七年（526）。，出任荆州刺史，都督荆、湘、郢、益、宁、南梁六州诸军事，控制长江中上游。其部将王僧辩等平定侯景之乱。承圣元年（552）冬十一月，萧绎于江陵称帝。承圣三年九月，西魏宇文泰派于谨、宇文护率军五万南攻江陵。十一月江陵城陷，萧绎被俘遭害。次年其子萧方智在建康称帝，追尊为元帝。萧绎盲一目，少聪颖，好读书，善五言诗，但性矫饰，多猜忌。藏书十四万卷，于江陵城破时自己烧毁。生平著述甚富，凡二十种，四百余卷，今仅存《金楼子》。

④行路：汉、魏、南北朝人习用语，行路之人，即陌生人。

⑤文饰：掩饰。

⑥婚宦：即宦学婚嫁，为六朝人习用语。年登婚宦：即到了宦学婚嫁年龄，已经成年了。

⑦周逖：《梁书》无周逖，唯《陈书》有《周迪传》，云："周迪，临川南城人也。少居山谷，有膂力，能挽强弩，以弋猎为事。侯景之乱，迪宗人周续起兵于临川，梁始兴王萧毅以郡让续，迪招募乡人从之，每战必勇冠众军。续所部渠帅，皆郡中豪族，稍骄横，续颇禁之，渠帅等并怨望，乃相率杀续，推迪为主，迪乃据有临川之地，筑城于工塘。"卢文弨疑周逖即周迪，并云："其人强暴无信义，宜有斯事。但未知此学士何人耳。"衅：古代用牲畜的血涂器物的缝隙，进行祭祀。

译　文

大司马王僧辩的母亲魏夫人，性格甚是严谨方正。王僧辩在湓城时，已经是一位统率三千人的将领，年纪也已过四十，但是他稍有让母亲不如意的言行，其母依然用棍棒教训他。正因为如此，王僧辩才能成就一番功业。

梁元帝时，有一位学士，聪明而有才华，其父从小就对他十分宠爱，从而管教失当。他若一句话说得对，其父就到处宣扬，巴不得连过路的人都知晓，一年到头挂在嘴上赞誉；他若做了一件错事，其父则千方百计帮其掩藏粉饰，希望他能够自己改正。这位学士成年后，成家为官，粗暴傲慢的习气日益滋长，最终因为言语不择，被周逖抽出肠子，用他的血来祭了战鼓。

原　文

父子之严，不可以狎①；骨肉之爱，不可以简。简则慈孝不接，狎则怠慢生焉。由命士②以上，父子异宫，此不狎之道也；抑搔③痒痛，悬衾箧枕④，此不简之教也。或问曰："陈亢喜闻君子之远其子⑤，何谓也？"对曰："有是也。盖君子之不亲教其子也。《诗》有讽刺之辞，《礼》有嫌疑之诫，《书》有悖乱之事，《春秋》有邪僻⑥之讥，《易》有备物之象⑦：皆非父子之可通言⑧，故不亲授耳。"

注　释

①狎：亲近而态度不庄重。

②命士：古代称受有爵命的士。《礼记·内则》："由命士以上，父子皆异宫，昧爽而朝，慈以旨甘，日出而退，各从其事，日入而夕，慈以旨甘。"

③抑搔：即按摩。《礼记·内则》："子事父母，妇事舅姑，及所，下气怡声，问衣寒燠，疾痛苛痒，而敬抑搔之。出入则或先或后，而敬扶持之。"

④悬衾：悬其所卧之衾。箧枕：以箧贮所卧之枕。箧：小箱子，藏物之具。大曰箱，小曰箧。《礼记·内则》："父母舅姑将坐，奉席请何乡；将衽，长者奉

席请何趾，少者执床与坐，御者举几，敛席与簟，悬衾箧枕，敛簟而襡之。”

⑤陈亢：孔子弟子。君子：此指孔子。《论语·季氏篇》：“陈亢问于伯鱼曰：‘子亦有异闻乎？’对曰：‘未也。尝独立，鲤趋而过庭。曰：“学《诗》乎？”对曰：“未也。”“不学《诗》，无以言。”鲤退而学《诗》。他日，又独立，鲤趋而过庭。曰：“学《礼》乎？”对曰：“未也。”“不学《礼》，无以立。”鲤退而学《礼》。闻斯二者。’陈亢退而喜曰：‘问一得三：闻诗，闻礼，又闻君子之远其子也。’”孟子曰：“君子不教子，何也？势不行也。教者必以正，以正不行，继之以怒，继之以怒，则反夷也。父子相夷，恶也。”

⑥邪僻：乖谬不正。僻：或作“辟”。

⑦备物之象：《周易·系辞上》：“备物致用，立成器以为天下利。”

⑧通言：指直接传授，讲解。《白虎通义·辟雍篇》：“父所以不自教子何？为其渫渎也。又授受之道，当极说阴阳夫妇变化之事，不可以父子相教也。”

译 文

父子之间要保持严肃，不可以过分亲昵；骨肉之间的亲情之爱，不可以简慢不拘礼节。不拘礼节就不能做到父慈子孝，过分亲昵就会产生怠慢之心。从命士往上，父子就不可同室而居，这就是使父子之间不过分亲昵的方法。至于长辈身体不适时，晚辈为其按摩抓搔；长辈每天起床后，晚辈为其整理卧具，这些都是使父子之间讲究礼节的教育。有人问：“陈亢听说孔子疏远自己的儿子孔鲤，感到高兴，这是为什么呢？”回答是：“这是有道理的。因为君子不亲自教育自己的孩子。《诗经》中有讽刺君主的言辞，《礼记》中自避嫌疑的告诫，《尚书》里有违礼作乱的事，《春秋》里有对淫乱行为的指责，《周易》里有备物致用的卦象：这些都是父亲不宜直接向子女讲解的，所以君子不亲自教育自己的孩子。”

原 文

齐武成帝子琅邪王①，太子母弟也②，生而聪慧，帝及后并笃爱之，衣服饮食，与东宫相准③。帝每面称之曰：“此黠④儿也，当有所成。”及太子即位，王居别宫⑤，礼数优僭⑥，不与诸王等。太后犹谓不足，常以为言。年十许岁，骄恣无节，器服玩好，必拟乘舆⑦；尝朝南殿，见典御⑧进新冰，钩盾⑨献早李，还索不得，遂大怒，诟⑩曰：“至尊已有，我何意⑪无？”不知分齐⑫，率⑬皆如此。识者多有叔段、州吁之讥⑭。后嫌宰相⑮，遂矫诏斩之，又惧有救，乃勒麾下军士，防守殿门⑯；既无反心，受劳而罢⑰，后竟坐此幽薨⑱。

注　释

①齐武成帝：北齐世祖武成皇帝高湛，小字步落稽，神武帝高欢第九子，北齐第四任皇帝，561—565年在位。生平事迹见《北齐书》本纪。琅邪王：武成帝第三子高俨，字仁威，初封东平王。武成帝崩，改封琅邪王。

②太子：即高纬，字仁纲，武成帝高湛长子，北齐末代皇帝。母弟：一母所生的胞弟。

③准：平，相等。

④黠：聪慧。《北齐书·武成十二王传》："帝每称曰：'此黠儿也，当有所成。'以后主为劣，有废立意。"

⑤王居别宫：《北齐书·武成十二王传》："俨恒在宫中，坐含光殿以视事，诸父皆拜焉……武平二年，出俨居北宫，五日一朝，不复得每日见太后。"

⑥优僭：指享受礼数优待，多有僭越过分。

⑦拟：比。乘舆：皇帝的车驾，后代指皇帝。

⑧典御：古代主管皇帝饮食的官员。《隋书·百官志中》："尚食局，典御二人，总知御膳事。"

⑨钩盾：古代官署名，主管皇家园林等事项。《隋书·百官志中》："司农寺，掌仓市薪菜、园池果实，统平准、太仓、钩盾等署令丞。而钩盾又别领大囿、上林、游猎、柴草、池薮、苜蓿等六部丞。"

⑩诟（gòu）：怒骂。

⑪何意：孰料，为何。《北齐书·王传》："俨器服玩饰，皆与后主同，所须悉官给。于南宫尝见新冰早李，还，怒曰：'尊兄已有，我何意无！'从是，后主先得新奇，属官及工匠必获罪。太上、胡后犹以为不足。"

⑫分齐：本分齐限。

⑬率：大多。

⑭叔段：姬姓，名段，春秋时郑武公次子，郑庄公同母弟，极受其母武姜宠爱。后起兵造反，为庄公所败，出奔共地，故又称共叔段。其事见《左传·隐公元年》。州吁：春秋时卫庄公之子，卫桓公同父异母弟，暴戾好武，善于谈兵，于公元前719年弑兄自立。后为大夫石碏设计杀死。其事见《左传·隐公三年》。

⑮宰相：此指和士开，武成帝时宠臣。《北齐书·武成十二王传》："俨以和士开、骆提婆等奢恣，盛修第宅，意甚不平……俨谓侍中冯子琮曰：'士开罪重，儿欲杀之。'子琮心欲废帝而立俨，因赞成其事。俨乃令子宜表弹士开罪，请付禁推。子琮杂以他文书奏之，后主不审省而可之。俨诳领军库狄伏连曰：'奉敕令军收士开。'伏连以咨子琮，且请覆奏。子琮曰：'琅邪王受敕，何须重奏。'伏连信之，伏五十人于神兽门外，诘旦，执士开送御史。俨使冯永洛就台

斩之。”《北齐书·后主纪》:“(武平二年)秋七月庚午,太保、琅邪王俨矫诏杀录尚书事和士开于南台。”

⑯防守殿门:《北齐书·武成十二王传》:“俨徒本意唯杀士开,及是,因逼俨曰:‘事既然,不可中止。’俨遂率京畿军士三千余人屯千秋门。”

⑰受劳而罢:《北齐书·武成十二王传》:“帝率宿卫者步骑四百,授甲将出战。光曰:‘小儿辈弄兵,与交手即乱。鄙谚云“奴见大家心死”,至尊宜自至千秋门,琅邪必不敢动。’皮景和亦以为然,后主从之。光步道,使人出曰:‘大家来。’俨徒骇散。帝驻马桥上,遥呼之,俨犹立不进。光就谓曰:‘天子弟杀一汉,何所苦。’执其手,强引以前。请帝曰:‘琅邪王年少,肠肥脑满,轻为举措,长大自不复然,愿宽其罪。’帝拔俨带刀环乱筑辫头,良久乃释之。”

⑱幽薨:此指被暗杀。古代诸侯王死曰“薨”。《北齐书·武成十二王传》:“是夜四更,帝召俨,俨疑之。陆令萱曰:‘兄兄唤,儿何不去?’俨出至永巷,刘桃枝反接其手。俨呼曰:‘乞见家家、尊兄!’桃枝以袂塞其口,反袍蒙头负出,至大明宫,鼻血满面,立杀之,时年十四。不脱靴,裹以席,埋于室内。帝使启太后,临哭十余声,便拥入殿。明年三月,葬于邺西,赠谥曰楚恭哀帝,以慰太后。”

译 文

北齐武成帝之子琅邪王高俨,是太子高纬的同母弟,他天生聪慧,武成帝和胡皇后都十分喜爱他,给他的衣服和饮食,皆与东宫太子规格相同。武成帝经常当面称赞他说:“我这个儿子聪慧过人,将来必有所成。”等到太子高纬即位,琅邪王迁居别宫,他的待遇仍然十分优厚,超过其他诸侯王。即便如此,胡太后还觉得不够,常为此向皇帝进言。琅邪王十几岁时,行为骄纵恣肆,毫无节制,他在器物、衣服、玩赏、爱好等方面都要与皇帝看齐。他曾去南殿朝拜,看到典御向皇帝进献新从地窖取出的冰块,钩盾令进献早熟的李子,便向其索取,不得后便大怒,骂道:“皇帝已经有了,为什么我却没有?”琅邪王言行不知分寸,在其他事情上也皆如此。当时有见识的人多讥讽他是共叔段、州吁一类的人。后来,琅邪王与宰相和士开有嫌隙,他竟然假传圣旨,斩杀和士开。又担心有人来救,竟命令军士守住皇帝所在宫殿大门。他虽然没有反叛之心,受到安抚后也撤了兵,但后来还是因为此事被皇帝密令处死。

原 文

人之爱子,罕亦[①]能均;自古及今,此弊多矣。贤俊者自可赏爱,顽鲁[②]者亦当矜怜。有偏宠者,虽欲以厚之,更所以祸之。共叔[③]之死,母实为之;赵王[④]之戮,父实使之。刘表[⑤]之倾宗覆族,袁绍⑥之地裂兵亡，可为灵龟明鉴⑦也。

注释

①罕亦：或作“在”。

②顽鲁：顽劣愚钝，不聪慧。

③共叔：即共叔段。共叔段之母武姜对其极其溺爱，早在郑武公在位时就请立段为嗣，武公不从。郑庄公即位后，武姜为段求得大邑京城，又怂恿其起兵夺位，终致事败。

④赵王：汉高祖刘邦幼子，戚夫人所生。《史记·吕太后本纪》：“及高祖为汉王，得定陶戚姬，爱幸，生赵隐王如意。孝惠为人仁弱，高祖以为不类我，常欲废太子，立戚姬子如意，如意类我。戚姬幸，常从上之关东，日夜啼泣，欲立其子代太子……吕后最怨戚夫人及其子赵王，乃令永巷囚戚夫人，而召赵王。使者三反，赵相建平侯周昌谓使者曰：‘高帝属臣赵王，赵王年少。窃闻太后怨戚夫人，欲召赵王并诛之，臣不敢遣王。王且亦病，不能奉诏。’吕后大怒，乃使人召赵相。赵相征至长安，乃使人复召赵王。王来，未到。孝惠帝慈仁，知太后怒，自迎赵王霸上，与入宫，自挟与赵王起居饮食。太后欲杀之，不得闲。孝惠元年十二月，帝晨出射。赵王少，不能蚤起。太后闻其独居，使人持酖饮之。”

⑤刘表：字景升，东汉末年名士，汉室宗亲，领荆州牧，汉末群雄之一。《后汉书·刘表传》：“（刘表有）二子：琦、琮。表初以琦貌类于己，甚爱之，后为琮娶其后妻蔡氏之侄，蔡氏遂爱琮而恶琦，毁誉之言日闻于表。表宠耽后妻，每信受焉。又妻弟蔡瑁及外甥张允并得幸于表，又睦于琮。”刘琦不自宁，求出为江夏太守。刘表病重，刘琦归省疾，张允等不让其父子相见。刘琦无奈，含泪而去。刘琮遂主荆州，以蔡瑁、张允为辅，刘琦不受侯印。曹操军至新野，刘琦走江南。及曹操军至襄阳，刘琮举荆州请降。

⑥袁绍：字本初，出身名门望族，其家族有“四世三公”之称，曾为反董卓联军盟主，后领冀州牧，一度占有冀、青、并、幽四州之地，后于官渡之战败于曹操，两年后病死。据《后汉书·袁绍传》记载，袁绍有三子：袁谭、袁熙、袁尚。袁谭年长而仁惠，袁尚年少而贤俊。袁绍后妻刘氏有宠，偏爱袁尚。于是袁绍将袁谭过继给兄长为后，出为青州刺史，以袁熙为幽州刺史。官渡之战后，袁绍病死，没有立嗣。逢纪、审配素来与袁谭不和，而辛评、郭图等与袁谭交好，与逢纪、审配有隙。众人以袁谭年长，欲立之，审配等人害怕袁谭即位以后辛评等人会害自己，就假托袁绍的遗命，拥戴袁尚为继承人。袁谭不能继位，自号车骑将军，兵进驻黎阳。袁尚给他的兵力很少，而且派逢纪跟随他。袁谭请求增派军队，审配等人商议不给，袁谭发怒，一怒之下杀了逢纪，兄弟二人渐生嫌隙。同年，曹操渡河攻袁谭，袁尚发兵相救，二人退守邺城。袁谭

欲出奇兵彻底击溃曹军，袁尚疑而不许。袁谭怒，引兵攻尚，但战败，退回南皮。袁尚复攻，袁谭退回平原。袁尚围平原，袁谭遂派辛毗向曹操求救。曹操发兵，袁尚退兵平原，还守邺城。曹操围邺，袁尚奔逃中山。曹操围邺城时，袁谭立即叛变，略取甘陵、安平、勃海、河间，又攻袁尚于中山，袁尚败走故安，投靠袁熙。次年，曹操讨袁谭，谭坠马被杀。袁尚、袁熙部将叛变，兄弟俩逃到辽西乌桓。曹操击乌桓，袁尚、袁熙兵败，乃投奔辽东公孙康。公孙康斩其二人，以其首级送曹操。

⑦灵龟明鉴：即龟鉴，比喻可供人对照学习的榜样或引以为戒的教训。卢文弨曰："龟可以占事，鉴可以照形，故以此为比。"

译　文

人们都喜爱自己的孩子，但很少有人能做到一视同仁；从古至今，由此造成的弊病太多了。那才德出众的孩子固然值得赏识喜爱，而那顽劣愚钝的孩子也应该给予爱怜。有些父母专宠于某一子，虽然本意是以自己的爱厚待他，可往往因此害了他。共叔段之死，实际是他母亲武姜造成的；赵王如意被杀，实际是他父亲高祖刘邦造成的。其他像刘表的宗族倾覆，袁绍的兵败地失，皆可作龟鉴，当引以为戒。

原　文

齐朝有一士大夫，尝谓吾曰："我有一儿，年已十七，颇晓书疏①，教其鲜卑语②及弹琵琶，稍欲通解，以此伏事③公卿，无不宠爱，亦要事也。"吾时俯而不答。异哉，此人之教子也！若由此业，自致卿相，亦不愿汝曹为之。

注　释

①书疏：文书信函等书写工作。

②鲜卑语：即鲜卑族的语言。北朝颇尚鲜卑语，然自隋以后，鲜卑语竟失传，其种人亦混入中国，不可辨识矣。刘盼遂曰："高齐出鲜卑种，性喜琵琶，故当时朝野之干时者，多仿其言语习尚，以投天隙。"据《北齐书》记载，有孙搴以能通鲜卑语，宣传号令；祖孝徵以解鲜卑语，得免罪，复参相府；和士开以能弹琵琶，因此得世祖亲狎。《北史·恩幸传》："曹僧奴子妙达，齐末以能弹胡琵琶，甚被宠遇，官至开封王。"文中所指，似即指妙达。

③伏事：即服事，服侍。

译　文

北齐有一位士大夫，曾对我说："我有一个儿子，年已十七岁，颇为通晓文书文案工作，教他说鲜卑语、弹琵琶，稍稍点拨就很快掌握了。他凭着这些本领为王公贵族服务，没有不宠爱他的，这也是一件重要的事啊。"我当时只是低头，没有回答他。

这个人教子的方法真是让人匪夷所思啊！如果凭这些本领去取媚于权贵，就算能够官至卿相，我也不愿你们这样去做。

兄弟第三

原　文

夫有人民而后有夫妇，有夫妇而后有父子，有父子而后有兄弟：一家之亲，此三而已矣。自兹以往，至于九族[①]，皆本于三亲焉，故于人伦为重者也，不可不笃。兄弟者，分形连气[②]之人也。方其幼也，父母左提右挈[③]，前襟后裾[④]，食则同案，衣则传服[⑤]，学则连业[⑥]，游则共方。虽有悖乱之人，不能不相爱也。及其壮也，各妻其妻，各子其子，虽有笃厚之人，不能不少衰也。娣姒[⑦]之比兄弟，则疏薄矣；今使疏薄之人，而节量[⑧]亲厚之恩，犹方底而圆盖，必不合矣。惟友悌深至，不为旁人[⑨]之所移者，免夫！

注　释

①九族：指上至高祖，下及元孙，共九代亲属。或指父族四、母族三、妻族二。

②分形连气：言兄弟同是一母所生，遂形体各异，而气息相通。

③左提右挈：言幼时父母左手引兄以行，右手携弟以走。

④前襟后裾：言兄前挽父母之襟，弟后牵父母之裾。裾：衣服的后襟。

⑤传服：言孩子衣服，大孩不能用者，可留给小孩。

⑥连业：言兄曾用之经籍，其弟又从而连用之。

⑦娣姒：兄弟之妻，长妇谓稚妇为娣妇，娣妇谓长妇为姒妇，或云娣姒谓先后，亦曰妯娌。

⑧节量：节制度量。此句是相对《序致第一》："止凡人（兄弟）之斗阋，

则尧、舜之道，不如寡妻之诲谕。”而言。

⑨旁人：或作“傍人”，指兄弟妻。

译文

先有了人类然后才有夫妻，有了夫妻然后才有父子，有了父子然后才有兄弟，一个家庭中的亲人，就这三者而已。由此三种关系发展出去，可以产生九族，九族都是来源于这三种亲属关系的，所以三亲是人伦关系中最为重要的部分，不可不加以重视。

兄弟，是一母所生、形体虽分而气息相通的人。他们幼年时，父母左手拉一个，右手提一个；这个拽着父母的前襟，那个抓住父母的后摆；吃饭用同一个几案；哥哥穿过的衣服，弟弟接着穿；哥哥用过的课本，弟弟接着用；就连游学，也是去同一个地方。兄弟之中，即使有荒谬胡来的，但也不能不相亲相爱。等到他们年长，各自娶妻生子，即使有忠诚厚道的人，兄弟间的感情也不可能不渐渐疏远减弱。妯娌比起兄弟来，则更疏远而欠亲密了。如今让这种疏远欠亲密的人来节制度量亲密深厚的兄弟感情，就好比给方形的底座配上圆形的盖子，必定是不能适合的。只有兄友弟恭、感情至深、不会受别人影响而改变的兄弟，才可避免上述情况的出现。

原文

二亲既殁，兄弟相顾，当如形之与影，声之与响；爱先人之遗体①，惜己身之分气②，非兄弟何念哉？兄弟之际，异于他人，望深则易怨③，地亲则易弭④。譬犹居室，一穴则塞之，一隙则涂之，则无颓毁之虑；如雀鼠之不恤⑤，风雨之不防，壁陷楹沦⑥，无可救矣。仆妾之为雀鼠，妻子之为风雨，甚哉！

注释

①先人：指已去世的父母。遗体：旧谓子女的身体为父母所生，因称子女的身体为父母的“遗体”。《礼记·祭义》：“身也者，父母之遗体也。”《大戴礼记·曾子大孝》：“身者，亲之遗体也。”

②分气：分得父母的血气。

③望深则易怨：卢文弨曰：“望，责望也，弟望兄爱我之不至，兄望弟敬我之不至，责望太深，故易生怨。”

④地亲则易弭：卢文弨曰：“地近则情亲，怨虽易起，亦易消弭，孟子所谓‘不藏怒，不蓄怨’是也。”

⑤不恤：不顾及，不忧虑。

⑥楹：厅堂前的柱子。沦：此指摧折。

译　文

父母去世后，兄弟之间更应该相互照顾，要像形和影、声音与回响一般亲密相随。互相爱护先辈所给予的躯体，互相珍惜从父母那里分得的血气，如果不是兄弟，谁会这样互相爱怜呢？

兄弟之间，与他人可不一样，相互期望就容易产生不满，而彼此关系亲密的话，不满也就容易消除。就好比居住的房屋，如果出现了一个漏洞就立刻堵上，裂开了一条缝隙就立刻封住，那么就不会有倒塌的危险；可如果对麻雀、老鼠的侵害不放在心上，对风雨的侵蚀也不加防范，那等到墙崩柱摧，就无法补救了。仆人、婢妾比起麻雀、老鼠，妻儿比之风雨，怕还更厉害些啊！

原　文

兄弟不睦，则子侄不爱；子侄不爱，则群从[①]疏薄；群从疏薄，则僮仆为仇敌矣。如此，则行路皆踖其面而蹈其心[②]，谁救之哉？人或交天下之士，皆有欢爱，而失敬于兄者，何其能多而不能少也！人或将数万之师，得其死力，而失恩于弟者，何其能疏而不能亲也！

注　释

①群从：指族中子弟。

②踖（jí）：践踏。蹈：踩。

译　文

兄弟之间如果不和睦，那么子侄之间就不会友爱；子侄不相互友爱，那么整个族中的子弟就会关系疏远，感情淡薄；族中子弟关系疏远，感情淡薄，那么僮仆之间也会相互仇视。像这样的话，即使是陌生人都可以任意践踏、欺侮他们，还有谁会来救他们呢？

有些人能够结交天下之士，并且相处融洽，却不能善待自己的兄长，为什么对天下大多数人能和睦友爱，对自己仅有的几个兄长却不能尊敬爱戴呢！有些人能够带领数万人的军队，使部下为他拼死效力，却不能善待自己的弟弟，为什么对关系疏远的人能广施恩惠，对关系亲密的兄弟却如此薄情寡恩呢！

原　文

娣姒者，多争之地也，使骨肉居之，亦不若各归四海，感霜露而相思，伫[①]日月之相望也。况以行路之人，处多争之地，能无间[②]者，鲜矣。所以然者，以其当公务而执私情，处重责而怀薄义也；若能恕己[③]而行，换子而抚，则此患不生矣。

注　释

①伫：久立。

②间：隔阂，嫌隙。

③恕己：用宽恕自己的态度去对待别人。谓扩充自己的仁爱之心。

译　文

妯娌之间，极易产生争执。即使是同胞姐妹，与其让她们成为妯娌而住在一起，倒不如让她们远嫁各方，这样，她们长久分离之后，才会因感叹霜露降临而互相思念，久立观望日月的运行而期待相聚。更何况大多数妯娌本来就是互不相识的陌生人，又处于易起争执的环境里，能够不相互隔阂的实在是很少。之所以这样，是因为处理大家庭中的事务时大家都各怀私心，肩负重大责任时心底却挂着个人的恩怨。如果妯娌都能以宽恕仁爱之心来处事，像对待亲生子女一样对待侄子，那么妯娌不和的事情就不会发生了。

原　文

人之事兄，不可[①]同于事父，何怨爱弟不及爱子乎？是反照而不明也[②]。沛国刘琎[③]，尝与兄瓛连栋隔壁，瓛呼之数声不应，良久方答；瓛怪问之，乃曰："向来[④]未着衣帽故也。"以此事兄，可以免矣。

注　释

①不可：此处犹"不肯"。

②反照而不明也：言对比观照之后，可见其不明。一说言因人们缺乏对自身观照而致不明。

③刘琎：《南史·刘瓛》传："刘瓛，字子珪，沛郡相人……瓛笃志好学，博通训义……瓛弟琎，字子璥，方轨正直，儒雅不及瓛而文采过之。"《梁书·文学传下》："近世有沛国刘瓛，瓛弟琎，并一时之秀士也。瓛则关西孔子，通涉《六经》，循循善诱，服膺儒行；琎则志烈秋霜，心贞昆玉，亭亭高竦，不杂风尘。皆毓德于衡门，并驰声于天地。而官有微于侍郎，位不登于执戟，相次殂落，宗祀无飨。"

④向来：方才，刚刚。

译文

人们不肯以事奉父亲的态度来敬事兄长，那又何必抱怨兄长对弟弟不如对自己孩子那般疼爱呢？把这二者对比起来想想，就会发现那抱怨是多么的不合理。

沛国的刘琎，曾与兄长刘瓛相邻而居，两家房子连在一起，只隔着一层墙壁。一次，刘瓛呼叫刘琎，叫了几声刘琎都没有答应，过了好一会儿刘琎才应答。刘瓛感到很奇怪，就问他为什么这么慢吞吞，刘琎回答说："刚才你叫我的时候我还没有穿戴好衣帽。"以这样的态度敬事兄长，就不必担心兄长对弟弟不如对自己的孩子了。

原文

江陵[①]王玄绍，弟孝英、子敏，兄弟三人，特相友爱，所得甘旨新异，非共聚食，必不先尝，孜孜[②]色貌，相见如不足者[③]。及西台陷没[④]，玄绍以形体魁梧，为兵所围；二弟争共抱持，各求代死，终不得解，遂并命[⑤]尔。

注释

①江陵：地名，齐梁荆州治所。

②孜孜：和乐貌。一说勤勉不怠貌。

③相见如不足者：每次相见总觉得在一起的时间不够多。或谓兄弟三人虽勤勉不怠，相见仍有做得不够之感。

④西台：即江陵。江陵在建康西，故称。西台陷没：指承圣三年（554）九月西魏军破江陵事。

⑤并命：指相从而死，为汉、魏、南北朝人习用语。

译文

江陵的王玄绍，有弟孝英、子敏，他们兄弟三人特别友爱，谁要是得到美味新奇的食品，除非是三个人聚在一起共享，否则决不会有人先品尝。他们兄弟之间和乐安好，热诚的态度溢于言表，每次相见总觉得在一起的时间不够。到了江陵陷落的时候，玄绍因为身形魁梧，为敌军所包围。两个弟弟争着抱住他，请求替哥哥去死了，但最终还是未能逃脱噩运，兄弟三人一同遇害。

后娶第四

原文

吉甫①，贤父也；伯奇②，孝子也。以贤父御③孝子，合得终于天性④，而后妻间之，伯奇遂放。曾参⑤妇死，谓其子曰："吾不及吉甫，汝不及伯奇。"王骏⑥丧妻，亦谓人曰："我不及曾参，子不如华、元。"并终身不娶。此等足以为诫。其后，假继⑦惨虐孤遗，离间骨肉，伤心断肠者，何可胜数。慎之哉！慎之哉！

注释

①吉甫：即尹吉甫，西周宣王时大臣，曾领兵北伐猃狁。

②伯奇：尹吉甫之子，以孝著称，为后母所谗，被其父所逐。一说被杀。一说自杀。《琴操·履霜操》："尹吉甫，周卿也。子伯奇母早亡，吉甫更娶后妻，妻乃谮之于吉甫曰：'伯奇见妾美，欲有邪心。'吉甫曰：'伯奇慈仁，岂有此也。'妻曰：'置妾空房中，君登楼察之。'妻乃取毒蜂缀衣领，令伯奇掇之。于是吉甫大怒，放伯奇于野。宣王出游，吉甫从之，伯奇作歌以感之。宣王闻之，曰：'此放子之辞也。'吉甫乃求伯奇而感悟，遂射杀其妻。"

③御：驾驭，控制。此指约束、管教。

④天性：天然的品质或特性。此指父子之间相互关心爱护的天性。

⑤曾参：春秋时鲁国人，孔子弟子。《孔子家语·七十二弟子解》："（曾参）终身不取妻。其子元请焉，告其子曰：'高宗以后妻杀孝己，尹吉甫以后妻放伯奇。吾上不及高宗，中不比吉甫，庸知其得免于非乎？'"

⑥王骏：西汉时期人，谏大夫王吉之子。历任谏大夫、赵内史、幽州刺史、司隶校尉、少府、京兆尹、御史大夫，所历职务皆显能名。《汉书·王吉传》："骏为少府时，妻死，因不复娶，或问之，骏曰：'德非曾参，子非华、元，亦何敢娶？'"《三国志·魏书·管宁传》："初，宁妻先卒，知故劝更娶，宁曰：'每省曾子、王骏之言，意常嘉之，岂自遗之而远本心哉？'"

⑦假继：即继母。

译文

尹吉甫，是一位贤明的父亲；伯奇，是一个孝顺的儿子。以贤父来教导孝子，应该是能够做到父慈子孝，安享天伦之乐的。然而由于尹吉甫后妻的挑唆，伯奇竟被父亲放逐。

曾参的妻子死了，他对儿子说："我比不上尹吉甫那样贤明，你也不及伯奇那般孝顺。"汉朝王骏丧妻，也对劝他再娶的人说："我比不上曾参，我儿子也不如曾华、曾元。"曾参和王骏因怕影响父子关系，皆没有再娶。

这些例子都足以让人引以为戒。在他们二人之后，继续残酷虐待前妻孩子，离间父子骨肉关系，以致让人伤心断肠的事，实在是数不胜数。对此一定要谨慎啊！一定要谨慎啊！

原　文

江左不讳庶孽[①]，丧室之后，多以妾媵终家事[②]。疥癣蚊虻[③]，或未能免，限以大分[④]，故稀斗阋之耻[⑤]。河北鄙于侧出[⑥]，不预人流[⑦]，是以必须重娶，至于三四，母年有少于子者。后母之弟，与前妇之兄，衣服饮食，爰及婚宦，至于士庶贵贱之隔，俗以为常。身没之后，辞讼[⑧]盈公门，谤辱彰道路[⑨]，子诬母为妾，弟黜[⑩]兄为佣，播扬先人之辞迹[⑪]，暴露祖考[⑫]之长短，以求直己[⑬]者，往往而有。悲夫！自古奸臣佞妾，以一言陷人者众矣！况夫妇之义，晓夕移[⑭]之，婢仆求容[⑮]，助相说引，积年累月，安有孝子乎？此不可不畏。

注　释

①江左：六朝人称江东为江左，即长江下游以南地区。庶孽：封建社会对妾所生子女的称呼。

②妾媵：古代诸侯贵族女子出嫁，以侄娣从嫁，称媵。后因以"妾媵"泛指侍妾。终：此指继续掌管。或作"主"。

③疥癣：皮肤表面的疾病，多比喻有关痛痒，但无大碍的小问题。蚊虻：吸血的小虫。卢文弨曰："疥癣比痈疽之患轻，蚊虻比蛇蝎之害小，以言纵有所失，不甚大也。"

④大分：名分。

⑤斗阋之耻：指兄弟争斗这种可耻的事。江左以妾主事，虽权在手，然限于身份，终不能兴风作浪。且前妻之子在名分上仍为嫡子，家庭地位不受影响。因此，江左之家鲜有纠纷。

⑥河北：黄河以北地区。侧出：侧室所出，即妾所生庶子。褚遂良《请千牛不简嫡庶表》曰："永嘉以来，王涂不竞，在于河北，风俗顿乖，以嫡待庶而

若奴，妻遇妾而如婢……降及隋代，斯流遂远。独孤后罕睢鸠之德，同牝难之晨，普禁庶子，不得入侍。自始及末，愿旷未弭。圣朝御治，深革前弊，人以才进，不论嫡正，自兹二纪，多士如林，今者简千牛舍人，方为此制。臣窃思审，于理未安。”

⑦不预：不为预备，即不予。人流：即有某种社会地位的同类人。

⑧辞讼：诉讼，打官司。

⑨谤辱：毁谤，侮辱。彰：显。

⑩黜：贬。

⑪辞迹：言辞行迹。

⑫祖考：指已去世的父亲。

⑬直己：求己之直，即证明自己是对的。兄弟斗阋之事，北朝极其常见，如《北史·崔亮传》：“（崔亮）祖修之……修之弟道固。道固字季坚，其母卑贱，嫡母兄攸之、目连等轻侮之。父辑谓攸之曰：‘此儿姿识，或能兴人门户，汝等何以轻之？’攸之等遇之弥薄。辑乃资给道固，令其南仕。时宋孝武为徐、兖二州刺史，以道固为从事。道固美形貌，善举止，习武事，孝武嘉之。会青州刺史新除，过彭城，孝武谓曰：‘崔道固人身如此，岂可为寒士？而世人以其偏庶侮之，可为叹息。’”目连子僧深，“后位南青州刺史。元妻房氏生子伯驎、伯骥。后薄房氏，纳平原杜氏，与俱徙。生四子，伯凤、祖龙、祖螭、祖虬。僧深得还之后，绝房氏，遂与杜氏及四子寓青州。伯驎、伯骥与母房居冀州，虽往来父间，而心存母氏，孝慈之道，顿阻一门。僧深卒，伯驎奔赴，不敢入家，寄哭寺门。祖龙刚躁，与兄伯驎讼嫡庶，并以刀剑自卫，若怨仇焉。”《魏书·杨大眼传》：“（杨大眼）有三子，长甑生，次领军，次征南，皆潘氏所生，咸有父风……后娶继室元氏。大眼之死也，甑生等问印绶所在。时元始怀孕，自指其腹谓甑生等曰：‘开国当我儿袭之。汝等婢子，勿有所望！’甑生等深以为恨。”

⑭移：此指进谗，毁谤。

⑮求容：此指求取主人欢心。

译文

江东一带的人不避忌婢妾所生的庶子，正妻死后，往往以妾来继续主管家室。家庭内部虽然还是会有小的纠纷存在，但限于妾的地位名分，因此很少发生兄弟争斗这种有辱家门的事。

黄河以北地区的人则鄙视婢妾所生的孩子，不给他们平等的社会地位，因此正妻死后，必定再娶，有的人甚至重娶三四次，有时后妻比前妻之子还要年轻。后妻所生之子与前妻所生之子，在衣服饮食，以及婚配、仕宦方面，都有着士人与庶人、贵族与贱民一般的差别，而俗世却以为平常。父亲去世之后，家庭成员因闹纠纷而诉讼至官府，侮辱诽谤之声闻于道路，前妻之子诬蔑后母是婢妾，后妻之子贬前妻之子为仆佣，他们大肆宣扬亡父生前的言辞行迹，暴露先人的是非长短，想以此证明自己有道理，这样的事在那些再娶的家庭里屡有发生。

真是悲哀啊！自古以来，奸臣佞妾以一句话就置人于死地的事太多了！况且后母借助夫妻间的关系和情义，日夜在丈夫面前说他人的坏话，而那些奴婢仆人，为人求取主人的欢心，亦在一旁帮着劝说引诱，这样长此以往，积年累月，哪里还会有孝子？这不能不让人感到可怕啊！

原文

凡庸之性，后夫[①]多宠前夫之孤，后妻必虐前妻之子；非唯妇人怀嫉妒之情，丈夫有沉惑[②]之僻，亦事势使之然也。前夫之孤，不敢与我子争家，提携鞠养，积习生爱，故宠之；前妻之子，每居己生之上，宦学[③]婚嫁，莫不为防焉，故虐之。异姓宠则父母被怨，继亲[④]虐则兄弟为仇，家有此者，皆门户[⑤]之祸也。

注释

①后夫：妇女再嫁的丈夫。

②沉惑：沉迷，迷惑。

③宦学：宦指学仕宦之事，学指习六艺之事，即为官和进学。

④继亲：后母。

⑤门户：家庭。

译文

一般人的秉性，后夫大多宠爱前夫的孩子，而后妻必虐待前妻的子女。这不仅仅是妇人天生嫉妒心强，男子本性容易沉迷女色的诱惑，实际上是事态形势促使他们如此。在后夫看来，前夫的孩子，不敢和我的孩子争夺家产，在这种情况下，从小照顾抚养他，时间一长自然会生出爱心，故而宠爱他；而在后妻看来，前妻的子女，常常居于自己的亲生子女之上，无论做官、读书还是娶妻、出嫁，没有不需防范的，所以虐待他。父母如果宠爱异姓孩子则会招致自己亲生子女的怨恨，继母如果虐待前妻子女则会使兄弟反目成仇，大凡家庭里存在这种问题的，皆是家庭的灾祸啊！

原文

思鲁等从舅殷外臣[①]，博达之士也。有子基、谌，皆已成立[②]，而再娶王氏。基每拜见后母，感慕[③]呜咽，不能自持，家人莫忍仰视。王亦凄怆[4]，不知所容，旬月[5]求退，便以礼遣，此亦悔事也。

注 释

①思鲁：颜之推长子。颜真卿《颜含大宗碑铭》："思鲁字孔归，博学善属文、尤工诂训、隋司经校书，长宁王侍读，东宫学士。"从舅：《尔雅·释亲》："母之从父昆弟为从舅。"即今之堂舅。

②成立：指成年。

③感慕：感动思慕。指因见后母而思生母，故伤感呜咽不能自已。

④凄怆：凄惨，悲伤。

⑤旬月：十天至一个月，指较短的时日。

译 文

思鲁等孩子的堂舅殷外臣，是一位博学通达之士。他有两个儿子：殷基、殷谌，皆已成年。殷外臣在妻子死后又再娶王氏。殷基每次拜见后母，都因思念生母而失声痛哭，无法控制自己的感情，家人都不忍心抬头看他。王氏见此亦感到凄苦悲伤，不知该如何面对，因此结婚不到一个月就请求退婚。殷外臣无奈，只好按照礼节将她送回娘家。这也是一件让人后悔的事啊！

原 文

《后汉书》[1]曰："安帝[2]时，汝南薛包孟尝[3]，好学笃行，丧母，以至孝闻。及父娶后妻而憎包，分出之。包日夜号泣，不能去，至被殴杖[4]。不得已，庐于舍外[5]，旦入而洒扫。父怒，又逐之，乃庐于里门[6]，昏晨[7]不废。积岁余，父母惭而还之。后行六年服，丧过乎哀[8]。既而弟子求分财异居，包不能止，乃中分其财：奴婢引其老者，曰：'与我共事久，若不能使也。'田庐取其荒顿[9]者，曰：'吾少时所理[10]，意所恋也。'器物取其朽败者，曰：'我素所服食[11]，身口所安也。'弟子数破其产，还复赈给[12]。建光[13]中，公车特征[14]，至拜侍中[15]。包性恬虚[16]，称疾不起，以死自乞。有诏赐告[17]归也。"

注 释

①《后汉书》：南朝刘宋史学家范晔所编撰的记载东汉历史的纪传体史书。与《史记》《汉书》《三国志》合称"前四史"。书中分十纪、八十列传和八志（司

马彪续作），记载了从光武帝刘秀起至汉献帝的195年历史。

②安帝：即东汉安帝刘祜，汉章帝刘炟之孙，清河孝王刘庆之子，东汉第六位皇帝，在位19年，谥号孝安皇帝，庙号恭宗。

③汝南：汉代郡名。薛包：东汉安帝时人，字孟尝，著名孝子。

④殴杖：即杖责，殴打。

⑤庐：此作动词，指结庐而居。舍：屋舍，房子。

⑥里门：闾里的门。古代同里的人家聚居一处，设有里门。

⑦昏晨：指定省之礼。《礼记·曲礼上》："凡为人子之礼，冬温而夏凊，昏定而晨省。"

⑧丧过乎哀：封建社会，父母死，子行三年服，薛包行六年服，故曰丧过乎哀。

⑨荒顿：荒废。

⑩理：整治。史籍之中皆作"治"，此处作"理"，当是传抄者为避唐高宗李治讳而改。

⑪服：使用。食：以为食具。

⑫赈：救济。给：给予。

⑬建光：汉安帝年号。

⑭公车：汉代官署名，为卫尉的下属机构，设公车令，掌管宫殿中司马门的警卫，臣民上书及征召等事宜，皆由此处受理。《续汉书·百官志》："卫尉属有公车司马令一人，六百石，掌宫南阙门，凡吏民上章、四方贡献及征诣公车者。"特征：独征，指当时没有人被一并征召，可见朝廷之重视。

⑮侍中：古代官职名，秦始置，两汉沿置，为正规官职外的加官之一。《续汉书·百官志》："侍中，比两千石，无员，掌侍左右，赞导众事，顾问应对，法驾出，则多识者一人参乘，余皆骑在乘舆车后。"因侍中侍从皇帝左右，出入宫廷，与闻朝政，逐渐变成亲信贵重之职。

⑯恬虚：恬淡冲虚。《汝南先贤传》："包归先人冢侧，种稻种芋，稻以祭祀，芋以充饭，耽道说理，玄虚无为。"

⑰赐告：汉制，吏病满三月当免，天子优赐其告，使得带印绶，将官属归家养病，谓之赐告也。

译 文

《后汉书》记载："汉安帝时，汝南有人姓薛名包，字孟尝，他勤奋好学，品行正直，其母已经去世，他因特别孝顺而闻名乡里。他的父亲再娶后妻之后，就开始憎恶薛包，将他逐出家门。薛包日夜悲号哭泣，不愿离去，以致被父亲杖责。他迫不得已，只好在屋门外搭了间草棚住着，早晚都回家清扫房屋。其父大怒，再次驱逐他，于是薛包就只得在里巷外搭间小屋住着，但每天早上仍向父母请安，从不间断。这样过了一年多，他的父母也感到很惭愧，就让他搬回家了。薛包父母去世后，他守孝六年，超过了一般守孝三年的礼法惯例。

不久，弟弟要求分割家产另外居住，薛包不能劝止，只好将家产平分：奴婢，他取年老体弱的，并且说："这些人与我共事时间很长，你使唤不了他们。"田地房屋，他取那些荒废破败的，并且说："这些是我小时候整治过的，我对它们十分依恋。"器物，他取腐朽破旧的，并且说："这些是我平时所用的，已经习惯了。"分家后，他的弟弟数次破产，薛包一次次救济他。建光年间，朝廷特意征聘薛包，他入朝后，官拜侍中。薛包生性恬淡，后称病不起，乞求回家终老。朝廷只好下诏准许他告病归家。"

治家第五

原　文

夫风化[①]者，自上而行于下者也，自先而施于后者也。是以父不慈则子不孝，兄不友则弟不恭，夫不义则妇不顺矣。父慈而子逆，兄友而弟傲，夫义而妇陵[②]，则天之凶民，乃刑戮之所摄[③]，非训导之所移也。

注　释

①风化：教育感化。《毛诗序》："上以风化下，下以风刺上。"

②陵：通"凌"，侵侮。

③摄：通"慑"。

译　文

教育感化这件事，是从上往下推行的，是前人向后人施行影响的。因此，如果父亲不慈爱，子女就不会孝顺；兄长不友爱，弟弟就不会恭敬；丈夫不讲情义，妻子就不会顺从。假如父亲慈爱而子女却忤逆不孝，兄长友爱而弟弟却倨傲不恭，丈夫讲情义而妻子却盛气凌人，那这些人就是天生的凶恶之徒，应该用刑罚杀戮去威慑他们，不是训诲诱导所能改变的。

原　文

笞怒[①]废于家，则竖子之过立见[②]；刑罚不中[③]，则民无所措手足。治家之宽猛④，亦犹国焉。

注释

①笞怒：鞭笞、怒责。

②竖子：指小孩。或指童仆未冠者。见：显现。《吕氏春秋·荡兵》："家无怒笞，则竖子婴儿之有过也立见。"《抱朴子·用刑篇》："鞭扑废于家，则僮仆怠惰。"

③中：适当。《论语·子路篇》："刑罚不中，则民无所错手足。"邢疏："刑罚枉滥，则民蹐地局天，动罹刑网，故无所错其手足也。"

④宽：宽容。猛：严厉，猛烈。

译文

如果在家中废除鞭笞一类的体罚，那么孩子们的过失就会马上出现；如果国家的刑罚不当，那么民众就会不知所措。治家的宽严标准，也要像治国一样恰当合度。

原文

孔子曰："奢则不孙①，俭则固②；与其不孙也，宁固。"又云："如有周公之才之美③，使骄且吝，其余不足观也已。"然则可俭而不可吝已。俭者，省约为礼之谓也；吝者，穷急不恤之谓也。今有施则奢，俭则吝；如能施而不奢，俭而不吝，可矣。

注释

①孙：通"逊"，恭顺。

②固：固陋。此处孔子语四句出自《论语·述而篇》。

③周公：姓姬，名旦，周文王之子，周武王之弟，武王死后，辅佐成王治理天下，是西周初年的大政治家。美：指才、德、行兼美。此处孔子语三句出自《论语·泰伯篇》。

译文

孔子说："一个人奢侈了就不恭顺，节俭了就固陋。与其不恭顺，宁可固陋。"他又说："一个人即使有周公那样的才华和美德，只要他骄傲且吝啬，其余的也就不值得称道了。"这样说来，节俭是可以的，但不可过于吝啬。节俭，是指合乎礼制的节省；吝啬，是指对困难危急也不体恤救助。如今舍得施舍的人都奢侈无度，节俭的人都吝啬小气。假如一个人能做到乐善好施而不奢侈，勤俭节约而不吝啬，那就太好了！

原文

生民之本，要当稼穑而食[①]，桑麻以衣。蔬果之畜[②]，园场之所产；鸡豚之善[③]，埘圈之所生[④]。爰及栋宇器械，樵苏脂烛[⑤]，莫非种殖之物也。至能守其业者，闭门而为生之具以足，但家无盐井[⑥]耳。今北土风俗，率能躬俭节用，以赡衣食；江南奢侈，多不逮[⑦]焉。

注释

①要当：最重要的事。稼穑：泛指农业生产。

②畜：蓄积。

③豚：小猪。此指猪肉。善：通“膳”。

④埘：鸡窝。圈：猪圈。

⑤樵：薪柴。苏：草。脂烛：古人用麻蒉灌以油脂，燃之照明，是为脂烛。卢文弨曰：“古者以麻蒉为烛，灌以脂；后世唯用牛羊之脂，又或以蜡，或以柏，或以桦。”

⑥盐井：此指井水可煮盐的井。盐井当时为西蜀之特产，有些豪门亦家有盐井。杜预《益州记》：“州有卓王孙盐井，旧常于此井取水煮盐。”

⑦不逮：不及。

译文

老百姓生存的根本，是种植庄稼以解决吃饭问题，种植桑麻解决穿衣问题。蔬菜瓜果的贮藏，来自于果园菜圃的生产；鸡肉、猪肉等美食，来自于鸡窝猪圈的畜养。至于房屋器械、柴草蜡烛等，无不是来自于耕种养殖之物。那些能保守家业的人，可以关上门生活而生活必需品都足够用，只是家里没有口盐井而已。如今北方的风俗，都能做到勤俭节约，以保障衣食所需；而江南地区的风俗则较为奢侈，多比不上北方人会持家。

原文

梁孝元世，有中书舍人[①]，治家失度，而过严刻。妻妾遂共货[②]刺客，伺醉而杀之。

注释

①中书舍人：官名，本为国君、太子亲近属官，魏晋时于中书省内置中书

通事舍人，掌传宣诏命。南朝沿置，至梁，除通事二字，称中书舍人，任起草诏令之职，参与机密，权力日重。《隋书·百官志上》："中书省通事舍人，旧入直阁内；梁用人殊重，简以才能，不限资地，多以他官兼领。其后除通事，直曰中书舍人。"

②货：这里作动词，指买通。

译　文

梁元帝时，有一位中书舍人，治家有失法度，处事过于严厉苛刻，其妻妾就共同买通刺客，趁其酒醉时将其杀害。

原　文

世间名士，但务宽仁；至于饮食饷馈[①]，僮仆减损，施惠然诺[②]，妻子节量，狎侮宾客，侵耗[③]乡党：此亦为家之巨蠹[④]矣。

注　释

①饷馈：馈赠。

②然诺：许诺，答应。

③侵耗：侵吞克扣。

④巨蠹（dù）：大蛀虫，比喻大奸大害。

译　文

如今世间的一些名士，治家一味讲究宽厚仁慈，以至于日常饮食和用来馈赠亲友的东西，僮仆都敢从中克扣；答应施舍接济的东西，被妻子儿子从中减少；甚至发生轻视侮辱宾客，欺凌鱼肉乡民的事。这也是家庭的大害啊！

原　文

齐吏部侍郎房文烈[①]，未尝嗔怒[②]，经霖雨[③]绝粮，遣婢籴米[④]，因尔逃窜，三四许日，方复擒之。房徐曰："举家无食，汝何处来？"竟无捶挞[⑤]。尝寄人宅[⑥]，奴婢彻[⑦]屋为薪略尽，闻之颦蹙[⑧]，卒无一言。

注　释

①房文烈：北齐大臣。其父景伯，为房法寿族子。《北史·房法寿传》："法寿族子景伯，景伯子文烈，位司徒左长史，性温柔，未尝嗔怒。"

②嗔怒：恼怒，愤怒。

③霖雨：连绵大雨。《左传·隐公九年》："凡雨自三日以往为霖。"
④籴米：买米。
⑤捶挞：杖击，鞭打。
⑥寄人宅：即以宅寄人，指将房子借给别人住。
⑦彻：通"撤"，拆毁。
⑧颦蹙：皱眉皱额。不悦貌。

译文

北齐吏部侍郎房文烈，从来不发怒。一次他家中因久雨断粮，派婢女外出买米，那婢女竟借此机会携款私逃，三四天后才将她擒回。房文烈和缓地对婢女说："全家都没有吃的了，你到哪里去了？"竟然没有责打她。他又曾将自己的住宅借给别人居住，那家的奴婢竟然把房屋拆了当柴烧，都几乎烧完了，房文烈听说后也只是眉头紧锁，始终未说一句责怪的话。

原文

裴子野[①]有疏亲故属饥寒不能自济者，皆收养之。家素清贫，时逢水旱，二石米为薄粥，仅得遍焉，躬自同之，常无厌色。邺下有一领军[②]，贪积已甚[③]，家僮八百，誓满一千；朝夕每人肴膳，以十五钱为率[④]，遇有客旅，更无以兼[⑤]。后坐事伏法，籍其家产，麻鞋一屋，弊衣数库，其余财宝，不可胜言。南阳有人，为生奥博[⑥]，性殊俭吝，冬至后女婿谒之，乃设一铜瓯酒，数脔[⑦]獐肉；婿恨其单率[⑧]，一举尽之。主人愕然，俯仰命益[⑨]，如此者再。退而责其女曰："某郎好酒，故汝常贫。"及其死后，诸子争财，兄遂杀弟。

注释

①裴子野：字几原，河东闻喜（今山西闻喜）人，仕齐、梁两朝，为官清廉，一尘不染。也是著名史学家、文学家，著有《宋略》二十卷。其曾祖裴松之，曾为《三国志》作注；祖父裴骃，著有《史记集解》，都是著名史学家。父裴昭明，为南齐通直散骑常侍。《南史·裴松之传》："（松之曾孙）子野字几原……少好学，善属文……及居丧，每之墓所，草为之枯，有白兔白鸠，驯扰其侧。外家及中表贫乏，所得奉，悉给之。无穷，借官地二亩，起茅屋数间，妻子恒苦饥寒。"

②邺下：即北齐国都邺城，在今河北临漳。领军：官名，汉末曹操置，为

相府属官，后更名为中领军。魏晋时改称领军将军，均统率禁军。南朝沿设，北朝略同。《晋书·职官志》：“中领军将军，魏官也，文帝践祚，始置领军将军。”李慈铭以为此一领军，当为北齐厍狄伏连。《北齐书·慕容俨传》：“又有代人厍狄伏连，字仲山……鄙吝愚狠，无治民政术。及居州任，专事聚敛。性又严酷，不识士流。开府参军多是衣冠士族，伏连加以捶挞，逼遣筑墙。武平中，封宜都郡王，除领军大将军。寻与琅邪王俨杀和士开，伏诛。伏连家口有百数，盛夏之日，料以仓料二升，不给盐菜，常有饥色。冬至之日，亲表称贺，妻为设豆饼。伏连问此豆因何而得，妻对向于食马豆中分减充用。伏连大怒，典马、掌食之人并加杖罚，积年赐物，藏在别库，遣侍婢一人专掌管籥。每入库检阅，必语妻子云：‘此是官物，不得辄用。’至是薄录，并归天府。”《北史》云：“（厍狄伏连）死时，惟着敝裈，而积绢至二万匹。”

③已甚：过甚，太过。

④率（lǜ）：标准。

⑤无以兼：即不得兼味。兼：两种以上的菜肴。

⑥奥博：富裕，深藏广蓄，积蓄富厚。或言营生深奥且广博。

⑦脔：切成小块的肉。

⑧单率：草率而粗简。

⑨俯仰：低头，仰头，指应付周旋。益：添加。

译　文

南朝人裴子野，遇有远亲旧属陷于饥寒而不能自救时，皆收留供养他们。其家素来清贫，有时遇上水灾旱灾，就用二石米煮上一大锅稀粥，勉强让大家都能吃上。他自己也同大家一起喝粥，从没有厌烦之色。

邺下有一位将军，贪得无厌，积蓄已多，家中已有僮仆八百人，他还发誓要凑满一千人。其家每天每人的饮食开支，以十五钱为标准，遇到有客人来，也不增加。后来这位将军因犯罪而被法诛，没收他的家产时，发现光麻鞋就有一屋子，破衣服有好几仓库，其余的财宝更是不计其数。

南阳有个人，深藏广蓄，性极吝啬，冬至后他女婿来拜见他，他只准备了一小铜瓯的酒和几小片獐子肉来招待。他的女婿嫌他太过简慢小气，就一下子把酒肉喝尽吃光了。这个人很吃惊，只好勉强应付添上一点，这样先后添了两次。退席后他责备女儿说：“你丈夫太爱喝酒，所以你才经常受穷。”等到他死后，几个儿子争夺遗产，竟发生了兄杀弟的惨剧。

原　文

妇主中馈[①]，惟事酒食衣服之礼耳。国不可使预政，家不可使干蛊[②]。如有聪明才智，识达古今，正当辅佐君子，助其不足，必无牝鸡晨鸣[3]，以致祸也。

注 释

①中馈：指家中供膳诸事。此指家务。

②干蛊（gǔ）：主事。《周易·蛊卦》："干父之蛊。"《序卦传》："蛊者，事也。"王弼注云："干父之事，能承先轨，堪其任者也。"

③无：不要。牝鸡：母鸡。牝鸡晨鸣：指母鸡代替公鸡报晓，比喻妇女窃权乱政。《尚书·牧誓》："古人有言曰：'牝鸡无晨；牝鸡之晨，惟家之索。'"

译 文

妇女主持家务，只需操办有关酒食衣服等礼仪方面的事就行了。国家不可使女子干政，家庭中也不能让夫人主政。如果确有聪明才智，见识通达古今，也只应辅佐丈夫，弥补其不足，一定不能像母鸡代替公鸡报晓一样，凌驾于男人之上，以招致祸患。

原 文

江东妇女，略无交游，其婚姻之家，或十数年间，未相识者，惟以信命赠遗[1]，致殷勤焉。邺下风俗，专以妇持门户[2]，争讼曲直，造请逢迎，车乘填街衢[3]，绮罗盈府寺[4]，代子求官，为夫诉屈。此乃恒、代之遗风乎[5]？南间贫素[6]，皆事外饰，车乘衣服，必贵齐整；家人妻子，不免饥寒。河北人事，多由内政[7]，绮罗金翠，不可废阙，羸马悴奴[8]，仅充而已；倡和之礼，或尔汝[9]之。

注 释

①信命赠遗：派使者传达书信问候，赠送礼物。卢文弨曰："信，使人也；命，问也。"

②持门户：当家，主持家庭事务。

③街衢：大路。

④府寺：泛指高级官员的府邸或官署。《广韵》引《风俗通》："府，聚也，公卿牧守道德之所聚也。"《释名》："寺，嗣也，官治事者相嗣续于其内也。"

⑤恒、代：恒州、代郡地区，今山西大同一带。阎若璩《潜邱札记》："有以恒、代之遗风问者，余曰：拓跋魏都平城县，县在今大同府治东五里，故址犹存，县属代郡，郡属恒州，所云恒、代之遗风，谓是魏氏之旧俗耳。"

⑥贫素：清贫，寒素。

⑦内政：本指家庭内部事务，此指主持家务的妻子。

⑧羸：羸弱。悴：憔悴。

⑨尔汝：即第二人称“你”。江南无尔汝之称，北方犹多。梁玉绳《瞥记》：“尔汝者，贱简之称也。”

译　文

江东的妇女，没有一点交游，她们娘家与亲家，有的十几年间未曾见面，只是遣人问候、互赠礼品，来表示各自的情谊。邺下的风俗，专门让妇女当家，她们与外人争辩曲直，应酬交际，乘的车马挤满街道，她们穿着锦衣华服挤在官家的府衙，有的替儿子求官，有的替丈夫诉冤。这大概是恒州、代郡一带的鲜卑遗风吧？

南方地区，即使是清贫人家，都注重修饰外表，车马和衣服，一定讲究整齐；而家中的妻子儿女，则不免挨饿受冻。黄河以北地区的交际应酬，多由妇女出面，因此锦衣华服和金银珠翠是不能短少的；而家中瘦弱的马匹和憔悴的奴仆，不过勉强充数而已。至于夫妻之间一唱一和的礼节，恐怕早已被“尔”、“汝”这些轻贱的称谓取代了。

原　文

河北妇人，织纴组紃之事①，黼黻锦绣罗绮②之工，大优于江东也。

注　释

①纴：缯。组、紃：皆为丝带。织纴组紃：代指妇女从事的纺织事务。

②黼黻锦绣罗绮：指绘、刺有各种精美图案的丝织品。黼黻（fǔ fú）：泛指礼服上所绣的华美花纹。

译　文

黄河以北地区的妇人，不论是编织纺织的本领，还是刺绣的技巧，都大大胜过江东的妇女。

原　文

太公①曰：“养女太多，一费也②。”陈蕃③曰：“盗不过五女之门④。”女之为累⑤，亦以深矣。然天生蒸⑥民，先人传体，其如之何？世人多不举⑦女，贼行骨肉⑧，岂当如此，而望福于天乎？吾有疏亲，家饶妓媵⑨，诞育将及，便遣阍竖⑩守之。体有不安⑪，窥窗倚户，若生女者，辄⑫持将去；母随号泣，使人不忍闻也。

注释

①太公：即姜太公，姜姓，吕氏，名尚，字子牙，殷商末年人，辅佐周文王、周武王，助周灭商，功成后封于齐，是中国古代杰出的军事家和政治家。

②养女太多，一费也：《艺文类聚》卷三五、《太平御览》卷四八五皆引《六韬》："太公曰：'……养女太多，四盗也。'"

③陈蕃：字仲举，东汉时期名臣。

④盗不过五女之门：《后汉书·陈蕃传》："蕃乃上疏谏曰：'鄙谚言："盗不过五女之门。"以女贫家也。今后宫之女，岂不贫国乎？'"

⑤女之为累：养女成人，食用之资是一大开销，且女子成年婚嫁，须为其置办嫁妆，亦耗资甚巨，故曰女累。

⑥蒸：众。

⑦举：抚养，哺育。

⑧贼行骨肉：指残害亲生骨肉。《韩非子·六反》："产男则相贺，产女则杀之。"

⑨饶：多。妓媵：姬妾。

⑩阍（hūn）竖：守门的僮仆。

⑪体有不安：指身体不适，此指即将分娩。

⑫辄：则，就。

译文

姜太公说："女儿养得太多，实在是一种耗费。"陈蕃也说过："盗贼都不愿偷窃有五个女儿的家庭。"女儿给家庭带来的拖累，实在是太深重了。但天生芸芸众生，都是先辈传下的骨肉，又能把她怎么样呢？世人多不愿抚养女儿，生下的亲骨肉也要加以残害，行事如此残忍，难道老天还会赐福给你吗？

我有个远亲，家中有很多姬妾，有谁产期将到时，他就派僮仆去守候着。等到分娩时，僮仆从门窗往里窥视，如果生的是女孩，就立刻抱走。产妇随即号哭，真叫人不忍心听。

原文

妇人之性，率宠子婿而虐儿妇。宠婿，则兄弟之怨生焉；虐妇，则姊妹之谗行焉。然则女之行留，皆得罪于其家者，母实为之。至有①谚云："落索阿姑餐②。"此其相报也。家之常弊，可不诫哉！

注　释

①至有：至于。

②落索：冷落萧索，为当时人习用语。阿姑：即婆婆。婆婆之所以落索，皆因宠婿而女、婿不近，虐媳而儿、媳不亲。

译　文

妇人的习性，大多宠爱女婿而虐待儿媳。宠爱女婿，儿子们就会产生怨恨；虐待儿媳，女儿们就会广进谗言。这样看来，女儿不论是出嫁还是待嫁在家，都要得罪家人，这都是当母亲的造成的。以至有谚语说："婆婆吃饭好冷清。"这是对她的报应啊。这是家庭经常出现的弊端，不可不警戒啊！

原　文

婚姻素对①，靖侯②成规。近世嫁娶，遂有卖女纳财，买妇输绢，比量③父祖，计较锱铢④，责多还少，市井无异。或猥⑤婿在门，或傲妇擅室⑥，贪荣求利，反招羞耻，可不慎欤！

注　释

①素对：清白的配偶。

②靖侯：指颜之推九世祖颜含。《晋书·孝友传》："颜含，字弘都，琅邪莘人也。祖钦，给事中。父默，汝阴太守。含少有操行，以孝闻……豫讨苏峻功，封西平县侯，拜侍中，除吴郡太守……桓温求婚于含，含以其盛满，不许。"本书《止足第十三》曰："靖侯戒子侄曰：'婚姻勿贪势家。'"

③比量：对比，衡量。

④锱铢：锱为一两的四分之一，铢为一两的二十四分之一，二者都是极微小的数量。计较锱铢：形容非常小气。

⑤猥：鄙贱。

⑥擅室：独霸家政。

译　文

男女婚配要选择清白人家，这是先祖靖侯立下的家规。近些年来，竟然有人利用婚嫁卖女儿捞取钱财，用财礼绢帛买媳妇。为子女择配偶时，不去看年轻人是否合适般配，却去比较衡量对方祖辈父辈的权势地位。婚娶时，斤斤计较对方财礼的多寡，都想多索取而少付出，那讨价还价的嘴脸，与市井之徒无异。结果，有的人因此招来了猥琐鄙贱的女婿，有的人娶到了傲慢专权的媳妇，因为贪慕荣华，妄求财利，反而招来羞耻，对此不可不谨慎啊！

原文

借人典籍，皆须爱护，先有缺坏，就为补治，此亦士大夫百行①之一也。济阳江禄②，读书未竟③，虽有急速，必待卷束④整齐，然后得起，故无损败，人不厌其求假⑤焉。或有狼籍几案，分散部帙⑥，多为童幼婢妾之所点污⑦，风雨虫鼠之所毁伤，实为累德⑧。吾每读圣人之书，未尝不肃敬对之；其故纸有《五经》词义，及贤达姓名，不敢秽用⑨也。

注释

①百行：古代士大夫所订立身行己之道，共有百事，因谓之为百行。

②济阳：郡名。江禄：南朝人，其高祖江夷。《南史·江夷传》："禄字彦遐，幼笃学，有文章，工书善琴。形貌短小，神明俊发。位太子洗马，湘东王录事参军，后为唐侯相，卒。"

③竟：结束。

④卷束：卷起束理。唐以前，书用卷子，数卷为一束，故称。郝懿行曰："古无镂版书，其典籍皆书绢素作卷收藏之，故谓之书卷；其外作衣帙包裹之，谓之书帙。"书之多卷者，则分别部居，各为一束。

⑤假：借。

⑥部：部分。古代书籍多按内容分部类收藏。帙：书衣，即古人用作装书卷的布套。

⑦点污：污损，弄脏。

⑧累德：指对德性有损。累：累损。

⑨秽用：指用在污秽之处。

译文

借别人的书籍，都必须爱护，借来时如有损坏，就替别人修补好，这也是士大夫百种善行之一。济阳人江禄，在读书未结束时，即便有紧急事情，也一定先把书卷束整齐，然后才起身，因此他的书不会有损坏，人们对他来借书也不厌烦。有的人把书籍乱七八糟地丢在桌案上，那些分散的书卷，多被孩童、婢妾弄脏，或遭到风雨侵蚀、虫鼠蛀咬而毁伤，这实在是有损道德。每当我读圣人之书，都严肃恭敬地对待它；如果废旧的纸张上有《五经》的文义以及圣贤的姓名，就决不敢拿来用在污秽之处。

原　文

吾家巫觋祷请[①]，绝于言议，符书章醮[②]，亦无祈焉，并汝曹所见也。勿为妖妄之费。

注　释

①巫觋（xí）：男女巫的合称。《国语·楚语下》："明神降之，在男曰觋，在女曰巫。"祷请：向神佛祈祷请求。

②符书：旧时道士用来驱鬼召神或治病延年的神秘文书。章醮（jiào）：拜表设祭。指道士设坛伏章祈祷。

译　文

我们家从来不提请巫师向神鬼祈祷之事，也没有用符书设道场去祈求之举，这都是你们所见到的。不要在这些巫妖虚妄的事情上费钱费力。

卷二

风操第六

原　文

吾观《礼经》①，圣人之教：箕帚匕箸②，咳唾唯诺③，执烛沃盥④，皆有节文⑤，亦为至矣。但既残缺，非复全书；其有所不载，及世事变改者，学达君子，自为节度，相承行之，故世号士大夫风操⑥。而家门颇有不同，所见互称长短；然其阡陌⑦，亦自可知。昔在江南，目能视而见之，耳能听而闻之；蓬生麻中，不劳翰墨⑧。汝曹生于戎马之间，视听之所不晓，故聊记录，以传示子孙。

注　释

①《礼经》：据下文，当为《礼记》。

②箕帚：畚箕和扫帚。皆扫除之具。匕箸：羹匙和筷子。皆食具。《礼记·曲礼上》："凡为长者粪之礼，必加帚于箕上，以袂拘而退。其尘不及长者，以箕自乡而扱之。"《礼记·曲礼上》："饭黍毋以箸。"

③咳唾：咳嗽吐唾液。此指在长辈面前的举止。唯诺：应答。《礼记·内则》："在父母舅姑之所……不敢哕噫、嚏咳、欠伸、跛倚、睇视，不敢唾洟。"《礼记·曲礼上》："……抠衣趋隅，必慎唯诺……父召无诺，先生召无诺，唯而起。"郑玄注："慎唯诺者，不先举，见问乃应。"

④执烛：此指为长辈秉烛照明。《礼记·少仪》："执烛，不让不辞不歌。"沃盥（guàn）：倒水洗手。《礼记·内则》："进盥，少者奉盘，长者奉水，请沃盥，盥卒授巾。问所欲而敬进之……"

⑤节文：节制修饰。《礼记·坊记》曰："礼者，因人之情，而为之节文，以为民坊者也。"

⑥风操：风度节操。

⑦阡陌：本指田间小路，此指途径，脉络。

⑧翰墨：笔墨。王利器认为此处有阙文，疑当作："蓬生麻中，不扶自直。□□□□，不劳翰墨。"抑或"翰墨"为"绳墨"之误。《荀子·劝学》："蓬生

麻中，不扶而直。”《大戴礼记》之《曾子制言上》作：“蓬生麻中，不扶自直。”

译文

我看《礼经》，上面有圣人的教诲：为长辈清扫房间时该怎样使用簸箕和扫帚，进餐时该怎样使用羹匙和筷子，与长辈相处、交谈时怎样应对得体，怎样持烛照明，怎样侍奉长辈盥洗，这些在书中皆有一定的节制规范，说得也十分详备。但此书已经残缺，不再是全本，而且有些礼仪规范，书上也没有记载，还有些方面的礼节已经随着世事的变化而发生了变化。于是，一些博学通达的君子，自己斟酌制定了一些规范标准，其家世代相承，秉之而行，世人就把这些称为士大夫的风操。然而各个家庭的实际情况自有不同，对所见到的礼仪规范的看法也不尽相同，不过基本脉络还是可以知道的。

我曾经在江南地区生活，耳闻目睹了很多礼仪规范，早已深受熏陶，就像蓬蒿生在麻地之中，不用扶持也自然停止。你们生活在兵荒马乱的年代，对这些礼仪规范自然看不到也听不到，所以我姑且把他们记录下来，以此传示子孙后代。

原文

《礼》曰：“见似目瞿①，闻名心瞿。”有所感触，恻怆心眼；若在从容平常之地，幸须申其情耳。必不可避，亦当忍之。犹如伯叔兄弟，酷类先人，可得终身肠断，与之绝耶？又：“临文不讳，庙中不讳，君所无私讳②。”益知闻名，须有消息③，不必期于颠沛而走也④。梁世谢举⑤，甚有声誉，闻讳必哭，为世所讥。又有臧逢世⑥，臧严⑦之子也，笃学修行，不坠门风。孝元经牧江州⑧，遣往建昌督事，郡县民庶，竞修笺书，朝夕辐辏⑨，几案盈积，书有称“严寒”者，必对之流涕，不省⑩取记，多废公事。物情⑪怨骇，竟以不办而还。此并过事也。

注释

①似：指容貌似其父母。瞿：恭谨貌。一说惊惧貌。《礼记·杂记下》：“免丧之外，行于道路，见似目瞿，闻名心瞿。”

②“临文不讳”三句：出自《礼记·曲礼上》：“君所无私讳，大夫之所有公讳。诗书不讳，临文不讳，庙中不讳。”郑玄注：“君所无私讳，谓臣言于君前，不辟家讳，尊无二；临文不讳，为其失事正；庙中不讳，为有事于高祖，则不讳曾祖以下，尊无二也，于下则讳上。”

③消息：指斟酌。为汉、魏、六朝人习用语。

④颠沛：窘迫，狼狈。走：避匿。

⑤谢举：字言扬，陈郡阳夏人。南朝梁大臣，中书令谢览之弟也。幼好学，能清言，与谢览齐名。《梁史》有传。《齐东野语·卷四·避讳》：“梁谢举闻家讳必哭。”

⑥臧逢世：《南史·臧焘传》附有诸臧事迹，无臧逢世。陈直曰：“臧逢世精于《汉书》，亦见于本书《勉学篇》。”

⑦臧严：梁代著名文人，尝为湘东王侍读。《梁书·文学传下》：“臧严，字彦威……严幼有孝性，居父忧，以毁闻。孤贫勤学，行止书卷不离于手。”

⑧孝元：即梁元帝萧绎。经牧：经略治理。

⑨辐辏：卢文弨曰：“辐辏，言如车辐之聚于毂也。”此处比喻信函聚集于官署。

⑩省：审查。

⑪物情：即人情。古代谓人为物。

译文

《礼经》上说：“见到容貌酷似已去世父母的人，要神情恭谨；听到已去世父母的名字，心中会惊惧不安。”这是因为有所感触，心目凄怆。若是在平常的情况下发生这种事，可以把这种感情发泄出来。但如果实在不可回避，也应当有所忍耐。就比如自己的叔伯兄弟，他们的长相与先人是极相似的，难道你能一见到他就伤心痛苦，以致终身和他们断绝往来？《礼经》上又说：“写文章时不用避讳，在宗庙祭祀上不用避讳，在君王面前不用避讳。”这就让我进一步明白，在听到父母的名讳时，应该先斟酌一下自己应取的态度，不必非得立刻窘迫狼狈地避走。

梁朝人谢举，颇有声誉，但他一听到父祖名讳，必定大哭，因此为世人所讥。还有一位臧逢世，是臧严之子，他刻苦好学，品行端正，能维持家风。梁元帝出任江州刺史时，派他到建昌督理政事。他一赴任，郡县里的黎民百姓纷纷给他写信，信函早晚汇集到官署，堆满了案桌。臧逢世在看这些信函时，只要见到信函中有“严寒”一类字样，必定对着它流泪，以致忘记查看和回复，因此经常耽误公事。时间一久，引起人们的责怪怨恨，他最终因办事不力而被召回。这两人都是避讳太过头了。

原文

近在扬都[1]，有一士人讳审，而与沈氏交结周厚[2]，沈与其书，名而不姓，此非人情也。

注　释

①扬都：南北朝时称建康为扬都，非指扬州。

②周厚：亲密，深厚。《齐东野语·卷四·避讳》："如扬都士人名审，沈氏与书，名而不姓，皆讥之者过耳。"与本文相合。

译　文

最近在扬都，有一个读书人避讳"审"字，而他又与一位姓沈的交情深厚。姓沈的每次给他写信，只署名而不写姓，这种避讳实在不合人情。

原　文

凡避讳者，皆须得其同训①以代换之：桓公②名白，博③有五皓之称；厉王④名长，琴有修短之目。不闻谓布帛为布皓，呼肾肠为肾修也。梁武小名阿练⑤，子孙皆呼练为绢；乃谓销链⑥物为销绢物，恐乖⑦其义。或有讳云者，呼纷纭为纷烟；有讳桐者，呼梧桐树为白铁树，便似戏笑耳。

注　释

①同训：同义。

②桓公：即齐桓公，姜姓，吕氏，名小白，春秋时齐国国君，齐僖公之子，在位时任管仲为相，尊王攘夷，为"春秋五霸"之首。

③博：即博戏，古代一种赌博游戏。其中有"五白"采名。

④厉王：此指西汉淮南厉王刘长，高祖刘邦少子。文帝时，骄纵跋扈，在封地不用汉法，自作法令。前174年，与匈奴、闽越首领联络，图谋叛乱，事泄被拘。朝臣议以死罪，文帝赦之，废王号，谪徙蜀郡严道邛邮，途中不食而死。

⑤梁武：梁武帝萧衍，字叔达，小字练儿，南梁政权建立者，在位四十八年。在位晚年爆发"侯景之乱"，都城陷落，被囚，死于台城。《齐东野语·卷四·避讳》："梁武帝小名阿练，子孙皆呼练为白绢。"

⑥销链：或作"销炼"。

⑦乖：违背。

译　文

凡是要避讳的字，都须得用与其同义的字来替换：齐桓公名小白，故博戏中的"五白"改称"五皓"；淮南厉王名长，故"琴有长短"改称"琴有修短"。从没听说过"布帛"改称"布皓"，"肾肠"改称"肾修"的。

梁武帝小名阿练，其子孙皆称“练”为“绢”。然而将“销链”物品称为“销绢”物品，恐怕就与其本义相悖了。有些人避讳“云”字，却改称“纷纭”为“纷烟”；有些人避讳“桐”字，却改称“梧桐树”为白铁树，这简直就是开玩笑。

原文

周公名子曰禽①，孔子名儿曰鲤②，止在其身，自可无禁。至若卫侯、魏公子③、楚太子，皆名虮虱④；长卿⑤名犬子，王修⑥名狗子，上有连及，理未为通。古之所行，今之所笑也。北土多有名儿为驴驹、豚子者，使其自称及兄弟所名，亦何忍哉？前汉有尹翁归⑦，后汉有郑翁归，梁家亦有孔翁归⑧，又有顾翁宠；晋代有许思妣⑨、孟少孤⑩，如此名字，幸当避之。

注释

①禽：伯禽，周公旦长子，周代鲁国第一任国君。

②鲤：孔鲤，孔子之子。《孔子家语·本姓解》：“孔子三岁而叔梁纥卒，葬于防。至十九，娶于宋之亓官氏，一岁而生伯鱼。鱼之生也，鲁昭公以鲤鱼赐孔子。荣君之贶，故因以名曰鲤，而字伯鱼。鱼年五十，先孔子卒。”

③魏公子：当为韩公子。《史记·韩世家》：“襄王十二年，太子婴死，公子咎、公子虮虱争为太子，时虮虱质于楚。”

④虮虱：虱及其卵。

⑤长卿：即司马相如，西汉辞赋家。《史记·司马相如传》：“司马相如者，蜀郡成都人也，字长卿。少时，好读书，学击剑，故其亲名之曰犬子。”

⑥王修：东晋时人，字敬仁，小名苟子。六朝人以苟、狗通用。

⑦尹翁归：西汉廉吏。《汉书·尹翁归传》：“尹翁归字子兄，河东平阳人也，徙杜陵。翁归少孤，与季父居。为狱小吏，晓习文法，喜击剑，人莫能当。”

⑧孔翁归：梁朝诗人，会稽人。《梁书·文学传上》：“翁归亦工为诗，避博学有思理，更注《论语》《孝经》。”

⑨许思妣：东晋时人，其父许柳。《世说新语·政事篇》有记。妣：死去的母亲。

⑩孟少孤：东晋时人。《晋书·隐逸传》：“孟陋，字少孤，武昌人也。吴司空宗之曾孙也。兄嘉，桓温征西长史。陋少而贞立，清操绝伦，布衣蔬食，以文籍自娱。口不及世事，未曾交游，时或弋钓，孤兴独往，虽家人亦不知其所之也。”少孤：谓年少失亲。

译文

周公给儿子取名伯禽，孔子给儿子取名鲤，这些名字只和接受名字的人本身有关，自不必禁止。至于卫侯、韩公子、楚太子，都取名“虮虱”，西汉司马相如名“犬子”，晋朝王修名“狗子”，这就牵连到前人，于理不通了。古人所做的这些事，真让今人觉得可笑。

北方地区有很多人给儿子取名为驴驹、豚子之类的，如果让他们这样自称，或者让他兄弟这样称呼他，又于情何忍啊！西汉有人名尹翁归，东汉有郑翁归，梁朝有人叫孔翁归，又有人叫顾翁宠；晋朝有人叫许思妣、孟少孤。像这类名字，还是避开为好。

原文

今人避讳，更急于古。凡名子者，当为孙地。吾亲识[①]中有讳襄、讳友、讳同、讳清、讳和、讳禹，交疏造次[②]，一座百犯[③]，闻者辛苦，无憀赖[④]焉。

注释

①亲识：亲友。

②交疏：即疏交，相交之远者。造次：仓猝。

③一座：指一次聚会中。百犯：多次触犯忌讳。或言一句话会同时触犯多人的忌讳。

④憀赖：或作“僇赖”，依赖，依从。

译文

当今的人讲究避讳，比古人更加苛刻。然而，那些为儿子取名字的人，也应给孙辈留点余地。我的亲属朋友中有避讳“襄”字的，有避讳“友”字的，有避讳“同”字的，有避讳“清”字的，有避讳“和”字的，有避讳“禹”字的，大家在一起时，交往比较疏远的人一时仓猝，讲话时很容易就触犯众人的忌讳，听到的人感到悲伤，往往无所适从。

原文

昔司马长卿慕蔺相如[①]，故名相如，顾元叹慕蔡邕[②]，故名雍，而后汉有朱伥字孙卿[③]，许暹字颜回[④]，梁世有庾晏婴[⑤]、祖孙登[⑥]。连古人姓为名字，亦鄙事也。

注释

①蔺相如：战国时赵国上卿，著名政治家、外交家，生平重要事迹有“完璧归赵”、“渑池之会”、“负荆请罪”。《史记》有传记。《史记·司马相如传》：“相如既学，慕蔺相如之为人，更名相如。”

②顾元叹：即顾雍，字元叹，三国时吴国重臣。《三国志·吴书·顾雍传》：“顾雍字元叹，吴郡吴人也。蔡伯喈（蔡邕）从朔方还，尝避怨于吴，雍从学琴书。”裴松之注曰：“《江表传》曰：‘雍从伯喈学，专一清静，敏而易教。伯喈贵异之，谓曰：“卿必成致，今以吾名与卿。”’故雍与伯喈同名，由此也。吴录曰：‘雍字元叹，言为蔡雍之所叹，因以为字焉。’”蔡邕：字伯喈，东汉末年著名文学家、书法家，才女蔡文姬之父。《后汉书》有传。

③朱伥：字孙卿，东汉时人。《后汉书·顺帝纪》：“永建元年，长乐少府朱伥为司徒。”《后汉书·刘恺传》：“伥能说经书，而用心褊狭。”孙卿：即荀子，时人尊称“荀卿”。西汉时因避汉宣帝刘询讳，又因“荀”与“孙”二字古音相通，故又称孙卿。荀子名况，战国时赵国人，著名思想家、文学家、政治家，儒家代表人物之一。

④许暹：事迹不详。颜回：字子渊，春秋时鲁国人，孔子弟子。

⑤庾晏婴：南梁时人，庾泳之子。晏婴：字仲，春秋时齐国人，著名政治家、外交家。他忧国忧民，敢于直谏，在诸侯和百姓中享有极高的声誉。

⑥祖孙登：南朝文士。孙登：字公和，号苏门先生，魏晋时著名隐士，长年隐居苏门山。

译文

从前司马长卿因钦慕蔺相如，故改名相如；顾元叹仰慕蔡邕，故取名为雍。而东汉有朱伥字孙卿，许暹字颜回，梁朝有庾晏婴、祖孙登，这些人竟然把古人连名带姓作为自己的名字，也算是鄙俗之事了。

原文

昔刘文饶①不忍骂奴为畜产，今世愚人遂以相戏，或有指名为豚犊者②。有识傍观，犹欲掩耳，况当之者乎？

注释

①刘文饶：即刘宽，字文饶，东汉时期名臣。《后汉书·刘宽传》：“宽简略嗜酒，不好盥浴，京师以为谚。尝坐客，遣苍头市酒，迂久，大醉而还。客不堪之，骂曰：‘畜产。’宽须臾遣人视奴，疑必自杀。顾左右曰：‘此人也，骂言畜产，辱孰甚焉！故吾惧其死也。’”

②豚：小猪。犊：小牛。

译文

从前，刘文饶不忍心骂奴仆为畜生，可如今一些愚蠢的人却拿这类字眼互相开玩笑，还有指名道姓称呼别人为猪仔、牛犊的。有见识的旁观者，还都要把耳朵捂上，更何况那当事人呢？

原文

近在议曹①，共平章百官秩禄②，有一显贵，当世名臣，意嫌所议过厚。齐朝有一两士族文学之人，谓此贵曰："今日天下大同，须为百代典式，岂得尚作关中旧意③？明公定是陶朱公大儿耳④！"彼此欢笑，不以为嫌。

注释

①议曹：官署名，掌言职。

②平章：商讨。秩禄：俸禄。

③关中旧意：形容老一套的规章制度。颜之推作此书时是隋朝，当时隋已统一天下，结束南北对峙局面，故曰"大同"。虽然都城仍在关中长安，但为新朝，故云"岂得尚作关中旧意"。

④明公：汉、魏、六朝人以"明"字加于称谓之上，以示尊重。陶朱公：即范蠡，春秋时楚国人，投奔越国，辅佐越王勾践，助其灭吴。功成之后激流勇退。后从商，被后人尊称为"商圣"。《史记·越王勾践世家》："范蠡浮海出齐，变姓名，自谓鸱夷子皮，耕于海畔，苦身戮力，父子治产。居无几何，致产数十万……止于陶，以为此天下之中，交易有无之路通，为生可以致富矣。于是自谓陶朱公。复约要父子耕畜，废居，候时转物，逐什一之利。居无何，则致赀累巨万。天下称陶朱公。"范蠡有三子，其次子杀人，被囚于楚。范蠡长子执意要求前往楚国营救。他携带千金，却又吝惜钱财，不舍得贿赂打点，终致其弟被杀。事见《史记·越王勾践世家》。

译文

最近我在议曹，与同僚共同商讨百官的俸禄标准问题，有一位显贵，是当今名臣，认为大家商议的标准太过优厚了。有一两位原属于北齐士族的文学侍从便对这位显贵说："如今天下统一，应当为后世树立典范，哪能仍沿用关中的旧规矩呢？明公如此吝啬，一定是陶朱公的大儿子吧。"彼此间你欢我笑，竟不感到厌恶。

原　文

昔侯霸[①]之子孙，称其祖父曰家公；陈思王[②]称其父为家父，母为家母；潘尼[③]称其祖曰家祖：古人之所行，今人之所笑也。今南北风俗，言其祖及二亲，无云家者；田里猥人[④]，方有此言耳。凡与人言，言已世父[⑤]，以次第称之，不云家者，以尊于父，不敢家也。凡言姑姊妹女子子[⑥]：已嫁，则以夫氏称之；在室，则以次第称之。言礼成他族，不得云家也。子孙不得称家者，轻略之也。蔡邕书集，呼其姑姊为家姑家姊；班固[⑦]书集，亦云家孙，今并不行也。

注　释

①侯霸：字君房，东汉初年官员。《后汉书·侯霸传》："侯霸字君房，河南密人也……霸矜严有威容，家累千金，不事产业。笃志好学，师事九江太守房元，治《穀梁春秋》，为元都讲。"

②陈思王：即曹植，字子建，三国时曹魏文学家，建安文学代表人物。其为魏武帝曹操第三子，生前为陈王，死后谥号"思"，故称陈思王。

③潘尼：字正叔，西晋文学家，与其叔父潘岳并称"两潘"。《晋书·潘岳传》："岳从子尼……尼少有清才，与岳俱以文章见知。性静退不竞，唯以勤学著述为事。"

④田里：指乡野。猥人：鄙陋之人。

⑤世父：大伯父。后用为伯父的通称。《尔雅·释亲》："父之昆弟，先生为世父，后生为叔父。"

⑥女子子：女子。

⑦班固：字孟坚，东汉史学家、文学家，他在其父班彪续补《史记》之作《后传》的基础上开始编写《汉书》，与司马迁并称"班马"。

译　文

从前，侯霸的子孙称呼其祖父为家公；陈思王曹植称呼其父为家父，其母为家母；潘尼称呼其祖父为家祖。古人的这些称呼，在今天看来就是笑柄了。如今南北各地的风俗，提到他的祖辈和父母双亲时，没有称"家"的。只有那乡野粗鄙之人，才这样称呼。

凡是与人交谈，提到自己的伯父，只按父辈的排行来称呼，不称"家"，是因为伯父比父亲还年长，不敢称"家"。凡是提到姑姑、姐妹等女子：已出嫁的，就以她丈夫的姓来称呼；还没出嫁的，就以长幼排行来称呼。这意谓女子一行婚礼就是夫家的人了，不能再称“家”。子孙等晚辈不能称“家”，以示对他们的轻略。蔡邕的著作文集中，称呼他的姑、姊为家姑、家姊，班固著作文集里亦有家孙之称呼。如今都不流行了。

原　文

凡与人言，称彼祖父母、世父母、父母及长姑，皆加尊字，自叔父母以下，则加贤字，尊卑之差也。王羲之[①]书，称彼之母与自称己母同，不云尊字，今所非也。

注　释

①王羲之：字逸少，东晋著名书法家，有“书圣”之称。《晋书·王羲之传》：“及长，辩赡，以骨鲠称，尤善隶书，为古今之冠，论者称其笔势，以为飘若浮云，矫若惊龙。”

译　文

凡是与人交谈，提及对方祖父母、伯父母、父母及长姑，都要在称呼前加“尊”字，从叔父母以下，则在称呼前加“贤”字，这是为了表示尊卑有别。王羲之的书信中，称呼别人的母亲和称呼自己的母亲都一样，前面不加“尊”、“贤”，这是如今所不取的。

原　文

南人冬至岁首，不诣[①]丧家；若不修书，则过节束带[②]以申慰。北人至岁之日，重行吊礼；礼无明文，则吾不取。南人宾至不迎，相见捧手而不揖，送客下席而已；北人迎送并至门，相见则揖，皆古之道也，吾善[③]其迎揖。

注　释

①诣：至。

②束带：整束衣冠，以示敬意。

③善：以为善，认可，赞许。

译　文

南方人在冬至、岁首两个节日，不到办丧事的人家里去；如果不修书信致哀，就等到过了节再穿戴整齐亲往吊唁，以示慰问。北方人在冬至、岁首两个节日，则非常重视吊唁活动；这种做法在礼仪上没有明文记载，我认为是不可取的。

南方人在宾客到来时不出迎，相见时也只是拱手而不作揖；客人走时，仅仅起身离席以示相送。北方人迎送客人都要到门口，相见时作揖为礼，这些都是古代的遗风，我赞赏他们这种迎揖待客之礼。

原　文

昔者，王侯自称孤、寡、不穀[①]，自兹以降，虽孔子圣师，与门人言皆称名也。后虽有臣、仆之称，行者盖亦寡焉。江南轻重，各有谓号，具诸《书仪》[②]；北人多称名者，乃古之遗风，吾善其称名焉。

注　释

①穀：善，美。不穀：即不善，没有德行。与孤、寡同为王侯自称之谦辞。《老子》："故贵以贱为本，高以下为基。是以侯王自称孤、寡、不穀。"《淮南子·原道训》："是故贵者必以贱为号。"

②《书仪》：旧时士大夫私家关于书札体式、典礼仪注的著作，通名书仪。《隋书·经籍志》《新五代史》《崇文总目》著录有关的著作甚多，现仅存宋司马光《书仪》。

译　文

从前，王侯自称孤、寡、不穀，自此以后，即使是孔子那样的至圣先师，与弟子谈话都自称名字。后世遂有人自称臣、仆，但这样做的人不多。江南地区的人不论高低贵贱，都各有称谓，这些都记载在《书仪》之中。北方地区的人大多自称名字，这是古代的遗风，我赞赏他们自称名字的做法。

原　文

言及先人，理当感慕，古者之所易，今人之所难。江南人事不获已[①]，须言阀阅[②]，必以文翰[③]，罕有面论者。北人无何[④]便尔话说，及相访问。如此之事，不可加于人也。人加诸己，则当避之。名位未高，如为勋贵所逼，隐忍方便，速报取了；勿使烦重，感辱祖父。若没[⑤]，言须及者，则敛容肃坐，称大门中，世父、叔父则称从兄弟门中，兄弟则称亡者子某门中，各以其尊卑轻重为容色之节，皆变于常。若与君言，虽变于色，犹云亡祖亡伯亡叔也。吾见名士，亦有呼其亡兄弟为兄子弟子门中者，亦未为安贴⑥也。北土风俗，都不行此。太山羊侃⑦，梁初入南；吾近至邺，其兄子肃访侃委曲⑧，吾答之云："卿从门中在梁，如此如此。"肃曰："是我亲第七亡叔⑨，非从也。"祖孝徵⑩在坐，先知江南风俗，乃谓之云："贤从弟门中，何故不解？"

注　释

①不获已：不得已。

②阀阅：或作"伐阅"，指家世。

③文翰：指信札，公文书。

④无何：无故，无端，没有来由。

⑤没：去世。

⑥安贴：妥帖。

⑦太山：即泰山，郡名。羊侃：字祖忻，其祖羊规本为宋武帝部下，后身陷北方，在北魏为官。其父羊祉，任北魏侍中、金紫光禄大夫。羊侃于梁大通三年（529）南归，受梁朝优待。太清二年（548），侯景之乱爆发，羊侃奉命坚守建康，多次击退叛军。同年十二月，羊侃于台城病逝，叛军遂陷建康。

⑧肃：羊肃，羊侃兄羊深之子。《魏书·羊深传》："羊深，字文渊，太山平阳人，梁州刺史祉第二子也……子肃，武定末，仪同开府东阁祭酒。"委曲：指事情的原委，详细情况。

⑨亲：汉、魏以来，习惯于亲戚称谓之上，加以亲字，以示其为直系的或最亲近的亲戚关系。此处羊肃闻颜之推称羊侃为"从门中"，以为颜之推误以为羊侃是其从叔，即堂叔，故有此纠正。

⑩祖孝徵：即祖珽，字孝徵，南北朝诗人，为北齐名臣，权倾一时。

译　文

言语提及先人的名字，于理应当产生哀念之情，这在古人是很容易的，而今天的人却感到困难。江南人除非事出不得已，否则，在与别人谈及家世的时候，一定是以书信往来，很少有人当面谈及的。北方人无缘无故想找别人聊天，就会亲自到家相访。如此，像当面谈及家世这样的事，就不可施加于别人。如果别人把这样的事施加于你，你应当设法回避。名声地位不高的人，如果被权贵所逼迫而必须谈及家世，可以隐忍敷衍一下，尽快结束谈话。不要繁琐重复，以免有辱自家祖辈父辈。

如果自己的祖辈、父亲已经去世，谈话中必须提及他们，就要表情严肃，端正坐姿，口称"大门中"，提及去世的伯父、叔父，则称"从兄弟门中"，提及已经去世的兄弟，则称兄弟儿子"某某门中"，并且要按照他们身份地位的尊卑轻重，来确定自己表情上应该掌握的分寸，与平时的表情要有所区别。如果是同国君谈话提及自己已经去世的长辈，虽然表情上也要有所改变但还是可以说“亡祖、亡伯、亡叔”等称谓。我看见一些名士，与国君谈话时，也有称他的亡兄、亡弟为兄之子“某某门中”或弟之子“某某门中”，我觉得这样是不够妥帖的。

北方地区的风俗，就完全与此不同。泰山的羊侃，于梁朝初年归顺南朝，后在南方病故。我最近去邺城，他的侄儿羊肃来拜访我，问及羊侃的具体情况。我答道：“您从门中在梁朝时，具体情况如何如何。”羊肃说：“他是我的亲第七亡叔，不是堂叔。”当时祖孝徵也在座，他早就知道江南的风俗，就对羊肃说：“他说的从门中是指贤从弟门中，您怎么不理解呢？”

原 文

古人皆呼伯父叔父，而今世多单呼伯叔。从父兄弟姊妹已孤[①]，而对其前，呼其母为伯叔母，此不可避者也。兄弟之子已孤，与他人言，对孤者前，呼为兄子弟子，颇为不忍；北土人多呼为侄。按：《尔雅》《丧服经》《左传》[②]，侄虽名通男女，并是对姑之称。晋世已来，始呼叔侄；今呼为侄，于理为胜也。

注 释

①孤：指丧父。

②《尔雅》：我国最早一部解释词义的专著。《尔雅》云：“女子谓昆弟之子为侄。”《左传》：全称《春秋左氏传》，我国现存第一部叙事详细的编年体史书。《左传》云：“侄其从姑。”按：“侄”本为“姪”。雷次宗曰：“侄字有女，明不及伯叔；甥字有男，见不及从母。”

译 文

古时的人都称呼伯父、叔父，而现在多只单称伯、叔。叔伯兄弟、姊妹丧父后，在他们面前说话时，称他们的母亲为伯母、叔母，这是没有办法回避的。如果兄弟的儿子死了父亲，你与别人谈话时，当着他们的面，称他们为兄之子或弟之子，颇叫人不忍心。北方大多数称他们为侄。按：在《尔雅》《丧服经》《左传》诸书中，侄这个称呼虽然男女都可以用，但都是对姑姑而言的。从晋代开始，才称叔侄。现在统称为侄，从情理上说是恰当的。

原 文

别易会难，古人所重；江南饯送，下泣言离。有王子侯[①]，梁武帝弟，出为东郡[2]，与武帝别，帝曰："我年已老，与汝分张[3]，甚以恻怆[4]。"数行泪下。侯遂密云[5]，赧然[6]而出。坐此被责，飘飖舟渚，一百许日，卒不得去。北间风俗，不屑此事，歧路言离，欢笑分首[7]。然人性自有少涕泪者，肠虽欲绝，目犹烂然[8]；如此之人，不可强责。

注释

①王子侯：皇室所封列侯。

②东郡：钱大昕曰："此东郡谓建康以东之郡，如吴郡、会稽之类，若秦、汉之东郡，不在梁版图之内。"

③分张：即分别，为六朝人习用语。

④恻怆：哀伤。

⑤密云：密云而无雨，此指无泪，形容强作悲戚之态而不掉泪。陆继辂《合肥学舍札记》卷三："密云，盖当时里俗语，戏谓不哭也。"

⑥赧然：羞愧脸红貌。

⑦分首：即分手。

⑧灿然：此指目光明亮有神貌。

译文

人世之事，别时容易见时难，故古人对离情特别重视。江南人在饯行送别时，必定怆然泪下，诉说离情。有一位王子侯，是梁武帝的弟弟，即将离京往东郡任职。临走前与梁武帝话别，梁武帝说："我已经年老了，现在又与你分别，真叫人无比悲伤。"说着话便流泪不止。王子侯勉强做出悲伤的样子，却挤不出眼泪，只好含羞而去。他因这件事而被人指责，坐船在江渚边飘荡徘徊了一百多天，最终还是不能离去。北方的风俗，则不屑哭泣之事，他们送别时，走到岔路口就各自说再见，然后欢笑着离去。当然，有的人天生就很少流泪，即使痛断肝肠，眼睛仍炯炯有神。像这样的人，不能过分责备。

原文

凡亲属名称，皆须粉墨[1]，不可滥也。无风教者，其父已孤，呼外祖父母与祖父母同，使人为其不喜闻也。虽质于面，皆当加外以别之；父母之世叔父[2]，皆当加其次第以别之；父母之世叔母，皆当加其姓以别之；父母之群从世叔父母及从祖父母，皆当加其爵位若姓以别之。河北士人，皆呼外祖父母为家公家母，江南田里间亦言之。以家代外，非吾所识。

注释

①粉墨：区别，修饰。

②世叔父：指伯父和叔父。

译文

凡是亲属的名称，都应该有所区别，不能胡乱混用。没有教养的人，在祖父、祖母去世后，对外祖父、外祖母的称呼仍与祖父、祖母一个样，叫人听了很不高兴。即使是当着外祖父、外祖母的面，都应在称呼上加“外”字以此表示区别；父母亲的伯父、叔父，都应该在称呼前加上排行顺序以此表示区别；父母亲的伯母、叔母，都应该在称呼前面加上她们的姓以此表示区别；父母亲的堂伯父、堂伯母、堂叔父、堂叔母以及堂祖父、堂祖母，都应该在称呼前面加上他们的爵位和姓以此表示区别。黄河以北地区的士人，都称外祖父、外祖母为家公、家母，江南的乡间也是这样称呼。用“家”字代替“外”字，这我就搞不懂了。

原文

凡宗亲①世数，有从父②，有从祖③，有族祖④。江南风俗，自兹已往，高秩⑤者，通呼为尊；同昭穆⑥者，虽百世犹称兄弟；若对他人称之，皆云族人。河北士人，虽三二十世，犹呼为从伯从叔。梁武帝尝问一中土人⑦曰：“卿北人，何故不知有族？”答云：“骨肉易疏，不忍言族耳。”当时虽为敏对，于礼未通。

注释

①宗亲：同母兄弟。此处引申为同宗亲属。

②从父：即祖父的亲兄弟的儿子，即堂伯叔。有时亦指父亲的亲兄弟，即亲伯叔。

③从祖：祖父的亲兄弟，即父亲的堂伯叔。

④族祖：曾祖父的亲兄弟，即祖父的堂伯叔。比“族祖”本义血缘隔得更远的祖辈也笼统称为族祖。

⑤秩：官吏的俸禄。此处引申为官吏的职位或品级。

⑥昭穆：古代宗法制度，宗庙或墓地的辈次排列，以始祖居中，二世、四世、六世，位于始祖之左方，称“昭”，三世、五世、七世，位于始祖之右方，称“穆”，用来分别宗族内部的长幼、亲疏和远近。后亦泛指家族的辈分。此处

言同昭穆，即同一个老祖宗之意。

⑦中土人：据史载，指夏侯亶。《梁书·夏侯亶传》："亶为人美风仪，宽厚有器量，涉猎文史，辩给能专对。宗人夏侯溢为衡阳内史，辞日，亶侍御坐，高祖谓亶曰：'夏侯溢于卿疏近？'禀答曰：'是臣从弟。'高祖知溢于亶已疏，乃曰：'卿伧人，好不辨族从。'亶对曰：'臣闻服属易疏，所以不忍言族。'时以为能对。"

译文

宗族亲属的世系辈分，有从父，有从祖，有族祖。江南的风俗，从此以往，对官职高的，通称为尊。同一个祖宗的，虽然隔了一百代，但照样称为兄弟。如果对外人介绍，则都称作族人。河北地区的士人，虽然已隔二三十代，但照样称从伯、从叔。梁武帝曾经问一位中原人说："你是北方人，为什么不懂得有'族'这种称呼呢？"他回答说："骨肉的关系容易疏远，因此我不忍心用'族'来称呼。"这在当时虽然是一种机敏的回答，但从礼制上却是讲不通的。

原文

吾尝问周弘让①曰："父母中外②姊妹，何以称之？"周曰："亦呼为丈人③。"自古未见丈人之称施于妇人也。吾亲表所行，若父属者，为某姓姑；母属者，为某姓姨。中外丈人之妇，猥俗呼为丈母④，士大夫谓之王母、谢母云⑤。而《陆机集》有《与长沙顾母书》⑥，乃其从叔母⑦也，今所不行。

注释

①周弘让：南朝文学家，出生官宦之家，宋国子博士周颙孙、梁司徒祭酒周宝舍子、梁太子詹事周舍侄、周弘正弟。《陈书·周弘正传》："弘正二弟：弘让、弘直。弘让简素，博学多通，天嘉初，以白衣领太常卿、光禄大夫，加金章紫绶。"

②中外：一称中表，即内外之义。中：指舅父子女，为内兄弟姊妹；外：指姑母子女，为外兄弟姊妹。

③丈人：古代对老年男子的尊称。此指对亲戚长辈的通称。

④丈母：古代对父辈的妻子的称呼。今指妻子之母。

⑤王母、谢母：并非其姓氏为王、谢，盖王、谢是南朝大姓，故有此称呼。下"顾母"亦同。

⑥陆机：字士衡，西晋文学家，三国吴丞相陆逊之孙，大司马陆抗之子，与其弟陆云合称"二陆"。孙吴灭亡后出仕晋朝司马氏政权，曾历任平原内史、

祭酒、著作郎等职。《晋书·陆机传》:“少有异才，文章冠世，伏膺儒术，非礼不动。”关于《与长沙顾母书》一文，李详曰:“述仲弟士璜死，‘痛心拔脑，有如孔怀。’”

⑦从叔母：堂叔之妻。

译文

我曾经问周弘让说:“父母的中表姊妹，该如何称呼？”周弘让说:“也称呼他们为丈人。”自古以来就没有听说过把丈人这个称呼用在女人身上的。

我的表亲们所奉行的称呼是：如果是父亲的中表姊妹，就称她为某姓姑；如果是母亲的中表姊妹，就称她为某姓姨。中表长辈的妻子，俚俗称她们为丈母，士大夫则称她们为王母、谢母等。而《陆机集》中有《与长沙顾母书》，姑母就是陆机的从叔母，现在不这样称呼了。

原文

齐朝士子，皆呼祖仆射为祖公[①]，全不嫌有所涉也，乃有对面以相戏者。

注释

①祖仆射：即前文所提祖珽，字孝徵。《北齐书·后主纪》:“(武平三年二月)庚寅，以左仆射唐邕为尚书令，侍中祖珽为左仆射。”仆射：官名，秦始置，汉以后沿之。汉成帝建始四年，初置尚书五人，一人为仆射，位仅次尚书令，职权渐重。汉献帝建安四年，置左右仆射。唐宋左右仆射为宰相之职。宋以后废。太平天国曾设仆射一职。

译文

北齐的士大夫们，都称呼仆射祖珽为祖公，完全不顾忌这个称呼会和自己祖父的称呼混为一谈，甚至还有人当着祖珽的面用这种称呼开玩笑的。

原文

古者，名以正体，字以表德，名终则讳之，字乃可以为孙氏[①]。孔子弟子记事者，皆称仲尼；吕后微时，尝字高祖[②]为季；至汉爰种[③]，字其叔父曰丝；王丹[④]与侯霸子语，字霸为君房；江南至今不讳字也。河北士人全不辨之，名亦呼为字，字固呼为字。尚书王元景[⑤]兄弟，皆号名人，其父名云，字罗汉，一皆讳之，其余不足怪也。

注释

①氏：上古时不但有姓，还有氏。姓是一种族号，氏是姓的分支。战国以前，男子只称氏，不称姓。战国以后，人们往往以氏为姓，姓氏渐渐合一。汉代时，通称为姓。古代诸侯之子称公子，公子之子称公孙，公孙的儿子往往以其祖父字为氏，故文中称“字乃可以为孙氏”。

②高祖：即汉高祖刘邦，字季。

③爰种：即袁种。其叔父亲为袁盎，字丝，西汉大臣，《汉书》有传。

④王丹：字仲回，京兆下邽人，东汉初年官员，资性方洁，疾恶豪强。《后汉书》有传。

⑤王元景：即王昕，字元景，北海剧人。《北齐书·王昕传》：“父云，仕魏朝有名望。昕少笃学读书，太尉汝南王悦辟骑兵参军……弟晞，字叔朗，小名沙弥。幼而孝谨，淹雅有器度，好学不倦，美容仪，有风则。”王昕父王云，字罗汉，王宪之孙。《魏书·王宪传》载其颇有风尚，后因坐收财货而被御史弹劾，遇赦免。王云有九子：王昕、王晖、王旰，其余不详。

译文

在古代，名是用以表明自身的，字是用以表示德行的。人死后，后人要避讳他的名，而他的字则可以作为孙辈的氏。孔子的弟子在记录孔子的言行时，均称他为仲尼；吕后微贱时，曾称呼汉高祖刘邦的字叫“季”；到汉代的爰种，称呼他叔叔爰盎的字叫“丝”；王丹与侯霸的儿子谈话时，称呼侯霸的字叫“君房”。江南至今不避讳称字。河北的士大夫们对名和字全都不加区别，名也称作字，字当然也称作字。尚书王元景兄弟俩，都号称名人，他们的父亲名云，字罗汉，他们对父亲的名和字全都加以避讳，其他的人不能分辨其中差别，也就不足为怪了。

原文

《礼·间传》①云：“斩缞②之哭，若往而不反；齐缞③之哭，若往而反；大功④之哭，三曲而偯⑤；小功缌麻⑥，哀容可也，此哀之发于声音也。”《孝经》云：“哭不偯。”皆论哭有轻重质文之声也。礼以哭有言者为号，然则哭亦有辞也。江南丧哭，时有哀诉之言耳；山东重丧⑦，则唯呼苍天，期功⑧以下，则唯呼痛深，便是号而不哭。

注　释

①《礼·间传》:《礼记》篇名。郑玄《目录》云:“以其记丧服之闲轻重所宜也。”

②斩缞（cuī）：为古代社会制定五种丧服之最重者。凡丧服上曰衰，通“缞”，下曰裳。斩即不缝缉，以极粗生麻布为之，衣旁及下边俱不缝缉，表示毫不修饰以尽哀痛。期为三年。子、未嫁女对父母，媳妇对公婆，承重孙对祖父母，妻对父都服斩缞。

③齐缞：亦是五种丧服之一，次于斩缞。以粗疏麻布为之。齐谓缝缉也，以其缝缉下边，故曰齐缞。为继母、慈母服齐缞三年，为祖父母、妻、庶母服齐缞一年，为曾祖父母服齐缞五月，为高祖父母服齐缞三月。

④大功：亦是五种丧服之一，以熟麻布为之，比齐缞为细，较小功为粗。期为九个月。旧时堂兄弟、未婚的堂姊妹、已婚的姑、姊妹、侄女以及众孙、众子妇、侄妇之丧，都服大功。已婚女为伯父、叔父、兄弟、侄、未婚姑、姊妹、侄女等服丧，也服大功。

⑤三曲：一举声而三折也。偯（yǐ）：哭的尾声。

⑥小功：亦是五种丧服之一，以熟布为之，比大功为细，较缌麻为粗。期为五个月。《仪礼·丧服》:“小功者，兄弟之服也。”缌麻：五种丧服之最轻者，以熟布为之，比小功为细。期为三月。凡疏远亲属、亲戚如高祖父母、曾伯叔祖父母、族伯叔祖父母、外祖父母、岳父母、中表兄弟、婿、外孙等皆服缌麻。

⑦山东：太行、恒山以东，即河北之地。重丧：指斩缞、齐缞。

⑧期（jī）功：古代丧服名称。期：服丧一年。功：指大功和小功。

译　文

《礼记·间传》上说:“披戴斩缞孝服居丧时，要痛哭至气竭，好像再也回不过气来似的；披戴齐缞孝服居丧时，要哭得死去活来，连续不停；披戴大功孝服居丧时，要拖着长长的尾音，一声三折；披戴小功、缌麻孝服居丧时，只要脸上显出哀痛的表情就可以了。这些都是哀痛之情在声音上的表现。

《孝经》上说:“孝子痛哭父母的哭声，气竭而后止，不会发出余声。”这些都是在论说哭声有轻微、沉重、质朴、和缓等各种区别。礼制中把边哭边哀诉称为号，如此，哭时也可带有言辞。江南地区的人在居丧痛哭时，经常夹杂哀诉的话语；北方人在服重丧时，只是呼天抢地；在服一年以下的轻丧时，则只呼悲痛深重，这就是哀号而不哭泣。

原　文

江南凡遭重丧，若相知者，同在城邑，三日不吊则绝之。除丧[①]，虽相遇则避之，怨其不已悯也。有故及道遥者，致书可也；无书亦如之[②]。北俗则不尔[③]。江南凡吊者，主人之外，不识者不执手；识轻服[④]而不识主人，则不于会所而吊，他日修名[⑤]诣其家。

注　释

①除丧：指服丧期满，除去丧服。

②如之：如同那样，即像对待"三日不吊"者一样，断绝交往。

③尔：如此，这样。

④轻服：五种丧服中较轻的几种，如大功、小功、缌麻之类。

⑤名：名刺。相当于现在的名片。

译　文

江南地区，凡是遭逢重丧的人家，若是与他家认识的人，又同住在一个城邑里，三天之内不前去吊丧，丧家就会同他断绝交往。丧家的人除掉丧服，与他在路上相遇，也要避开他，因为怨恨他不怜恤自己。如果是另有原因或道路遥远而没能前来吊丧者，可以写信来表示慰问。不来信的，丧家也会一样对待他。北方的风俗则不是这样。

江南地区凡是来吊丧者，除了主人，与不认识的人都不握手；如果只认识披戴较轻丧服的人而不认识主人，就不到灵堂去吊丧，改天准备好名刺再上他家去表示慰问。

原　文

阴阳说[①]云："辰[②]为水墓，又为土墓，故不得哭。"王充《论衡》云[③]："辰日不哭，哭必重丧[④]。"今无教者，辰日有丧，不问轻重，举家清谧[⑤]，不敢发声，以辞吊客。道书又曰："晦歌朔哭[⑥]，皆当有罪，天夺其算[⑦]。"丧家朔望[⑧]，哀感弥深，宁当惜寿，又不哭也？亦不谕[⑨]。

注　释

①说：《群书类编故事》卷二"说"作"家"。

②辰：辰日，天干地支纪日法中的某一天，并不是一个特定的日子，每隔12天就会出现一个辰日。赵曦明曰："水土俱长生于申，故墓俱在辰。"

③王充：字仲任，东汉哲学家、思想家。《后汉书·王充传》："家贫无书，

常游洛阳市肆，阅所卖书，一见辄能诵忆。日久，博通众流百家之言……充好论说，始若诡异，终有理实。以为俗儒守文，多失其真。乃闭门潜思，绝庆吊之礼，户牖墙壁各置刀笔。著《论衡》八十五篇，二十余万言，释物类同异，正时俗嫌疑。”

④重丧：再死人。

⑤清谧：清净。

⑥晦：阴历每月的最后一天。朔：阴历每月初一。

⑦算：寿命。

⑧望：阴历每月十五。

⑨谕：晓，明白。或作“论”。

译文

阴阳家说：“辰日是水墓，又是土墓，所以在辰日不能哭丧。”王充《论衡》也说：“辰日不能哭丧，哭的话会再死人。”如今那些没有教养的人，辰日遇到丧事，不问轻丧重丧，全家都静悄悄的，不敢发出哭声，并谢绝前来吊唁的宾客。

道家的书上又说：“晦日唱歌，朔日哭泣，都是有罪的，老天爷会减损他的寿命。”丧家在朔日、望日悲痛万分，难道为了爱惜生命，就真的不哭泣了吗？真是搞不懂。

原文

偏傍之书①，死有归杀②。子孙逃窜，莫肯在家；画瓦③书符，作诸厌胜④；丧出之日，门前然⑤火，户外列灰⑥，祓⑦送家鬼，章断注连⑧。凡如此比，不近有情，乃儒雅之罪人，弹议所当加也。

注释

①偏傍之书：指旁门左道之书。

②归杀：即归煞，亦称回煞、回魂。一般在人死后七天发生。旧时迷信说法这时已死去的亲人的灵魂会从堂屋东面进来，在家巡视一圈后离开。传说回魂时可以听到沙沙声，那就是灵魂的脚步声，这时家人万不可说话，不然它听到后就会流恋不肯离去，无法转世。《吹剑录外集》引唐太常博士吕才《百忌历》载丧煞损害法：“如巳日死者雄煞，四十七日回煞，十三四岁女雌煞，出南方第三家，煞白色，男子或姓郑、潘、孙、陈，至二十日及二十九日两次回家。故世俗相承，至期必避之。”戴冠《濯缨亭笔记》卷七：“今世阴阳家以某日人死，则于某日煞回，以五行相乘，推其殃煞高上尺寸，是日，丧家当出外避之，俗

云避煞。然莫知其缘起。”

③画瓦：画图像在瓦片上以镇邪。

④厌胜：意即“厌而胜之”，系用法术诅咒或祈祷以达到制胜所厌恶的人、物或魔怪的目的。

⑤然：即“燃”。

⑥户外列灰：在门外铺灰，以观死人魂魄行走之迹，是一种迷信传说。

⑦祓（fú）：古代为除灾求福而举行的一种仪式。

⑧章：上章，指托道士作法，给鬼神上章。注连：接连不断，指一人得病而死，另一人复得此病。代指死者之祸患。

译文

旁门左道的书上说，人死之后，鬼魂要返家一次。这一天，子孙们都逃避在外，没有人肯留在家里。又说要用画瓦和书符等种种巫术和法术来镇邪驱鬼。出殡那天，门前要燃火，屋外要铺灰，要举行仪式送走家鬼，上章请求老天阻止死者祸及家人。诸如此类迷信恶俗做法，都不近人情，是儒学雅道的罪人，应该对此进行弹劾批评。

原文

已孤，而履岁及长至之节[①]，无父，拜母、祖父母、世叔父母、姑、兄、姊，则皆泣；无母，拜父、外祖父母、舅、姨、兄、姊，亦如之。此人情也。

注释

①履岁：即履端岁首，指元旦。卢文弨曰：“‘履岁’下疑当有‘朝’字。”长至：指夏至。夏至白昼最长，故称。《礼记·月令》：“是月也，日长至，阴阳争，死生分。”因为夏至后白昼渐短，冬至后白昼又渐长，故冬至也称长至。此处指冬至。

译文

父亲或母亲去世后，在元旦和冬至这两个节日，如果父亲已死，拜见母亲、祖父母、伯叔父母、姑姑、兄长、姐姐时都要哭泣；如果母亲已死，拜见父亲、外祖父母、舅舅、姨母、表兄、表姐时，也一样要哭泣。这是人之常情。

原文

江左朝臣，子孙初释服[①]，朝见二宫[②]，皆当泣涕，二宫为之改容。颇有肤色充泽，无哀感者，梁武薄其为人，多被抑退。裴政③出服，问讯④武帝，贬⑤瘦枯槁，涕泗滂沱，武帝目送之曰："裴之礼⑥不死也。"

注释

①释服：与下文"出服"义同，言丧期届满，除去丧服。

②二宫：指皇帝与太子。

③裴政：《北史·裴政传》："裴政，字德表，河东闻喜人也……祖邃，梁侍中、左卫将军、豫州大都督。父之礼，延尉卿。政幼聪敏，博闻强记，达于从政，为当世所称……政明习故事，又参定《周律》。能饮酒，至数斗不乱。簿案盈几，剖决如流，用法宽平，无有冤滥。"裴政之人生经历与颜之推颇为相似，皆初仕于南梁，江陵之役后，被囚送长安。不同的是颜之推后逃入北齐，裴政则仕于北周，后同入隋。

④问讯：僧尼等向人曲躬合掌致敬称"闻讯"，因为梁武帝信佛，故裴政以僧礼相见。

⑤贬：损。

⑥裴之礼：裴政之父，裴邃之子，仕于南梁，卒于少府卿，谥曰壮。《南史·裴邃传》："之礼，字子义，美容仪，能言玄理。为西豫州刺史。母忧居丧，唯食麦饭。邃庙在光宅寺西，堂宇弘敞，松柏郁茂。范云庙在三桥，蓬蒿不翦。梁武帝南郊，道经二庙，顾而叹曰：'范为已死，裴为更生。'大同初，都下旱蝗，四篱门外桐柏凋尽，唯邃墓犬牙不入，当时异之……子政，承圣中位给事黄门侍郎。魏克江陵，随例入长安。"

译文

南朝的大臣去世后，他们的子孙服丧期满，刚脱去丧服，进宫去朝见皇帝和太子时，都要哭泣流泪。皇帝和太子也会为之动容。不过也颇有一些人在朝见时肤色丰润光泽，没有表现出一点哀痛之感，梁武帝鄙夷他们的为人，多将他们贬退降谪。

裴政服丧期满，除去丧服，行僧礼朝见梁武帝，当时他身体瘦弱，形容枯槁，应答时痛哭流涕，梁武帝目送他离去时说："裴政之父裴之礼虽死犹生啊。"

原文

二亲既没，所居斋寝，子与妇弗忍入焉。北朝顿丘李构①，母刘氏，夫人亡后，所住之堂，终身锁闭，弗忍开入也。夫人，宋广州刺史纂之孙女②，故构犹染江南风教。其父奖③，为扬州刺史[4]，镇寿春，遇害。构尝与王松年[5]、祖孝徵数人同集谈宴。孝徵善画，遇有纸笔，图写为人。顷之，因割鹿尾，戏截画人以示构，而无他意。构怆然动色，便起就马而去。举坐惊骇，莫测其情。祖君寻[6]悟，方深反侧[7]，当时罕有能感此者。吴郡陆襄[8]，父闲被刑[9]，襄终身布衣蔬饭，虽姜菜有切割，皆不忍食；居家惟以掐摘供厨。江宁姚子笃[10]，母以烧死，终身不忍啖[11]炙。豫章熊康[12]，父以醉而为奴所杀，终身不复尝酒。然礼缘人情，恩由义断，亲以噎死，亦当不可绝食也。

注　释

①顿丘：郡名。《宋书·州郡志》："顿邱，二汉属东郡，魏属阳平，（晋）武帝泰始二年，分淮阳置顿邱郡，县属焉。"李构：李崇从弟李平之孙。《北史·李崇传》："构字祖基，少以方正见称，袭爵武邑郡公。齐天保初，降爵为县侯，位终太府卿，赠吏部尚书。构早有名誉，历官清显，常以雅道自居，甚为名流所重。"

②宋：指南朝第一个政权宋，刘裕所创立。广州刺史：《宋书·州郡志》："广州刺史，吴孙休永安七年分交州立，领郡十七，县一百三十六。"纂：刘纂，字元绩，南朝宋宗室。

③奖：李奖，为李平之子，李构之父。《北史·李崇传》："奖字遵穆，容貌魁伟，有当世才度。位中书侍郎、吏部郎中。以本官兼尚书，出为相州刺史。初，元叉擅朝，奖为其亲待，频居显职。灵太后反政，削除官爵。孝庄初，为散骑常侍、河南尹。奖前后所历，皆以明济著称。元颢入洛，颢以奖兼尚书右仆射，慰劳徐州。羽林及城人不承颢旨，害奖，传首洛阳。"

④扬州刺史：《宋书·州郡志》："扬州刺史，前汉未有治所，后汉治历阳，魏、晋治寿春。"

⑤王松年：北齐名臣。《北齐书·王松年传》："王松年，少知名。文襄（高澄）临并州，辟为主簿，累迁通直散骑常侍……孝昭（高演）擢拜给事黄门侍郎。帝每赐坐，与论政事，甚善之。孝昭崩，松年驰驿至邺都宣遗诏，发言涕泗，迄于宣罢，容色无改，辞吐谐韵。宣讫，号恸自绝于地，百官莫不感恸。还晋阳，兼侍中，护梓宫还邺。诸旧臣避形口，无敢尽哀，唯松年哭甚流涕，朝士咸恐。武成（高湛）虽忿松年恋旧情切，亦雅重之。以本官加散骑常侍，食高邑县干，参定律令，前后大事多委焉。兼御史中丞。发晋阳之邺，在道遇疾卒。赠吏部尚书、并州刺史，谥曰平。"

⑥寻：旋，随后。

⑦反侧：辗转反复，惶恐不安。

⑧陆襄：南朝文士，陆慧晓兄子陆闲之第四子。《南史·陆慧晓传》："襄，字师卿……本名衰，字赵卿，有奏事者误字为襄，梁武帝乃改为襄，字师卿。天监三年，都官尚书范岫表荐襄，起家著作佐郎。后昭明太子统闻襄业行，启武帝引与游处。自庐陵王记室除太子洗马，迁中舍人，并掌管记。出为扬州中从事，以父终此官，固辞。武帝不许，听与府司马换廨居之。"

⑨闲：陆闲。《南史·陆慧晓传》："闲，字遐业，慧晓兄子也。有风概，与人交不苟合，少为同郡张绪所知。仕至扬州别驾。齐明帝崩，闲谓所亲人曰：'宫车晏驾，百司将听冢宰。主王地重才弱，必不能振，难将至矣。'乃感心疾，不复预州事。永元末，刺史始安王遥光据东府作乱，或劝去之。闲曰：'吾为人吏，何可逃死。'台军攻陷城，闲以纲佐被收，至杜姥宅，尚书令徐孝嗣启闲不预逆谋。未及报，徐世标命杀之。闲四子：厥、绛、完、襄也。绛字魏卿，时随闲，抱颈求代死，不获，遂以身蔽刀刃，行刑者俱害之。"刑：或作"害"。

⑩江宁：或作"江陵"。姚子笃：生平不详。

⑪啖：食，吃。

⑫豫章：地名。《晋书·地理志》载："豫章郡属扬州。"熊康：生平不详。

译文

父母亲去世以后，他们生前斋戒时所居住的旁屋，儿子和媳妇都不忍心再进去。北朝顿丘郡的李构，他母亲刘氏死后，她生前所住的屋子，李构将它锁闭，终身不忍心开门进去。李构的母亲，是宋广州刺史刘纂的孙女，所以李构在礼制上仍然得到江南风教的熏陶。李构的父亲李奖，曾是扬州刺史，镇守寿春，被人杀害。李构曾经与王松年、祖孝徵几个人聚在一起喝酒谈天。孝徵善于画画，见有纸笔，就画了一幅人物画。过了一会儿，他因为拿刀割取宴席上的鹿尾，就开玩笑地把人像斩断拿给李构看，但并没有别的意思。李构却悲痛得变了脸色，起身乘马而去。在场的人都惊诧不已，却猜不出其中的原因。祖孝徵后来醒悟，明白李构是因为他割画中人而想到父亲被杀害的事，所以悲痛不忍。祖孝徵对此很是自责，深感不安，当时却很少有人能明白其中原委。

吴郡的陆襄，他的父亲陆闲遭到刑戮，陆襄终身穿布衣吃素餐，即便是生姜，如果用刀割过，他都不忍心食用。做饭只用手掐摘蔬菜供厨房之需。江宁的姚子笃，因为母亲是被火烧死的，所以他终身不忍心吃烤肉。豫章的熊康，父亲因酒醉后被奴仆杀害，所以他终身不再饮酒。然而礼是因为人的感情需要而设立的，感念父母之德也需要根据事理而断绝，假如父母亲因为吃饭噎死了，也不至于因此绝食吧。

原　文

《礼经》：父之遗书，母之杯圈[①]，感其手口之泽[②]，不忍读用。政为常所讲习，雠校缮写[③]，及偏加服用[④]，有迹可思者耳。若寻常坟典[⑤]，为生什物[⑥]，安可悉废之乎？既不读用，无容散逸[⑦]，惟当缄[⑧]保，以留后世耳。

注　释

①杯圈：不加雕饰的木制饮器。

②手口之泽：手汗和口气的滋润。《礼记·玉藻》："父没而不能读父之书，手泽存焉尔；母没而杯圈不能饮焉，口泽之气存焉尔。"

③雠校：又作"校雠"，即校勘。缮写：抄写。

④服用：使用。

⑤坟典：三坟、五典的并称，后为古代典籍的通称。孔安国《尚书序》："伏牺、神农、黄帝之书，谓之'三坟'，言大道也；少昊、颛顼、高辛、唐、虞之书，谓之'五典'，言常道也。"

⑥为生：营生。什物：常用器物。

⑦散逸：散失，亡逸。

⑧缄：封存，束箧收藏。

译　文

《礼经》上讲：父亲遗留的书籍，母亲用过的口杯，子女感受到上面有父母的气息，则不忍心阅读或使用。只因为这些书籍是父亲生前经常讲习，亲手校对缮写过的，那口杯是母亲生前专门使用的，上面留着他们的遗迹可以引发儿女的哀思。可如果是常用的书籍，以及各种日用品，哪能全部废弃不用呢？父母遗物既然不阅读使用，就不要让它们散失，应该封存保护，以传给后代。

原　文

思鲁等第四舅母，亲吴郡张建女也，有第五妹，三岁丧母。灵床[①]上屏风，平生旧物，屋漏沾湿，出曝晒之，女子一见，伏床流涕。家人怪[②]其不起，乃往抱持[③]；荐席淹渍[④]，精神伤怛[⑤]，不能饮食。将以问医，医诊脉云："肠断矣！"因尔便吐血，数日而亡。中外[⑥]怜之，莫不悲叹。

注释

①灵床：即灵座，供奉亡人灵位之几筵。

②怪：以为怪，觉得奇怪。

③抱持：搂抱，抱住。

④荐席：垫席。郑玄云："铺陈曰筵，借之曰席，筵铺于下，席铺于上，所以为位也。"淹渍：淹浸。此指被泪水浸湿。或作"泪渍"。

⑤伤怛（dá）：悲伤痛苦。

⑥中外：中表亲戚，此指众亲属。

译文

思鲁等人的四舅母，是吴郡张建的女儿，她的五妹刚满三岁时就失去了母亲。灵床上摆着的屏风，是其母生前使用的旧物。一日下雨，家中屋漏，屏风被沾湿，家人便拿出去曝晒。那女孩一见屏风，就伏在床上流泪。家人见她久久不起，觉得很奇怪，于是就过去抱她起身，只见垫席已被泪水浸湿，女孩伤心欲绝，不能饮食。家人带她去看病，医生诊脉后说："她已经伤心断肠了！"女孩因此而吐血，数日后就身亡了。亲属都怜惜她，无不悲伤叹息。

原文

《礼》云："忌日不乐[①]。"正以感慕罔极[②]，恻怆无聊[③]，故不接外宾[④]，不理众务耳。必能悲惨自居，何限于深藏也？世人或端坐奥室[⑤]，不妨言笑，盛营甘美，厚供斋食；迫有急卒[⑥]，密戚[⑦]至交，尽无相见之理：盖不知礼意乎！

注释

①忌日不乐：《礼记·祭义》："君子有终身之丧，忌日之谓也。忌日不用，非不祥也。言夫日，志有所至，而不敢尽其私也。"又《礼记·檀弓上》："子思曰：'丧三日而殡，凡附于身者，必诚必信，勿之有悔焉耳矣。三月而葬，凡附于棺者，必诚必信，勿之有悔焉耳矣。丧三年以为极，亡则弗之忘矣，故君子有终身之忧，而无一朝之患，故忌日不乐。"

②罔极：无极，无穷尽。

③恻怆：哀伤。聊：乐。

④外宾：此处当指寻常之宾客。是相对"密戚至交"而言。

⑤奥室：深隐之室。

⑥迫：遇到。急卒：指紧迫之事。"卒"通"猝"。

⑦密戚：指至亲。

译文

《礼记》上说："忌日不宴饮作乐。"正是因为在忌日这天会对亡故的父母有说不尽的感念思慕之情，心中悲伤哀痛，无心为乐，故不接待宾客，不处理事务。然而，若真能自觉做到悲伤怀念，又何必非得深居而不出呢？世间有些人虽然端坐在深室，却并不妨碍他们谈笑风生，他们依旧置办丰盛的饮食，对亡者也供奉丰厚的斋食。遇到十分紧迫的事，或是至亲挚友来访，他们却认为没有接见的道理：他们是不明白礼的本质啊！

原文

魏世王修，母以社日亡[①]。来岁社日，修感念哀甚，邻里闻之，为之罢社。今二亲丧亡，偶值伏腊分至之节[②]，及月小晦后[③]，忌之外，所经此日，犹应感慕，异于余辰[④]，不预饮宴、闻声乐及行游也。

注释

①王修：《三国志·魏书·王修传》："王修字叔治，北海营陵人也。年七岁丧母。母以社日亡，来岁邻里社，修感念母，哀甚。邻里闻之，为之罢社。"社日：古代农民祭祀土地神的节日。汉以前只有春社，汉以后开始有秋社。自宋代起，以立春、立秋后的第五个戊日为社日。

②伏腊：伏祭和腊祭之日。伏祭在夏季伏日，腊祭在农历十二月。分至：春分、夏至、秋分、冬至。

③月小：指旧历只有二十九天的月份。卢文弨曰："盖谓亲或以月大尽亡，而所值之月，只有二十九日，乃月小之晦日，即以为亲之忌日所经也。"郑珍曰："六朝时更有忌月之说。张融有孝，忌月三旬不听音乐；晋穆帝将纳后，以康帝忌月疑之，下其议，皆见于史。相沿至唐不废。《唐书·王方庆传》'议者以孝明帝忌月，请献俘不作乐'可见。而又有此月中忌前晦前、忌后晦后各三日之说。《唐书·韦公肃传》：'睿宗祥月，太常奏……前忌与晦三日、后三日，皆不听事，忌晦之明日，百官叩侧门通慰。'盖沿隋以前旧习也。黄门此云'月小晦后'，正谓忌月之晦前后三日，月小则廿七八九也；此与伏腊分至，皆在忌日之外，故黄门自言：'已丧亲后值如此，于忌之外，所经等日，犹感慕异于余辰，不必正忌日也。'"此说可从。

④余辰：别的日子。

译 文

魏朝人王修的母亲是在社日这天去世的，第二年的社日，王修感怀思念母亲，十分哀痛，邻居们听说这件事后，就为此而停止了社日的庆祝活动。假使父母亲去世的日子，正碰上伏祭、腊祭、春分、秋分、夏至、冬至这些节日，以及小月晦后的那一天，除了忌日这天，凡在上述的日子里，仍然应对父母亲感怀思慕，与别的日子有所不同，应该做到不参加宴饮、不听声乐以及不外出游玩。

原 文

刘绍、缓、绥，兄弟并为名器①，其父名昭②，一生不为照字，惟依《尔雅》火旁作召耳。然凡文与正讳③相犯，当自可避；其有同音异字，不可悉然。刘字之下，即有昭音④。吕尚⑤之儿，如不为上；赵壹⑥之子，傥⑦不作一：便是下笔即妨，是书皆触⑧也。

注 释

①名器：名士。古代称人才为器，如国器、社稷器、天下器等是。

②昭：刘昭。《梁书·文学传上》："刘昭字宣卿，平原高唐人……昭幼清警，七岁通《老》《庄义》。既长，勤学善属文，外兄江淹早相称赏……子绍字言明。亦好学，通《三礼》。大同中，为尚书祠部郎，寻出职，不复仕。绍弟缓，字含度，少知名。历官安西湘东王记室。时西府盛集文学，缓居其首。除通直郎，俄迁镇南湘东王录事，复随府江州，卒。"绥于传中无载，疑此字衍。

③正讳：指人的正名。

④刘字之下，即有昭音：旧体刘（劉）上从卯，下从钊，钊的读音正与昭同，是同音不同字，故云。

⑤吕尚：即姜子牙；姜姓，吕氏。

⑥赵壹：本名懿，因《后汉书》作于晋朝，为避司马懿名讳，故作"壹"，字元叔，东汉辞赋家。《后汉书·赵壹传》："赵壹字元叔，汉阳西县人也。体貌魁梧，身长九尺，美须豪眉，望之甚伟。而恃才倨傲，为乡党所摈，乃作《解摈》。后屡抵罪，几至死，友人救，得免。"遂作《穷鸟赋》答谢友人相助。并作《刺世疾邪赋》抒发愤懑之气。一生著赋、颂、箴、诔、书、论及杂文等16篇，今存5篇。

⑦傥：通"倘"，倘若，如果。

⑧触：指触犯忌讳。

译文

刘绍、刘缓、刘绥兄弟三人皆是名士，他们的父亲名叫昭，所以他们兄弟一辈子都不写“照”字，只是按照《尔雅》用火字旁加召来代替。然而，凡是文字与人的正名相同，当然应该避讳；可如果遇到同音不同形的字，就不应该全都避讳了。刘字的下半部分就有昭的读音。吕尚的儿子如果不能写“上”字，赵壹的儿子如果不能写“一”字，那便会一下笔就犯难，一写字就犯忌讳了。

原文

尝有甲设宴席，请乙为宾[①]；而旦于公庭见乙之子，问之曰：“尊侯早晚[②]顾宅？”乙子称其父已往。时以为笑[③]。如此比例，触类[④]慎之，不可陷于轻脱[⑤]。

注释

①甲、乙：古书凡不实指人名而言，率虚设甲乙之词以代之。

②早晚：何时。

③时以为笑：时人之笑，在甲君之谄媚。宴在夜，而晨即请问，可谓媚态十足。亦笑乙君之子不察事情原委信口而答，是武断。林思进曰：“下云‘时以为笑’者，盖笑其不审早晚，不顾望而对，遽云已往，所谓‘陷于轻脱’，此耳。”刘盼遂曰：“此甲问乙子，乙将以何时可以枉过，乙子不悟，答以其父已往，遂成笑柄。”

④触类：指遇到类似的事情。

⑤轻脱：轻薄，轻佻，不稳重。

译文

曾经有甲君摆席设宴，请乙君前来作客。当他早上在朝廷遇见乙君之子时，便问道：“令尊何时能光顾舍下？”乙君之子说他父亲已经去了。当时人把这件事当作笑柄。像这样的事例你们要吸取教训，遇到类似的事一定要谨慎对待，不可过于轻佻。

原文

江南风俗，儿生一期，为制新衣，盥浴装饰，男则用弓矢纸笔，女则刀尺针缕[①]，并加饮食之物，及珍宝服玩，置之儿前，观其发意所取，以验贪廉愚智，名之为试儿[②]。亲表[③]聚集，致宴享焉。自兹已后，二亲若在，每至此日，尝有酒食之事耳。无教之徒，虽已孤露[④]，其日皆为供顿[⑤]，酣畅声乐，不知有所感伤。梁孝元年少之时，每八月六日载诞之辰[⑥]，常设斋讲[⑦]；自阮修容薨殁之后[⑧]，此事亦绝。

注释

①缕：线。

②试儿：此风俗或称“试周”，有些地区则称“抓周”。

③亲表：亲戚中表。此指众亲属。

④孤露：魏晋时人以父亡为孤露，唐人则称偏露。《纲目集览》四九：“孤者，幼而无父者也；露者，暴露于于外也。”

⑤供顿：设宴待客。胡三省曰：“置食之所曰顿。唐人多言置顿。”按：供顿与置顿义近。今谓“吃一次饭”曰“吃一顿饭”，本此。

⑥载诞之辰：即生日。

⑦斋讲：斋肃讲经。

⑧阮修容：梁元帝萧绎生母。《梁书·后妃传》：“高祖阮修容，讳令嬴，本姓石，会稽余姚人也。齐始安王遥光纳焉。遥光败，入东昏宫。建康城平，高祖纳为彩女。天监七年八月，生世祖。寻拜为修容，常随世祖出蕃。大同六年六月，薨于江州内寝，时年六十七。”修容：女官名，三国魏文帝曹丕所制，南朝宋改为昭容，至隋仍置修容。《封氏闻见记·卷四·降诞》：“近代风俗，人子在膝下，每生日有酒食之会。孤露之后，不宜复以此日为欢会。梁元帝少时，每以载诞之辰，辄设斋讲经，洎阮修容殁后，此事亦绝。”即本此而言。

译文

江南地区的风俗，孩子满周岁时，就要为他缝制新衣裳，给他洗浴打扮，若是男孩就拿出弓、箭、纸、笔，若是女孩就拿出剪子、尺子、针线，再加上一些饮食，还有珍宝和玩具等，把它们放在孩子面前，由孩子随意抓取，以此来试验孩子今后是贪婪还是廉洁，是愚笨还是聪明，这种风俗称为试儿。

这一天，亲戚们都集聚一堂，欢宴作乐。从此以后，父母如果在世，每逢孩子生日，就要置酒备饭，欢庆一番。一些没有教养的人，虽然父亲已经去世，在这一天仍然设宴待客，尽情痛饮，纵情声乐，全不知还应该因怀念父亲而有所感伤。梁元帝年轻的时候，每到八月六日生日这天，经常是吃斋讲经。自从其母阮修容去世之后，也就不再这样做了。

原文

人有忧疾，则呼天地父母，自古而然。今世讳避，触途[①]急切。而江东士庶，痛则称祢[②]。祢是父之庙号，父在无容称庙，父殁何容辄呼？《苍颉篇》有“倄”字[③]，《训诂》[④]云：“痛而呼也，音羽罪反。”今北人痛则呼之。《声类》[⑤]音于耒反，今南人痛或呼之。此二音随其乡俗，并可行也。

注 释

①触途：亦作“触涂”，处处，各方面。卢文弨曰：“言今世以呼天呼父母为触忌也，盖嫌于有怨恨祝诅之意，故不可也。”

②祢（nǐ）：古代对已在宗庙中立牌位的亡父的称谓。刘盼遂认为颜之推此处有误，曰：“按江东人痛呼祢，当是呼奶，奶者，母之俗字，人穷则呼母，古今不异。颜氏误以为呼祢，实缘奶、祢同音而致疏失。”

③《苍颉篇》：古代字书，秦丞相李斯所作。倄（yáo）：呼痛声。

④《训诂》：解释《苍颉篇》的书。《汉书·艺文志》：“扬雄《苍颉训纂》一篇。杜林《苍颉训纂》一篇。杜林《苍颉故》一篇。”皆是《苍颉篇》的《训诂》。

⑤《声类》：书名。《隋书·经籍志》：“《声类》十卷，魏左校令李登撰。”

译 文

人有忧患疾病时，就呼喊天地父母，从古至今都是这样。现在的人讲究避讳，处处比古人来得严格。江东地区无论士大夫还是普通百姓，悲痛时都呼喊“祢”。“祢”是已故父亲的庙号，父亲在世时不能叫庙号，父亲死后怎能随便呼叫他的庙号呢？

《苍颉篇》中有“倄”字，《训诂》解释说：“这是人痛苦时发出的声音，读音是羽罪反。”现在北方人悲痛时就这样叫。《声类》注这个字的音是于耒反，现在南方人悲痛时就这样喊。这两种读音随乡俗不同而不同，但都是可行的。

原 文

梁世被系劾者[①]，子孙弟侄，皆诣阙三日，露跣陈谢[②]。子孙有官，自陈解职。子则草屩粗衣[③]，蓬头垢面，周章[④]道路，要候执事[⑤]，叩头流血，申诉冤情。若配徒隶，诸子并立草庵于所署门，不敢宁宅[⑥]，动经旬日，官司驱遣，然后始退。江南诸宪司[⑦]弹人事，事虽不重，而以教义见辱者，或被轻系[⑧]而身死狱户者，皆为怨仇，子孙三世不交通矣。到洽为御史中丞[⑨]，初欲弹刘孝绰[⑩]，其兄溉[⑪]先与刘善，苦谏不得，乃诣刘涕泣告别而去。

注释

①系：拘囚。劾：审理。

②露：露髻，指不戴帽子露出发髻。跣（xiǎn）：光脚不穿鞋。

③草屦：草鞋。粗衣：粗布衣服。此处作动词。

④周章：仓皇惊惧。

⑤要（yāo）候：中途等候，迎候。执事：主管案件的官员。

⑥宁宅：指在家中安居。

⑦宪司：魏晋以来御史的别称。

⑧轻系：因轻罪而被拘囚。

⑨到洽：《梁书·到洽传》："到洽，字茂沿，彭城武原人也。宋骠骑将军彦之曾孙……洽少知名，清警有才学士行……（普通）六年，迁御史中丞，弹纠无所顾望，号为劲直，当时肃清。"御史中丞：官名。秦始置。汉朝为御史大夫的次官。外督部刺史，内领侍御史，受公卿章奏，纠察百僚，其权颇重。汉哀帝废御史大夫，以御史中丞为御史台长官，后历代相沿，唯官名时有变动。曹操曾改御史中丞为宫正，北魏一度改称御史中尉。南北朝，御史大夫时置时废、即令置大夫亦往往缺位，故中丞实为御史台长官无疑。隋置御史大夫，不置御史中丞，这是因为避讳的缘故。唐、五代、宋均大夫与中丞并置，唯大夫极少除授，仍以中丞为长官。明朝废御史台、改设都察院，遂废。

⑩刘孝绰：名冉，字孝绰，小字阿士。他自幼聪敏，七岁能文，号为"神童"。以文才为世所重，恃才傲物。《梁书·刘孝绰传》记载到洽弹劾刘孝绰事，曰："初，孝绰与到洽友善，同游东宫。孝绰自以才优于洽，每于宴坐，嗤鄙其文，洽衔之。及孝绰为廷尉卿，携妾入官府，其母犹停私宅。洽寻为御史中丞，遣令史案其事，遂劾奏之，云：'携少妹于华省，弃老母于下宅。'高祖为隐其恶，改'妹'为'姝'。坐免官。孝绰诸弟，时随藩皆在荆、雍，乃与书论共洽不平者十事，其辞皆鄙到氏。又写别本封呈东宫，昭明太子命焚之，不开视也。"

⑪溉：到溉，字茂灌，到洽之兄。《梁书·到溉传》："溉少孤贫，与弟洽俱聪敏有才学，早为任昉所知，由是声名益广……溉身长八尺，美风仪，善容止，所莅以清白自修。性又率俭，不好声色，虚室单床，傍无姬侍。自外车服，不事鲜华，冠履十年一易，朝服或至穿补，传呼清路，示有朝章而已。"

译文

梁朝被拘囚审问的官员，他的子孙弟侄们，都要连续三天赶赴朝廷，免冠赤足，陈述请罪。如果子孙中有做官的，就主动请求解除官职。他的儿子们则穿上草鞋和粗布衣服，蓬头垢面，惊恐不安地守候在道路上，迎候主管官员，叩头流血，申诉冤枉。如果犯人被发配去服苦役，他的儿子们就一起在官署门口搭上草棚栖身，不敢在家中安居，一住就是十来天，直到官府驱逐才退离。

江南地区各位御史弹劾某人，有时案情虽然不严重，但如果那人是因教义而受弹劾之辱，或者因轻罪被拘囚而死于狱中，这些人家就会与御史结下怨仇，子孙三代都不相往来。到洽当御史中丞的时候，一开始想弹劾刘孝绰，到洽的哥哥到溉与刘孝绰关系友善，他苦苦规劝到洽不要弹劾刘孝绰，但没能如愿，于是他前往刘孝绰处，流着泪与他分手。

原　文

兵凶战危[①]，非安全之道。古者，天子丧服以临师，将军凿凶门[②]而出。父祖伯叔，若在军阵，贬损[③]自居，不宜奏乐宴会及婚冠吉庆事也。若居围城之中，憔悴容色，除去饰玩[④]，常为临深履薄[⑤]之状焉。父母疾笃，医虽贱虽少，则涕泣而拜之，以求哀也。梁孝元在江州，尝有不豫[⑥]；世子方等亲拜中兵参军李猷焉[⑦]。

注　释

①兵：兵器。战：战争。《汉书·晁错传》："兵，凶器，战，危事也，以大为小，以强为弱，在俯仰之间耳。"

②凶门：古代将军出征前，凿一扇向北的门，由此出发，如办丧事一般，以示必死的决心。《淮南子·兵略训》："复操斧，持头，授将军其木丙……乃爪鬋，设明衣也，凿凶门而出。"按：许慎注云："凶门，北出门也；将军之出，以丧礼处之，以其必死也。"

③贬损：损减，抑制。

④饰玩：谓装饰之品，玩好之器。

⑤临深履薄："如临深渊，如履薄冰"的缩语，出自《诗经·小雅·小旻》，形容小心翼翼、战战兢兢之貌。

⑥不豫：天子病称不豫。

⑦方等：梁元帝长子萧方等，字实相，母为正妃徐昭佩，少年聪慧有才干，且精于绘画，但因为其母素与梁元帝不和，故屡遭父亲嫌弃，在恐惧和绝望之中带兵出征以自寻死路，最终溺水而死。由于其父起初为湘东王，故他被称为湘东世子，之后又被追谥为忠壮世子、武烈世子。中兵参军：世子府属官。《隋书·百官志》："皇弟皇子府，置功曹史、录事、记室、中兵等参军。"李猷：生平不详。

译　文

兵器是凶险的事物，战争是危险的事情，此二者皆非安全之道。古时候打仗之前，天子穿上丧服去视察军队，将军先凿一扇凶门，然后才率领军队由此出征。某人的父祖伯叔如果在军队里，那么他日常生活就该自我约束，不应该奏乐和参加宴会、婚礼冠礼等吉庆活动。如果某人的父祖伯叔被围困在城邑之中，那他就应该面容憔悴，除掉饰物器玩，时时显出如临深渊、如履薄冰的模样。若父母病重，即使那医生年少位卑，也应该向医生哭泣下拜，以此求得医生的怜悯。梁孝元帝在江州的时候，曾经生病，他的长子方等就亲自拜求过他的下属中兵参军李猷。

原　文

四海之人，结为兄弟，亦何容易。必有志均义敌①，令终如始②者，方可议之。一尔③之后，命子拜伏，呼为丈人，申父友之敬；身事彼亲，亦宜加礼。比见北人，甚轻此节，行路相逢，便定昆季④，望年观貌，不择是非，至有结父为兄，托子为弟者。

注　释

①敌：相当，匹配。

②令终如始：即始终如一。

③一尔：一旦如此。

④昆季：兄弟。长为昆，幼为季。《北齐书·宋游道传》："与顿丘李奖一面，便定死交。"颜之推所言北人之轻率，由此可见一斑。然北人亦自有其豪放洒脱之处。至于"结父为兄，托子为弟"，王利器先生以为实从当时乱伦之过房制度相应而产生者。自唐、五代以来，降弟为儿、升孙为子之现象，颇为普遍。宗法制度且如此，则交朋结友更无论矣。

译　文

四海之内的异姓之人要结拜为兄弟，亦不可轻易而为。必须是志向道义都相合，对朋友始终如一的人，才能商讨此事。一旦与人结为兄弟，就要让自己的孩子向他伏地下拜，称他为丈人，以表示孩子对父亲朋友的尊敬。自己对结拜兄弟的父母亲，也要待之以礼。近来见到一些北方人对此事很是轻率，两个人陌路相逢，便结为兄弟。在排定长幼次序时，只问问年龄看看外貌而定，也不斟酌一下是否妥当，以致有把父辈当成兄长，把子侄辈当成弟弟的。

原　文

昔者，周公一沐三握发，一饭三吐餐，以接白屋之士①，一日所见者七十余人。晋文公以沐辞竖头须②，致有图反之诮③。门不停宾，古所贵也。失教之家，阍寺④无礼，或以主君寝食嗔怒，拒客未通，江南深以为耻。黄门侍郎⑤裴之礼，号善为士大夫，有如此辈，对宾杖之。其门生⑥僮仆，接于他人，折旋⑦俯仰，辞色应对，莫不肃敬，与主无别也。

注　释

①白屋之士：指贫寒的士人。或谓庶人。颜师古曰："白屋，谓白盖之屋，以茅覆之，贱人所居。"《史记·鲁周公世家》："周公戒伯禽曰：'我文王之子，武王之弟，成王之叔父，我于天下亦不贱矣。然我一沐三捉发，一饭三吐哺，起以待士，犹恐失天下之贤人。子之鲁，慎无以国骄人。'"

②晋文公：姬姓，名重耳，春秋初晋献公之子，谦而好学，善交贤能智士。后受迫害离开晋国，游历诸侯。漂泊19年后终回国，杀怀公而立。他对内拔擢贤能，对外联秦合齐，保宋制郑，尊王攘楚，开创了晋国长达百年的霸业，为"春秋五霸"之一。竖：古代地位低微的小吏。头须：人名。《左传·僖公二十四年》记载：当初，晋国有个小臣，名叫头须，是个坚守府库的人。当年重耳逃亡时，头须偷走府库中的财物，全部用在接纳重耳回国这件事上。等到重耳回国了，头须请求见重耳。重耳借口正在洗头而不愿见他。头须对重耳的仆人说："洗头的时候心是向下倒过来的，心倒过来，考虑问题就颠倒了，该我不能够见到他。在国内居留的人为您看守国家，跟您逃亡的人替您奔走服役，这两种人都是一样的。何必把留守的人看成是罪人呢？做国君的如果仇视普通人，那么害怕的人就多了。"仆人把这番话告诉了重耳，重耳马上接见了头须。

③图：图谋，考虑。诮：讥笑。

④阍寺：守门人。

⑤黄门侍郎：又称黄门郎，秦代初置，即给事于宫门之内的郎官，是皇帝近侍之臣，可传达诏令，汉代以后沿用此官职。

⑥门生：此指门下使役之人。

⑦折旋：即折还，曲行也。古代行礼时的动作。

译　文

从前，周公一次沐浴三握发，一次用餐三吐哺，随时中断正在做的事，以接待来访的贫寒之士，一天之内曾经接待了七十多人。而晋文公以正在洗头为借口拒绝接见下人头须，以致遭来思维颠倒的嘲笑。不使宾客滞留在大门口，这是古人所看重的礼节。那些没有良好教养的人家，看门人也没有礼貌，他们在客人来访时，就以主人正在睡觉、吃饭或发脾气为借口，拒绝为客人通报，江南的人家深以此事为耻。

黄门侍郎裴之礼，被称作士大夫的楷模，他如果发现家中下人怠慢客人，他就会当着客人的面杖打下人。他的门子、僮仆在接待客人的时候，进退礼仪，言行举止，无不严肃恭敬，与对待主人没有区别。

慕贤第七

原　文

古人云："千载一圣，犹旦暮也；五百年一贤，犹比髆①也。"言圣贤之难得，疏阔②如此。傥遭不世明达君子，安可不攀附景仰之乎？吾生于乱世，长于戎马，流离播越③，闻见已多。所值名贤，未尝不心醉魂迷向慕④之也。人在年少，神情未定，所与款狎⑤，熏渍陶染⑥，言笑举动，无心于学，潜移暗化，自然似之。何况操履⑦艺能，较明易习者也？是以与善人居，如入芝兰⑧之室，久而自芳也；与恶人居，如入鲍鱼之肆，久而自臭也。墨子悲于染丝⑨，是之谓矣。君子必慎交游焉。孔子曰："无友不如己者⑩。"颜、闵⑪之徒，何可世得！但优于我，便足贵之。

注　释

①髆（bó）：肩胛。比髆：并肩，指挨得近。此古人语，古籍多见。《孟子外书·性善辩》："千年一圣，犹旦暮也。"萧绮《拾遗记》卷三录引孟子："千年一圣，谓之连步。"《文选·李陵答苏武书》注引孟子："千年一圣，五百年一贤，圣贤未出，其中有命世者。"

②疏阔：此指间隔久远。

③流离：漂散。播越：流亡。

④向慕：向往，仰慕。

⑤款狎：谓款洽狎习。形容关系亲昵。

⑥熏渍陶染：谓熏炙、渐渍、陶冶、濡染。

⑦操履：操守德性。

⑧芝兰：或作“兰芷”。《说苑·杂言篇》：“孔子曰：‘与善人居，如入兰芷之室，久而不闻其香，则与之化矣；与恶人居，如入鲍鱼之肆，久而不闻其臭，亦与之化矣。’”

⑨墨子悲于染丝：即墨悲丝染的典故。《墨子·所染篇》：“子墨子见染丝者而叹曰：‘染于苍则苍，染于黄则黄，所入者变，其色亦变，五入必而已则为五色矣。故染不可不慎也。’”

⑩友：交友。此句出自《论语·学而篇》。

⑪颜、闵：指颜回和闵损，二人皆是孔子弟子。

译　文

古人说：“一千年出一位圣人，已经近得像从早到晚那么快了；五百年出一位贤人，已经密得像肩碰肩一样了。”这是说圣人贤人稀少难得，已经到这种地步了。假如遇上世间少有的明达君子，怎能不攀附景仰呢？

我出生在乱世，在兵荒马乱中长大，颠沛流离，所见所闻已经很多。遇上名流贤士，总是心醉魂迷地向往仰慕人家。人在年轻的时候，精神性情都还没有定型，和那些情投意合的朋友朝夕相处，受到他们的熏渍陶染，人家的一言一笑，一举一动，虽然没有存心去学，但是潜移默化之中，自然跟他们相似。何况操守德行和本领技能，都是比较容易学到的东西呢？因此，与善人相处，就像进入满是芝草兰花的屋子中一样，时间一长自己也变得芬芳起来；与恶人相处，就像进入满是鲍鱼的店铺一样，时间一长自己也变得腥臭起来。墨子因看见人们染丝而感叹，说的也就是这个意思。

君子与人交往一定要慎重。孔子说：“不要和不如自己的人交朋友。”像颜回、闵损那样的贤人，我们一生都难遇到！只要比我强的人，也就足以让我敬重了。

原　文

世人多蔽[①]，贵耳贱目，重遥轻近。少长周旋[②]，如有贤哲，每相狎侮，不加礼敬。他乡异县，微藉风声[③]，延颈企踵[④]，甚于饥渴。校其长短，核其精粗，或彼不能如此矣。所以鲁人谓孔子为东家丘[⑤]。昔虞国宫之奇[⑥]，少长于君，君狎之，不纳其谏，以至亡国，不可不留心也。

注　释

①蔽：蒙蔽。此指偏见。

②少长：从年少到长大成人。周旋：本指旧时行礼时进退揖让的动作，此

处引申为交往。

③藉：凭借，依靠。风声：名声。

④延颈企踵：伸长脖子，踮起脚跟。形容殷切盼望。

⑤东家丘：丘是孔子的名字，因为住在东边，所以当地随便叫他“东家丘”。时鲁国人不知孔子之贤，对其并无敬意。《昭明文选》卷四十一《书上·为曹洪与魏文帝书》：“怪乃轻其家丘，谓为倩人，是何言欤？”唐张诜注曰：“鲁人不识孔子圣人，乃云：‘我东家丘者，吾知之矣。’言轻孔丘也。”

⑥虞国：西周初年周武王所封诸侯国，姬姓，始封君为周太王古公亶父之子仲雍的曾孙虞仲。春秋初为晋国所灭。宫之奇：春秋时虞国大夫，他明于料事，具有远见卓识，忠心耿耿辅佐虞君，使国家虽小而强盛。后晋献公图灭虞国，使假道伐虢之计，宫之奇识破，力谏虞君不要借道给晋国，但虞君不听，最终晋国灭虢国后再灭虞国。晋献公灭虞国事见《左传·僖公五年》。

译　文

世俗之人多蒙蔽不明，他们对传闻的人和事很看重，对亲眼所见的东西却很轻视；对远方的事物很感兴趣，对近处的事物却不放在心上。从小一起长大的人，如有谁成了贤达之士，人们也往往对他轻慢侮弄，缺乏应有的礼貌和尊重；而处在他乡异土的人，凭着那么点名声，就能令大家伸长脖子、踮起脚跟，如饥似渴地盼望一见。其实比较两人的长短，审察两人的优劣，很可能处在远处的还不如身边的。所以，鲁国的人称孔子为“东家丘”。

从前，虞国宫之奇与虞君自幼相熟，一起长大，虞君对他很是随便，不能采纳他的意见，以致亡了国，这个教训不能不牢记在心。

原　文

用其言，弃其身，古人所耻。凡有一言一行，取于人者，皆显称①之，不可窃人之美，以为己力；虽轻虽贱者，必归功焉。窃人之财，刑辟②之所处；窃人之美，鬼神之所责。

注　释

①显称：公开称誉。

②刑辟：刑法，刑律。

译　文

采用了别人的言论却又嫌弃这个人，古人认为这种行为是可耻的。凡一句话或一个举措，受益于他人的，都应该公开赞扬人家，不可窃取他人成果，当成自己的功劳。即使是地位微贱的人，也必须要肯定他的功劳。窃取他人的钱财，会遭到刑罚的处置；窃取别人的成果，会遭到鬼神的谴责。

原 文

梁孝元前在荆州，有丁觇[①]者，洪亭民耳，颇善属文，殊工草隶。孝元书记，一皆使之。军府[②]轻贱，多未之重，耻令子弟以为楷法[③]，时云："丁君十纸，不敌王褒[④]数字。"吾雅爱其手迹，常所宝持[⑤]。孝元尝遣典签惠编送文章示萧祭酒[⑥]，祭酒问云："君王比赐书翰[⑦]，及写诗笔[⑧]，殊为佳手，姓名为谁？那得都无声问[⑨]？"编以实答。子云叹曰："此人后生无比，遂不为世所称，亦是奇事。"于是闻者稍复刮目[⑩]。稍仕至尚书仪曹郎[⑪]，末为晋安王侍读[⑫]，随王东下。及西台陷殁，简牍湮散[⑬]，丁亦寻卒于扬州。前所轻者，后思一纸，不可得矣。

注 释

①丁觇：梁朝书法家。张彦远《法书要录》："丁觇与智永同时人，善隶书，世称丁真永草。"

②军府：普通七年（526），萧绎出为荆州刺史，都督荆、湘、郢、益、宁、南梁六州诸军事，故其治所称为军府。

③楷法：谓习字者以为模范。

④王褒：字子渊，琅邪临沂人，南朝文学家，亦工书法。曾祖王俭、祖王骞、父王规，俱有重名。妻子为梁武帝之弟鄱阳王萧恢之女。《周书·王褒传》："褒识量淹通，志怀沉静。美风仪，善谈笑，博览史传，尤工属文。梁国子祭酒萧子云，褒之姑夫也，特善草隶。褒少以姻戚，去来其家，遂相模范。俄而名亚子云，并见重于世。"江陵沦陷后，王褒入西魏，被扣留不得南返。后仕于北周，颇受器重。南朝重门阀，轻庶族，王氏时为江东大族，而丁觇只为一介小吏，故有"十纸不抵数字"之称。非技不如人也。

⑤宝持：珍藏。

⑥典签：本为掌管文书的小吏，后权力甚大，称为签帅或典签帅。《南史·恩幸吕文显传》："故事，府州部内论事，皆签前直叙所论之事，后云谨签，日月下又云某官某签。故府州置典签以典之，本五品吏，宋初改为七职。宋氏晚运，多以幼少皇子为方镇，时主皆以亲近左右领典签，典签之权稍重。"《唐六典》二九："亲王府有典签，掌宣传教言事。"惠编：生平不详。萧祭酒：即梁国子祭酒萧子云。萧子云：字景齐，南朝梁史学家、文学家、书法家，善于草

隶书法，名显于时。祭酒：古代学官名，为国子学或国子监的主管官，一般由当世大学者担任。

⑦比：最近。书翰：书信。

⑧诗笔：六朝人以诗、笔对言，笔指无韵之文。

⑨那得：何得。声问：声闻，声誉。

⑩刮目：指另眼相看。《三国志·吴书·吕蒙传》："蒙曰：'士别三日，即更刮目相待。'"

⑪尚书仪曹郎：官名。梁朝尚书省设郎二十三人，仪曹郎是其中之一，职务掌管吉凶礼制。

⑫晋安王：指梁简文帝萧纲，字世缵，梁武帝第三子，中大通三年（531）被立为太子。太清三年（549），侯景之乱，梁武帝被囚饿死，萧纲即位，大宝二年（551）为侯景所害。萧纲亦是南朝著名文学家，因其创作风格，形成"宫体"诗的流派。他于梁天监五年（506）被封为晋安王。侍读：诸王属官，职责是给诸王讲学授经。

⑬湮散：湮没，散佚。

译　文

梁孝元帝以前在荆州时，属下有个叫丁觇的人，是洪亭人氏，颇善于写文章，特别擅长草书和隶书。孝元帝的文书抄写，全都由他负责。军府中的人大多因丁觇地位卑贱而轻视瞧不起他，耻于让自己的子弟去临习他的书法。当时比较流行的话是："丁君写上十张纸，抵不上王褒几个字。"我十分喜爱他的书法作品，常常把它们珍藏起来。

孝元帝曾经派典签惠编送文章给祭酒萧子云看，萧子云就问惠编："君王最近写有书信给我，还有他的诗歌文章，书法特别漂亮，那书写者实在是一个罕见的高手，他姓甚名谁？怎么会一点名声都没有呢？"惠编据实回答了。萧子云感叹道："没有哪个后生能与他相比，他竟然不为世人所称道，也算是奇事一桩。"世人听闻了萧子云的评价后，才渐渐对丁觇刮目相看。

丁觇后来官至尚书仪曹郎，最后任晋安王侍读，随晋安王东下。等到江陵陷落的时候，他的文书信札都散失了，丁觇没多久也在扬州去世。过去轻视他的人，后来再想得到他的一纸墨迹，也不可能得到了。

原　文

侯景初入建业[①]，台门[②]虽闭，公私草扰[③]，各不自全。太子左卫率羊侃坐东掖门[④]，部分经略[⑤]，一宿皆办，遂得百余日抗拒凶逆。于时，城内四万许人，王公朝士，不下一百，便是恃侃一人安之，其相去如此。古人云："巢父、许由⑥，让于天下；市道小人⑦，争一钱之利。"亦已悬矣。

注释

①侯景：字万景，北魏怀朔镇（今内蒙古固阳南）鲜卑化羯人。因左足生有肉瘤所以行走不稳，但是擅长骑射，因此被选为怀朔镇兵。北魏末年，北方大乱，侯景先投靠尔朱荣，后投靠东魏丞相高欢，拥兵十万，专制河南，位高权重。高欢死后，高澄排斥侯景。侯景遂于梁武帝太清元年（547）率部投降梁朝，驻守寿阳。次年九月，侯景叛乱起兵进攻南梁，攻下建业，囚禁梁武帝。551年，他篡位自立为皇帝，改国号为"汉"，称南梁汉帝。其后，江州刺史王僧辩、扬州刺史陈霸先先后发难，率领军队进攻侯景，侯景叛军一触即溃。侯景企图逃亡，为部下所杀。侯景之乱给江南地区带来极大破坏，江南士民对其深恶痛绝。侯景死后，其尸为民众分食殆尽。其生平见《南史·贼臣传》。建业：南京古称，三国时吴国都城。后晋室南渡，为避晋愍帝司马邺之名讳，改称建康。

②台门：禁城之门。《容斋随笔》："晋、宋间谓朝廷禁近为台，故称禁城为台城，官军为台军，使者为台使。"

③草扰：仓促纷乱。

④太子左卫率：官名。太子府有左右卫率，掌管东宫兵杖羽卫之政令，以总诸曹之事。羊侃：见前注。《梁书·羊侃传》载羊侃据守台城，抗击叛军事："时景既卒至，百姓竞入，公私混乱，无复次第。侃乃区分防拟，皆以宗室间之。军人争入武库，自取器甲，所司不能禁，侃命斩数人，方得止。及贼逼城，众皆恟惧，侃伪称得射书，云'邵陵王、西昌侯已至近路'。众乃少安。贼攻东掖门，纵火甚盛，侃亲自距抗，以水沃火，火灭，引弓射杀数人，贼乃退……"羊侃虽智勇双全，数次击退叛军攻击，可惜不久即病逝于台城，他一死，台城随即为叛军所破。东掖门：台城正南端门，其左右二门曰东、西掖门。

⑤部分：部署安排。经略：策划处理。

⑥巢父：传说中的高士，因筑巢而居，人称巢父。尧以天下让之，不受。许由：字道开，号武仲，尧时隐士。尧知其德，欲禅让于他，许由坚辞不就，洗耳颍水。

⑦市道小人：指市井粗鄙之徒。

译文

侯景叛军刚攻入建业城时，台门虽然紧闭，但城内的官吏和百姓都惊恐不安，人人自危。太子左卫率羊侃坐镇东掖门，部署策划抵抗事宜，一夜之间就全都安排好了，因此才争取到一百多天的时间来抵抗凶恶的叛军。在当时，台城内有四万多人，其中王公贵族和朝官不下一百人，但就是靠着羊侃一人才安定了局面，他们之间的差距竟到了如此地步。古人说："巢父、许由把天下让给别人；而市井小人，却为了一个小钱争夺不休。"这两者的差距就更悬殊了。

原　文

齐文宣帝①即位数年，便沉湎纵恣，略无纲纪；尚能委政尚书令杨遵彦②，内外清谧，朝野晏如③，各得其所，物无异议，终天保④之朝。遵彦后为孝昭⑤所戮，刑政于是衰矣。斛律明月⑥，齐朝折冲之臣⑦，无罪被诛，将士解体，周人始有吞齐之志，关中至今誉之。此人用兵，岂止万夫之望⑧而已哉！国之存亡，系其生死。

注　释

①文宣帝：北齐显祖文宣皇帝高洋，字子进，神武帝高欢次子。幼时其貌不扬，沉默寡言，其实大智若愚，聪慧过人，深沉又大度。虽常被兄弟嘲笑或捉弄，但其才能甚得父亲欣赏。在位初期，励精图治，但后期却变得暴虐无度，极尽奢侈。

②尚书令：官名。始于秦，西汉沿置，本为少府的属官，掌文书及群臣的奏章。汉武帝时以宦官司担任，又改称中书谒者令和中谒者令，汉成帝时恢复尚书令名称，权势渐重。东汉政务归尚书，尚书令成为对君主负责总揽一切政令的首脑。杨遵彦：杨愔，字遵彦，小字秦王，出身弘农杨氏，北齐宰相。文宣帝去世后，杨愔辅佐少帝高殷，执掌朝政。乾明元年（560），高演发动政变，将杨愔诛杀。北朝士人对杨愔执政作为皆肯定赞赏，对其无罪被杀甚为痛惜。《北齐书·杨愔传》："遵彦死，仍以中书令赵彦深代总机务。鸿胪少卿阳休之私谓人曰：'将涉千里，杀骐骥而策蹇驴，可悲之甚。'"卢思道《北齐兴亡论》曰："（杨愔）含章秀出，希世伟人，风鉴俊朗，体局贞固，学无不纵，才靡不通。裴、乐谢其清吉，应、刘媿其藻丽，温良恭俭，让恕惠和，高行异才，近古无二。有齐建国，便预经纶。军国政事，一人而已……是以主昏于上，国治于下，朝野贵贱，至于今称之。"

③晏如：安然，平静。

④天保：北齐文宣帝年号，公元550—559年。

⑤孝昭：北齐孝昭帝高演，字延安，神武帝高欢第六子。高洋死后，幼主高殷即位，高演发动政变，夺取皇位。在位期间文治武功兼盛，颇留心于政事，

积极寻求及任用贤能为朝廷效力，政治清明。

⑥斛律明月：斛律光，字明月，斛律金之子，北齐名将，他治军严明，身先士卒，不营私利，为部下所敬重。斛律光骁勇善战，在与北周近20年的争战中，多次指挥作战，均获胜利，但因功高被忌，内外进馋，终遭杀害。《北齐书·斛律金传》备载其遇难始末。后北齐为北周所灭，周武帝入邺城，曰："此人若在，朕岂能至邺！"

⑦折冲：使敌战车后撤，即击退敌军。折冲之臣：谓忠勇肱骨之臣。

⑧万夫之望：意谓万人之所瞻望，即众望所归。

译 文

北齐文宣帝高洋即位数年后，便沉湎酒色，放纵恣肆，一点不顾及法纪纲常，但他尚能将政事交给尚书令杨遵彦处理，所以朝廷内外倒也清静安宁，各种事务都能够得到妥善安排，大家都没有什么意见，这种局面一直保持到天保之朝结束。杨遵彦后来被孝昭帝杀害，国家的刑律政令从此也就衰败了。

斛律明月是北齐安邦却敌的重臣，却无罪被杀，军队将士因此而人心涣散，北周才始有吞并北齐的念头。关中一带人民至今仍对斛律明月称赞不已。这个人用兵，岂止是众望所归啊！他的生死，关系着国家的存亡。

原 文

张延隽之为晋州行台左丞①，匡维②主将，镇抚疆埸③，储积器用，爱活黎民④，隐若敌国矣⑤。群小不得行志，同力迁之。既代之后，公私扰乱，周师一举，此镇先平。齐亡之迹，启于是矣。

注 释

①张延隽：北齐人，生平不详。晋州：北魏建义元年（528）改唐州置。治所位于白马城（当今山西临汾）。行台："台"指在中央的尚书省，出征时于其驻在之地设立临时性机构称为行台，又称行尚书台或行台省，行尚书事。《南史》记载，凡朝廷遣大臣督诸军于外，谓之行台。行台左丞：行台尚书下属官员。

②匡维：匡正，维护。

③疆埸（yì）：边界，边境。

④爱：爱护。活：使其活，救助。

⑤隐：威重貌。敌国：相当于一国。

译 文

张延隽任晋州行台左丞时，辅助主将，镇守安抚疆界，储藏聚集物资，爱护救助百姓，其威严庄重仿佛可与一国相匹敌。而那些卑鄙小人因为不能按照自己的意愿行事，就联合起来排挤张延隽，使他调离。张延隽的职位被小人取代之后，晋州一片混乱，北周军队一起兵，晋州城就先被扫平。北齐败亡的历程，就是从这里开始的。

卷三

勉学第八

原 文

自古明王圣帝，犹须勤学，况凡庶乎！此事遍于经史，吾亦不能郑重[1]，聊举近世切要[2]，以启寤汝耳[3]。士大夫子弟，数岁已上，莫不被教，多者或至《礼》《传》，少者不失《诗》《论》[4]。及至冠婚，体性[5]稍定；因此天机[6]，倍须训诱。有志尚者，遂能磨砺，以就素业[7]；无履立[8]者，自兹堕慢，便为凡人。人生在世，会当有业：农民则计量耕稼，商贾则讨论货贿，工巧则致精器用，伎艺则沉思法术[9]，武夫则惯习弓马，文士则讲议经书。多见士大夫耻涉农商，差务工伎，射则不能穿札[10]，笔则才记姓名，饱食醉酒，忽忽[11]无事，以此销日，以此终年。或因家世余绪[12]，得一阶半级，便自为足，全忘修学；及有吉凶大事，议论得失，蒙然[13]张口，如坐云雾；公私宴集，谈古赋诗，塞默[14]低头，欠伸而已。有识旁观，代其入地[15]。何惜数年勤学，长受一生愧辱哉！

注 释

①郑重：此指频繁。

②切要：确切，扼要。

③启：启发。寤：通“悟”，使明白。

④《诗》：即《诗经》。《论》：即《论语》。

⑤体性：体质性情。

⑥天机：指灵性，自然之性。

⑦素业：清素之业，即士族所从事的儒业。

⑧履立：操守。

⑨伎艺：指有技艺的人。手伎曰伎，体才曰艺。沉：或作“深”。沉思：谓钻研，求索。

⑩札：铠甲的叶片。

⑪忽忽：迷惑，恍惚。一说愁乱貌。

⑫余绪：留给后世的部分，此指祖上荫庇。

⑬蒙然：蒙昧无知貌。

⑭塞默：默不作声，如口塞然。

⑮入地：指羞愧得无地自容。

译文

自古以来的圣明帝王，尚且需要勤奋学习，何况普通百姓呢！这类事例遍见于经籍史书，我也不能一一列举，姑且拣近代切要的事例说说，来启发提醒你们。

士大夫的子弟，几岁以后，没有不受教育的，多的读到《礼记》《左传》，少的起码也读了《诗经》和《论语》。等到了加冠成婚的年纪，体质性情稍稍定型，凭着这天赋的机灵，应该对他们加倍教训诱导。有志向的，就能经受磨炼，成就其清白正大的事业；而没有操守的人，从此堕落散漫，就成为庸人。

人生在世，应当有所专业：农民就要算计耕稼，商贾就要商谈买卖，工匠就要努力制造各种精巧的器物用品，技艺之士就要深入研习各种技艺，武士就要熟悉骑马射箭，而文人就要讲论儒家经书。然而我经常见到一些士大夫耻于涉足农商，又缺乏手工艺方面的本事，射箭则不能穿透一层铠甲，握笔仅仅能写出自己的姓名，每日饱食醉酒，无所事事，就这样打发日子，来终了自己的一辈子。有些人凭家世荫庇，混个一官半职，便自我满足，完全忘记学习。碰上有吉凶大事，议论起得失来，就昏昏然张口结舌，如同坠入云雾中一般。在各种公私宴会的场合，别人谈古论今，吟诗作赋，他却像嘴被塞住一般，只能沉默低头，偶尔打打呵欠，伸伸懒腰。有见识的人在旁看到，真替他羞得无处容身。这些人为什么不愿用几年时间勤学，以致终生含愧受辱呢？

原文

梁朝全盛之时，贵游子弟①，多无学术，至于谚云：“上车不落则著作②，体中何如则秘书③。”无不熏衣剃面，傅粉施朱，驾长檐车④，跟高齿屐⑤，坐棋子方褥⑥，凭斑丝隐囊⑦，列器玩于左右，从容出入，望若神仙。明经⑧求第，则顾人答策⑨；三九⑩公宴，则假手赋诗。当尔之时，亦快士⑪也。及离乱之后，朝市⑫迁革，铨衡⑬选举，非复曩⑭者之亲；当路秉权，不见昔时之党。求诸身而无所得，施之世而无所用。被褐而丧珠⑮，失皮而露质，兀⑯若枯木，泊⑰若穷流，鹿独⑱戎马之间，转死⑲沟壑之际。当尔之时，诚驽材[20]也。有学艺者，触地[21]而安。自荒乱以来，诸见俘虏，虽百世小人，知读《论语》《孝经》者，尚为人师；虽千载冠冕[22]，不晓书记者，莫不耕田养马。以此观之，安可不自勉耶？若能常保数百卷书，千载终不为小人也。

注释

①贵游子弟：无官职的王公贵族称贵游，这里泛指贵族子弟。

②著作：即著作郎，官名。东汉末始置，属中书省，为编修国史之任。晋惠帝时起，改属秘书监，称大著作郎。南朝末期为贵族子弟初任之官。至唐代，主管秘书省属下之著作局，高宗龙朔年间一度改称司文郎中。其下设著作佐郎、校书郎、正字等官。宋代沿置，掌修纂“日历（每日时事）”。明代废。此句言贵族子弟身体羸弱。

③体中何如：六朝人书信中的客套话，此处言贵族子弟腹中无物，毫无才学，仅能作一般问候起居书信而已。秘书：即秘书郎，官名。三国魏始置，属秘书省，掌管图书经籍，或称“秘书郎中”。南朝士族子弟以为出身之官。唐代一度改称“兰台郎”。后魏后各代另置校书郎校雠典籍，订正讹误，以秘书郎专管图书收藏及校写。

④长檐车：一种用车幔覆盖整个车身的车子。王利器曰：“檐谓车盖之前檐，犹屋楹之有檐也。字又作檐。《晋书·舆服志》：‘通幔车，驾牛，犹如今犊车制，但其幔通覆车上也。’长檐盖通幔异名。”

⑤跟：或作“蹑”，指穿鞋。高齿屐：一种装有高齿的木底鞋。自晋以来，士大夫多喜着屐，虽无雨亦着之。下有齿。

⑥棋子方褥：一种用方格图案的丝织品制成的方形坐褥。

⑦斑丝：杂色丝的织成品。隐囊：一种软靠垫。《杨升庵文集》卷六七：“六朝人作隐囊，柔软可倚，又便于欹案。”朱亦栋《群书札记》卷十三：“隐囊，如今之靠枕。”

⑧明经：汉朝出现之选举官员的科目，始于汉武帝时期，至宋神宗时期废除。被推举者须明习经学，故以“明经”为名。《日知录》卷十六：“唐制有六科：一曰秀才，二曰明经，三曰进士，四曰明法，五曰书，六曰算。当时以诗赋取者谓之进士，以经义取者谓之明经。”又曰：“唐时入仕之数，明经最多。”六朝之明经，与唐有别。

⑨顾：通“雇”。答策：即对策，考官问以政事经义，考生应对回答。考官再据其文辞，判定高下。

⑩三九：指三公九卿，皆是朝中高级官员。

⑪快士：优秀人物。或谓快意洒脱之士。

⑫朝市：即朝廷。

⑬铨衡：衡量，品评。

⑭曩（nǎng）：过去。

⑮被：通“披”。褐：粗布衣服。丧珠：与“怀玉”相对。怀玉谓人怀藏才艺，则此丧珠言人腹中了了，无真才实学。

⑯兀：树无枝。一说树无皮。

⑰泊：浅水貌。

⑱鹿独：或是当时方言，颠沛流离之意。

⑲转死：亦作“转尸”，死而弃尸，谓死无葬身之处。

⑳驽：劣马。驽材：指愚钝无能的蠢材。

㉑触地：指无论何地。

㉒冠冕：仕宦的代称。《袁子正书》：“古者，命士已上，皆有冠冕，故谓之冠族。”

译　文

梁朝全盛时期，那些贵族子弟大多不学无术，以致有谚语说：“只要登车不落就可当著作郎；会问候身体如何，就能做秘书郎。”这些贵族子弟，无不以香料熏衣，修剃脸面，涂脂抹粉，出入驾着长檐车，走路踏着高齿屐，坐在织有棋盘图案的方块褥子上，倚着五彩丝线织成的靠垫，左右摆满了器用玩物，进进出出，从容自如，看上去真好似神仙一般。等到明经答问求取功名的时候，就雇人顶替自己去应试；参加三公九卿的宴会时，就请人帮助作文赋诗。他们在当时，倒也像个人物。可等到战乱流离后，朝廷变迁，负责考察选拔官吏的，不再是过去的亲信；在朝中执掌当权的，不再见当年的私党。这时候，这些贵族子弟想要依靠自己的能力谋生，却一无所长，想在社会上发挥作用，又没有半点本事。他们只能穿着粗麻短衣，而内里没有真才实学，失去了华丽的外表，露出本来的真面目，无助好似没有树叶的枯木，困厄好比即将干涸的河流。他们在兵荒马乱之中颠沛流离，辗转死于荒沟野壑之中。在这个时候，这些贵族子弟就成了实实在在的蠢材。而那些有学问有技艺的人，走到哪里都能安身。

自从战乱以来，我见过不少俘虏，有些人虽然世代都是平民百姓，但由于懂得《论语》《孝经》之类书籍，还可以给人家当老师；有些人虽然是世代相传的世家子弟，但由于不会书写，最终无不沦为耕田养马的平民。由此来看，怎么能不努力学习呢？如果一个家族能保持有几百卷书，那么就算千载之后，其后人也不会沦为贫贱小民。

原　文

夫明《六经》[①]之指，涉百家之书，纵不能增益德行，敦厉[②]

风俗，犹为一艺，得以自资。父兄不可常依，乡国不可常保，一旦流离，无人庇荫，当自求诸身耳。谚曰：“积财千万，不如薄伎③在身。”伎之易习而可贵者，无过读书也。世人不问愚智，皆欲识人之多，见事之广，而不肯读书，是犹求饱而懒营馔④，欲暖而惰裁衣也。夫读书之人，自羲、农⑤已来，宇宙之下，凡识几人，凡见几事，生民⑥之成败好恶，固不足论，天地所不能藏，鬼神所不能隐也。

注释

①《六经》：指《诗》《书》《乐》《易》《礼》《春秋》六部儒家经典。

②敦厉：敦促，劝励。

③伎：或作“技”，技艺，才能。

④营：从事。馔（zhuàn）：饮食。

⑤羲、农：指伏羲氏和神农氏，上古帝王。

⑥生民：百姓。

译文

通晓《六经》的要旨，涉猎百家著述，纵然不能增益道德操行，劝勉世风习俗，也不失为一种才艺，可用以自谋生计。父亲兄长不能长期依靠，家乡邦国也不能常保无事，一旦流离失所，无人庇护资助，就该自己想办法了。有谚语说：“积财千万，不如有薄技在身。”各种技艺中最易学且又值得推崇的，无过于读书。芸芸众生，不论愚笨还是聪明，都希望认识的人多，见识的事广，却不肯读书，这就好比想要吃饱却懒得做饭，想要穿暖却懒于裁衣一样。那些读书的人，从伏羲氏、神农氏以来，在这苍穹宇宙之下，所见多少人，所识多少事，一般人的成败好恶，自然不用说，全都了然在胸，就连天地万物的道理、鬼神之事，也都能通晓。

原文

有客难主人①曰：“吾见强弩长戟②，诛罪安民，以取公侯者有矣；文③义习吏，匡时富国，以取卿相者有矣；学备古今，才兼文武，身无禄位，妻子饥寒者，不可胜数，安足贵学乎？”主人对曰：“夫命之穷达，犹金玉木石也；修以学艺，犹磨莹雕刻也④。金玉之磨莹，自美其矿璞⑤；木石之段块⑥，自丑其雕刻。安可言木石之雕刻，乃胜金玉之矿璞哉？不得以有学之贫贱，比于无学之富贵也。且负甲为兵，咋[7]笔为吏，身死名灭者如牛毛，角立杰出者如芝草[8]；握素披黄[9]，吟道咏德，苦辛无益者如日蚀[10]，逸乐名利者如秋荼[11]，岂得同年而语[12]矣。且又闻之：生而知之者上，学而知之者次。所以学者，欲其多知明达耳。必有天才，拔群出类，为将则暗与孙武、吴起同术[13]，执政则悬得管仲、子产之教[14]，虽未读书，吾亦谓之学矣。今子即不能然，不师[15]古之踪迹，犹蒙被而卧耳。"

注释

①主人：颜之推自称。

②弩：一种用机械力量发射的弓。戟：古代一种兵器。

③文：此作动词，阐释。

④磨：琢磨。莹：玉色，光明之貌。此处亦指磨。

⑤矿：金属未成器曰矿。璞：玉未治曰璞。

⑥段块：指成段成块的未经雕刻的木头和石子。

⑦咋：咬。《北齐书·徐之才传》："小史（吏）好嚼笔。"

⑧角立：如角之特立。芝草：灵芝仙草，为极难得物。

⑨素：绢素，此指书籍。卢文弨曰："古者，书籍以绢素写之。"黄：黄卷，亦指书籍。古人用辛味、苦味之物染纸以防蠹，故称。

⑩日蚀：即日食。卢文弨曰："日蚀，喻不常有也。"

⑪秋荼：菅茅等植物的白花，至秋天而花开茂盛，文中以秋荼喻繁多。

⑫同年而语：即相提并论。

⑬暗与：即暗合。孙武：字长卿，春秋时齐国人，后入吴为将领，率吴国军队大破楚国军队，占领楚都郢，几乎覆亡楚国。为著名军事家、政治家，后世尊称"兵圣"，著有《兵法》十三篇。吴起：战国初期卫国人，后历仕鲁、魏、楚三国，为著名军事家、政治家、改革家。

⑭悬得：预知。管仲：名夷吾，春秋时齐国人，著名政治家，辅佐齐桓公成为春秋第一霸主。子产：即姬侨，字子产，春秋后期郑国人，郑简公在位时，子产执掌国政，是当时最负盛名的政治家。

⑮师：师法，学习。

译文

曾有客人诘难我说："我见有的人凭借强弓长戟，去讨伐叛逆，安抚民众，以博取公侯的爵位；有的人阐释礼义法度，研习为吏之道，匡扶时世，富邦强国，以博取卿相的官职；而学贯古今，文武双全，却身无俸禄官爵，妻子儿女挨饿受冻的人，却多得数不清。由此来看，学习又有什么值得推崇的呢？”

我回答说：“人的命运是困厄还是显达，就好比金玉与木石；钻研学问，掌握技艺，就好比琢磨金玉、雕刻木石的手艺。金玉经过琢磨后之所以好看，是因为金矿璞玉本身就是美物；一段木头、一块石头之所以难看，是因为尚未经过雕刻。又怎能说经过雕刻的木石就胜过未琢磨的金玉呢？同样，我们不能把有学问但贫贱的人与没有学问却富贵的人相比。况且，那些身披铠甲去当兵，口含笔管去为吏的人，身死名灭者多如牛马，出类拔萃者却少如芝草。勤奋读书，吟咏道德，含辛茹苦而没有获益的人就像日食一般少见，而闲适安乐，追名逐利的人却像秋天的荼花那样繁多，哪能把二者相提并论呢？而且我又听说：生下来就明白事理的人是天才，经过学习才明白事理的人就次一等。因而，人之所以要学习，就是想使自己多明白通达些道理而已。如果说有天才，那必定是出类拔萃的人，他们为将，则天生具备孙武、吴起那样的军事谋略；他们执政，则天生具有管仲、子产那样的政治才干。像这样的天才，即使没读过书，我也要说他们是有学问的。可当今之人却没有这种天赋，如果再不去学习效法古人的做法，就好比蒙着被子睡觉，什么也不知道。”

原　文

人见邻里亲戚有佳快[①]者，使子弟慕而学之，不知使学古人，何其蔽也哉？世人但知跨马被甲，长稍[②]强弓，便云我能为将；不知明乎天道，辩乎地利，比量逆顺，鉴达兴亡之妙也。但知承上接下，积财聚谷，便云我能为相；不知敬鬼事神，移风易俗，调节阴阳，荐举贤圣之至[③]也。但知私财不入，公事夙办[④]，便云我能治民；不知诚己刑物[⑤]，执辔如组[⑥]，反风灭火[⑦]，化鸱为凤[⑧]之术也。但知抱令守律，早刑晚舍[⑨]，便云我能平狱；不知同辕观罪[⑩]，分剑追财[⑪]，假言而奸露[⑫]，不问而情得[⑬]之察也。爰及农商工贾，厮役奴隶，钓鱼屠肉，饭牛牧羊，皆有先达[⑭]，可为师表，博学求之，无不利于事也。

注　释

①佳快：佳人快士，即杰出人物。

②稍：通“槊”，长矛。

③至：周密，繁杂。

④公事夙办：公事都在早晨办理，谓勤政。

⑤刑：通“型”，模范。型物：指为民之榜样。

⑥辔：马缰绳。组：编织的排排丝线。马缰绳不是一根，或四根，或六根，故用“组”来形容。此句本义是形容驾驶技术高超，此出指御民有术。《诗经·邶风·简兮》：“有力如虎，执辔如组。”《诗经·郑风·大叔于田》：“执辔如组，两骖如舞。”

⑦反风灭火：使风反向，使火自灭。比喻官员施行德政，救民于水火。《后汉书·儒林传》：“刘昆字桓公，陈留东昏人，梁孝王之胤也。少习容礼……建武五年，举孝廉，不行，遂逃，教授于江陵。光武闻之，即除为江陵令。时，县连年火灾，昆辄向火叩头，多能降雨止风……诏问昆曰：‘前在江陵，反风灭火，后守弘农，虎北度河，行何德政而致是事？’昆对曰：‘偶然耳。’左右皆笑其质讷。帝叹曰：‘此乃长者之言也。’”

⑧化鸱为凤：形容教化之功，连鸱都能教化为凤。鸱：即猫头鹰，食其母，古人视为恶鸟。《后汉书·循吏传》：“仇览字季智，一名香，陈留考城人也。少为书生淳默，乡里无知者。年四十，县召补吏，选为蒲亭长……人有陈元者，独与母居，而母诣览告元不孝。览惊曰：‘吾近日过舍，庐落整顿，耕耘以时。此非恶人，当是教化未及至耻。母守寡养孤，苦身投老，奈何肆忿于一朝，欲致子以不义乎？’母闻感悔，涕泣而去。览乃亲到元家，与其母子饮，因为节人伦孝行，譬以祸福之言。元卒成孝子。乡邑为之谚曰：‘父母何在在我庭，化我鸤枭哺所生。’时考城令河内王涣，政尚严猛，闻览以德化人，署为主簿。谓览曰：‘主簿闻陈元之过，不罪而化之，得无少鹰鹯之志邪？’览曰：‘以为鹰鹯，不若鸾凤。’涣谢遣曰：‘枳棘非鸾凤所栖，百里岂大贤之路？今日太学曳长裾，飞名誉，皆主簿后耳。以一月奉为资，勉卒景行。’”

⑨早刑晚舍：指用刑宁早，赦免宁迟，即用刑以严。或谓早上判刑，晚上立刻赦免，谓用刑以宽，使罪犯趁早改过自新。

⑩同辕观罪：把犯人系在同一车辕，使其明白自己所犯罪行。

⑪分剑追财：乃西汉名臣何武之事。《太平御览》卷六百三十九引《风俗通》：“沛郡有富家公，赀二千余万。小妇子裁数岁，顷失其母，又无亲近。其女不贤，公痛困思念，恐争其财，儿必不全。因呼族人为遗令书，悉以财属女，但遗一剑云：‘儿年十五，以还付之。’其后，又不肯与。儿诣郡，自言求剑。谨按：时太守，大司空何武也。得其辞，因录女及婿，省其手书，顾谓掾吏曰：‘女性强梁，婿复贪鄙，畏贼害其儿，又计小儿正得此，则不能全护，故且俾与女，内实寄之耳。不当以剑与之乎？夫剑者，亦所以决断。限年十五者，智力足以自居。度此女婿必不复还其剑。当问县官，县官或能证察，得以见伸展。此凡庸何能用虑强远如是哉，”悉夺其财以与子。曰：‘弊女恶婿，温饱十岁，亦以幸矣。’于是论者乃服。”

⑫假言而奸露：乃北魏名臣李崇事。《魏书·李崇传》：“先是，寿春县人苟泰有子三岁，遇贼亡失，数年不知所在。后见在同县人赵奉伯家，泰以状告。

各言己子，并有邻证，郡县不能断。崇曰：‘此易知耳。’令二父与儿各在别处，禁经数旬，然后遣人告之曰：‘君儿遇患，向已暴死，有教解禁，可出奔哀也。’荀泰闻即号咷，悲不自胜；奉伯咨嗟而已，殊无痛意。崇察知之，乃以儿还泰，诘奉伯诈状。”

⑬不问而情得：乃西晋陆云事。《晋书·陆云传》：“俄以公府掾为太子舍人，出补浚仪令。县居都会之要，名为难理。云到官肃然，下不能欺，市无二价。人有见杀者，主名不立，云录其妻，而无所问。十许日遣出，密令人随后，谓曰：‘其去不出十里，当有男子候之与语，便缚来。’既而果然。问之具服，云：‘与此妻通，共杀其夫，闻妻得出，欲与语，惮近县，故远相要候。’于是一县称其神明。”

⑭先达：指先知通达之士，即前辈。

译文

世人看到邻里亲戚中有优秀的人物，就让自己的子弟钦慕学习他们，却不知道让自己的子弟去学习古人，何以糊涂至此啊！

世人只知为将者须骑骏马，披铠甲，手持长槊强弓，就说自己能当将军，却不知道为将者也要有明察天时，辨识地利，权衡形势优劣，审察把握兴亡盛衰的能力；世人只知道为相者须秉承上意，统领百官，为国积财聚谷，就说自己能当宰相，却不知道为相者也要有敬事鬼神，移风易俗，调节阴阳，推荐选举贤才，以及处理各种周密杂务的能力；世人只知道地方官不能聚敛私财，勤于公事，就说自己能治理百姓，却不知道地方官也要诚心正人，御民有术，须有救灾灭火，变恶为善的教化本领；世人只知审案要依照法令条律，判刑宜早，赦免宜迟，就说我能秉公办案，却不知道断案也要有同辕观罪、分剑追财，用假言诱使奸诈者暴露，不用反复审问便能得悉案情的本领。推而广之，甚至那些农夫、商贾、工匠、厮役、奴仆、渔民、屠夫、养牛人、牧羊人中，都有杰出之士，可作为学习的榜样，广泛地向这些人学习，对成就事业是有益的。

原文

夫所以读书学问，本欲开心明目，利于行耳。未知养亲者，欲其观古人之先意承颜①，怡声下气②，不惮劬劳③，以致甘腝④，惕然⑤惭惧，起而行之也；未知事君者，欲其观古人之守职无侵，见危授命，不忘诚谏，以利社稷，恻然⑥自念，思欲效之也；素骄奢者，欲其观古人之恭俭节用，卑以自牧⑦，礼为教本，敬者身基，瞿然⑧自失，敛容抑志也；素鄙吝者，欲其观古人之贵义轻财，少私寡欲，忌盈恶满，赒穷恤匮⑨，赧然悔耻，积而能散也；

素暴悍者，欲其观古人之小心黜己[10]，齿弊舌存[11]，含垢藏疾[12]，尊贤容众，苶然[13]沮丧，若不胜衣[14]也；素怯懦者，欲其观古人之达生委命[15]，强毅正直，立言必信，求福不回[16]，勃然奋厉[17]，不可恐慑也：历兹以往，百行皆然。纵不能淳，去泰去甚[18]。学之所知，施无不达。世人读书者，但能言之，不能行之，忠孝无闻，仁义不足；加以断一条讼，不必得其理；宰千户县[19]，不必理其民；问其造屋，不必知楣横而棁竖也[20]；问其为田，不必知稷早而黍迟也；吟啸谈谑，讽咏辞赋，事既优闲，材增迂诞[21]，军国经纶，略无施用，故为武人俗吏所共嗤诋[22]，良由是乎！

注　释

①先意承颜：指孝子不等父母开口就能顺父母的心意去做。

②怡声下气：指声音柔和，态度恭顺。下气：恭顺貌。

③劬（qú）劳：劳累。

④甘腝（ér）：鲜美柔软的食物。甘：甜。腝：肉熟烂。

⑤惕然：惶恐貌。

⑥恻然：痛心，悲伤貌。

⑦卑以自牧：指以谦卑自守。牧：养性。

⑧瞿然：惊骇貌。

⑨赒（zhōu）：周济。匮：乏也。

⑩黜己：指自我约束。

⑪齿弊舌存：指刚者易折，柔者难毁。《说苑·敬慎篇》："常摐有疾，老子往问焉，张其口而示老子曰：'吾舌存乎？'老子曰：'然。'曰：'吾齿存乎？'老子曰：'亡。'常摐曰：'子知之乎？'老子曰：'夫舌之存也，岂非以其柔耶？齿之亡也，岂非以其刚耶？'常摐曰：'嘻，是已。天下之事已尽矣，无以复语子哉！'"

⑫含垢藏疾：此形容有包容的气量。

⑬苶（nié）然：疲惫貌。

⑭若不胜衣：身体好像不能承受衣服的重量，形容谦退之貌。

⑮达生：指豁达而不受俗务牵累。委命：委心任命。

⑯回：邪僻。

⑰勃然：奋发貌。奋：振奋。厉：通"励"，激励。

⑱去泰去甚：适可而止，不可过分。泰、甚：过分。此指人身上过于偏激的缺点。

⑲宰：治理。千户县：最小之县。

⑳楣：房屋的横梁。棁（zhuó）：梁上短柱。

㉑迂诞：迂阔荒诞，不合事理。

㉒嗤诋：讥笑嘲骂。

译文

之所以要读书做学问，本意是为了开发心智，提高认知能力，以利于行事。对那些不懂得奉养双亲的人，让他们看看古人如何体察父母的心意，顺从父母的愿望做事，如何和声下气，轻言轻语，不怕劳苦，让父母吃到美味可口的食品，使他们感到惶恐惭愧，从此改过而师法古人；对于那些不懂得侍奉国君的人，让他们看看古人如何守职而不越权，在危难关头不惜献出生命，如何不忘忠心劝谏的职责，以维护国家利益，使他们痛心地对照自己，从而改过而师法古人；对于那些素来骄横奢侈的人，让他们看看古人是如何恭谨俭朴，节约克制，如何谦卑自守，以礼让为教之根本，以恭敬为立身之基础，使他们震惊变色，从此收敛骄横之态，抑制骄奢心性；对于那些素来浅薄吝啬的人，让他们看看古人如何重义轻财，少私寡欲，忌盈恶满，如何周济穷人，抚恤弱小，使他们羞愧脸红，产生羞耻之心，从此能积财又能散财；对于那些素来暴虐凶悍的人，让他们看看古人如何小心地自我约束，懂得齿亡舌存的道理，如何含垢藏疾，尊重贤士，容纳众人，使他们气焰顿消，显出谦恭退让的样子来；对于那些素来胆小懦弱的人，让他们看看古人是如何舍生忘死，不受世事牵绊，听天由命，如何强毅正直，言出必行，如何祈求福运而不走邪道，使他们能奋发振作，从此面对挫折艰难无所畏惧。由此类推，各方面的品行都可以由读书而师法古人的方式来培养。广泛学习，即使不能使社会风气变得纯正，至少可以去掉自身那些过分的行为。

从学习中获得的知识，在哪里都可以运用。然而现在的读书人，只知道空谈，却不能行动，忠孝谈不上，仁义也欠缺。再加上他们审断一件诉讼，不一定能弄清楚其中的道理；治理千户小县，不一定亲自管理过百姓；问他们如何建造房屋，不一定知道楣是横着放而棁是竖着放；问他们耕作之事，不一定知道稷要早下种而黍要晚下种；整天只知道吟咏歌唱，谈笑戏谑，写诗作赋，悠闲自在，做些迂阔荒诞的事情外，对处理军国大事，则没有半点用处，从而被武官小吏所耻笑侮辱，确实是由于这些原因吧。

原文

夫学者所以求益耳。见人读数十卷书，便自高大，凌忽[①]长者，轻慢同列，人疾之如仇敌，恶之如鸱枭[②]。如此以学自损，不如无学也。

注　释

①凌忽：侵凌，轻慢。

②鸱枭：猫头鹰，恶声之鸟，亦作“鸺鹠”。常比喻贪恶之人。

译　文

人之所以学习，是为了有所收获，有所提高。可我看见有的人才读了几十卷书，就自高自大起来，冒犯长者，轻慢同辈，使人们憎恶他像对仇敌一般，厌恶他像对鸱枭一般。像这样用学习来损害自己，还不如不学习。

原　文

古之学者为己，以补不足也；今之学者为人，但能说之也[①]。古之学者为人，行道以利世也；今之学者为己，修身以求进也。夫学者是犹种树也，春玩[②]其华，秋登[③]其实。讲论文章，春华也；修身利行[④]，秋实也。

注　释

①说：指夸夸其谈，炫耀于人。此两句多见于经籍，《论语》《荀子》皆有载。《太平御览》卷六引《新序》：“齐王问墨子曰：‘古之学者为己，今之学者为人，何如？’对曰：‘古之学者，得一善言，以附其身；今之学者，得一善言，务以悦人。’”

②玩：赏玩。

③登：取，收获。

④修身利行：修养德性，以利于行事。

译　文

古代求学的人是为了充实自己，以弥补自身的不足；当今求学的人是为了取悦他人，只能夸夸其谈。古代求学的人是为了别人，推行自己的主张以造福社会；当今求学的人是为了自己，修养德行，提高知识，以谋求官职。学习就好比种树，春天可以观赏它的花朵，秋天可以收获它的果实。讲论文章，就好比赏玩春花；修身利行，就好比收获秋实。

原　文

人生小幼，精神专利[①]，长成已后，思虑散逸，固须早教，勿失机也。吾七岁时，诵《灵光殿赋》[②]，至于今日，十年一理，犹不遗忘；二十之外，所诵经书，一月废置，便至荒芜矣。然人有坎壈[3]，失于盛年，犹当晚学，不可自弃。孔子云："五十以学《易》，可以无大过矣[4]。"魏武、袁遗[5]，老而弥笃，此皆少学而至老不倦也。曾子七十[6]乃学，名闻天下；荀卿五十[7]，始来游学，犹为硕儒；公孙弘[8]四十余，方读《春秋》，以此遂登丞相；朱云[9]亦四十，始学《易》《论语》；皇甫谧二十[10]，始受《孝经》《论语》，皆终成大儒。此并早迷而晚寤也。世人婚冠未学，便称迟暮，因循[11]面墙，亦为愚耳。幼而学者，如日出之光，老而学者，如秉烛夜行[12]，犹贤乎瞑目而无见者也。

注释

①专利：专注，集中。

②《灵光殿赋》：即《鲁灵光殿赋》，东汉王延寿所作。《后汉书·文苑列传》："（王逸）子延寿，字文考，有俊才。少游鲁国，作《灵光殿赋》。后蔡邕亦造此赋，未成，及见延寿所为，甚奇之，遂辍翰而已。"

③坎壈（lǎn）：坎坷，穷困。

④"五十"两句：出自《论语·述而篇》："子曰：'加我数年，五十以学《易》，可以无大过矣。'"集解："易穷理尽性，以至于命。年五十而知天命。以知命之年，读至命之书，故可以无大过也。"《朱熹集注》："学易，则明乎吉凶消长之理，进退存亡之道，故可以无大过。"

⑤魏武：即曹操，字孟德，东汉末年杰出的政治家、军事家、文学家，三国中曹魏政权的缔造者。《三国志·魏书·武帝纪》裴松之注曰："御军三十余年，手不舍书，昼则讲武策，夜则思经传，登高必赋，及造新诗，被之管弦，皆成乐章。"袁遗：字伯业，袁绍堂兄，初为长安令，出任山阳太守，参与征讨董卓联盟。后袁绍任其为扬州刺史，为袁术所败。以好学闻名。曹丕《典论》："长大而能勤学者，惟吾（曹操）与袁伯业耳。"

⑥七十：或以为当作"十七"。曾子比孔子小四十六岁，他从游孔子必在少年，不可能七十岁才开始学习。古代小孩八岁即入学，曾子十七岁乃学，故谓之晚学。或以为"七十"无误，"学"乃指学业有成。《宋景文笔记》卷中："曾子年七十，文学始就，乃能著书。"或以为此处"曾子"是"吕望"之误，卢抱经据高诱《淮南子·说林训》注："吕望年七十，始学读书，九十为文王作师。"

⑦荀卿：即荀子。《史记·孟子荀卿列传》："荀卿，赵人。年五十，始来游学于齐。"

⑧公孙弘：字季，一字次卿，出身乡鄙，汉武帝时丞相。《汉书·公孙弘

传》:"公孙弘，菑川薛人也。少时为狱吏，有罪，免。家贫，牧豕海上。年四十余，乃学《春秋》杂说……元朔中，代薛泽为丞相。"

⑨朱云：西汉元帝、成帝时名儒。《汉书·朱云传》:"朱云字游，鲁人也，徙平陵。少时通轻侠，借客报仇。长八尺余，容貌甚壮，以勇力闻。年四十，乃变节从博士白子友受《易》，又事前将军萧望之受《论语》，皆能传其业。好倜傥大节，当世以是高之。"

⑩皇甫谧：幼名静，字士安，自号玄晏先生，西晋著名学者、医学家、史学家。《晋书·皇甫谧传》:"皇甫谧，字士安，幼名静，安定朝那人，汉太尉嵩之曾孙也。出后叔父，徙居新安。年二十，不好学，游荡无度，或以为痴。尝得瓜果，辄进所后叔母任氏。任氏曰：'《孝经》云："三牲之养，犹为不孝。"汝今年余二十，目不存教，心不入道，无以慰我。'因叹曰：'昔孟母三徙以成仁，曾父烹豕以存教，岂我居不卜邻，教有所阙，何尔鲁钝之甚也！修身笃学，自汝得之，于我何有！'因对之流涕。谧乃感激，就乡人席坦受书，勤力不怠。居贫，躬自稼穑，带经而农，遂博综典籍百家之言。沉静寡欲，始有高尚之志，以著述为务，自号玄晏先生。"汉朝时，《孝经》《论语》为幼童初学必读之书，皇甫谧二十岁始学，故谓之迟。

⑪因循：疏懒，怠惰，闲散。或谓守旧法而不知变更，此指不愿意再重新学习。

⑫秉烛夜行：在夜晚持着蜡烛走路。《说苑·建本篇》:"师旷曰：'少而好学，如日出之阳；壮而好学，如日中之光；老而好学，如炳烛之明。炳烛之明，孰与昧行乎？'"

译 文

人在幼年的时候，精神专注而敏锐，长大成人后，思想就容易分散了，因此对孩子要及早教育，千万不要错过良机。我七岁的时候，诵读《灵光殿赋》，直到今天，每隔十年温习一次，仍然没有遗忘；到了二十岁以后，我所诵读的经书，要是一个月没有温习，便荒废了。然而人生难免有坎坷困厄的时候，即使在青少年时失去了学习的机会，也应在晚年时抓紧时间学习，不可自暴自弃。孔子说："五十岁时学《易经》，就可以不犯大错误了。"魏武帝曹操和袁遗，到老年时学习得更加专心，这些都是从小学习，至老年仍不厌倦的例子。

曾子七十岁时才开始学习，最后名闻天下；荀子五十岁时才开始到齐国游学，仍然成为当时的大儒；公孙弘四十多岁才开始读《春秋》，凭此做到丞相；朱云也是四十岁时才开始学习《易经》《论语》，皇甫谧二十岁时才开始学习《孝经》《论语》，他们最后都成了大学者。这些都是早年没有用功而晚年醒悟且立志成才的例子。如今世人到婚冠之年还未开始学习，就自以为太晚了，于是一天天混下去就好像面壁而立的人，什么也看不见，这实在是太愚蠢了。

从小就学习的人，就好像日出的光芒；到老才开始学习的人，就好像在夜里手持蜡烛行走，但总比闭上眼睛什么也看不见的人强。

原文

学之兴废，随世轻重。汉时贤俊，皆以一经弘[1]圣人之道，上明天时，下该[2]人事，用此致卿相者多矣。末俗已来不复尔[3]，空守章句[4]，但诵师言，施之世务，殆无一可。故士大夫子弟，皆以博涉为贵，不肯专儒[5]。梁朝皇孙以下，总丱[6]之年，必先入学，观其志尚，出身[7]已后，便从文史[8]，略无卒业者[9]。冠冕[10]为此者，则有何胤[11]、刘瓛、明山宾[12]、周舍[13]、朱异[14]、周弘正[15]、贺琛[16]、贺革[17]、萧子政[18]、刘绍等，兼通文史，不徒讲说也。洛阳亦闻崔浩[19]、张伟[20]、刘芳[21]，邺下又见邢子才[22]：此四儒者，虽好经术，亦以才博擅名。如此诸贤，故为上品，以外率多田野间人，音辞鄙陋，风操蚩[23]拙，相与专固[24]，无所堪能，问一言辄酬数百，责其指归[25]，或无要会[26]。邺下谚云："博士买驴，书券三纸，未有驴字。"使汝以此为师，令人气塞。孔子曰："学也禄在其中矣[27]。"今勤无益之事，恐非业也。夫圣人之书，所以设教，但明练经文，粗通注义，常使言行有得，亦足为人；何必"仲尼居"[28]即须两纸疏义，燕寝讲堂，亦复何在？以此得胜，宁有益乎？光阴可惜，譬诸逝水。当博览机要[29]，以济功业；必能兼美，吾无间[30]焉。

注释

①弘：发扬光大。王利器曰："汉有通经致用之说，谓治一经必得一经之用也。如平当以禹贡治河，夏侯胜以洪范察变，董仲舒以春秋决狱，王式以三百五篇当谏书，皆其例证。"

②该：备具，完备。

③末俗：末世之风俗。尔：如此。

④章句：本指古籍中的章节与句子，引申为剖章析句，是汉代以来经学家解说经义的一种方式。亦泛指书籍注释。

⑤专儒：此指专门研习一部经典。桂馥《札朴》卷三曰："汉时书少，学者皆能专精。晋、宋以后，四部之书，卷帙千万，遂有涉猎之学。"

⑥总丱（guàn）：古时儿童束发为两角，后借指童年。

⑦出身：谓出仕则致身于君。

⑧文史：当作“文吏”，即指文官。

⑨略无：全无。卒：终。

⑩冠冕：此处为仕宦的代称。

⑪何胤：南朝齐梁时期儒学名臣，曾为南齐国子监祭酒，入梁后隐居。《梁书·处士传》：“胤，字子季，点（何点）之弟也。年八岁，居忧哀毁若成人。既长好学。师事沛国刘瓛，受《易》及《礼记》《毛诗》，又入钟山定林寺听内典，其业皆通……胤注《百法论》《十二门论》各一卷，注《周易》十卷、《毛诗总集》六卷、《毛诗隐义》十卷、《礼记隐义》二十卷、《礼答问》五十五卷。”

⑫明山宾：南梁文士。《梁书·明山宾传》：“明山宾，字孝若，平原鬲人也……山宾七岁能言名理，十三博通经传，居丧尽礼……时初置《五经》博士，山宾首膺其选。迁北中郎谘议参军，侍皇太子读。累迁中书侍郎、国子博士、太子率更令、中庶子，博士如故……山宾累居学官，甚有训导之益，然性颇疏通，接于诸生，多所狎比，人皆爱之。所著《吉礼仪注》二百二十四卷，《礼仪》二十卷，《孝经丧礼服义》十五卷。”

⑬周舍：南梁名臣、文学家。《梁书·周舍传》：“周舍，字升逸，汝南安城人……既长，博学多通，尤精义理，善诵书，背文讽说，音韵清辩……梁台建，为奉常丞。高祖即位，博求异能之士。吏部尚书范云与颙素善，重舍才器，言之于高祖，召拜尚书祠部郎。时天下草创，礼仪损益，多自舍出。寻为后军记室参军、秣陵令。入为中书通事舍人，累迁太子洗马，散骑常侍，中书侍郎，鸿胪卿。时王亮得罪归家，故人莫有至者，舍独敦恩旧，及卒，身营殡葬，时人称之。迁尚书吏部郎，太子右卫率，右卫将军，虽居职屡徙，而常留省内，罕得休下。国史诏诰，仪体法律，军旅谋谟，皆兼掌之。日夜侍上，预机密，二十余年未尝离左右。舍素辩给，与人泛论谈谑，终日不绝口，而竟无一言漏泄机事，众尤叹服之。”

⑭朱异：南梁诗人、官员。《梁书·朱异传》：“朱异，字彦和，吴郡钱唐人也……既长，乃折节从师，遍治《五经》，尤明《礼》《易》，涉猎文史，兼通杂艺，博弈书算，皆其所长……寻有诏求异能之士，《五经》博士明山宾表荐异曰：‘窃见钱唐朱异，年时尚少，德备老成。在独无散逸之想，处暗有对宾之色，器宇弘深，神表峰峻。金山万丈，缘陟未登；玉海千寻，窥映不测。加以珪璋新琢，锦组初构，触响铿锵，值采便发。观其信行，非惟十室所稀，若使负重遥途，必有千里之用。’高祖召见，使说《孝经》《周易》义，甚悦之，谓左右曰：‘朱异实异。’后见明山宾，谓曰：‘卿所举殊得其人。’仍召异直西省，俄兼太学博士……自周舍卒后，异代掌机谋，方镇改换，朝仪国典，诏诰敕书，并兼掌之。每四方表疏，当局簿领，谘询详断，填委于前。异属辞落纸，览事下议，纵横敏赡，不暂停笔，顷刻之间，诸事便了……所撰《礼》《易》讲疏及仪注、文集百余篇，乱中多亡逸。”

⑮周弘正：字思行，南朝梁陈之际名儒，为梁国子博士，陈国子祭酒。《陈书·周弘正传》："周弘正，字思行，汝南安城人……弘正幼孤，及弟弘让、弘直，俱为伯父侍中护军舍所养。年十岁，通《老子》《周易》，舍每与谈论，辄异之……起家梁太学博士……累迁国子博士。时于城西立士林馆，弘正居以讲授，听者倾朝野焉……弘正特善玄言，兼明释典，虽硕学名僧，莫不请质疑滞……所著《周易讲疏》十六卷，《论语疏》十一卷，《庄子疏》八卷，《老子疏》五卷，《孝经疏》两卷，《集》二十卷，行于世。"

⑯贺琛：南梁名儒，尤精于礼学。《梁书·贺琛传》："贺琛，字国宝，会稽山阴人也。伯父蒨，步兵校尉，为世硕儒。琛幼，蒨授其经业，一闻便通义理……闲则习业，尤精《三礼》……琛所撰《三礼讲疏》《五经滞义》及诸仪法，凡百余篇。"

⑰贺革：南梁名儒，精于礼学，贺蒨之子。《梁书·儒林传》："革，字文明。少通《三礼》，及长，遍治《孝经》《论语》《毛诗》《左传》。起家晋安王国侍郎、兼太学博士，侍湘东王读。敕于永福省为邵陵、湘东、武陵三王讲礼。稍迁湘东王府行参军，转尚书仪曹郎。寻除秣陵令，迁国子博士，于学讲授，生徒常数百人。出为西中郎湘东王谘议参军，带江陵令。王初于府置学，以革领儒林祭酒，讲《三礼》，荆楚衣冠听者甚众。"

⑱萧子政：南梁学者。《隋书·经籍志》："《周易义疏》十四卷，《周易系辞义疏》三卷，《古今篆隶杂字体》一卷。"注曰："梁都官尚书萧子政撰。"

⑲崔浩：北魏名臣，仕北魏道武帝、明元帝、太武帝三朝，官至司徒，参与军国大计。《魏书·崔浩传》："崔浩，字伯渊，清河人也。白马公玄伯之长子。少好文学，博览经史。玄象阴阳，百家之言，无不关综，研精义理，时人莫及……太宗好阴阳术数，闻浩说《易》及《洪范》五行，善之，因命浩筮吉凶，参观天文，考定疑惑。浩综覈天人之际，举其纲纪，诸所处决，多有应验。恒与军国大谋，甚为宠密。"

⑳张伟：北魏名臣。《魏书·儒林传》："张伟，字仲业，小名翠螭，太原中都人也。高祖敏，晋秘书监。伟学通诸经，讲授乡里，受业者常数百人。儒谨泛纳，勤于教训，虽有顽固不晓，问至数十，伟告喻殷勤，曾无愠色。常依附经典，教以孝悌，门人感其仁化，事之如父。性恬平，不以夷崄易操，清雅笃慎，非法不言。"

㉑刘芳：北魏名儒。《魏书·刘芳传》："刘芳，字伯文，彭城人也……芳虽处穷窘之中，而业尚贞固，聪敏过人，笃志坟典。昼则佣书，以自资给，夜则读诵，终夕不寝，至有易衣并日之敝，而澹然自守，不汲汲于荣利，不戚戚于贱贫，乃著《穷通论》以自慰焉……芳才思深敏，特精经义，博闻强记，兼览《苍》《雅》，尤长音训，辨析无疑。"

㉒邢子才：即邢邵，字子才，北朝著名文人。《北齐书·邢邵传》："邢邵，

字子才，河间鄚人……年五岁，魏吏部郎清河崔亮见而奇之，曰：‘此子后当大成，位望通显。’十岁便能属文，雅有才思，聪明强记，日诵万余言。族兄峦，有人伦鉴，谓子弟曰：‘宗室中有此儿，非常人也。’少在洛阳，会天下无事，与时名胜专以山水游宴为娱，不暇勤业。尝因霖雨，乃读《汉书》，五日，略能遍记之。后因饮谑倦，方广寻经史，五行俱下，一览便记，无所遗忘。文章典丽，既赡且速。年未二十，名动衣冠……孝昌初，与黄门侍郎李琰之对典朝仪。自孝明之后，文雅大盛，邵雕虫之美，独步当时，每一文初出，京师为之纸贵，读诵俄遍远近……博览坟籍，无不通晓，晚年尤以《五经》章句为意，穷其指要。吉凶礼仪，公私谘禀，质疑去惑，为世指南……有集三十卷，见行于世。”

㉓蚩：无知貌。

㉔专固：固执，自以为是。

㉕责：问。指归：意旨，意象。

㉖要会：要领，总会。

㉗“孔子曰”二句：出自《论语·卫灵公篇》：“子曰：‘君子谋道不谋食。耕也，馁在其中矣；学也，禄在其中矣。君子忧道不忧贫。’”

㉘仲尼居：《孝经·开宗明义章》首文。历代学者对“居”字注解不一，各持一端。

㉙机要：精义，要旨。

㉚无间：没什么可以评论的，形容事物已经臻于完美。

译 文

学习风气的兴盛或衰败，随社会风气的变化而变化。汉朝的贤才俊士们，都靠精通一部经书来弘扬圣人之道，上可洞察天命，下可贯通人事，他们中以此而官至卿相的人有很多。汉朝末年则风气不复如此，读书人都空守章句之学，只知道背诵师长的言论，如果靠这些东西来处理实际事务，大概不会有半点用处。因此，后来的士大夫子弟，皆以广泛涉猎各种典籍为贵，不肯专研一部经。

梁朝从皇孙以下，在儿童时，就一定先让他们入学读书，观察他们的志向，到步入仕途的年龄后，就去参与文官的事务，没有一个人是把学业坚持到底的。既当官又能坚持学业的，有何胤、刘瓛、明山宾、周舍、朱异、周弘正、贺琛、贺革、萧子政、刘绍等人，这些人都兼通文史，并不仅仅只会讲经论书而已。我听说在洛阳有崔浩、张伟、刘芳，邺下还有邢子才：这四位学者，虽然都喜好经学，但也以才识广博而闻名。像这样的贤士，是为学者中的上品，除此之外就大多是些山野村夫，这些人言语粗陋，没有操守，互相之间固执己见，什么事也不能胜任，你问他一句，他能回答你几百句，再问他其中的意旨究竟是什么，他大多不得要领。邺下有谚语说：“博士去买驴，契约写了三张纸，还不见写出一个‘驴’字。”如果让你拜这种人为师，还不把人气死。

孔子说："好好学习吧，俸禄就在其中。"而如今有些人却在那些毫无益处的事情上下功夫，恐怕不是正业吧。圣人的书，是用来教育人的，只要能熟悉经文，粗通传注大义，使之对自己的言行有所帮助，也就足以立身做人了。又何必对"仲尼居"三个字就得用两张纸来注释呢，你说"居"指闲居之处，他说"居"指讲习之所，可那地方现在还存在吗？在这个问题上争来争去，就算讲对了，有什么意义呢？光阴苦短，应当珍惜，它像流水一样一去不复返，所以我们应当在有限的人生里博览经典著作之精要，以求对自己的事业有所助益；如能两全其美，把博览与专精结合起来，那我就非常满意，再无话可说了。

原　文

俗间儒士，不涉群书，经纬①之外，义疏②而已。吾初入邺，与博陵崔文彦交游③，尝说《王粲集》中难郑玄《尚书》事④。崔转为诸儒道之，始将发口，悬见排蹙⑤，云："文集只有诗赋铭诔⑥，岂当论经书事乎？且先儒之中，未闻有王粲也。"崔笑而退，竟不以《粲集》示之。魏收⑦之在议曹，与诸博士议宗庙事，引据《汉书》，博士笑曰："未闻《汉书》得证经术。"收便忿怒，都不复言，取《韦玄成⑧传》，掷之而起。博士一夜共披⑨寻之，达明，乃来谢曰："不谓玄成如此学也。"

注　释

①纬：即纬书，汉代的方士和儒生依托今文经义宣扬符箓、瑞应、占验之书，有的与经义在离合之间，有的则全无关系。因相对于"经书"，故称为"纬书"。

②义疏：古书的注释体制之一，起源于南北朝，内容为疏通原书和旧注的文意，阐述原书的思想，或广罗材料，对旧注进行考核，补充辨证。

③博陵：郡名，属冀州。崔文彦：《北史·崔鉴传》："（崔育王）子文豹，字蔚。"王利器疑崔文彦即为其兄弟辈。

④王粲：字仲宣，东汉末年文学家，"建安七子"之一。《隋书·经籍志》："后汉侍中《王粲集》十一卷。"郑玄：字康成，东汉末年经学大师，他遍注儒家经典，以毕生精力整理古代文化遗产，使经学进入了一个"小统一时代"。《困学纪闻》卷二："粲集中难郑玄尚书事，今仅见于唐元行冲《释疑》，王粲曰：'世称伊、雒以东，淮、汉以北，康成一人而已。咸言先儒多阙，郑氏道备。粲窃嗟怪，因求所学，得尚书注，退思其意，意皆尽矣，所疑犹未喻焉。'"

⑤悬：先。排蹙：斥责。

⑥赋、铭、诔：王利器曰："赋为'铺采摛文，体物写志'的有韵之文。铭为'称述功美'的有韵之文。诔为'累列生时行迹'的有韵之文。"

⑦魏收：字伯起，小字佛助，北朝文学家、史学家，仕魏除太学博士，历官散骑侍郎等，编修国史。入北齐，除中书令，兼著作郎，官至尚书右仆射，位特进。与温子升、邢邵并称“北地三才子”。

⑧韦玄成：字少翁，西汉人，少好学，以明经擢为谏大夫，汉元帝永光年间为丞相。

⑨批：翻阅。

译文

世俗的读书人，不能博览群书，除了研读经书、纬书，就只学学注疏。我刚到邺下时，与博陵的崔文彦交游，曾和他谈起《王粲集》中有王粲驳难郑玄注解《尚书》的事。崔文彦转而给几位读书人讲述这个问题，才刚开口，就先被他们斥责说：“文集中只有诗、赋、铭、诔之类问题，难道会有讲论经书的问题吗？何况在先儒之中，也没听说有个王粲。”崔文彦笑了笑便走来，终究没把《王粲集》给他们看。

魏收为议曹的时候，和几位博士议论有关宗庙的事，他引《汉书》作论据，博士们笑道：“没有听说过《汉书》可以用来论证经学。”魏收很生气，一言不发，只是拿出《韦玄成传》扔到他们面前，然后就起身离开了。博士们聚在一起，用了一整夜时间来阅读此书，天亮时，他们前来向魏收道歉，说：“想不到韦玄成还有这样的学问啊。”

原文

夫老、庄之书，盖全真养性，不肯以物累己也。故藏名柱史[①]，终蹈流沙[②]；匿迹漆园[③]，卒辞楚相[④]，此任纵之徒耳。何晏[⑤]、王弼[⑥]，祖述玄宗[⑦]，递相夸尚[⑧]，景附草靡[⑨]，皆以农、黄之化，在乎己身，周、孔之业，弃之度外。而平叔以党曹爽见诛，触死权之网也；辅嗣以多笑人被疾，陷好胜之阱也；山巨源以蓄积取讥[⑩]，背多藏厚亡[⑪]之文也；夏侯玄[⑫]以才望被戮，无支离臃肿之鉴也[⑬]；荀奉倩[⑭]丧妻，神伤而卒，非鼓缶之情[⑮]也；王夷甫[⑯]悼子，悲不自胜，异东门[⑰]之达也；嵇叔夜[⑱]排俗取祸，岂和光同尘[⑲]之流也；郭子玄[⑳]以倾动专势，宁后身外己[㉑]之风也；阮嗣宗沉酒荒迷[㉒]，乖畏途相诫之譬也[㉓]；谢幼舆[㉔]赃贿黜削，违弃其余鱼[㉕]之旨也：彼诸人者，并其领袖，玄宗所归。其余桎梏尘滓之中，颠仆名利之下者，岂可备言乎！直取其清谈雅论，剖玄析微，宾主往复，娱心悦耳，非济世成俗之要也。洎[㉖]于梁世，兹风复阐，《庄》《老》《周易》，总谓《三玄》。武皇、简文，躬自讲论。周弘正奉赞大猷[27]，化行都邑，学徒千余，实为盛美。元帝在江、荆间，复所爱习，召置学生，亲为教授，废寝忘食，以夜继朝，至乃倦剧[28]愁愤，辄以讲自释。吾时颇预末筵，亲承音旨，性既顽鲁，亦所不好云。

注　释

①柱史：柱下史的省称，周、秦时官名。张衡《周天大象赋》：“柱史记私而奏职。”《列仙传》载老子曾为周柱下史，《史记》则载老子为周守藏室之史。

②蹈流沙：《列仙传》：“关令尹喜者，周大夫也。善内学，常服精华，隐德修行，时人莫知。老子西游，喜先见其气，知有真人当过，物色而遮之，果得老子。老子亦知其奇，为著书授之。后与老子俱游流沙，化胡，服苣胜实，莫知其所终。”

③漆园：故地名，战国时庄子曾为漆园吏。

④辞楚相：《史记·老子韩非列传》：“楚威王闻庄周贤，使使厚币迎之，许以为相。庄周笑谓楚使者曰：‘千金，重利；卿相，尊位也。子独不见郊祭之牺牛乎？养食之数岁，衣以文绣，以入大庙。当是之时，虽欲为孤豚，岂可得乎？子亟去，无污我。我宁游戏污渎之中自快，无为有国者所羁，终身不仕，以快吾志焉。’”

⑤何晏：字平叔，三国时魏国玄学家，少年时以才秀知名，喜好老、庄之言。魏文帝在位时未被授官职。明帝认为他虚浮不实，也只授予他冗官之职。正始年间，曹爽秉政，何晏党附曹爽，累官侍中、吏部尚书，典选举，封列侯。高平陵之变后与曹爽同为司马懿所杀，灭三族。何晏与夏侯玄、王弼等倡导玄学，竞事清谈，遂开一时风气，为魏晋玄学的创始者之一。

⑥王弼：字辅嗣，三国时魏国经学家，魏晋玄学的代表人物。少年有文名，曾为《道德经》与《易经》撰写注解。与何晏、夏侯玄等同倡玄学清谈，为人高傲，“颇以所长笑人，故时为士君子所疾”。

⑦祖述：阐述，发扬。玄宗：指道家思想。

⑧夸尚：夸耀，推崇。

⑨景附：如影附身，比喻依附密切。景：通“影”。草靡：草顺风倒伏，比喻赞同，臣服。

⑩山巨源：即山涛，字巨源，魏晋名士，“竹林七贤”之一，好老庄学说。据史载，山涛性甚俭约，于财大度，所得俸禄赏赐，皆散之亲故，故家无积财，以致死后只留下十间屋，子孙都不能容纳，还是皇帝亲自为之立室。此处称山涛蓄积，于史不符，当误。刘盼遂以为山涛当是王戎之误。王戎与山涛同列“竹林七贤”，故易混淆。且王戎之俭吝，史书多载，如责从子之单衣，索息女之贷

钱，钻核而卖李，把筹而计资诸事，备载于《世说新语·俭啬篇》中。

⑪多藏厚亡：指积聚很多财物而不能周济别人，引起众人的怨恨，最后会损失更大。《老子》："是故甚爱必大费，多藏必厚亡。"

⑫夏侯玄：字太初，三国时魏国名士。他博学多识，才华出众，尤其精通玄学，被誉为"四聪"之一，与何晏等人开创了魏晋玄学的先河，是早期的玄学领袖。后被司马师杀害，夷灭三族。

⑬支离：即支离疏，因残疾而得以保全的异人。《庄子·人间世》："支离疏者，颐隐于齐，肩高于顶，会撮指天，五管在上，两髀为胁。挫针治繲，足以糊口；鼓荚播精，足以食十人。上征武士，则支离攘臂于其间；上有大役，则支离以有常疾不受功；上与病者粟，则受三钟与十束薪。夫支离者其形者，犹足以养其身，终其天年，又况支离其德者乎！"臃肿：指因躯干臃肿而不为匠人所伐的大树。《庄子·逍遥游》："惠子谓庄子曰：'吾有大树，人谓之樗。其大本拥肿而不中绳墨，其小枝卷曲而不中规矩。立之涂，匠者不顾。'"

⑭荀奉倩：即荀粲，字奉倩，三国曹魏玄学家。娶曹洪之女为妻，生活美满。不料，不久妻子重病不治而亡。荀粲悲痛过度，旋即亦亡，年仅二十九岁。

⑮鼓缶之情：指庄子于妻子死后鼓盆而歌事。缶：瓦器。《庄子·至乐》："庄子妻死，惠子吊之，庄子则方箕踞鼓盆而歌。"

⑯王夷甫：即王衍，字夷甫，魏晋名士，喜好老、庄学说。他解读玄理的时候，手里总是拿着一把与手同色的玉拂尘，神态从容潇洒，谈论精辟透彻，倾动当时。当他讲错时，却又随即更改，时人号为"口中雌黄"。后为石勒所俘虏，被活埋。

⑰东门：即东门吴，战国时秦国人，为人达观乐命。《战国策·秦策三》："梁人有东门吴者，其子死而不忧。其相室曰：'公之爱子也，天下无有，今子死不忧，何也？'东门吴曰：'吾尝无子，无子之时不忧；今子死，乃即与无子时同也，臣奚忧焉？'"事亦见《列子·力命篇》。

⑱嵇叔夜：即嵇康，字叔夜，魏晋名士，著名思想家、音乐家、文学家。正始末年与阮籍等竹林名士共倡玄学新风，主张"越名教而任自然"、"审贵贱而通物情"，为"竹林七贤"的精神领袖。后因得罪钟会，为其构陷，而被司马昭处死。

⑲和光同尘：和合它们的光彩，也共同吸纳它们带来的尘埃。本意是道家无为而治思想的体现，也是一种处事态度。《老子》："挫其锐，解其纷，和其光，同其尘。"

⑳郭子玄：即郭象，字子玄，西晋玄学家。好老庄，善清谈。《晋书·郭象传》："东海王越引为太傅主簿，甚见亲委，遂任职当权，熏灼内外，由是素论去之。"

㉑后身外己：《老子》："圣人后其身而身先，外其身而身存。"

㉒阮嗣宗：即阮籍，字嗣宗，魏晋名士，“竹林七贤”之一，崇奉老庄之学，政治上则采取谨慎避祸的态度。沉酒：即沉湎于酒。

㉓乖：违背。畏途相诫：指凶险的路上要倍加小心。《庄子·达生》：“夫畏途者，十杀一人，则父子兄弟相戒也。必盛卒徒而后敢出焉，不亦知乎！”

㉔谢幼舆：即谢鲲，西晋名士，好老、易。

㉕弃其余鱼：把不需要的鱼扔掉，比喻节欲知足。《淮南子·齐俗训》：“惠子从车百乘，以过孟诸，庄子见之，弃其余鱼。”

㉖洎：及、至。

㉗大猷（yóu）：谓治国之道。

㉘倦剧：即劳苦倦极。

译　文

老子、庄子的著作，讲的是如何保持本真、修养品行，不肯以身外之物来牵累自己。所以老子隐姓埋名，做周柱下史，最终隐遁于沙漠之中；庄子销声匿迹，隐居漆园为小吏，最终拒绝了楚威王召他为相的邀请，他们都是自由自在、无拘无束的人啊。

魏晋时，何晏、王弼等人宣讲道家思想，彼此夸耀推崇。当时的人们如影子依附于形体、草木顺着风向一般，都以神农、黄帝的教化来装扮自身，而将周公、孔子的学业置之度外。然而何晏却因为党附曹爽而被诛杀，这是死在了贪权的罗网上；王弼以自己所长笑他人之短，招致别人怨恨，这是陷入了争强好胜的陷阱；山涛因为贪吝积敛而被世人讥讽，这是违背了聚敛越多丧失越大的古训；夏侯玄因才能声望过高而遭杀害，这是没有从庄子所说的支离和臃肿大树等无用之才得以自保的寓言中吸取教训；荀粲丧妻之后，因伤心而死，这就不具有庄子在丧妻之后鼓盆而歌的超脱情怀；王衍因悼念亡子而悲不自胜，这就不同于东门吴面对丧子之痛所抱的那种达观态度；嵇康排斥世俗而招致杀身之祸，这哪能算是“和其光，同其尘”的人呢；郭象因为声名显赫而最终走上权势之路，也没有达到甘于人后的境界；阮籍沉迷于饮酒，纵情迷乱，违背了身在险途应当小心谨慎的古训；谢鲲因贪污受贿而遭罢黜，违背了节制物欲的宗旨。以上这些人，都是玄学中人心所向的领袖人物。至于其他那些在尘世污秽中身套名缰利锁，在名利场中摸爬滚打之辈，就更不值一提了。这些人不过是选取老、庄著作中的那些清谈雅论，剖析其中的玄妙细微之处，宾主之间相互问答，只求娱心悦耳罢了，这并不是有利于形成良好社会风气的事。

到了梁朝，这种崇尚道家的风气又流行起来，当时，《老子》《庄子》《周易》被总称为“三玄”。梁武帝、梁简文帝都曾亲自加以讲论。周弘正奉君主之命讲述以道家思想治国的大道理，其风气影响到都城和大小城镇，门徒达到千余人，确实是盛况空前的事。梁元帝在江州、荆州期间，也十分爱好并熟悉此道，他召集学生，亲自为他们讲解，达到废寝忘食、夜以继日的地步，甚至在他极度疲倦或忧愁烦闷的时候，也靠玄学来自我排解。我当时偶尔也在末位就坐，亲耳聆听梁元帝的教诲，然而我资质愚钝，对此又缺乏兴趣，故并没有特别的收益。

原 文

齐孝昭帝侍娄太后疾[①]，容色憔悴，服膳减损。徐之才[②]为灸两穴，帝握拳代痛，爪入掌心，血流满手。后既痊愈，帝寻疾崩，遗诏恨不见太后山陵[③]之事。其天性至孝如彼，不识忌讳如此，良由无学所为。若见古人之讥欲母早死而悲哭之[④]，则不发此言也。孝为百行之首，犹须学以修饰之，况余事乎！

注 释

①孝昭帝：即北齐孝昭帝高演。《北齐书·孝昭帝纪》："性至孝，太后不豫，出居南宫，帝行不正履，容色贬悴，衣不解带，殆将四旬。殿去南宫五百余步，鸡鸣而去，辰时方还，来去徒行，不乘舆辇。太后所苦小增，便即寝伏阁外，食饮药物尽皆躬亲。太后常心痛不自堪忍，帝立侍帷前，以爪掐手心，血流出袖。"娄太后：孝昭帝生母，名昭君，司徒娄内干之女。

②徐之才：北朝名医，兼有机辨别。

③山陵：帝王或皇后的坟墓。此指娄太后的丧事。《广雅·释丘》："秦名天子冢曰山，汉曰陵。"

④欲母早死而悲哭之：《淮南子·说山训》："东家母死，其子哭之不哀。西家子见之，归谓其母曰：'社何爱速死，吾必悲哭社。'夫欲其母之死者，虽死亦不能悲哭矣。"江、淮间谓母为社。

译 文

北齐孝昭帝侍奉病重的娄太后，因担忧而脸色憔悴，茶饭不思。徐之才为太后的两个穴位针灸，孝昭帝一直在旁握拳代痛，指甲刺入掌心，血流满手。太后病愈后不久，孝昭帝因病而亡，遗诏中说：最遗憾的事就是不能亲自为太后操办丧事。他的天性是如此孝顺，却又如此不知忌讳，这全都是不学习造成的。如果他从书中看过古人讽刺那些盼望母亲早死便提早痛哭的人的记载，就不会说出这样的话了。孝是百行之首，尚且需要通过学习去培养完善，更何况其他事呢！

原 文

梁元帝尝为吾说："昔在会稽，年始十二，便已好学。时又患疥[①]，手不得拳，膝不得屈。闲斋张葛帏[②]避蝇独坐，银瓯贮山阴[③]甜酒，时复进之，以自宽痛。率意自读史书，一日二十卷，既未师受，或不识一字，或不解一语，要自重之，不知厌倦。”帝子之尊，童稚之逸，尚能如此，况其庶士，冀以自达者哉？

注 释

①疥：疥疮，一种皮肤病。

②张：悬挂。葛帏：葛布制成的帷帐。

③山阴：南朝会稽郡山阴县，即今浙江绍兴。此地自古以酒闻名。

译 文

梁元帝曾经对我说：“我从前在会稽，年龄才十二岁，就已经喜欢学习了。当时我身患疥疮，手不能握拳，膝不能弯曲。我在闲斋中挂上葛布制成的帷子以遮蔽蚊蝇，自己独坐其中，身旁的小银瓯里装着山阴产的甜酒，不时喝上几口，以此减轻痛苦。我随意地读一些史书，一天能读二十卷。因为当时没有老师教我，有时候满纸读下来，竟一个字都不认识，一句话都不理解，可是我就是喜欢看，不知厌倦。”梁元帝以帝王之子的尊贵，孩童的闲适，尚能如此好学，更何况那些希望通过学习谋求腾达的读书人呢？

原 文

古人勤学，有握锥投斧[①]，照雪聚萤[②]，锄则带经[③]，牧则编简[④]，亦为勤笃。梁世彭城刘绮，交州[⑤]刺史勃之孙，早孤家贫，灯烛难办，常买荻尺寸折之，然明夜读。孝元初出会稽，精选寮寀[⑥]，绮以才华，为国常侍兼记室[⑦]，殊蒙礼遇，终于金紫光禄[⑧]。义阳朱詹[⑨]，世居江陵，后出扬都，好学，家贫无资，累日不爨[⑩]，乃时吞纸以实腹。寒无毡被，抱犬而卧。犬亦饥虚，起行盗食，呼之不至，哀声动邻，犹不废业，卒成学士，官至镇南录事参军[⑪]，为孝元所礼。此乃不可为之事，亦是勤学之一人。东莞[⑫]臧逢世，年二十余，欲读班固《汉书》，苦假借不久，乃就姊夫刘缓乞丐客刺[⑬]书翰纸末，手写一本，军府服其志尚，卒以《汉书》闻。

注 释

①握锥：战国苏秦事。《战国策·秦策一》：“（苏秦）读书欲睡，引锥自刺其股，血流至足。”投斧：文党投斧求学事。《北堂书钞》卷九七引《庐江七贤

传》："文党，字翁仲，未学之时，与人俱入山取木，谓侣人曰：'吾欲远学，先试投我斧高木上，斧当挂。'仰而投之，斧果上挂，因之长安受经。"

②照雪：晋孙康事。《初学记》卷二引《宋齐语》："孙康家贫，常映雪读书，清淡，交游不杂。"聚萤：晋车胤事。《晋书·车胤传》："车胤，字武子，南平人也……胤恭勤不倦，博学多通。家贫不常得油，夏月则练囊盛数十萤火以照书，以夜继日焉。及长，风姿美劭，机悟敏速，甚有乡曲之誉。"

③锄则带经：西汉兒宽事。《汉书·兒宽传》："时行赁作，带经而锄，休息辄读诵，其精如此。"又汉魏之际常林，亦有此事。《三国志·魏书·常林传》裴松之注引《魏略》曰："林少单贫。虽贫，自非手力，不取之于人。性好学，汉末为诸生，带经耕鉏，其妻常自馈饷之，林虽在田野，其相敬如宾。"

④牧则编简：西汉路温舒事。《汉书·路温舒传》："路温舒字长君，巨鹿东里人也。父为里监门，使温舒牧羊，温舒取泽中蒲，截以为牒，编用写书。"注：小简曰牒。

⑤交州：古地名，包括今天越南北、中部和中国广西、广东的一部分。

⑥寮案（liáo cǎi）：本指官舍，后代指官吏，僚属。

⑦国常侍兼记室：《隋书·百官志上》："皇子府置中录事、中记室、中直兵等参军，功曹史、录事、中兵等参军。王国置常侍官。"《北堂书钞》卷六九引干宝《司徒仪》："记室主书仪，凡有表章杂记之书，掌创其草。"

⑧金紫光禄：即金紫光禄大夫。《隋书·百官志》："特进、左右光禄大夫、金紫光禄大夫，并为散官，以加文武官之德声者。"

⑨义阳：荆州有义阳郡义阳县。朱詹：《金楼子·聚书篇》有州民朱澹远，疑即朱詹。颜之推祖名见远，故去"远"字。

⑩爨（cuàn）：生火做饭。

⑪镇南录事参军：梁元帝曾官镇南将军，录事参军为其属官。《唐六典》卷二十九："亲王府录事参军，掌付勾稽，省署抄目。"

⑫东莞：山东古地名。《晋书·地理志》："徐州东莞郡，太康中置，东莞县，故鲁郓邑。"

⑬客刺：名刺，名片。郝懿行曰："古之客刺书翰，边幅极长，故有余处，可容书写，非如今时形制杀削之比也。"

译　文

古人非常勤奋好学，有以锥刺股防止读书瞌睡的苏秦，有投斧于高树下决心到长安求学的文党，有雪夜于室外借着雪地反光读书的孙康，有用袋子收集萤火虫用来照读的车胤。汉代兒宽、常林耕种时也带着经书，路温舒在放牛时就摘蒲草截成小简，用来写字，他们都是勤奋学习的人。

梁朝时，彭城人刘绮是交州刺史刘勃的孙子，他自幼丧父，家境贫寒，无钱购买灯烛，就买来荻草，把它的茎折成尺把长，点燃以照明夜读。孝元帝在仕会稽太守时，精心选拔了一些官吏，刘绮以其才华当上了国常侍兼记室，很受孝元帝的礼遇器重，最后官至金紫光禄大夫。

义阳人朱詹，祖居江陵，后移居建业，他十分好学，但家贫无钱，有时候连续几天不能生火做饭，就经常吞食废纸充饥。天冷没有被子盖，他就抱着狗取暖睡觉。狗也饿得受不了，就跑到外面去偷东西吃，朱詹大声呼唤，狗也不肯回家，他哀痛的喊声惊动四邻。即便如此，朱詹仍没有荒废学业，终于成为学士，官至镇南录事参军，为元帝所礼敬。这不是一般人所能做到的，也是一个勤学的典型。

东莞人臧逢世，二十多岁，想读班固的《汉书》，但苦于借来的书不能长久阅读，就向姐夫刘缓要来名片、书札和边幅纸头，亲手抄得一本。军府中的人都佩服他的志气。他最终以研究《汉书》而闻名于世。

原文

齐有宦者内参田鹏鸾①，本蛮人②也。年十四五，初为阍寺③，便知好学，怀袖握书，晓夕讽诵。所居卑末，使役苦辛，时伺间隙，周章④询请。每至文林馆⑤，气喘汗流，问书之外，不暇他语。及睹古人节义之事，未尝不感激沉吟⑥久之。吾甚怜爱，倍加开奖⑦。后被赏遇，赐名敬宣，位至侍中开府⑧。后主之奔青州，遣其西出，参伺动静，为周军所获。问齐主何在，绐⑨云："已去，计当出境。"疑其不信，欧⑩捶服之，每折一支⑪，辞色愈厉，竟断四体而卒。蛮夷童丱，犹能以学成忠，齐之将相，比敬宣之奴不若也。

注释

①内参：太监。田鹏鸾：史书作田鹏。《北史·傅伏传》载："又有开府、中侍中、宦者田敬宣，本字鹏，蛮人也。年十四五，便好读书。既为阍寺，伺隙便周章询请。每至文林馆，气喘汗流，问书之外，不暇他语。及视古人节义事，未尝不感激沉吟。颜之推重其勤学，甚加开奖。后遂通显。后主之奔青州，遣其西出参伺动静，为周军所获。问齐主何在，绐云已去。殴捶服之。每折一肢，辞色愈厉，竟断四体而卒。"

②蛮人：此指当时居住在河南境内的少数民族。

③阍寺：古代宫中看门的近侍小臣，多以阉人充任。

④周章：往来迅疾。

⑤文林馆：官署名，北齐置。掌著作及校理典籍，兼训生徒，置学士。《北

齐书·文苑传》："后主属意斯文，三年，祖珽奏立文林馆。于是更召引文学士，谓之待诏文林馆焉。"颜之推曾待诏文林馆，故有开奖田敬宣事。

⑥沉吟：咏叹。

⑦开奖：开导，勉励。

⑧侍中开府：《北齐书》《北史》俱作"开府中侍中"。《隋书·百官志中》："中侍中省，掌出入门阁，中侍中二人。"

⑨绐（dài）：欺骗。

⑩欧：通"殴"，殴打。

⑪支：通"肢"，肢体。

译文

北齐有一位太监名叫田鹏鸾，本是蛮人。他年纪十四五岁，开始做太监的时候，就知道好学，随身带着书，早晚诵读。他所处地位卑微，每天的差役非常辛苦，但他仍利用有限的空闲时间，四处请教。他每次去文林馆，都累得气喘吁吁，汗流浃背，除了询问书中不懂的地方外，顾不得说一句闲话。每当读到古人讲气节、重义气的事，他就十分激动，连声赞叹，心情久久不能平静。我很喜欢他，对他倍加教导勉励。

后来他得到皇帝赏识，赐名敬宣，职至开府中侍中。北齐后主逃奔青州时，派他到西边侦察北周军动静，结果被北周军俘获。北周军问他北齐后主在哪，敬宣就欺骗他们说："已经走了，恐怕已经出境了。"北周军不信他的话，就痛打他，企图使他屈服，他的四肢每被打断一条，他的声色就越是严厉，最后竟四肢尽断而死。一个蛮族的孩子，尚且能通过学习变成忠臣，北齐的将领臣子们，连敬宣这样的奴才都不如。

原文

邺平之后，见①徙入关。思鲁尝谓吾曰："朝无禄位，家无积财，当肆②筋力，以申供养。每被课笃③，勤劳经史，未知为子，可得安乎？"吾命④之曰："子当以养为心，父当以学为教。使汝弃学徇财⑤，丰吾衣食，食之安得甘？衣之安得暖？若务先王之道，绍家世之业，藜羹缊褐⑥，我自欲之。"

注释

①见：表被动，此指被迫。北齐为北周所灭，北齐臣民被逼迫迁徙至长安，颜之推亦在其列。

②肆：尽力。

③笃：察视，督促。

④命：教训。

⑤徇财：或作“殉财”，指一心追求财利。

⑥藜羹：用藜菜做的羹，泛指粗劣的食物。缊褐：泛指穷人所穿的粗陋衣服。缊：新旧混合的棉絮，乱絮。褐：粗布或粗布衣服，古时贫贱者所服。

译文

邺城被北周军占领之后，我们被逼迁徙至关中。那时思鲁曾对我说：“我们家没人在朝廷当官，家中也没有积财物，我应当尽力干活挣钱，以维持家用，供养父母。可我却常被督促着读书，致力于经史之学，你可知道我这做儿子的，如何能安心学习呢？”我教训他说：“做儿子的固然应该把供养双亲的责任放在心上，当父亲的更应该把督促子女学习当作教育他们成人的头等大事。如果让你放弃学业去赚取钱财，即使我能丰衣足食，我吃起饭来怎么会感到香甜？穿起衣服来怎么会感到温暖呢？如果你致力于先王之道，继承我们家祖辈相传的读书传统，那么即使吃粗茶淡饭，穿粗麻衣裳，我也十分乐意。”

原文

《书》曰：“好问则裕[①]。”《礼》云：“独学而无友，则孤陋而寡闻[②]。”盖须切磋相起[③]明也。见有闭门读书，师心自是[④]，稠人广坐[⑤]，谬误差失者多矣。《穀梁传》称公子友与莒挐相搏[⑥]，左右呼曰：“孟劳”。“孟劳”者，鲁之宝刀名，亦见《广雅》[⑦]。近在齐时，有姜仲岳谓：“‘孟劳’者，公子左右，姓孟名劳，多力之人，为国所宝。”与吾苦诤。时清河郡守邢峙[⑧]，当世硕儒，助吾证之，赧然而伏。又《三辅决录》[⑨]云：“灵帝殿柱题曰：‘堂堂乎张[⑩]，京兆田郎[⑪]。’”盖引《论语》，偶以四言，目[⑫]京兆人田凤也。有一才士，乃言：“时张京兆及田郎二人皆堂堂耳。”闻吾此说，初大惊骇，其后寻愧悔焉。江南有一权贵，读误本《蜀都赋》[⑬]注，解“蹲鸱[⑭]，芋也”，乃为“羊”字。人馈羊肉，答书云：“损惠[⑮]蹲鸱。”举朝惊骇，不解事义，久后寻迹，方知如此。元氏之世[⑯]，在洛京[⑰]时，有一才学重臣，新得《史记音》[⑱]，而颇纰缪[⑲]，误反“颛顼”字，顼当为许录反，错作许缘反，遂谓朝士言：“从来谬音‘专旭’，当音‘专翾’耳。”此人先有高名，翕然[⑳]信行；期年之后，更有硕儒，苦相究讨，方知误焉。《汉书·王莽赞》

云："紫色蛙声[21]，余分闰位[22]。"谓以伪乱真耳。昔吾尝共人谈书，言及王莽形状，有一俊士，自许史学，名价甚高，乃云："王莽非直鸱目虎吻[23]，亦紫色蛙声。"又《礼乐志》云："给太官挏马酒[24]。"李奇注："以马乳为酒也，揰挏[25]乃成。"二字并从手。揰挏，此谓撞捣挺挏之，今为酪酒亦然。向学士又以为种桐时，太官酿马酒乃熟。其孤陋遂至于此。太山羊肃，亦称学问，读潘岳赋"周文弱枝之枣"[26]，为杖策之杖；《世本》"容成造历"[27]，以历[28]为碓磨之磨。

注释

①裕：充裕，充足。《尚书·仲虺之诰》："能自得师者王，谓人莫己若者亡。好问则裕，自用则小。"

②"独学"二句：见《礼记·学记》："发然后禁，则扞格而不胜；时过然后学，则勤苦而难成；杂施而不孙，则坏乱而不修；独学而无友，则孤陋而寡闻；燕朋逆其师；燕辟废其学。此六者，教之所由废也。"

③起：启发，提点。

④师心：以心为师，指只相信自己。自是：按自己的主观意图行事。

⑤稠人广坐：指人很多的地方，即公共场合。坐：通"座"。

⑥《穀梁传》：《春秋穀梁传》的简称，与《左传》《公羊传》同为解说《春秋》的三传之一。起于鲁隐公元年，终于鲁哀公十四年。《穀梁传·僖公元年》记载，鲁国公子季友率军攻讨莒国，俘掳莒君之弟莒挐，为了解决两国的恩怨，就对莒挐说："我们两人有仇隙，却要无罪的士卒牺牲，实在不该。"于是二人商议好，屏左右而相搏。

⑦《广雅》：我国最早的一部百科词典，是仿照《尔雅》体裁编纂的一部训诂学汇编，相当于《尔雅》的续篇，三国曹魏张揖撰。赵曦明曰："孟劳，刀也，见释器。"朱亦栋《群书札记》卷十："按：孟劳二字，反语为刀，此左右之隐语，即当时之切音也。若姜仲岳所云，是以刀字讹作力字，真堪资笑谈之一噱也。"

⑧清河：冀州清河郡。邢峙：北齐著名儒者。《北齐书·邢峙传》："邢峙，字士峻，河间鄚人也，少好学，耽玩坟典，游学燕、赵之间，通《二礼》《左氏春秋》。天保初，郡举孝廉，授四门博士，迁国子助教，以经入授皇太子。峙方正纯厚，有儒者之风。厨宰进太子食，有菜曰'邪蒿'，峙命去之，曰：'此菜有不正之名，非殿下所宜食。'显祖闻而嘉之，赐以被褥缣纩，拜国子博士。皇建初，除清河太守，有惠政，民吏爱之。"

⑨《三辅决录》：《隋书·经籍志》："《三辅决录》七卷，汉太仆赵岐撰，挚虞注。"

⑩堂堂乎张：见《论语·子张篇》："曾子曰：'堂堂乎张也，难与并为仁矣。'"

⑪京兆：地名，古都长安及其附近地区的古称。田郎：即田凤。《初学记》卷十一引《三辅决录》注："田凤，子季宗，为尚书郎，容仪端正，入奏事，灵帝目送之，题柱曰：'堂堂乎张，京兆田郎。'"

⑫目：因其人之才品，为之品题。

⑬《蜀都赋》：西晋文学家左思作《三都赋》，即《魏都赋》《蜀都赋》《吴都赋》。《李善文选》注："左思《三都赋》成，张载为注魏都，刘逵为注吴、蜀。"

⑭蹲鸱：大芋。因状如蹲伏的鸱，故称。篆文"羊"字与"芋"形尤近，故易误。

⑮损惠：谢人馈送礼物的敬辞。意谓对方降抑身份而加惠于己。

⑯元氏之世：即北魏朝。北魏皇帝本为拓跋氏，孝文帝汉化改革时，改为元氏。

⑰洛京：即洛阳。北魏都城本在平城，孝文帝时迁都洛阳。

⑱《史记音》：《隋书·经籍志》："《史记音》三卷，梁轻车录事参军邹诞生撰。"

⑲纰缪：错误。

⑳翕然：一致貌。

㉑紫色：不正之色（朱是正色）。蛙声：不正之声。紫色蛙声：比喻用假的冒充真的。

㉒余分：指非正统。闰位：非正常的帝位。公元8年12月，王莽，代汉建新，建元"始建国"。

㉓鸱目虎吻：形容人相貌阴险凶恶。《汉书·王莽传》："莽为人侈口蹶颐，露眼赤精，大声而嘶。长七尺五寸，好厚履高冠，以氂装衣，反膺高视，瞰临左右。是时，有用方技待诏黄门者，或问以莽形貌，待诏曰：'莽所谓鸱目虎吻豺狼之声者也，故能食人，亦当为人所食。'问者告之，莽诛灭待诏，而封告者。"

㉔太官：少府属官，主膳食。挏马：官名，主取马乳制酒。颜师古注曰："挏，音动，马酪味如酒，而饮之亦可醉，故呼为酒也。"应劭注曰："主乳马，取其汁挏治之，味酢可饮，因以名官也。"如淳曰："主乳马，以韦革为夹兜，受数斗，盛马乳，挏取其上肥，因名曰挏马。"《礼乐志》曰："师学百四十二人，其七十二人，给太官挏马酒。"意谓以七十二人拨隶太官，使之役之以造酒，而供挏马之所用。

㉕揰挏（chòng dòng）：上下撞击。关于酿马酒之法，邓廷桢《双砚斋笔记》卷四："此法至今西北两路蕃俗犹然，其法以革囊盛马乳，一人抱持之，乘马绝驰，令乳在囊中自相撞动，所谓挏也。往复数十次，即可成酒。余在西域

时，亲见额鲁特，及移驻之察哈尔，皆沿此俗。”

㉖潘岳：字安仁，西晋文学家，著《闲居赋》。弱枝之枣：枣名。《文选·闲居赋》李善注：“《西京杂记》曰：‘上林苑有弱枝枣。’《广志》曰：‘周文王时有弱枝之枣甚美，禁之不令人取，置树苑中。’”李周翰注：“周文王时有弱枝枣树，味甚美。”

㉗《世本》：又作世或世系。世指世系，本则表示起源。是一部由先秦时期史官修撰的，主要记载上古帝王、诸侯和卿大夫家族世系传承的史籍。有十五篇。今不传，诸书尚有引用。容成：黄帝时大臣，发明历法。

㉘历：繁体作“歷”，与“磨”形近。古书中二字亦通用，故易讹误。

译文

《尚书》上说：“多向师长前辈提问，则知识充足。”《礼经》上说：“独自学习而没有朋友共同商讨，就会孤陋寡闻。”看来，学习要多与人切磋，互相启发，才能更加明白。我就见过不少闭门读书，自以为是，在大庭广众之下口出谬言的人。

《穀梁传》中记载公子友与莒拏相搏斗，公子友左右的人大喊：“孟劳。”所谓孟劳，是鲁国的一把宝刀，这个解释亦见于《广雅》。最近我在齐朝的时候，有个叫姜仲岳的人说：“孟劳是公子友左右之随从，姓孟，名劳，是为大力士，为鲁国人所看重。”他与我苦苦争辩。当时清河郡守邢峙也在场，他是当世的大学者，他帮我证实了孟劳的真实含义，姜仲岳才红着脸认输。

此外，《三辅决录》上说：“汉灵帝在宫殿柱子上题的字为：‘堂堂乎张，京兆田郎。’”这是引用《论语》中的话，而对以四言句式，用来品评京兆人田凤的。有一位才士，却解释为：“当时的张京兆和田郎二人都相貌堂堂。”他听了我的解释后，起初非常惊骇，后来明白了又对此感到惭愧懊悔。

江南有一位权贵，读了误本《蜀都赋》的注释，那书中将“蹲鸱，芋也”中的“芋”字错作“羊”字。因此有人馈赠他羊肉时，他就回信说：“谢谢你赐我蹲鸱。”大家都感到非常惊讶，不明白他用的是什么典故，经过很长时间询问打听，才知道是这么回事。

北魏时期，有一位博学而身居要职的重臣，新近得到一本《史记音》，可其中谬误很多，将“颛顼”错误地注了音，“顼”字应当注为许录反，却错注为许缘反，这位大臣于是对朝中官员说：“过去人们一直把颛顼误读为‘专旭’，其实应该读成‘专翾’。”这人原本名气就很大，以致他的意见大家都相信并采用。直到一年后，另一位大学者对这个词的发音苦苦研讨，才知道那位大臣搞错了。

《汉书·王莽赞》上说：“紫色蛙声，余分闰位。”意思是说王莽以假乱真，僭越称帝。过去我曾经和别人一起谈书，说及王莽的长相，有一位聪明能干的学士，自诩精通史学，名声身家都很高，他居然说：“王莽不但长着鹰目虎嘴，而且还有着紫色的皮肤，青蛙的嗓音。”再比如《汉书·礼乐志》上说：“给太官挏马酒。”李奇的注解为：“以马乳为酒也，揰挏乃成。”“揰挏”二字的偏旁都从手。所谓揰挏，这里是说把马奶上下捣击，现在做奶酒也是用这种方法。刚才提到的那位学士又认为李奇注解的意思是：要等到种桐树时，太官造的马酒才熟。他的学识竟浅陋到这种地步！

泰山人羊肃，也以学问著称，他读潘岳赋中“周文弱枝之枣”一句，把“枝”字误读作“杖策”的“杖”字；他读《世本》中“容成造历”一句，把“历”字认作“碓磨”的“磨”字。

原文

谈说制文，援引古昔，必须眼学，勿信耳受。江南闾里间，士大夫或不学问，羞为鄙朴①，道听涂说，强事饰辞：呼征质为周、郑②，谓霍乱为博陆③，上荆州必称陕西④，下扬都言去海郡⑤，言食则糊口⑥，道钱则孔方⑦，问移则楚丘⑧，论婚则宴尔⑨，及王则无不仲宣⑩，语刘则无不公干⑪。凡有一二百件，传相祖述，寻问莫知原由，施安时复失所⑫。庄生有乘时鹊起⑬之说，故谢朓⑭诗曰：“鹊起登吴台。”吾有一亲表，作《七夕》诗云：“今夜吴台鹊，亦共往填河。”《罗浮山记》⑮云：“望平地树如荠。”故戴暠⑯诗云：“长安树如荠。”又邺下有一人《咏树》诗云：“遥望长安荠。”又尝见谓矜诞为夸毗⑰，呼高年为富有春秋⑱，皆耳学之过也。

注释

①鄙朴：粗俗，鄙陋。

②征：追究，追问。质：以物相赘。《左传·隐公二年》记载有“周郑交质”事，故附庸风雅者称征质为周郑。

③博陆：西汉霍光及其子皆曾封博陆侯。霍氏后作乱谋逆，被族诛。霍乱本指一种急性腹泻疾病，疑因其字面义而被称为“博陆”。

④上荆州必称陕西：西周时，周公与召公总诸侯，周公主陕东、召公主陕西。此后“分陕”为分而镇守国之重镇之意。南朝时，荆州为长江上流重镇，是京师建康之屏障，地理位置极其重要，故时人拟周之分陕，称荆州为陕西。当时扬州亦是重镇，故扬、荆两州刺史，膺分陕之任。钱大昕曰：“《南齐书·州郡志》：‘江左大镇，莫过荆、扬。周世二伯总诸侯，周公主陕东，召公主陕西，故称荆州为陕西也。’俗生耳受，便以陕西代江陵之称，则昧于地理，故颜氏讥之。”

⑤下扬都言去海郡：其因不详。

⑥糊口：言进食。《左传·昭公七年》："正考父之鼎铭云：'馇于是，鬻于是，以糊余口。'"

⑦孔方：钱的代称。古代铜钱外圆内有方孔，故称。晋鲁褒《钱神论》："亲爱如兄，字曰孔方。"

⑧楚丘：地名，春秋时卫国为北狄所破，后在齐国帮助下迁都楚丘。《左传·闵公二年》："僖之元年，齐桓公迁邢于夷仪。二年，封卫于楚丘。邢迁如归，卫国忘亡。"

⑨宴尔：因《诗经·邶风·古风》中有"宴尔新婚，如兄如弟"句，故后以宴尔代指新婚。

⑩仲宣：即王粲，字仲宣，见前注。

⑪公干：即刘桢，字公干，东汉末年著名文人，"建安七子"之一。

⑫施安：施行，使用。失所：指不恰当。

⑬乘时鹊起：不见于传本《庄子》，但唐宋类书《艺文类聚》《太平御览》皆有引用，当出《庄子》逸篇。《艺文类聚》卷九十二："《庄子》曰：鹊上高城，危而巢于高枝之巅，城坏巢折，凌风而起，故君子之居世也，得时则义行，失时则鹊起。"

⑭谢朓（tiǎo）：字玄晖，南朝著名诗人，曾任宣城太守，尚书吏部郎，世称"谢宣城"。诗多描写山水景色，风格清逸秀丽，完全摆脱了玄言诗的影响，为当时人所爱重。梁武帝称："不读谢诗三日觉口臭。"《南齐书·谢朓传》："朓少好学，有美名，文章清丽……朓善草隶，长五言诗，沈约常云'二百年来无此诗也'。"《文选》载谢朓《和伏武昌登孙权故城诗》作"鹊起登吴山，凤翔陵楚甸"。

⑮罗浮山：山名。《罗浮山记》："罗浮者，盖总称焉。罗，罗山也，浮，浮山也，二山合体，谓之罗浮。在增城、博罗二县之境。"《太平御览》卷四十一引裴渊《广州记》："罗山隐天，唯石楼一路，时有闲游者少得至。山际大树合抱，极目视之，如荠菜在地。山之阳有一小岭，云蓬莱边山浮来着此，因合号罗浮山。"

⑯戴暠：南梁诗人，作品见于《玉台新咏》《乐府诗集》。

⑰矜诞：自大狂妄。夸毗：指以谄谀、卑屈取媚于人。此二词一刚一柔，义实相反。

⑱高年：年纪大。富有春秋：指年轻。春秋指时间，富即充足。《后汉书·乐恢传》："上疏谏曰：'陛下富于春秋，纂承大业。'"此二词义亦相反。

译文

谈话写文章，援引古代的典故，必须是自己亲眼看到的，不要轻信耳朵听到的。江南闾里间，有些士大夫不肯学习，不愿向他人请教，可又羞于被人视为没有文化的粗鄙之人，于是就把一些道听途说的东西拿来勉强装饰门面。比如：把征质说成周、郑，把霍乱叫作博陆，上荆州一定要说成去陕西，下扬都说成是去海郡，吃饭说成糊口，称钱为孔方，提到迁徙就讲成楚丘，论及婚姻就说宴尔，讲到姓王的人就称王仲宣，谈起姓刘的人就提刘公干。这些说法不下一二百种，士大夫们前后相承，互相影响，可如果向他们问起这些典故的缘由，没有一个能答上来的，而且他们平时使用又总是用得不恰当。

庄子有乘时鹊起的说法，所以谢朓有诗云："鹊起登吴台。"我有一位表亲，他作了一首《七夕》诗，云："今夜吴台鹊，亦共往填河。"《罗浮山记》上说："望平地树如荠。"而邺下有个人作了一首《咏树》，云："遥望长安荠。"我还曾经见过有人把矜诞解释为夸毗，称年老为富有春秋，这些都是轻信耳闻之语，人云亦云而导致的过错。

原　文

夫文字者，坟籍[①]根本。世之学徒，多不晓字：读《五经》者，是徐邈而非许慎[②]；习赋诵者，信褚诠而忽吕忱[③]；明《史记》者，专徐、邹而废篆籀[④]；学《汉书》者，悦应、苏而略《苍》《雅》[⑤]。不知书音是其枝叶，小学[⑥]乃其宗系。至见服虔、张揖音义则贵之[⑦]，得《通俗》《广雅》而不屑。一手之中，向背如此，况异代各人乎？

注　释

①坟籍：古代典籍。

②徐邈：字仙民，晋代学者。《晋书·儒林传》："邈姿性端雅，勤行励学，博涉多闻，以慎密自居。少与乡人臧寿齐名，下帷读书，不游城邑。及孝武帝始览典籍，招延儒学之士，邈既东州儒素，太傅谢安举以应选。年四十四，始补中书舍人，在西省侍帝。虽不口传章句，然开释文义，标明指趣，撰《正五经音训》，学者宗之。"许慎：字叔重，东汉学者，著有《说文解字》《五经异义》。见《后汉书·儒林传》。

③褚诠：当即褚诠之，南朝人。《隋书·经籍志》："《百赋音》十卷，宋御史褚诠之撰。"又载："梁又有中书舍人褚诠之集八卷，录一卷，亡。"吕忱：字伯雍，西晋文学家，著有《字林》七卷。

④徐：即徐野民，南朝人，撰《史记音义》十二卷。邹：即邹诞生，南梁人，撰《史记音》三卷。篆：指小篆。籀：指史籀大篆。

⑤应：汉代学者应劭，字仲瑗，撰《汉书集解音义》二十四卷。苏：汉末魏初学者苏林，字孝友。

⑥小学：汉代为文字训诂学的专称，隋唐以后是文字学、训诂学、音韵学

的总称。

⑦服虔：字子慎，东汉经学家。《后汉书·儒林传》："有雅才，善著文论，作《春秋左氏传解》，行之至今。又以《左传》驳何休之所驳汉事六十条。举孝廉，稍迁，中平末，拜九江太守。免，遭乱行客，病卒。所著赋、碑、诔、书记、《连珠》《九愤》，凡十余篇。"《隋书·经籍志》："《通俗文》一卷，服虔撰。"张揖：字稚让，三国曹魏博士，著《广雅》。

译文

文字是典籍的根本。世上求学的人，很多都不通字义：通读《五经》的人，赞同徐邈而非议许慎；学习辞赋的人，信服褚诠而忽视吕忱；研究《史记》的人，只对徐野民、邹诞生的《史记音义》这类书籍感兴趣，却废弃了对篆文字义的研究；学习汉书的人，欣赏应劭、苏林的注解而忽略了《苍颉篇》和《尔雅》。他们不明白语音只是文字的枝叶，而字义才是文字的根本。以致有人见了服虔、张揖有关音义的书就十分重视，而得到同是这两人写的《通俗文》《广雅》却不屑一顾。对同出一人之手的著作都如此厚此薄彼，何况对不同时代不同人的著作呢？

原文

夫学者贵能博闻也。郡国山川，官位姓族，衣服饮食，器皿制度，皆欲根寻，得其原本；至于文字，忽不经怀①，己身姓名，或多乖舛②，纵得不误，亦未知所由。近世有人为子制名：兄弟皆山傍立字，而有名峙③者；兄弟皆手傍立字，而有名机④者；兄弟皆水傍立字，而有名凝⑤者。名儒硕学，此例甚多。若有知吾钟之不调⑥，一何⑦可笑。

注释

①忽：轻视。经怀：经心，留心。

②乖舛（chuǎn）：谬误，差错。

③峙：或作"峙"。段玉裁曰："说文有峙无峙，后人凡从止之字，每多从山；至如岐字本从山，又改路岐之岐从止，则又山变为止也。颜意谓从山之峙不典，不可以命名。"

④机：繁体为"機"，六朝俗书中，"機"作"撨"，二字虽通，但"機"字本身并不从手，不可与其他从手旁字混为一谈。又段玉裁曰："機字本作机，说文有机无機，其機微亦不从木，世俗作機字，亦不典也。"凡此三字，混淆不清，亦不全见于典籍，故颜之推以为不可为名。

⑤凝：六朝时，"凝"与"凝"二字不分，颜之推以为此易误字不可作名。

⑥知吾钟之不调：指师旷与晋平公讨论钟音是否和谐一事。《淮南子·修务训》："昔晋平公令官为钟，钟成而示师旷。师旷曰：'钟音不调。'平公曰：'寡人以示工，工皆以为调；而以为不调，何也？'师旷曰：'使后世无知音者则已，若有知音者，必知钟之不调。'故师旷之欲善调钟也，以为后之有知音者也。"

⑦一何：何其。一：语气助词。

译 文

求学之人都以见闻广博为贵。他们对于郡国山川、官位姓族、衣服饮食、器皿制度，都希望追根究底，找出他们的源头来，但对于文字，却漫不经心，连自家的姓名，也往往出现谬误。即使不出错误的，也不知道它们的由来。近代有人给孩子起名：弟兄几个都用山作偏旁的字，其中却有叫"峙"的；兄弟几个都用手作偏旁的字，其中却有叫"机"的；弟兄几个都用水作偏旁的字，其中却有叫"凝"的。在那些知名的大学者中，这类例子有很多。若世间有人能明白其中的道理，就会觉得这和晋平公与师旷讨论钟音是否和谐那件事一样，而这种事又是多么可笑啊。

原 文

吾尝从齐主幸并州①，自井陉关②入上艾县，东数十里，有猎闾村。后百官受马粮在晋阳东百余里亢仇城侧。并不识二所本是何地，博求古今，皆未能晓。及检《字林》《韵集》③，乃知猎闾是旧䜌余聚，亢仇旧是[illegible][illegible]亭，悉属上艾。时太原王劭④欲撰乡邑记注，因此二名闻之，大喜。

注 释

①齐主：此指北齐文宣帝高洋。幸：特指皇帝出行。并州：《隋书·地理志》："太原郡，后齐并州。"按：《北齐书·文宣帝纪》："天保九年六月乙丑，帝自晋阳北巡，己巳，至祁连池，戊寅，还晋阳。"又《北齐书·颜之推传》："天保末，从至天池。"天池即祁连池，胡人呼天曰"祁连"。此所言，即此时事。

②井陉关：即井陉口。井陉：山名。为太行山支脉。《汉书·地理志》："常山郡石邑，井陉山在西。太原郡有上艾县。"

③《韵集》：《隋书·经籍志》："韵集十卷，（又）六卷，晋安复令吕静撰。"

④王劭：字君懋，太原晋阳人，隋朝历史学家。《隋书·王劭传》："王劭，字君懋，太原晋阳人也。父松年，齐通直散骑侍郎。劭少沉默，好读书。弱冠，齐尚书仆射魏收辟参开府军事，累迁太子舍人，待诏文林馆。时祖孝徵、魏收、阳休之等尝论古事，有所遗忘，讨阅不能得，因呼劭问之。劭具论所出，取书

验之，一无舛误。自是，大为时人所许，称其博物。后迁中书舍人。齐灭，入周，不得调。高祖受禅，授著作佐郎。”

译文

我曾经随从北齐文宣帝到并州去，从井陉关进入上艾县，县东几十里，有一个猎闾村，后来百官又在晋阳以东百余里的亢仇城旁接受马匹粮草。大家都不知道上述两个地方原本是哪里，查阅了大量的古今书籍，都没能弄明白。直到我翻阅《字林》《韵集》这两本书，才知道猎闾就是过去的䜌余聚，亢仇就是过去的𥜗䚽亭，两地都隶属于上艾县。当时太原的王劭想撰写乡邑记注，我把这两个地方的名字说给他听，他非常高兴。

原文

吾初读《庄子》“螝[①]二首”，《韩非[②]子》曰：“虫有螝者，一身两口，争食相龁[③]，遂相杀也，”茫然不识此字何音，逢人辄问，了无解者。案：《尔雅》诸书，蚕蛹名螝，又非二首两口贪害之物。后见《古今字诂》[④]，此亦古之虺字，积年凝滞，豁然雾解[⑤]。

注释

①螝：《说文》：螝，蛹也。

②韩非：战国末期韩国人，韩王室宗族，法家代表人物，思想家、哲学家，著有《韩非子》。使于秦，李斯害而杀之。下文内容引自《韩非子·说林下》。

③龁（hé）：咬。

④《古今字诂》：《隋书·经籍志》：“《古今字诂》三卷，张揖撰。”

⑤雾解：像雾一样消散，比喻疑团完全消除。

译文

我最初读《庄子》，看到有“螝二首”这句话，《韩非子》中也说：“有一种名叫螝的虫子，一个身子有两张嘴，常常为了争夺食物而互相撕咬，以致互相残杀。”我很茫然，不明白这个字何音何义，于是逢人就问，但没有一个人能解答。据考证：《尔雅》等书上说，蚕蛹名叫螝，可蚕蛹并不是那种有两个头两张嘴的贪婪凶残的动物。后来我又看了《古今字诂》，才知道这个“螝”就是古代的“虺”字，多年来积滞在胸中的疑团，一下子豁然消散了。

原文

尝游赵州[①]，见柏人城北有一小水，土人[②]亦不知名。后读城

西门徐整[3]碑云："泊[4]流东指。"众皆不识。吾案《说文》，此字古魄字也，泊，浅水貌。此水汉来本无名矣，直以浅貌目之，或当即以泊为名乎？

注释

①赵州：《通典》："赵州，春秋时晋地，战国属赵，后魏为赵郡，明帝兼置殷州，北齐改为赵州。"

②土人：当地人。

③徐整：字文操，三国时吴国学者，官至太常卿。据《隋书》记载，撰有《毛诗谱》，注有《孝经默注》，另著有中国上古传说的《三五历记》及《五远历年纪》，为目前所知记载盘古开天传说的最早著作。

④泊（pò）：水浅貌。

译文

我曾经游览赵州，看到柏人城北有一条小河，当地人也不知道叫什么名字。后来我读到城西门徐整碑的碑文，上面说："泊流东指。"众人都不知道是什么意思。我查阅《说文解字》，原来这个字就是古代的"魄"字，泊，指水浅貌。这条河从汉代以来就没有名字，只是视它为一条清浅的小河，或许正好以"泊"给它命名？

原文

世中书翰，多称勿勿，相承如此，不知所由，或有妄言此忽忽之残缺耳。案：《说文》："勿者，州里所建之旗也，象其柄及三斿[1]之形，所以趣[2]民事。故匆遽[3]者称为勿勿。"

注释

①斿（yóu）：古代旌旗的下垂饰物。

②趣：催促，督促。

③匆遽（cōng jù）：匆促。

译文

世人的书信里常有"勿勿"这个词语，历来相承都是这样写，但不知道它的来源，有人乱下结论说这是"忽忽"的残缺字。据考证：《说文解字》上说："勿，是过去州里所树立的旗帜，这个字像旗杆和旗帜末段三条飘带的形状。此旗是用来催促农民抓紧农事的，所以才把匆忙急迫称为'勿勿'。"

原　文

吾在益州[1]，与数人同坐，初晴日晃[2]，见地上小光，问左右："此是何物？"有一蜀竖[3]就视，答云："是豆逼[4]耳。"相顾愕然，不知所谓。命取将来，乃小豆也。穷访蜀土，呼粒为逼，时莫之解。吾云："《三苍》[5]《说文》，此字白下为匕，皆训粒，《通俗文》音方力反。"众皆欢悟。

注　释

①益州：古地名，其范围包括今天的四川盆地和汉中盆地一带。《通典》："益州，理成都、蜀二县。秦置蜀郡。晋武帝改为成都国，寻亦复旧。自魏、晋、宋、齐、梁，皆为益州。"

②日晃：指日出天明，阳光灿烂。

③竖：僮仆之未冠者。

④豆逼：即豆皀。音同而通。《广韵》："皀，豆中小硬者。"魏浚《方言据》下："小豆谓之豆逼。"《说文》："皀，谷之馨香也，象嘉谷在裹中之形，匕所以扱之。或说，一粒也，读若香。"

⑤《三苍》：古代三部字书的合称。汉初，合李斯《苍颉篇》七章、赵高《爰历篇》六章、胡毋敬《博学篇》七章为一书，称《三苍》，亦统称《苍颉篇》，凡三千三百字。魏晋时，又以《苍颉篇》为上卷，以西汉扬雄《训纂篇》为中卷，以东汉贾鲂《滂喜篇》为下卷，也合称为《三苍》。

译　文

我在益州的时候，曾经和几个人同坐闲聊，当时天才刚放晴，阳光灿烂，我见到地上有个发光的小点，就问身边的人："这是什么？"有个蜀地的僮仆走上前来看了看，回答说："是豆逼。"大家都很惊愕，不明白他说的是什么意思。我叫他取过来，原来是个小豆。我遍访蜀地之人，发现他们都把"粒"称作"逼"，当时的人都不能解释其中原因。我说："在《三苍》《说文解字》等书中，这个字就是'白'下面加'匕'字，都解释为粒。《通俗文》里给它注的音是方力反。"大家明白后都十分高兴。

原　文

愍楚友婿窦如同从河州来[1]，得一青鸟，驯养爱玩，举俗呼之为鹖[2]。吾曰："鹖出上党[3]，数曾见之，色并黄黑，无驳杂也。故陈思王《鹖赋》云：'扬玄黄之劲羽。'"试检《说文》："鸺雀似鹖而青，出羌中。"《韵集》音介。此疑顿释。

注释

①愍楚：颜之推次子。友婿：即连襟，是同门女婿相互之间的称呼。《尔雅·释名》："两婿相谓曰娅，又曰友婿，言相亲友也。"河州：《通典》："河州，古西羌地，秦、汉、蜀陇西郡，前秦苻坚置河州，后魏亦为河州。"

②鹖（hé）：鸟名，即鹖鸡，较鸡为大，黄黑色，头有毛角如冠，性猛好斗，至死不却。宋高承《事物纪原·虫鱼禽兽·鹖》："古之为将士者，取其毛尾插于胄上；今军士插雉尾，即此也。"

③上党：《汉书·地理志》："上党郡，秦置属并州，有上党关。"

译文

愍楚的连襟窦如同从河州而来，他在那里得到一只青色的鸟，驯养得十分温顺，经常拿出来逗玩，所有的人都称它为"鹖"。我说："鹖鸟产自上党，我曾见过多次，它的羽毛是黄黑两色，没有斑驳杂色的。所以曹植《鹖赋》云：'鹖张开黑黄色的翅膀。'"我试着翻阅《说文解字》，书上说："鴧雀形似鹖，但羽毛是青色的，出产自羌中。"《韵集》里认为这个字的读音为"介"。这个问题到此就解决了。

原文

梁世有蔡朗者讳纯，既不涉学，遂呼莼为露葵[①]。面墙[②]之徒，递相仿效。承圣[③]中，遣一士大夫聘齐，齐主客郎李恕问梁使曰[④]："江南有露葵否？"答曰："露葵是莼，水乡所出。卿今食者绿葵菜耳。"李亦学问，但不测彼之深浅，乍闻无以核究[⑤]。

注释

①莼：莼菜，又名水葵，多年生水草。叶片椭圆形，深绿色，浮在水面，茎上和叶背有黏液，花暗红色。嫩茎和嫩叶可食用，为江南"三大名菜"之一。露葵：即葵菜，俗称滑菜，为园中所种。古代采葵，必待露解，故名露葵。

②面墙：面墙而立，一无所见。比喻蒙昧无知，毫无见识。

③承圣：梁简文帝年号。

④主客郎：即主客郎中，官名，负责外宾接待之事。李恕：李慈铭以为此处当为李庶。李庶为李谐子。附《北史·李崇传》："（李庶）方雅好学，甚有家风。历位尚书郎、司徒掾，以清辩知名。常摄宾司，接对梁客，梁客徐陵深叹美焉。"

⑤核究：或作“覆究”。

译文

梁朝有个名叫蔡朗的人避讳“纯”字，可他又没什么学问，于是就把莼菜称作露葵。那些蒙昧无知的人，竟紧跟效仿，以讹传讹。承圣年间，梁朝派一位士大夫出使北齐。北齐的主客郎李恕问梁使说：“江南有露葵吗？”使者回答说：“露葵就是莼菜，是水乡出产的植物。您现在吃的是绿葵菜罢了。”李恕也是个有学问的人，但他不清楚对方学问的深浅，乍一听到这个说法也无从核查追究。

原文

思鲁等姨夫彭城刘灵，尝与吾坐，诸子侍焉。吾问儒行、敏行曰：“凡字与谘议[1]名同音者，其数多少，能尽识乎？”答曰：“未之究也，请导示之。”吾曰：“凡如此例，不预研检，忽见不识，误以问人，反为无赖[2]所欺，不容易也[3]。”因为说之，得五十许字。诸刘叹曰：“不意乃尔！”若遂不知，亦为异事。

注释

①谘议：即谘议参军。时刘灵官号。

②无赖：《史记·高祖纪集解》：“江湖之间，谓小儿多诈狡猾者为无赖。”胡三省《通鉴》二八七注：“俚俗语谓夺攘苟得无愧耻者为无赖。”

③不容：不允许，不能。易：轻率，等闲视之。

译文

思鲁等人的姨父是彭城人刘灵，他曾经与我一起闲坐，他的几个儿子在一旁陪侍。我问儒行、敏行：“与你们父亲的名字读音相同的字一共有多少，你们都认识吗？”他们回答说：“我们没有探究过这个问题，还请您教导指示我们。”我说：“凡是这一类的字，如果不提前翻检研究，临时见到又不认识，错拿着去请教别人，反而会被小人欺负，不能轻率对待啊。”于是就为他们解说了这个问题，大约有五十个字。刘灵的儿子感叹说：“想不到有这么多啊！”要是他们一直都不知道，那也算一件怪事了。

原文

校定书籍，亦何容易，自扬雄[1]、刘向[2]，方称此职耳。观天下书未遍，不得妄下雌黄[3]。或彼以为非，此以为是；或本同末异；或两文皆欠[4]，不可偏信一隅也。

注　释

①扬雄：字子云，西汉学者，长于辞赋，是继司马相如之后西汉最著名的辞赋家。后仿《论语》作《法言》，仿《易经》作《太玄》。《汉书·扬雄传》：“雄少而好学，不为章句，训诂通而已，博览无所不见。为人简易佚荡，口吃不能剧谈，默而好深湛之思，清静亡为，少耆欲，不汲汲于富贵，不戚戚于贫贱，不修廉隅以徼名当世。家产不过十金，乏无儋石之储，晏如也。自有大度，非圣哲之书不好也；非其意，虽富贵不事也。”

②刘向：字子政，楚元王刘交四世孙，西汉经学家、目录学家。官至中垒校尉，故世又称刘中垒。曾奉命领校秘书，所撰《别录》，为我国目录学之祖。治《春秋穀梁传》。据《汉书·艺文志》载，刘向有辞赋33篇，今仅存《九叹》一篇。又整理编撰《新序》《说苑》《列女传》《战国策》《楚辞》等书，其甚作《五经通义》有清人马国翰辑本。原有没集，已佚，明人辑为《刘中垒集》。

③雌黄：古人以黄纸写字，故称书为黄卷。有误，则以雌黄涂之。

④欠：不足。

译　文

校勘核定书籍，又岂是件容易的事，只有当年的扬雄、刘向才算是能胜任这个工作。如果没有读遍天下的典籍，就不可以妄下雌黄修改书籍中的文字。有时那个版本认为是错误的，这个版本又认为是对的；有时两个版本大同小异；有时两个版本的同一处文字都不妥当，所以不能偏听偏信，倒向一个方面。

卷四

文章第九

原　文

夫文章者，原出《五经》：诏、命、策、檄[1]，生于《书》者也；序、述、论、议[2]，生于《易》者也；歌、咏、赋、颂[3]，生于《诗》者也；祭、祀、哀、诔[4]，生于《礼》者也；书、奏、箴[5]、铭，生于《春秋》者也。朝廷宪章，军旅誓诰[6]，敷[7]显仁义，发明功德，牧民建国，施用多途。至于陶冶性灵[8]，从容讽谏，入其滋味，亦乐事也。行有余力，则可习之。然而自古文人，多陷轻薄：屈原[9]露才扬己，显暴君过；宋玉体貌容冶[10]，见遇俳优[11]；东方曼倩[12]，滑稽不雅；司马长卿，窃赀[13]无操；王褒过章《僮约》[14]；扬雄德败《美新》[15]；李陵[16]降辱夷虏；刘歆[17]反复莽世；傅毅[18]党附权门；班固盗窃父史[19]；赵元叔抗竦过度[20]；冯敬通[21]浮华摈压；马季长[22]佞媚获诮；蔡伯喈[23]同恶受诛；吴质诋忤乡里[24]；曹植悖慢犯法[25]；杜笃[26]乞假无厌；路粹[27]隘狭已甚；陈琳实号粗疏[28]；繁钦性无检格[29]；刘桢[30]屈强输作；王粲率躁见嫌[31]；孔融、祢衡[32]，诞傲致殒；杨修、丁廙[33]，扇动取毙；阮籍[34]无礼败俗；嵇康[35]凌物凶终；傅玄忿斗免官[36]；孙楚[37]矜夸凌上；陆机犯顺履险[38]；潘岳干没取危[39]；颜延年负气摧黜[40]；谢灵运空疏乱纪[41]；王元长凶贼自诒[42]；谢玄晖侮慢见及[43]。凡此诸人，皆其翘秀[44]者，不能悉记，大较如此。至于帝王，亦或未免。自昔天子而有才华者，唯汉武、魏太祖、文帝、明帝、宋孝武帝[45]，皆负世议，非懿德[46]之君也。自子游、子夏、荀况、孟轲、枚乘、贾谊、苏武、张衡、左思之俦[47]，有盛名而免过患者，时复闻之，但其损败居多耳。每尝思之，原其所积，文章之体，标举兴会，发引性灵，使人矜伐[48]，故忽于持操，果于[49]进取。今世文士，此患弥切，一事惬当，一句清巧，神厉[50]九霄，志凌千载，自吟自赏，不觉更有傍人。加以砂砾所伤[51]，惨于矛戟，讽刺之祸，速乎风尘，深宜防虑，以保元吉[52]。

注　释

①诏、命、策：三种文体。皇帝颁发的命令文诰。檄：檄文。古代用于征召、晓谕的政府公告或声讨、揭发罪行等的文书。现在也指战斗性强的批判、声讨文章。

②序、述、论、议：四种文体。前两种主要是记叙，后两种主要是议论。

③赋、颂：两种文体。赋讲究对偶和用典，韵文和散文交错使用；颂主要用于歌颂，内容上多是赞美、歌颂，写法上多用铺叙。

④祭：祭文。祀：郊庙祭祀乐歌。哀、诔（lěi）：古代文体。哀悼死者，记述死者生平的文章。

⑤箴：用于规诫的古代文体。

⑥誓：誓词。诰：用于告诫或勉励的文体。

⑦敷：陈述。

⑧性灵：指人的精神、性情、情感。卢文弨曰："性灵者，天然之美也，陶冶而成之。"

⑨屈原：名平，字原，战国时楚国人，中国最早的浪漫主义诗人，伟大的爱国者。主要作品有《离骚》《九章》《九歌》等。他创造的"楚辞"文体在中国文学史上独树一帜。以班固为代表的汉代儒生多批评屈原露才扬己。王逸《楚辞章句》："而班固谓之露才扬己，竞于小人之中，怨恨怀王，讥刺椒、兰，苟欲求进，强非其人，不见容纳，忿恚自沉。"

⑩宋玉：又名子渊，战国时辞赋家，生于屈原之后，或曰是屈原弟子。曾事楚顷襄王。相传所作辞赋甚多，《汉书·艺文志》录有赋16篇，今多亡佚。流传作品有《九辨》《风赋》《高唐赋》《登徒子好色赋》等。《登徒子好色赋》："大夫登徒子侍于楚王，短宋玉曰：'玉为人体貌闲丽，口多微辞，又性好色，愿王勿与出入后宫。'王以登徒子之言问宋玉……于是楚王称善，宋玉遂不退。"

⑪俳优：古代以歌舞作谐戏的艺人。

⑫东方曼倩：即东方朔，本姓张，字曼倩，西汉文学家，幽默风趣且才华横溢，在政治方面也颇具天赋，他曾言政治得失，陈农战强国之计，但汉武帝始终把他当俳优看待，不予重用。《汉书·东方朔传》："（东方朔）依隐玩世，诡时不逢，其滑稽之雄乎！"

⑬窃赀：司马相如琴挑卓文君，后分卓王孙家财，世人颇为不耻，故讥其无操。《汉书·司马相如传》详记司马相如与卓文君事。

⑭王褒：字子渊，西汉文学家，汉宣帝时为谏议大夫。《僮约》：王褒的一

篇消遣之作，实为他买奴婢时写的契约，而且这个奴婢是他从一位寡妇那里买来的。该文中明确规定了奴仆必须从事的若干项劳役，以及若干项奴仆不准得到的生活待遇。世人多以为这是一篇侮辱劳动者之作。且王褒与寡妇过从甚密，时人亦多有讽刺。详见《僮约》内文。章：通“彰”，彰显。

⑮《美新》：即《剧秦美新》。王莽篡汉自立，国号新。扬雄仿司马相如《封禅文》，上封事给王莽，指斥秦朝，美化新朝，故名《剧秦美新》。文中抨击秦始皇焚书、统一度量衡等措施，对王莽则歌功颂德。此文曾被看作是扬雄的“白圭之玷”。因为王莽是逆臣，不该歌颂。

⑯李陵：字少卿，西汉将领。奉汉武帝之命出征匈奴，兵败被困而降。后汉武帝听信谣言，夷其三族，致使其彻底与汉朝断绝关系。李陵一生充满家国矛盾，他本人也因此引起争议。

⑰刘歆：字子骏，刘向少子，西汉后期著名学者，古文经学的真正开创者。他不仅在儒学上很有造诣，而且在校勘学、天文历法学、史学、诗等方面都堪称大家，他编制的《三统历谱》被认为是世界上最早的天文年历的雏形。刘歆少年时曾与王莽一起共事，两人关系密切。王莽篡位后，以刘歆为心腹。后刘歆与王莽生隙，与人谋诛王莽，事泄自杀。

⑱傅毅：字武仲，东汉著名文人。窦宪为大将军，以傅毅为司马，故世人有“党附权门”之讥。

⑲班固盗窃父史：班固在其父班彪续补《史记》之作《后传》的基础上编写汉书，但后人对其颇有微词，尤其六朝学士，认为班固窃父之功而攘美。且班固亦曾依附窦宪，其品行为时人所讥。《后汉书·班彪传》：“固字孟坚。年九岁，能属文诵诗赋，及长，遂博贯载籍，九流百家之言，无不穷究。所学无常师，不为章句，举大义而已。性宽和容众，不以才能高人，诸儒以此慕之……固以彪所续前史未详，乃潜精研思，欲就其业。既而有人上书显宗，告固私改作国史者，有诏下郡，收固系京兆狱，尽取其家书……帝乃复使终成前所著书……固自永平中始受诏，潜精积思二十余年，至建初中乃成。当世甚重其书，学者莫不讽诵焉。”

⑳赵元叔：即赵壹。他“恃才倨傲，为乡党所摈”。详见前注。抗竦：高傲，倨傲。

㉑冯敬通：即冯衍，字敬通，东汉辞赋家。幼有奇才，二十岁而博通群书。王莽时，不肯出仕。义军起，投更始帝部下。后降刘秀，不被重用，出为曲阳县令。在此期间，由于结交外戚，迁为司隶从事，然亦由此而得罪，免官归里，闭门自保。建武末年曾上疏自陈，犹不被任用，故作《显志赋》以自励。《后汉书·冯衍传》：“显宗即位，又多短衍以文过其实，遂废于家。”

㉒马季长：即马融，字季长，东汉著名经学家、文学家。历任校书郎、郡功曹、议郎、大将军从事中郎及武都、南郡太守等职，后因得罪大将军梁冀而

被剃发流放，途中自杀未遂，得以免罪召还。再任议郎，又在东观校勘儒学典籍，后因病离职。《后汉书·马融传》：“初，融惩于邓氏，不敢复违忤势家，遂为梁冀草奏李固，又作大将军《西第颂》，以此颇为正直所羞。”

㉓蔡伯喈：即蔡邕。蔡邕因董卓推举出仕。司徒王允杀董卓，蔡邕因念故人之情而叹息，王允杀之。《后汉书·蔡邕传》：“及卓被诛，邕在司徒王允坐，殊不意，言之而叹，有动于色。允勃然叱之，收付廷尉治罪，死狱中。”

㉔吴质：字季重，三国曹魏著名文人，与魏文帝曹丕交好。曹丕称帝，拜吴质为北中郎将，官至振威将军，假节都督河北诸军事，封列侯。《三国志·魏书·王卫二刘傅传》裴松之注引《魏略》：“始质为单家，少游遨贵戚间，盖不与乡里相浮沉，故虽已出官，本国犹不与之士名。”此云“诋忤乡里”，当即其怙威肆行，为乡人所不满，故士名不立也。诋忤：触忤，冒犯。

㉕曹植悖慢犯法：《三国志·魏书·陈思王植传》：“黄初二年，监国谒者灌均希旨，奏植‘醉酒悖慢，劫胁使者’。有司请治罪。帝以太后故，贬爵安乡侯。”

㉖杜笃：字季雅，东汉文学家。《后汉书·文苑传》：“笃少博学，不修小节，不为乡人所礼。居美阳，与美阳令游，数从请托，不谐，颇相恨。令怨，收笃送京师。”

㉗路粹：字文蔚，东汉末年文人。少学于蔡邕，建安初拜尚书郎。后为军谋祭酒，典记室。孔融有过，曹操使粹为奏，承指数致融罪。融诛，人无不畏其笔。转秘书令，坐违禁诛。所作诗赋皆佚散。《三国志·魏书·王卫二刘傅传》裴松之注引《典略》：“仲将云：‘仲宣（王粲）伤于肥戆，休伯（繁钦）都无格检，元瑜（阮瑀）病于体弱，孔璋（陈琳）实自粗疏，文蔚（路粹）性颇忿鸷，如是彼为，非徒以脂烛自煎糜也，其不高蹈，盖有由矣。’”

㉘陈琳：字孔璋，东汉末年文学家，“建安七子”之一。东汉末年，任大将军何进主簿，后入袁绍幕府。袁绍败亡后，曹操爱其才，署为司空军师祭酒，使与阮瑀同管记室。后又徙为丞相门下督。粗疏：疏略，没有真才实学。

㉙繁钦：字休伯，东汉末年文学家。《三国志·魏书·王卫二刘傅传》裴松之注引《典略》：“钦字休伯，以文才机辩，少得名于汝、颍。钦既长于书记，又善为诗赋。其所与太子书，记喉转意，率皆巧丽。为丞相主簿。建安二十三年卒。”检格：规矩，法度。

㉚刘桢：字公干，东汉末年文学家，“建安七子”之一。《三国志·魏书·王卫二刘傅传》：“桢以不敬被刑，刑竟署吏。”裴松之注引《文士传》曰：“太子尝请诸文学，酒酣坐欢，命夫人甄氏出拜。坐中众人咸伏，而桢独平视。太祖闻之，乃收桢，减死输作。”输作：因犯罪罚作劳役。王利器按：《世说新语·言语篇》刘孝标注引《文士传》：“桢性辨捷，所问应声而答，坐平视甄夫人，配输作部，使磨石。武帝至尚方观作者，见桢匡坐正色磨石，武帝问曰：‘石何如？’

桢因得喻己自理，跪而对曰：‘石出荆山悬岩之巅，外有五色之章，内含卞氏之珍，磨之不加莹，雕之不增文，禀气坚贞，受之自然；顾其理枉屈纡绕，而不得申。’帝顾左右大笑，即日赦之。”

㉛王粲率躁见嫌：王利器按：《三国志·魏书·杜袭传》：“王粲性躁竞。”《文心雕龙·程器篇》：“仲宣轻锐以躁竞。”此皆六朝人谓王粲为率躁之证。

㉜孔融：字文举，东汉末年文学家，“建安七子”之一。乃孔子二十世孙，曾官东汉北海太守，后因触怒曹操而为其所杀。《后汉书·孔融传》：“融见操雄诈渐着，数不能堪，故发辞偏宕，多致乖忤。”祢衡：字正平，东汉末年著名文人，恃才傲物，与世多忤。《后汉书·文苑传》：“祢衡字正平，平原般人也。少有才辩，而尚气刚傲，好矫时慢物……融亦深爱其才。衡始弱冠，而融年四十，遂与为交友……融既爱衡才，数称述于曹操。操欲见之，而衡素相轻疾，自称狂病，不肯往，而数有恣言。操怀忿，而以其才名，不欲杀之。”后祢衡又裸身击鼓，言语冒犯，为操所不能容，故曹操将其送与刘表。后又傲慢于刘表，刘表耻不能容，以送江夏太守黄祖。黄祖大宴宾客，祢衡出言不逊。祖大怒，欲加捶，而衡方大骂祖，遂令杀之。

㉝杨修：字德祖，东汉末年文学家。杨修学问渊博，极聪慧，任丞相府主簿。丁廙：字敬礼，东汉末年文人，少有才资，博学治问。杨修与丁廙都与陈思王曹植相善，丁廙曾劝曹操立曹植为世子。《三国志·魏书·陈思王植传》：“植既以才见异，而丁仪、丁廙、杨修等为之羽翼。太祖狐疑，几为太子者数矣。而植任性而行，不自雕励，饮酒不节……太祖既虑终始之变，以杨修颇有才策，而又袁氏之甥也，于是以罪诛修。植益内不自安……文帝即王位，诛丁仪、丁廙并其男口。”

㉞阮籍：见前注。《晋书·阮籍传》：“籍母终，正与人围棋，对者求止，籍留与决赌。既而饮酒二斗，举声一号，吐血数升。裴楷往吊之，籍散发箕踞，醉而直视。”刘孝标注《世说新语》引《晋阳秋》曰：“何曾于太祖座谓阮籍曰：‘卿任性放荡，伤礼败俗，若不变革，王宪岂能兼容？’谓太祖：‘宜投之四裔，以洁王道。’太祖曰：‘此贤羸病，君为我恕之。’”

㉟嵇康：见前注。钟会原本仰慕嵇康才识，撰写完《四本论》时，想求嵇康一见，可又怕嵇康看不上，情急之中，竟“于户外遥掷，便回急走”。显赫后的钟会再次造访嵇康，嵇康不加理睬，继续在家门口的大树下锻铁，一副旁若无人的样子。钟会觉得无趣，于是悻悻地离开。嵇康在这个时候终于说话，他问钟会：“何所闻而来，何所见而去？”钟会回答：“闻所闻而来，见所见而去。”钟会对此记恨在心。后钟会向司马昭进谗，诛杀嵇康。

㊱傅玄：字休奕，西晋文学家。忿斗免官：指傅玄与皇甫陶争吵而被罢官之事。《晋书·傅玄传》：“帝初即位，广纳直言，开不讳之路，玄及散骑常侍皇甫陶共掌谏职……俄迁侍中。初玄进黄甫陶，及入而抵，玄以事与陶争，言喧

哗，为有司所奏，二人竟坐免官。”

㊲孙楚：字子荆，西晋初年文人。矜夸凌上：指孙楚侮慢石苞事。《晋书·孙楚传》：“楚才藻卓绝，爽迈不群，多所陵傲，缺乡曲之誉。年四十余，始参镇东军事……楚后迁佐著作郎，复参石苞骠骑军事。楚既负其材气，颇侮易于苞，初至，长揖曰：‘天子命我参卿军事。’因此而嫌隙遂构。苞奏楚与吴人孙世山共讪毁时政，楚亦抗表自理，纷纭经年，事未判，又与乡人郭奕忿争。武帝虽不显明其罪，然以少贱受责，遂湮废积年。初，参军不敬府主，楚既轻苞，遂制施敬，自楚始也。”

㊳陆机：字士衡，西晋文学家，曾为平原内史，故世号之“陆平原”。陆机一度为成都王司马颖所信任，司马颖与河间王司马颙起兵讨伐长沙王司马乂，任陆机为后将军、河北大都督，战于鹿苑，机军大败。宦人孟玖向司马颖进馋，诬陆机有异志，司马颖遂杀陆机于军中。《晋书》有传。犯顺：违反正道。

㊴潘岳：字安仁，西晋著名文学家，他谄事贾谧，后因孙秀进谗，被赵王司马伦所杀。干没：贪求，贪得。《晋书·潘岳传》：“岳性轻躁，趋世利，与石崇等谄事贾谧，每候其出，与崇辄望尘而拜。构愍怀之文，岳之辞也。谧二十四友，岳为其首。谧《晋书》限断，亦岳之辞也。其母数诮之曰：‘尔当知足，而干没不已乎？’而岳终不能改……孙秀为小史给岳，而狡黠自喜。岳恶其为人，数挞辱之，秀常衔忿。及赵王伦辅政，秀为中书令……俄而秀遂诬岳及石崇、欧阳建谋奉淮南王允、齐王冏为乱，诛之，夷三族……岳母及兄侍御史释、弟燕令豹、司徒掾据、据弟诜，兄弟之子，已出之女，无长幼一时被害，唯释子伯武逃难得免。”

㊵颜延年：即颜延之，字延年，南朝宋文学家，与谢灵运并称“颜谢”。因自负其才，每与人相争。《宋书·颜延之传》：“延之少孤贫，居负郭，室巷甚陋。好读书，无所不览，文章之美，冠绝当时……延之好酒疏诞，不能斟酌当世，见刘湛、殷景仁专当要任，意有不平，常云：‘天下之务，当与天下共之，岂一人之智所能独了！’辞甚激扬，每犯权要。谓湛曰：‘吾名器不升，当由作卿家吏。’湛深恨焉，言于彭城王义康，出为永嘉太守。”

㊶谢灵运：晋宋之际著名文学家，谢玄之孙，袭封康乐公，世称“谢康乐”。仕宋，历任永嘉太守、临川内史，他行为粗疏，荒废政事，只顾游山玩水，后以谋反罪被诛。《南史》有传。《宋书·庐陵王义真传》：“灵运空疏，延之隘薄。”

㊷王元长：即王融，字元长，南齐文学家，与齐竟陵王萧子良友善，为“竟陵八友”之一。齐武帝病危，欲矫诏拥立萧子良即位，未遂。萧子良与郁林王萧昭业争夺帝位失败，王融因依附萧子良而下狱，被孔稚圭奏劾，赐死。诒：通“遗”。

㊸谢玄晖：即谢朓。齐东昏侯永元元年（499），遭始安王萧遥光与江祏等诬陷下狱死。侮慢见及：指谢朓侮慢江祏，为其所害事。《南史·谢朓传》：“先

是，朓尝轻祏为人。祏尝诣朓，朓因言有一诗，呼左右取，既而便停。祏问其故，云：'定复不急。'祏以为轻己。后祏及弟祀、刘沨、刘晏俱候朓，朓谓祏曰：'可谓带二江之双流。'以嘲弄之，祏转不堪。至是，构而害之。"

㊹翘秀：翘楚，出类拔萃之士。

㊺魏太祖：即曹操。文帝：即魏文帝曹丕。曹操、曹丕、曹植父子三人在文学史颇有作为，称"三曹"。明帝：即魏明帝曹睿。宋孝武帝：刘骏，字休龙，宋文帝刘义隆第三子。

㊻懿德：美德。

㊼子游：姓言，名偃，字子游，春秋末年吴国人，孔子弟子。子夏：即卜商，字子夏，春秋末年晋国人，孔子弟子。孟轲：即孟子，字子舆，战国时鲁国人，儒家代表人物，与孔子并称"孔孟"。枚乘：字叔，西汉辞赋家。贾谊：西汉著名政论家，一生抑郁不得志。苏武：字子卿，西汉大臣，曾奉命出使匈奴，被扣留，留居匈奴十九年而持节不屈。汉昭帝时，获释归汉。张衡：字平子，东汉辞赋家、天文学家、数学家、发明家、地理学家。左思：字太冲，西晋文学家，其《三都赋》颇被当时称颂，造成"洛阳纸贵"。俦：一类。

㊽矜伐：恃才夸功，夸耀。

㊾果于：过于。

㊿厉：上。

51 砂砾所伤：比喻细小的伤害。

52 元：大。吉：福。

译 文

世上文章，皆源于《五经》：诏、命、策、檄，是从《尚书》中产生的；序、述、论、议，是从《易经》中产生的；歌、咏、赋、颂，是从《诗经》中产生的；祭、祀、哀、诔，是从《礼记》中产生的；书、奏、箴、铭，是从《春秋》中产生的。朝廷的宪章，军中所用的誓、诰，彰显仁义，颂扬功德，治理百姓，统治国家，这文章的用途是各种各样的。至于以文章来陶冶性情，或对旁人婉言劝谏，或深入体会其含义，也是一件令人快乐的事。若平时修行有余力，则可以学习这方面的事。

然而自古以来的文人大多陷于轻薄：屈原表露才华，自我宣扬，公开暴露君主的过失；宋玉形貌冶艳，被人视为俳优；东方朔言行过于滑稽，缺乏雅致；司马相如攫取卓王孙的钱财，没有操守；王褒的过失见于《僮约》；扬雄的品德坏于《美新》；李陵投降匈奴，辱没尊严；刘歆在王莽新朝时反复无常；傅毅依附权贵；班固剽窃父亲写的史书；赵壹为人过分倨傲特出；冯衍秉性轻浮，遭到排挤；马融谄媚权贵，被人嘲讽；蔡邕结交恶人，同遭惩罚；吴质仗势横行，触怒乡里；曹植傲慢不羁，触犯法纪；杜笃向人索借，不知满足。路粹心胸太过狭隘；陈琳太过粗略疏忽；繁钦生性不知检点；刘桢太过倔强，被罚劳役；王粲轻率急躁，遭人嫌弃；孔融、祢衡狂放傲慢，招致杀身之祸；杨修、丁廙煽动生事，自取灭亡；阮籍不守礼法，伤风败俗；嵇康盛气凌人，不得善终；傅玄负气争斗，终被免官；孙楚恃才自大，冒犯上司；陆机违反正道，铤而走险，终致身死；潘岳因贪财好利，自致危机；颜延年意气用事，遭到废黜；谢灵运放纵傲慢，扰乱朝纪；王融凶恶残忍，参与叛乱，自取灭亡；谢朓对人轻忽傲慢，遭到陷害。以上这些人物，都是文人中的出类拔萃之士，其他的不能全数记取，大致就是这样吧。

至于帝王，有的也未能避免这类毛病。自古以来身为天子且有才华的，只有汉武帝、魏太祖、魏文帝、魏明帝、宋孝武帝等数人，但他们也都受到世人的非议，并不能算是具有完美德行的君主。像子游、子夏、荀况、孟轲、枚乘、贾谊、苏武、张衡、左思等一流人物，享有声名而又能避免过失的，也时常能听说，但他们中间遭受艰辛祸患的还是占有大多数。

对此我经常思考，推究其中的道理，文章的本质在于揭示兴致感受，抒发性灵，这就容易使人恃才自夸，从而忽视操守，却勇于追求名利。在现在的文士身上，这个毛病更加深切，他们若是一个典故用得快意恰当，一个句子作得清新奇巧，就神采飞扬直达九霄，意气风发雄视千载，自我吟诵，自我叹赏，不觉世上还有旁人。又因为沙砾等渺小事物给人带来的伤害，会比矛戟造成的伤害更严重；讽刺别人而招祸，比狂风大尘来得更快，你们应该特别注意防范，以保大福。

原　文

学问有利钝，文章有巧拙。钝学累功，不妨精熟；拙文研思，终归蚩鄙①。但成学士，自足为人。必乏天才②，勿强操笔。吾见世人，至无才思，自谓清华，流布丑拙，亦以众矣，江南号为詅痴符③。近在并州，有一士族，好为可笑诗赋，誂撇邢、魏诸公④，众共嘲弄，虚相赞说，便击牛釃酒⑤，招延⑥声誉。其妻，明鉴妇人也，泣而谏之。此人叹曰：“才华不为妻子所容，何况行路！”至死不觉。自见之谓明，此诚难也。

注　释

①蚩鄙：粗野，拙劣。

②天才：天赋。

③詅（líng）痴符：古代方言，原指文字拙劣而好刻书行世的人，后指没有才学却又喜欢夸耀的人。詅：叫卖。《苕溪渔隐丛话后集》卷三九：“宋子京云：

'江左有文拙而好刻石者，谓之诊嗤符。'"

④诮撇（tiǎo piē）：以言戏人，此指轻蔑，嘲弄。邢、魏：指北齐著名学者邢邵和魏收，见前注。

⑤酾（shī）酒：斟酒。一说滤酒。

⑥招延：招致，求取。

译文

做学问有聪明与迟钝之分，写文章有精巧与拙劣的差别。做学问迟钝的人只要坚持努力，也能够达到精通熟练；写文章拙劣的人再怎么钻研思考，其文章终究难免粗野鄙陋。其实只要成为饱学之士，就足以在世上立足了。如果实在是缺乏写作上的天赋，就不要勉强执笔写文章。我看到世上某些人，明明极度缺乏才思，却还以为自己的文章清新华丽，并且让丑陋拙劣的文章流传在外。这样的人实在太多了，江南地区称之为诊痴符。

近来在并州，有个士大夫，喜欢写一些可笑的诗赋，还嘲弄邢邵、魏收等人。于是大家联合起来嘲弄他，假意赞美他的诗赋，于是他高兴极了，就杀牛斟酒，准备宴请宾客以扩大自己的声誉。他的妻子是个明白事理的人，哭着劝他。这个士大夫却叹息说："我的才华连妻子都不能承认，更何况陌生人呢！"他至死都没有觉悟，不能自知。自己能看清自己才叫明，这确实不容易啊！

原文

学为文章，先谋亲友，得其评裁，知可施行，然后出手①。慎勿师心自任，取笑旁人也。自古执笔为文者，何可胜言。然至于宏丽精华，不过数十篇耳。但使不失体裁，辞意可观，便称才士。要须动俗盖世，亦俟河之清②乎！

注释

①出手：使文章在社会上流传。古时文坛风气，但有人作一文，必争相传阅，评点针砭。一说指下笔作文。此数句言作文之前，先得亲友提点，然后动笔，不可随意为文。

②俟河之清：等待黄河变清。比喻期望的事情不能实现或难以实现。《左传·襄公八年》："周诗有之曰：'俟河之清，人寿几何？'"杜预注："逸《诗》也，言人寿促而河清迟。"《后汉书·赵壹传》："河清不可俟，人命不可延。"

译文

学作文章时，每作成一篇，应该先向亲友征求意见，得到他们的评点，知道可以在社会上传播了，然后再脱手。千万不要由着性子自作主张，以致为旁人取笑。自古以来执笔写文章的人，多得数不清，然而真正能够称得上宏丽精华的文章，不过几十篇罢了。只要文章没有违背体裁要求，辞意值得一观，就可以称为才士了。如果一定要使自己的文章惊动流俗，气盖当世，那就像黄河澄清那样不容易啊！

原 文

不屈二姓，夷、齐①之节也；何事非君，伊、箕之义也②。自春秋已来，家有奔亡，国有吞灭，君臣固无常分③矣。然而君子之交绝无恶声④，一旦屈膝而事人，岂以存亡而改虑⑤？陈孔璋⑥居袁裁书，则呼操为豺狼；在魏制檄，则目绍为蛇虺。在时君所命，不得自专，然亦文人之巨患也，当务从容消息⑦之。

注 释

①夷、齐：即指伯夷、叔齐，商末孤竹国君之子，曾谏阻周武王伐商。武王灭商后，天下宗周，伯夷、叔齐耻食周粟，隐居首阳山，采薇而食。后饿死。

②伊：伊尹，本为夏臣，后辅佐商汤建立商朝。箕：箕子，商末纣王的叔父，官太师。商末动乱，箕子谏而不纳，遂披发佯狂而为奴。武王灭商后，箕子归周。或谓箕子在商朝灭亡后，带着商代礼仪和制度到了朝鲜北部，建立箕子朝鲜。王利器按：《孟子·公孙丑上》：“何事非君，何使非民，治亦进，乱亦进，伊尹也。”赵岐注：“伊尹曰：‘事非其君者，何伤也？使非其民者，何伤也？要欲为天理物，冀得行道而已矣。’”

③常分：定分。即一成不变的名分。《左传·昭公三十二年》：“史墨曰：‘社稷无常奉，君臣无常位，自古以然。’”

④恶声：指辱骂之语。《战国策·燕策二》：“望诸君乃使人献书报燕王曰：‘臣闻古之君子，交绝不出恶声；忠臣之去也，不洁其名。’”此处颜之推将君主关系视为朋友关系，友情可尽，主可另投，但分道之时亦要保持风度。此观点素来为人诟病，然乱世之中，忠君如一亦是奢谈。

⑤改虑：改变立场。

⑥陈孔璋：即陈琳。陈琳曾举袁绍幕府，官渡大战前，陈琳作《为袁绍檄豫州文》，文中痛斥曹操。曹操当时正苦于头风，病发在床，因卧读陈琳檄文，竟惊出一身冷汗，翕然而起，头风顿愈。袁绍败亡后，曹操因爱其才而不咎。

⑦消息：斟酌。

译文

不屈身于两个王朝，这是伯夷、叔齐的气节；对任何君主都可侍奉，这是伊尹、箕子所行的道义。自春秋以来，世家有奔窜流亡的时候，国家有被吞并灭亡的时候，君臣之间本来就没有固定的名分。

君子即使绝交也不会口出恶言，然而一旦屈膝侍奉别的君主，又怎能因故主的存亡而改变自己的立场呢？陈琳在袁绍幕府时，作檄文称曹操为豺狼；在魏国做官时，又在所写的檄文中称袁绍为毒蛇。在当时必须听从君主的命令，自己不能做主，但这也是文人的大祸患，不能不仔细斟酌一番。

原文

或问扬雄曰："吾子少而好赋？"雄曰："然。童子雕虫篆刻[①]，壮夫不为也。"余窃非之曰：虞舜歌《南风》[②]之诗，周公作《鸱鸮》[③]之咏，吉甫、史克《雅》《颂》之美者[④]，未闻皆在幼年累德也。孔子曰："不学《诗》，无以言[⑤]。""自卫返鲁，乐正，《雅》《颂》各得其所[⑥]。"大明孝道[⑦]，引《诗》证之。扬雄安敢忽之也？若论"诗人之赋丽以则，辞人之赋丽以淫[⑧]"，但知变之而已，又未知雄自为壮夫何如也？著《剧秦美新》，妄投于阁[⑨]，周章怖慑[⑩]，不达天命，童子之为耳。桓谭[⑪]以胜老子，葛洪[⑫]以方仲尼，使人叹息。此人直以晓算术，解阴阳，故著《太玄经》[⑬]，数子为所惑耳。其遗言余行，孙卿、屈原之不及，安敢望大圣之清尘？且《太玄》今竟何用乎？不啻覆酱瓿而已[⑭]。

注释

①虫：虫书。刻：刻符。虫书、刻符是秦书八体中的二体，是西汉学童必习的小技。雕琢虫书，篆写刻符。比喻微不足道的技能。多用于比喻诗、文的写作。

②《南风》：《礼记·乐记》："昔者，舜作五弦之琴，以歌《南风》。"《孔子家语·辩乐解》："昔者，舜弹五弦之琴，造《南风》之诗，其诗曰：'南风之熏兮，可以解吾民之愠兮；南风之时兮，可以阜吾民之财兮。'"

③《鸱鸮》：《诗经·豳风》篇名，相传为周公所作。《尚书·金縢》："武王既丧，管叔及其群弟乃流言于国，曰：'公将不利于孺子。'周公乃告二公曰：'我之弗辟，我无以告我先王。'周公居东二年，则罪人斯得。于后，公乃为诗以贻王，名之曰《鸱鸮》。"

④吉甫：即尹吉甫，西周宣王时大臣。《诗经·大雅》部分篇章出自其手。史克：春秋时鲁国史官。《毛诗序》认为他是《鲁颂·駉》的作者。

⑤“不学《诗》”二句：出自《论语·季氏篇》。

⑥“自卫返鲁”三句：出自《论语·子罕篇》。《史记·孔子世家》：“古者，诗三千余篇，及至孔子，去其重，取可施于礼义，上采契、后稷，中述殷、周之盛，至幽、厉之缺，始于衽席，故曰：‘关雎之乱，以为风始，鹿鸣为小雅始，文王为大雅始，清庙为颂始。’三百五篇，孔子皆弦歌之，以求合韶、武、雅、颂之音，礼乐自此可得而述。”

⑦大明孝道：指孔子撰《孝经》。《孝经》每章之末，俱引诗以明之。

⑧“诗人之赋丽以则”两句：出自扬雄《法言·吾子篇》。“诗人之赋丽以则”是指这一类的赋尚不失讽喻精神，虽“丽”而有法度；“辞人之赋丽以淫”则指这一类的赋辞章上太过分注意修饰而失去了讽谏的意义。韩敬《法言注》：“诗人的赋华丽而符合原则，辞人的赋华丽而过分铺张。”诗人之赋，指的是屈原的骚赋，扬雄认为屈原的赋符合《诗经》的精神，所以称为“诗人之赋”；辞人之赋指的唐勒景差宋玉枚乘之赋，其实就是指的大赋。淫：过分。

⑨妄投于阁：《汉书·扬雄传》：“王莽时，刘歆、甄丰皆为上公，莽既以符命自立，即位之后，欲绝其原以神前事，而丰子寻、歆子棻复献之。莽诛丰父子，投棻四裔。辞所连及，便收不请。时雄校书天禄阁上，治狱使者来，欲收雄，雄恐不能自免，乃从阁上自投下，几死。莽闻之曰：‘雄素不与事，何故在此？’间请问其故，乃刘棻尝从雄学作奇字，雄不知情，有诏勿问。然京师为之语曰：‘惟寂寞，自投阁；爰清静，作符命。’”王利器按：雄解嘲云：“惟寂惟寞，守德之宅；爰清爰静，游神之庭。”京师语据此以讽雄。

⑩周章：仓皇惊惧。怖慑：恐惧，害怕。

⑪桓谭：字君山，两汉之际人，哲学家，经学家，爱好音律，善鼓琴，博学多通，遍习五经，喜非毁俗儒。

⑫葛洪：字稚川，自号抱朴子，东晋著名医药学家，三国方士葛玄之侄孙，世称小仙翁。他曾受封为关内侯，后隐居罗浮山炼丹。

⑬《太玄经》，扬雄撰，是一部拟《周易》之作。其将源于老子之道的玄作为最高范畴，并在构筑宇宙生成图式、探索事物发展规律时，以玄为中心思想。是汉朝道家思想的继承和发展。

⑭不啻（chì）：不过。瓿（bù）：盛酒器和盛水器，亦用于盛酱。器型似樽，但较樽矮小。

译文

有人问扬雄说：“您年轻时就喜欢写赋吗？”扬雄说：“是的。不过我认为辞赋就如同是小孩子练的虫书、刻符，大丈夫是不屑于做的。”我私下里认为他的话是不对的：虞舜曾吟咏《南风》，周公曾作《鸱鸮》，尹吉甫、史克所作的很多好诗歌都收录在《雅》《颂》里，可我倒没听说过他们因为在年轻时写诗而损坏了德行。

孔子说："不学习《诗》，就不知道如何应答。"他又说："我从卫国返回鲁国，对《诗》的乐章进行整理，使得《雅》《颂》各得其所。"孔子宣扬孝道，经常引用《诗经》来佐证。扬雄又怎么敢忽视诗赋呢？

如果就他说的"诗人的赋华丽而合乎法度，辞人的赋华丽得过度"来看，那也只不过是看到两者之间的区别而已，不知道扬雄自从成年之后又做得怎么样呢？他写了《剧秦美新》，又曾经糊涂地从天禄阁往下跳，处事惊慌失措，不能乐天知命，其行为不过像个小孩子。桓谭以为扬雄胜过老子，葛洪将扬雄与孔子相提并论，实在是让人叹息。扬雄此人只不过是通晓术数，懂得阴阳之学，所以写了《太玄经》，那些人都被他迷惑了。他的言辞德行，连荀子、屈原都比不上，又怎能和老子、孔子这样的大圣人相提并论呢？况且《太玄》在今天有什么用途？不过是被人拿来盖酱缸罢了。

原　文

齐世有席毗者，清干之士，官至行台尚书，嗤鄙文学，嘲刘逖①云："君辈辞藻，譬若荣华②，须臾之玩，非宏才也。岂比吾徒千丈松树，常有风霜，不可凋悴③矣！"刘应之曰："既有寒木，又发春华，何如也？"席笑曰："可哉！"

注　释

①刘逖：字子长，北齐诗人。《北齐书·文苑传》："逖少而聪敏，好弋猎骑射，以行乐为事，爱交游，善戏谑……逖远离乡家，倦于羁旅，发愤自励，专精读书。晋阳都会之所，霸朝人士攸集，咸务于宴集。逖在游宴之中，卷不离手，值有文籍所未见者，则终日讽诵，或通夜不归，其好学如此。亦留心文藻，颇工诗咏。"

②荣华：茂盛的花。一说指朝菌的别名。朝菌：大芝，朝生，见日则死。喻生命极为短暂。

③凋悴：枯败，凋落。

译　文

北齐有个名叫席毗的人，是清明能干之士，官至行台尚书。他讥笑鄙视文学，曾嘲笑刘逖说："你们这些文人的辞藻文章，就好比那开放的花朵，只能供人赏玩片刻，算不得栋梁之材。哪里能比得上我们这些军人呢？我们就像千丈高的松树，即使常有风霜侵袭，也不会枯败凋零！”刘逖说：“如果既是耐寒之树，又能在春天开花，那如何呢？”席毗笑着说：“那自然好！”

原 文

凡为文章，犹人乘骐骥，虽有逸气[①]，当以衔勒[②]制之，勿使流乱轨躅[③]，放意填坑岸也[④]。

注 释

①逸气：俊逸之气。

②衔勒：指马嚼口和马络头。

③轨躅（zhú）：本指车辙，引申为法度、规范。

④放意：肆意，纵意。坑岸：坑堑，沟壑。

译 文

作文章就好比是骑乘良马，虽然马很有俊逸之气，但也还得用衔和勒来控制它，不要让它乱了奔走的法度，肆意而行，以致落入沟壑之中。

原 文

文章当以理致为心肾，气调为筋骨，事义[①]为皮肤，华丽为冠冕。今世相承，趋末弃本，率多浮艳。辞与理竞，辞胜而理伏；事与才争，事繁而才损。放逸者流宕[②]而忘归，穿凿者补缀而不足[③]。时俗如此，安能独违？但务去泰去甚耳。必有盛才重誉，改革体裁者，实吾所希。

注 释

①事义：指以典故来表意。

②流宕：指诗文流畅恣肆。

③穿凿：牵强附会。此指过于拘束。补缀：补葺联缀。

译 文

好文章当以义理情致为心肾，气韵才调为筋骨，恰当典故为皮肤，华丽辞藻为冠冕。可如今世代相承的文章，都是趋末弃本，过于轻浮华艳。辞藻与义理相竞，文辞虽然优美但事理却被遮隐；用典与才思相争，用典繁琐而才思受损。那些奔放飘逸的文章，行文虽然轻快但常常偏离主题；那些过于拘束的文章，虽然补葺连缀勉强成篇但文采不足。时下习俗就是如此，怎么能独自标新立异？但求不要做得太过分就好。如果能有才华优异、声誉隆重的人来改革这种文章体制，那实在是我所期望的。

原文

古人之文，宏材逸气，体度风格，去今实远，但缉缀[①]疏朴，未为密致耳。今世音律谐靡[②]，章句偶对，讳避精详，贤于往昔多矣。宜以古之制裁为本，今之辞调为末，并须两存，不可偏弃也。

注释

①缉缀：编辑缀属。此指作文遣词造句、过渡勾连等方面。

②谐靡：和谐靡丽。

译文

古人的文章，气势宏大，潇洒飘逸，其体度风格和现今的文章差别很大，只是古人在遣词造句方面还很粗疏质朴，不够周密细致。如今的文章，音律和谐靡丽，语句配偶对称，避讳精确详尽，在这些方面比古人高明多了。应该以古人的体制格调为根本，以今人的文辞音调作补充，这两方面必须并存，不可偏废。

原文

吾家世文章，甚为典正，不从流俗，梁孝元在蕃邸[①]时，撰《西府新文》[②]，讫无一篇见录者，亦以不偶[③]于世，无郑、卫之音[④]故也。有诗赋铭诔书表启疏二十卷，吾兄弟始在草土[⑤]，并未得编次，便遭火荡尽，竟不传于世。衔酷茹恨[⑥]，彻于心髓！操行见于《梁史·文士传》及孝元《怀旧志》[⑦]。

注释

①蕃邸：王府。此指萧绎为湘东王，镇守荆州时。

②《西府新文》：梁元帝使萧淑辑录诸臣僚之文而成。《隋书·经籍志》：“《西府新文》十一卷，并录，梁萧淑撰。”时颜之推之父颜协为镇西府谘议参军，亦颇善文，然因文章风格缘故，其文未被收录。颜之推深以为憾事。

③偶：合，迎合。

④郑、卫之音：指春秋时郑国和卫国的民间音乐。《诗经》收入的郑国、卫国民歌，情感表达奔放大胆，且多男女情事、淫靡之音，故为正统所排斥否定。

此指当时浮艳之文。

⑤草土：指居亲丧。胡三省曰："居丧者寝苫枕块，故曰草土。"

⑥衔酷：心怀惨痛之情。茹恨：含恨。

⑦《梁史·文士传》：即《梁书·文学传》。其中记颜协事曰："颜协，字子和，琅邪临沂人也。七代祖含，晋侍中、国子祭酒、西平靖侯。父见远，博学有志行。初，齐和帝之镇荆州也，以见远为录事参军，及即位于江陵，以为治书侍御史，俄兼中丞。高祖受禅，见远乃不食，发愤数日而卒。高祖闻之曰：'我自应天从人，何预天下士大夫事？而颜见远乃至于此也。'协幼孤，养于舅氏。少以器局见称。博涉群书，工于草隶。释褐湘东王国常侍，又兼府记室。世祖出镇荆州，转正记室。时吴郡顾协亦在蕃邸，与协同名，才学相亚，府中称为"二协"。舅陈郡谢暕卒，协以有鞠养恩，居丧如伯叔之礼，议者重焉。又感家门事义，不求显达，恒辞征辟，游于蕃府而已。大同五年，卒，时年四十二。世祖甚叹惜之，为《怀旧诗》以伤之。"《怀旧志》：《隋书·经籍志》："《怀旧志》九卷，梁元帝撰。"

译文

我父亲的文章，写得非常典雅庄重，不同于流俗，梁孝元帝在做湘东王时，曾经命人编撰《西府新文》，先父的文章一篇也未被收录，这也是因为他的文章不迎合世俗人的口味，没有浮艳风气的缘故。

先父留下的诗、赋、铭、诔、书、表、启、疏等各种文体的文章共二十卷，我们兄弟当时还在居丧期间，没有来得及整理编次，就被大火烧得精光，最终不能流传于世。对此我甚为心痛，心中含恨，深入心髓。先父的操守品行载于《梁史·文士传》和梁孝元帝所撰的《怀旧志》上。

原文

沈隐侯①曰："文章当从三易：易见事，一也；易识字，二也；易读诵，三也。"邢子才常曰："沈侯文章，用事不使人觉，若胸忆②语也。"深以此服之。祖孝徵亦尝谓吾曰："沈诗云：'崖倾护石髓③。'此岂似用事邪？"

注释

①沈隐侯：即南朝文学家、史学家沈约，字休文，谥隐侯。《梁书·沈约传》："既而流寓孤贫，笃志好学，昼夜不倦。母恐其以劳生疾，常遣减油灭火。而昼之所读，夜辄诵之，遂博通群籍，能属文……约左目重瞳子，腰有紫志，聪明过人。好坟籍，聚书至二万卷，京师莫比。"

②胸忆：犹“胸臆”，心。

③崖倾护石髓：此诗句不见沈约文集。又沈约《游沈道士馆诗》云：“朋来握石髓。”或为此诗异文，抑别是一诗。“石髓”有典。《晋书·嵇康传》：“康遇王烈，共入山，尝得石髓如饴，即自服半，余半与康，皆凝而为石。”

译文

沈约说：“文章应当遵从‘三易’的原则：用典通俗易懂，这是其一；文字易识，这是其二；易于朗读背诵，这是其三。”邢子才常说：“沈约的文章，引用典故使人难以察觉，让人以为他是在直抒胸臆一样。”并因此而深深佩服他。祖孝徵也曾对我说：“沈约诗云：‘崖倾护石髓。’这哪里像是在用典啊？”

原文

邢子才、魏收俱有重名，时俗准的[①]，以为师匠。邢赏服沈约而轻任昉[②]，魏爱慕任昉而毁沈约，每于谈宴，辞色以之[③]。邺下纷纭，各有朋党。祖孝徵尝谓吾曰：“任、沈之是非，乃邢、魏之优劣也。”

注释

①准的：标准。

②任昉：字彦升，小子阿堆，南朝文学家。《梁书·任昉传》：“昉雅善属文，尤长载笔，才思无穷，当世王公表奏，莫不请焉。昉起草即成，不加点窜。沈约一代词宗，深所推挹。”

③辞色以之：犹今言争得面红耳赤。

译文

邢子才、魏收俱有盛名，当时的人以他们为标准，奉为宗师大匠。邢子才佩服沈约而轻视任昉，魏收则钦慕任昉而诋毁沈约，两人每次在一起宴饮聚会时，都会争得面红耳赤。邺城的人对此看法不一，两人各有拥护者。祖孝徵曾对我说：“任昉、沈约二人的是非，实际上正是邢子才和魏收的优与劣。”

原文

《吴均[①]集》有《破镜赋》。昔者，邑号朝歌，颜渊不舍[②]；里名胜母[③]，曾子敛襟：盖忌夫恶名之伤实也。破镜[④]乃凶逆之兽，事见《汉书》，为文幸避此名也。比世往往见有和人诗者，题云敬同[5]，《孝经》云："资于事父以事君而敬同[6]。"不可轻言也。梁世费旭[7]诗云："不知是耶[8]非。"殷沄[9]诗云："飖扬云母舟[10]。"简文曰："旭既不识其父，沄又飖扬其母。"此虽悉古事，不可用也。世人或有文章引《诗》"伐鼓渊渊[11]"者，《宋书》已有屡游之诮[12]。如此流比[13]，幸须避之。北面事亲[14]，别舅摛《渭阳》之咏[15]；堂上养老，送兄赋桓山之悲[16]，皆大失也。举此一隅，触涂宜慎。

注 释

①吴均：字叔庠，南梁文学家。好学有俊才，其诗清新，且多为反映社会现实之作。其文工于写景，诗文自成一家，常描写山水景物，称为"吴均体"，开创一代诗风。《梁书·文学传》载其事。《隋书·经籍志》："梁奉朝请《吴均集》二十卷。"

②舍：居住。《水经注·淇水》注引《论语撰考谶》云："邑名朝歌，颜渊不舍，七十弟子掩目，宰予独顾，由蹶堕车。"刘昼《新论·鄙名章》："水名盗泉，尼父不漱；邑名朝歌，颜渊不舍；里名胜母，曾子还轫；亭名柏人，汉君夜遁。何者？以其名害义也。"或以为此处颜渊当作墨子。《汉书·邹阳传》："里名胜母，曾子不入；邑号朝歌，墨子回车。"《淮南子·说山训》："曾子立孝，不过胜母之闾；墨子非乐，不入朝歌之邑。"朝歌本是地名，但字面义是一清早就唱歌，墨子"非乐"，故不入住。

③胜母：闾里名。但其字面意思是胜过母亲或厌胜母亲，曾子至孝，故敛襟。

④破镜：一种恶兽，也称獍。《汉书·郊祀志》："有言古天子尝以春解祠，祠黄帝用一枭、破镜。"

⑤敬同：六朝人以"同"为"和"，和题诗，大致称同、和、奉和、仰和四名词，称敬同比较少。或作者写诗给朋友时，有此谦称，至编集时又削去"敬"字。颜之推认为，和诗用"敬同"，易与"事君事父"扯上关系，故不可取。

⑥资于事父以事君而敬同：言敬父与敬君同。《孝经·士章第五》："资于事父以事母，其爱同；资于事父以事君，其敬同。"

⑦费旭：卢文弨曰："费旭，江夏人。"王利器认为"费旭"是"费昶"之误。《南史·何思澄传》："王子云，太原人，及江夏费昶，并为闾里才子。昶善为乐府，又作鼓吹曲，武帝重之。"

⑧耶：本为疑问助词，但南朝俗称父为"耶"。

⑨殷沄：卢文弨以为"殷沄"是"殷芸"之误。殷芸：字灌蔬，南梁文学家。《梁书·殷芸传》："性倜傥，不拘细行。然不妄交游，门无杂客。励精勤学，博洽群书。"

⑩飘扬：随微风摇动貌。云母舟：以云母装饰之舟。但其名以触讳。

⑪伐鼓渊渊：出自《诗经·小雅·采芑》。“伐鼓”从正面理解指出师，或戒晨，义本无碍，然其反语则为“腐骨”。“腐骨”本指死尸，后亦指贱躯，如此则颇为不祥。六朝人喜言反语，故认为“伐鼓”不可用于文章中。

⑫屡游之诮：典故不详。据前后语，当指不明反语之讥讽。《金楼子·杂记篇上》：“宋玉（当作《宋书》）戏太宰屡游之谈，流连反语，遂有鲍照伐鼓、孝绰布武、韦粲浮柱之作。”

⑬流比：同类比照类推。

⑭北面事亲：言母在北堂。

⑮摛（chī）：传布，舒展。《渭阳》：即《诗经·秦风·渭阳》。本诗是秦康公送晋文公重耳回国时所作。《诗序》：“《渭阳》，康公念母也。康公之母，晋献公之女。文公遭丽姬之难未反，而秦姬卒。穆公纳文公，康公时为太子，赠送文公于渭之阳，念母之不见也。我见舅氏，如母存焉。”据此，《渭阳》是母死之后，送舅怀母之作，如果母亲尚健在，则不可滥用“渭阳”语典。

⑯桓山之悲：比喻父死而兄弟别离之悲。《孔子家语·颜回》：“孔子在卫，昧旦晨兴，颜回侍侧，闻哭者之声甚哀。子曰：‘回，汝知此何所哭乎？’对曰：‘回以此哭声非但为死者而已，又有生离别者也。’子曰：‘何以知之？’对曰：‘回闻桓山之鸟生四子焉，羽翼既成，将分于四海，其母悲鸣而送之，哀声有似于此，谓其往而不返也，回窃以音类知之。’孔子使人问哭者，果曰：‘父死家贫，卖子以葬，与之长决。’子曰：“回也，善于识音矣。”据此，父亲如果尚在，则不可滥用“桓山之悲”语典。

译　文

《吴均集》中有《破镜赋》。从前，有座城邑名叫朝歌，颜渊因为这名称就不在那里停留；有一处乡里名叫胜母，曾子路过时就敛起衣襟：他们大约是忌讳这些不好的名称损伤了事物的本质吧。破镜是一种凶恶暴逆的野兽，这在《汉书》里有记载，写文章时一定要避开这类名称。

近代时常看见有应和别人诗作的人在和诗的题目中写着“敬同”二字，《孝经》里说：“资于事父以事君而敬同。”因此这两个字不能轻易乱用。梁朝费旭有诗云：“不知是耶非。”殷沄也有诗云：“飘扬云母舟。”梁简文帝说：“费旭已经不认识自己的父亲，殷沄又让他的母亲四处飘荡。”这些虽然都是古时的事，但也不可用。

世上有人在文章中引用《诗经》中“伐鼓渊渊”，《宋书》对这类引用词语不考虑反语的人已有所讥讽。诸如此类的事，一定要避开为妙。有人母亲尚在世，送别舅舅时却高咏《渭阳》；有人双亲在堂，送别兄长时却以“桓山之鸟”来表达自己的悲伤，这些都是严重的过失。这里只举了一部分例子，你们写文章时处处都要谨慎对待。

原文

江南文制，欲人弹射[①]，知有病累[②]，随即改之，陈王得之于丁廙也[③]。山东风俗，不通击难[④]。吾初入邺，遂尝以此忤人，至今为悔。汝曹必无轻议也。

注释

①弹射：用言语指责人。此指批评文章。

②病累：主要就声病而言，即诗文声律上的毛病。

③陈王得之于丁廙（yì）也：曹植《与杨德祖书》："仆尝好人讥弹其文，有不善者，应时改定。昔丁敬礼常作小文，使仆润饰之。仆自以才不能过若人，辞不为也。敬礼谓仆：'卿何所疑难，文之佳恶，吾自得之，后世谁相知定吾文者邪？'吾尝叹此达言，以为美谈。"

④击难：指责难，批评。

译文

江南地区的人写完文章后，希望请别人进行批评指正，如发现声律上的毛病，随即加以修改，陈思王曹植就是从丁廙那里学到了这种习惯。山东地区的风俗，是不允许别人对自己的文章提出责难的。我刚到邺下时，就曾因为批评别人的文章而得罪人，到现在我还为这件事后悔。你们一定不要轻率地议论别人的文章。

原文

凡代人为文，皆作彼语，理宜然矣。至于哀伤凶祸之辞，不可辄代。蔡邕为胡金盈[①]作《母灵表颂》曰："悲母氏之不永[②]，然委我而夙丧。"又为胡颢[③]作其父铭曰："葬我考议郎[④]君。"《袁三公颂》曰："猗欤我祖，出自有妫[⑤]。"王粲为潘文则《思亲诗》云："躬此劳悴，鞠予小人[⑥]；庶我显妣，克保遐年[⑦]。"而并载乎邕、粲之集，此例甚众。古人之所行，今世以为讳。陈思王《武帝诔》，遂深永蛰[⑧]之思；潘岳《悼亡赋》，乃怆手泽之遗：是方父于虫[⑨]，匹妇于考[⑩]也。蔡邕《杨秉碑》云："统大麓[⑪]之重。"潘尼[⑫]《赠卢景宣诗》云："九五思飞龙[⑬]。"孙楚《王骠骑诔》云："奄忽登遐[14]。”陆机《父诔》云：“亿兆宅心，敦叙百揆[15]。”《姊诔》云：“伣天之和[16]。”今为此言，则朝廷之罪人也。王粲《赠杨德祖诗》云：“我君饯之，其乐泄泄[17]。”不可妄施人子，况储君[18]乎？

注 释

①胡金盈：胡广之女。胡广：字伯始，东汉名臣。

②不永：寿命不长久。

③胡颢：胡广之孙。

④议郎：官名，为光禄勋所属郎官之一。此指胡颢之父胡宁。

⑤有妫：即妫姓。陈胡公满，妫姓，其后有袁氏。

⑥劳悴：劳瘁，辛苦劳累。鞠：养。小人：即小孩。此两句诗意谓：母亲辛苦劳累，养育我成人。

⑦显妣：对亡母的美称。克：能。遐年：高寿。

⑧永蛰：永远蛰伏，即长眠。曹植文中指父死。

⑨方父于虫：将父亲比作虫。“蛰伏”一词来源于昆虫，将尊父之死比作虫之永远蛰伏，颜之推以为不妥。《礼记·月令》：“季秋之月，蛰虫咸俯。”《金楼子·立言篇》：“陈思之文，群才之隽也。《武帝诔》云：‘尊灵永蛰。’《明帝颂》云：‘圣体浮轻。’浮轻有似于蝴蝶，永蛰可拟于昆虫，施之尊体，不其嗤乎。”颜之推观点即与梁元帝相似。

⑩匹妇于考：《礼记·玉藻》：“父没而不能读父之书，手泽存焉尔；母没而杯圈不能饮焉，口泽之气存焉尔。”据此，“手泽”是形容父母遗迹的，不可用于亡妻。

⑪大麓：犹总领，谓领录天子之事。

⑫潘尼：字正叔，西晋文学家。潘岳之侄，少有才，与潘岳俱以文章知名，并称“两潘”。

⑬九五：指君位。飞龙：指圣人起而为天子，故不可泛用。

⑭登遐：指死者升天而去。后又特指帝王之死，故平民不可乱用。

⑮亿兆：指万民。宅心：归心。敦叙：亦作“敦序”，谓使亲厚而有序。百揆：各种政务。或指百官。《舜典》：“纳于百揆，百揆时叙。”此诗句有帝王气，不可用。

⑯伣（qiàn）：譬喻。《诗经·大雅·大明》：“大邦有子，伣天之妹。”陆机此文中将其姊比作“天之妹”，如此己则为“天”，不可。

⑰泄泄（yì）：和乐舒畅貌。据《左传·隐公元年》载：先，郑庄公之母武姜厌之，助幼子段夺位。事败后，庄公怒而放其于颍城，并言：“不及黄泉，勿相见也。”后又悔，思母，但又碍于前誓。颍考叔建议庄公掘地及黄泉，于隧道

见母。庄公从之。庄公见到母亲后，赋曰：“大隧之中，其乐也融融！”武姜亦喜，赋曰：“大隧之外，其乐也泄泄！”自此母子和好。据此，“泄泄”是母亲对子所言，不可乱用。

⑱储君：即太子。颜之推所指王粲诗中当是曹丕。

译文

凡是替别人作文，都要用他的口气，这是理所当然的。至于表达哀伤凶祸内容的文章，是不宜替别人代表的。蔡邕为胡金盈作《母灵表颂》，写道：“悲母氏之不永，然委我而夙丧。”又为胡颢作父诔，说：“葬我考议郎君。”还有《袁三公颂》曰：“猗欤我祖，出自有妫。”王粲为潘文则作《思亲诗》，写道：“躬此劳悴，鞠予小人；庶我显妣，克保遐年。”且这些文章都收入在蔡邕、王粲的文集里，这样的例子非常多。古人所通行的做法，在今天看来是犯了忌讳。

陈思王曹植在《武帝诔》中以“永蛰”表示对父亲的思念，潘岳在《悼亡赋》中以“手泽”指亡妻留下的物品，并抒发看到妻子遗物的悲怆之情。前者将父亲比作虫子，后者将亡妻等同于亡父，都是不可取的。蔡邕《杨秉碑》说：“统大麓之重。”潘尼《赠卢景宣诗》说：“九五思飞龙。”孙楚《王骠骑诔》说：“奄忽登遐。”陆机《父诔》说：“亿兆宅心，敦叙百揆。”《姊诔》又说：“伣天之和。”如果现代有人再写这样的话，那就是朝廷的罪人了。王粲《赠杨德祖诗》说：“我君饯之，其乐泄泄。”但“其乐泄泄”是郑庄公的母亲对郑庄公说的，是不可以随便用在别人子女身上的，更何况还是太子呢？

原文

挽歌辞者，或云古者《虞殡》[①]之歌，或云出自田横[②]之客，皆为生者悼往告哀之意。陆平原多为死人自叹之言[③]，诗格既无此例，又乖制作本意。

注释

①《虞殡》：古代挽歌名。

②田横：秦末群雄之一，原为齐国贵族，秦末反秦自立。刘邦建汉后，田横不肯称臣于汉，率五百门客逃往海岛，刘邦派人招抚，田横被迫乘船赴洛，在途中距洛阳三十里地自杀。海岛五百部属闻田横死，亦全部自杀。崔豹《古今注》：“薤露、蒿里，并丧歌也。田横自杀，门人伤之，为作悲歌，言人命如薤上之露，易晞灭也；亦谓人死魂魄归乎蒿里，故有二章。至李延年乃分为二曲，薤露送王公贵人，蒿里送士大夫庶人，使挽柩者歌之，世呼为挽歌。”

③陆平原：即陆机。曾为平原内史。见前注。死人自叹之言：即以死者第

一人称创作的挽歌辞，此种挽歌辞多是诗人为抒发己之旷达心境或弃世之心而作，并无追悼意。陆机所作挽歌辞不全为死者自叹之言，另陶潜、缪袭所作挽歌辞亦有死者自叹之言。

译文

挽歌辞，有人说它始于古代的《虞殡》之歌，有的说它出自田横的门客。所有的挽歌辞都是活着的人用来追悼死者，表达哀痛之情的。陆机的挽歌辞大多是死者的自我感叹之辞，挽歌辞的体例中没有这样的例子，这也违背了创作挽歌辞的本意。

原文

凡诗人之作，刺箴美颂，各有源流，未尝混杂，善恶同篇也。陆机为《齐讴篇》①，前叙山川物产风教之盛，后章忽鄙山川之情，殊失厥体。其为《吴趋行》②，何不陈子光、夫差乎③？《京洛行》，胡不述赧王、灵帝乎④？

注释

①《齐讴篇》：即《齐讴行》，乐府杂曲歌辞名。见《乐府诗集》卷六十四。《文选·齐讴行》张铣注："此为齐人讴歌国风也，其终篇亦欲使人推分直进，不可苟有所营。"至于陆机《齐讴行》后章"鄙山川"，赵曦明、王利器以为颜之推理解有误。赵曦明曰："非也。案本诗'惟师'以下，刺景公据形胜之地，不能修尚父、桓公之业，而但知恋牛山之乐，思及古而无死也。"王利器曰："《齐讴行》云：'鄙哉牛山叹，未及至人情。'此鄙景公耳，非鄙山川也。"

②《吴趋行》：吴地歌曲名。崔豹《古今注》曰："吴趋行，吴人以歌其地。"陆机《吴趋行》曰："听我歌吴趋。"

③子光：即吴王阖闾，名光，春秋末期吴国君主，曾命专诸刺杀吴王僚，取得君位。夫差：春秋时期吴国末代国君，阖闾之子，早年破越国，称霸一时，但晚年昏庸，为越国所灭。

④赧王：周赧王姬延，东周末代国君。灵帝：东汉灵帝刘宏，著名昏君。在位期间，宦官专政，党锢之祸复起。终于招致黄巾起义的爆发。颜之推质问《吴趋行》《京洛行》不提子光、赧王之流，并非是他认为这两篇文章必须提这些昏君，而是相对陆机《齐讴行》而言的，后世学者多有误解，认为颜之推狭隘。陆机《齐讴行》本是土风之作，当叙述一地风俗人情，然后篇颇有历史之叹，又刺昏君，颜之推以为，既如此，何《吴趋行》《京洛行》不提历史，不提昏君呢？其意在反讽，并非表达己之观点。

译文

凡诗人的作品，无论讽刺的、规谏的、赞美的、称颂的，皆各有其源流，从来没有将其混杂在一起，使善恶同在一篇的。陆机作《齐讴篇》，前半部分叙述山川的秀美和物产的丰盛，以及当地民风的淳朴，后半部分忽然又表现出鄙薄此地山川的情绪，这太背离文章的体制了。既然这样，他写《吴趋行》，为何不提吴王阖闾和吴王夫差呢？他作《京洛行》，为什么不述说周赧王和汉灵帝的事迹呢？

原文

自古宏才博学，用事误者有矣。百家杂说，或有不同，书傥湮灭，后人不见，故未敢轻议之。今指知决纰缪者，略举一两端以为诫。《诗》云："有鷕①雉鸣。"又曰："雉鸣求其牡②。"毛《传》③亦曰："鷕，雌雉声。"又云："雉之朝雊，尚求其雌④。"郑玄注《月令》⑤亦云："雊，雄雉鸣。"潘岳赋曰："雉鷕鷕以朝雊。"是则混杂其雄雌矣。《诗》云："孔怀兄弟⑥。"孔，甚也；怀，思也，言甚可思也。陆机《与长沙顾母书》，述从祖弟士璜死，乃言："痛心拔脑，有如孔怀。"心既痛矣，即为甚思，何故方言有如也？观其此意，当谓亲兄弟为孔怀。《诗》云："父母孔迩⑦。"而呼二亲为孔迩，于义通乎？《异物志》⑧云："拥剑⑨状如蟹，但一螯偏大尔。"何逊⑩诗云："跃鱼如拥剑。"是不分鱼蟹也。《汉书》："御史府中列柏树，常有野鸟数千，栖宿其上，晨去暮来，号朝夕鸟⑪。"而文士往往误作乌鸢用之。《抱朴子》⑫说项曼都诈称得仙，自云："仙人以流霞一杯与我饮之，辄不饥渴。"而简文诗云："霞流抱朴碗。"亦犹郭象以惠施之辨为庄周言⑬也。《后汉书》："囚司徒崔烈以锒铛锁⑭。"锒铛，大锁也；世间多误作金银字。武烈太子⑮亦是数千卷学士，尝作诗云："银锁三公脚，刀撞仆射头⑯。"为俗所误。

注释

①鷕（yǎo）：雌野鸡的叫声。《诗经·邶风·匏有苦叶》："有弥济盈，有鷕雉鸣。济盈不濡轨，雉鸣求其牡。"

②牡：雄性。此处指雄野鸡。

③毛《传》：即毛亨《毛诗故训传》。

④“雉之朝雊”两句：出自《诗经·小雅·小弁》。

⑤《月令》：即《礼记·月令》。郝懿行曰：“郑注《月令》，今本无‘雄’字，而云：‘雊，雉鸣也。’《说文》亦云：‘雊，雄雉鸣。’疑颜氏所见古本有‘雄’字，而今本脱之欤？”

⑥孔怀兄弟：出自《诗经·小雅·常棣》。

⑦父母孔迩：出自《诗经·周南·汝坟》。

⑧《异物志》：《隋书·经籍志》：“《异物志》一卷，汉议郎杨孚撰。”

⑨拥剑：《古今注·鱼虫第五》：“蟚蚏，小蟹也，生海边，食土，一名长卿。其有一螯偏大，谓之拥剑。亦名执火，以其螯赤，故谓执火也。”

⑩何逊：字仲言，南梁诗人。《梁书·文学传》：“（何逊）八岁能赋诗文章，与刘孝绰并见重当世。”

⑪“御史府中”五句：见《汉书·朱博传》。此处“乌”，多处古籍作“乌”，因此御史台也称“乌台”、“乌府”。如此，文人称“乌鸢”则无误。而颜之推坚称“乌”为误，当别有所据。“乌”、“乌”孰为确，则未定。

⑫《抱朴子》：《隋书·经籍志》：“《抱朴子内篇》二十一卷，音一卷，葛洪撰。”刘盼遂曰：“按《抱朴子·祛惑篇》之说，又本之王充《论衡·道虚篇》。《道虚篇》云：‘河东蒲阪项曼都好道，学仙，委家亡去，三年而返家。问其状，曰：“去时不能自知，忽见若卧形，有仙人数人将我上天，离月数里而止。见月上下幽冥，幽冥不知东西。居月之旁，其寒凄怆，口饥欲食，仙人辄饮我以流霞一杯。每饮一杯，数月不饥。不知去几何年月，不知以何为过，忽然若卧，复下至此。”河东号之曰斥仙。’此正为《抱朴子》所本。简文诗云：‘霞流抱朴碗。’亦可云‘霞流王充碗’乎？宜其为颜氏之所讥也。”

⑬郭象以惠施之辨为庄周言：赵曦明曰：“按：《庄子·天下篇》，自‘惠施多方’而下，因述施之言而辨正之。郭象注云：‘昔吾未览庄子，尝闻论者争夫尺捶、连环之意，而皆云庄生之言。按：此篇较评诸子，至于此章，则曰其道舛驳，其言不中，乃知道听涂说之伤实也。’则郭注本分明，颜氏讥之，误也。”王利器按：此指郭象未见《庄子》以前耳，非误。

⑭囚司徒崔烈以银铛锁：《后汉书·崔骃传》：“孙寔，从弟烈，因傅母入钱五百万，得为司徒。献帝时，子钧与袁绍俱起兵山东，董卓以是收烈付郿狱，锢之银铛铁锁。卓既诛，拜城门校尉。”“银铛”：或作“琅珰”。

⑮武烈太子：梁元帝长子萧方等，字实相，南讨河东王，军败溺死，谥曰忠壮世子，元帝即位，改谥武烈太子。

⑯银锁三公脚：其典即“三公”之一司徒崔烈被锁事。刀撞仆射头：疑其典出《北齐书·王纮传》，曰：“帝使燕子献反缚纮，长广王捉头，帝手刃将下，

纮曰：'杨遵彦、崔季舒，逃走避难，位至仆射尚书；冒死效命之士，反见屠戮，旷古未有此事。'帝投刃于地，曰：'王师罗不得杀。'遂舍之。"

译文

自古以来那些才华横溢、博学多才的人，在引用典故时出现差错的情况也有很多。诸子百家杂说纷纭，意见或许不尽相同，倘若他们的书籍已经湮没，后人读不到，所以我也不敢妄加评论。现在我且说说那些已经肯定绝对是错谬的事，略举一两个例子让你们引以为戒。

《诗经》上说："有鷕雉鸣。"又说："雉鸣求其牡。"《毛诗故训传》里也说："鷕，是雌雉的鸣叫声。"《诗经》上又说："雉之朝雊，尚求其雌。"郑玄注的《礼记·月令》也说："雊，是雄雉的鸣叫声。"而潘岳的赋里却写道："雉鷕鷕以朝鸲。"这就混淆了雌雄的区别。

《诗经》上说："孔怀兄弟。"孔，是很的意思；怀，是思念的意思。孔怀的意思是十分想念。陆机的《与长沙顾母书》叙述他的从祖弟陆士璜之死，文章却说："痛心拔脑，有如孔怀。"心中既然感到悲痛，自然就是很思念，为什么还要说"有如"呢？看他在这里的意思，大概是把"孔怀"理解成兄弟了。《诗经》上说："父母孔迩。"按照陆机的理解，要称父母为"孔迩"，这在意义上能说得通么？

《异物志》上说："拥剑的状貌如蟹，只是有一只螯偏大罢了。"何逊的诗中却说："跃鱼如拥剑。"这就是鱼蟹不分了。

《汉书》上说："御史府中种着成列的柏树，经常有数千只野鸟栖息在树上，这些鸟早晨离去，黄昏归来，被称为朝夕鸟。"而文人们在引用的时候往往把它们误作"乌鸢"。

《抱朴子》里记载项曼都诈称遇见了仙人，自称："仙人给了我一杯流霞叫我饮下，我就不觉得饥渴了。"而梁简文帝的诗中却说："霞流抱朴碗。"这就好像郭象把惠施辩论的言辞当作庄周的话一样了。

《后汉书》上说："囚司徒崔烈以银铛锁。"银铛，指大的铁锁链，世人多把"银"误作金银的"银"字。武烈太子也是读过千卷书的学士了，他曾经作诗说："银锁三公脚，刀撞仆射头。"这是受流俗影响而造成的错误。

原文

文章地理，必须惬当。梁简文《雁门①太守行》乃云："鹅军攻日逐②，燕骑荡康居③，大宛④归善马，小月⑤送降书。"萧子晖《陇头水》云⑥："天寒陇水急，散漫俱分泻，北注徂黄龙⑦，东流会白马⑧。"此亦明珠之颣⑨，美玉之瑕，宜慎之。

注 释

①雁门：郡名。战国赵地，秦置郡。位于今山西北部。

②鹅：古代军阵名。《左传·昭公二十一年》："宋公子城与华氏战于赭丘，郑翩愿为鹳，其御愿为鹅。"杜预注："鹳、鹅，皆阵名。"日逐：匈奴王号。诗中当代指匈奴部族。《汉书·匈奴传》："狐鹿孤单于立，以左大将为左贤王，数年病死。其子先贤掸不得代，更以为日逐王。日逐王者，贱于左贤王。"

③燕骑：指战国时燕国军队。《战国策·燕策一》："燕东有朝鲜、辽东……地方二千余里，带甲数十万，车七百乘，骑六千匹。"康居：古西域国名。《汉书·西域传》："康居国与大月氏同俗，东羁事匈奴。"颜之推认为"鹅军""燕骑"乃春秋战国事，与西域无涉，用在诗中不可。

④大宛：汉代时中亚国名。《汉书·西域传》："大宛国治贵城山……多善马，马汗血……张骞始为武帝言之，上遣使者持千金及金马以请宛善马……不肯与，汉使妄言，宛遂攻杀汉使，取其财务。于是天子遣贰师将军李广将兵前后十余万人伐宛，连四年。宛人斩其王毋寡首，献马三千匹……宛王蝉封与汉约，岁献天马二匹。"

⑤小月：即小月氏，古西域国名。《汉书·西域传》："大月氏为单于攻破，乃远去。不能去者，保南山羌，号小月氏。"

⑥萧子晖：字景广，南梁文人，萧子云弟。少涉书史，亦有文才。陇头水：陇山在今陕西陇县至甘肃平凉一带，为六盘山南段别称，一名陇坻、陇坂，汉之陇关，为陕甘要隘。山势险峻，其坂九回，上者七日乃越。上有流水，称陇头水。

⑦黄龙：地名，即龙城，故址在今辽宁朝阳，十六国北燕建都于此，南朝宋称其为黄龙国。

⑧白马：古地名。《汉书·西南夷传》："自冉駹以东北，君长以十数，白马最大，皆氐类也。"卢文弨曰："按：陇在西北，黄龙在北，白马在西南，地皆隔远，水焉得相及。"王利器按：此及《雁门太守行》所侈陈之地理，皆以夸张手法出之，颜氏以为文章瑕颣，未当。

⑨颣（lèi）：瑕疵，毛病。

译 文

凡文章中涉及地理知识的，运用时一定要恰当。梁简文帝《雁门太守行》说："鹅军攻日逐，燕骑荡康居，大宛归善马，小月送降书。"萧子晖《陇头水》中说："天寒陇水急，散漫俱分泻，北注徂黄龙，东流会白马。"这些都是明珠上的小缺点，美玉上的小瑕疵，应该慎重对待。

原文

王籍《入若耶溪》诗云[①]："蝉噪林逾静，鸟鸣山更幽。"江南以为文外断绝，物无异议。简文吟咏，不能忘之，孝元讽味[②]，以为不可复得，至《怀旧志》载于《籍传》。范阳卢询祖[③]，邺下才俊，乃言："此不成语，何事于能？"魏收亦然其论。《诗》云："萧萧马鸣，悠悠旆旌[④]。"《毛传》曰："言不喧哗也。"吾每叹此解有情致，籍诗生于此耳。

注释

①王籍：字文海，南梁诗人。《梁书·文学传下》："籍七岁能属文。及长，好学博涉，有才气，乐安任昉见而称之。尝于沈约坐赋得《咏烛》，甚为约赏。齐末，为冠军行参军，累迁外兵、记室。天监初，除安成王主簿、尚书三公郎、廷尉正。历余姚、钱塘令，并以放免。久之，除轻车湘东王谘议参军，随府会稽。郡境有云门、天柱山，籍尝游之，或累月不反。至若邪溪赋诗，其略云：'蝉噪林逾静，鸟鸣山更幽。'当时以为文外独绝。"据此，下"文外断绝"当误。若耶溪：今浙江绍兴境内的一条溪流。

②讽味：讽诵玩味。

③卢询祖：北朝文学家。仕北齐，为太子舍人。《北史·卢观传》："询祖，袭祖爵大夏男。有术学，文辞华美，为后生之俊。举秀才，至邺。"

④萧萧马鸣，悠悠旆（pèi）旌：出自《诗经·小雅·车攻》。《宋景文笔记》卷中："《诗》曰：'萧萧马鸣，悠悠旆旌。'见整而静也，颜之推爱之。"《陆象山语录》："'萧萧马鸣'，静中有动；'悠悠旆旌'动中有静。"

译文

王籍的《入若耶溪》诗说："蝉噪林逾静，鸟鸣山更幽。"江南文人认为此二句在诗句中无以伦比，对此没有人持有异议。简文帝经常吟咏这两句诗，不能忘怀；孝元帝也经常吟诵玩味，认为不可多得，以致在《怀旧志》中把这首诗载入《王籍传》中。范阳人卢询祖，是邺下才俊之士，却说："这两句根本不能算是联语，为什么都认为他有才能呢？"魏收也赞同他的意见。《诗经》上说："萧萧马鸣，悠悠旆旌。"《毛诗古训传》说："意思是安静而不嘈杂。"我时常赞叹这个解释有情致，王籍的诗句就是由此产生的。

原文

兰陵萧悫[①]，梁室上黄侯之子，工于篇什。尝有《秋诗》[②]云：

"芙蓉露下落，杨柳月中疏。"时人未之赏也。吾爱其萧散③，宛然在目。颍川荀仲举④、琅邪诸葛汉⑤，亦以为尔。而卢思道之徒⑥，雅所不惬⑦。

注释

①萧悫（què）：北齐文学家。《北齐书·文苑传》："萧悫，字仁祖，梁上黄侯晔之子。天保中入国，武平中太子洗马……悫曾秋夜赋诗，其两句云'芙蓉露下落，杨柳月中疏'，为知音所赏。"邢邵《萧仁祖集序》："萧仁祖之文，可谓雕章间出。昔潘、陆齐轨，不袭建安之风；颜、谢同声，遂革太原之气。自汉逮晋，情赏犹自不谐；江北、江南，意制本应相诡。"

②《秋诗》：或作《秋思》。全诗为："清波收潦日，华林鸣籁初。芙蓉露下落，杨柳月中疏。燕帏缃绮被，赵带流黄裾。相思阻音息，结梦感离居。"

③萧散：飘逸，空远，疏淡。

④荀仲举：北齐文学家。《北齐书·文苑传》："荀仲举，字士高，颍川人，世江南。仕梁为南沙令，从萧明于寒山被执。长乐王尉粲甚礼之。与粲剧饮，啮粲指至骨。显祖知之，杖仲举一百。或问其故，答云：'我那知许，当是正疑是麈尾耳。'入馆，除符玺郎。后以年老家贫，出为义宁太守。仲举与赵郡李概交款，概死，仲举因至其宅，为五言诗十六韵以伤之，词甚悲切。世称其美。"

⑤诸葛汉：即诸葛颍，北朝与隋之际文人。《北史·文苑传》："诸葛颍，字汉，丹杨建康人也……颍年十八能属文，起家邵陵王参军事，转记室。侯景之乱，奔齐，历学士、太子舍人。周氏平齐，不得调，杜门不出者十余年。习《易》《图纬》《苍》《雅》《庄》《老》颇得其要，清辩有俊才。"

⑥卢思道：北朝、隋之际著名诗人。《北史·卢玄传》："思道字子行，聪爽俊辩，通侻不羁。年十六，中山刘松为人作碑铭，以示思道。思道读之，多所不解。乃感激读书，师事河间邢子才。后复为文示松，松不能甚解。乃喟然叹曰：'学之有益，岂徒然哉！'因就魏收借异书。数年间，才学兼著。然不持操行，好轻侮人物。齐天保中，《魏史》成，思道多所非毁。由是前后再被笞辱，因而落泊不调。"《隋书》亦有传。

⑦不惬：不称心。此指不喜欢。

译文

兰陵的萧悫，是梁朝上黄侯萧晔之子，工于诗文。他有一首《秋诗》，其中写道："芙蓉露下落，杨柳月中疏。"当时的人都不欣赏。我却喜欢那种萧散疏淡的情致，细细品读这首诗，诗中所描绘的景象仿佛就在眼前。颍川荀仲举、琅邪诸葛汉，都和我持同样的观点。而卢思道等人，则不大喜欢这两句诗。

原文

何逊诗实为清巧，多形似之言。扬都论者，恨其每病苦辛①，饶贫寒气，不及刘孝绰之雍容也。虽然，刘甚忌之，平生诵何诗，常云："'蘧车响北阙②'，愊愊不道车。"又撰《诗苑》，止取何两篇，时人讥其不广。刘孝绰当时既有重名，无所与让，唯服谢朓，常以谢诗置几案间，动静辄讽味。简文爱陶渊明③文，亦复如此。江南语曰："梁有三何，子朗④最多。"三何者，逊及思澄⑤、子朗也。子朗信饶清巧⑥。思澄游庐山，每有佳篇，亦为冠绝。

注释

①苦辛：《续金针诗格》："有自然句，有神助句，有容易句，有辛苦句。容易句，率意遂成；辛苦句，深思而得。"

②蘧车：蘧伯玉的车。《列女传·仁智传》："灵公与夫人夜坐，闻车声辚辚，至阙而止，过阙复有声。公问夫人曰：'知此谓谁？'夫人曰：'此必蘧伯玉也。'公曰：'何以知之？'夫人曰：'妾闻：礼下公门式路马，所以广敬也。夫忠臣与孝子，不为昭昭信节，不为冥冥堕行。蘧伯玉，卫之贤大夫也。仁而有智，敬于事上。此其人必不以暗昧废礼，是以知之。'公使视之，果伯玉也。"何逊《早朝车中听望》："诘旦钟声罢，隐隐禁门通。蘧车响北阙，郑履入南宫。"此两句是刘孝绰讥评何逊诗。陈直曰："'蘧车'用蘧瑗事，'郑履'用郑崇事。本诗'蘧'、'车'两字甚为分明，而刘孝绰谓作'蘧居'，因指摘何逊诗句未切合'车'字，或孝绰当日所看传本作'蘧居'耳。"

③陶渊明：字元亮，晚年又名潜，号五柳先生，私谥"靖节"，东晋文学家、诗人。《晋书·隐逸传》："潜少怀高尚，博学善属文，颖脱不羁，任真自得，为乡邻之所贵。"《宋书》《南史》亦有传。

④子郎：即何子郎，字世明。《梁书·文学传下》："子朗，字世明，早有才思，工清言，周舍每与共谈，服其精理。尝为《败冢赋》，拟庄周马棰，其文甚工。世人语曰：'人中爽爽何子朗。'"

⑤思澄：即何思澄，字元静。《梁书·文学传下》："何思澄，字元静，东海郯人。父敬叔，齐征东录事参军、余杭令。思澄少勤学，工文辞。起家为南康王侍郎，累迁安成王左常侍，兼太学博士，平南安成王行参军，兼记室。随府江州，为《游庐山诗》，沈约见之，大相称赏，自以为弗逮。约郊居宅新构阁斋，因命工书人题此诗于壁。傅昭常请思澄制《释奠诗》，辞文典丽……初，思澄与宗人逊及子朗俱擅文名，时人语曰：'东海三何，子朗最多。'思澄闻之，曰：'此言误耳。如其不然，故当归逊。'思澄意谓宜在己也。"

⑥信：确实。饶：富足，多。

译　文

何逊的诗确实清新奇巧，颇多生动形象的语句。建康评论他的诗的人，批评他太过深思苦吟，且诗的意境太过萧索清寒，不如刘孝绰的诗歌那般从容娴雅。即便如此，刘孝绰还是很嫉妒何逊，平常吟诵何逊的诗句，时常说："'蘧车响北阙'，愊愊不道车。"他又撰《诗苑》，只收录何逊的两首诗，当时的人都讽刺他太过狭隘。刘孝绰在当时已经有很高的声望，他非常高傲，从不谦让，唯独佩服谢朓一人，经常把谢朓的诗文放在几案上，一有时间就拿来讽诵品味。简文帝喜爱陶渊明的诗文，也常常这样做。

江南有俗语说："梁朝有三何，子朗才最多。"所谓三何，是指何逊、何思澄和何子朗。何子朗的诗确实多清新奇巧之句。何思澄游览庐山，经常写出佳作，也算冠绝一时。

名实第十

原　文

名之与实[①]，犹形之与影也。德艺周厚[②]，则名必善焉；容色姝丽，则影必美焉。今不修身而求令名[③]于世者，犹貌甚恶而责[④]妍影于镜也。上士忘名，中士立名，下士窃名。忘名者，体道合德[⑤]，享鬼神之福祐，非所以求名也；立名者，修身慎行，惧荣观[⑥]之不显，非所以让名也；窃名者，厚貌深奸，干浮华之虚称[⑦]，非所以得名也。

注　释

①名：名声。实：实质，实际。

②德艺周厚：谓德行才艺周洽笃厚。

③令名：美好的名声。

④责：求。

⑤体：体察，体悟。道：事理，规律。德：道德规范。

⑥荣观：荣名，荣誉。

⑦干：求取。虚称：虚名。

译　文

名声与实际的关系，就像形体与影像的关系。一个人德行才艺周洽笃厚，其名声必定是好的；一个人容貌秀丽漂亮，其影像也必然是美的。如今有些人不修身养性，却希望在世上得到好名声，这就好比相貌极其丑陋却想要在镜子中照出美丽影像一样。

上等德行的人已经忘掉名声，中等德行的人努力树立名声，下等德行的竭力窃取名声。忘掉名声的人，内心体悟了“道”，言行符合了“德”，受到鬼神的赐福和保佑；树立名声的人，修养身心，谨言慎行，常常担心自己的荣名得不到显扬，因此他们对于名声是不会谦让的；窃取名声的人，貌似忠厚，心怀奸诈，求取浮华的虚名，他们是不能获得真正的好名声的。

原　文

人足所履，不过数寸，然而咫尺①之途，必颠蹶②于崖岸，拱把之梁③，每沉溺于川谷者，何哉？为其旁无余地故也。君子之立己，抑亦如之。至诚之言，人未能信，至洁之行，物④或致疑，皆由言行声名，无余地也。吾每为人所毁，常以此自责。若能开方轨⑤之路，广造舟⑥之航，则仲由⑦之言信，重于登坛之盟⑧，赵熹⑨之降城，贤于折冲之将矣。

注　释

①咫尺：周制八寸为咫，十寸为尺。谓接近或刚满一尺。

②颠蹶：颠仆，跌落。

③拱把之梁：即独木桥。两手合围曰拱，只手所握曰把。

④物：即人。

⑤方轨：车辆并行。此处指平坦的大道。

⑥造舟：连船为桥，即今之浮桥。

⑦仲由：字子路，又字季路，春秋末期鲁国人，孔子弟子。

⑧重于登坛之盟：典出《左传·哀公十四年》，曰：“小邾射以句绎来奔，曰：‘使季路要我，吾无盟矣。’使子路，子路辞。季康子使冉有谓之曰：‘千乘之国，不信其盟，而信子之言，子何辱焉？’对曰：‘鲁有事于小邾，不敢问故，死其城下可也。彼不臣而济其言，是义之也，由弗能。’”按：小邾国大夫射仰慕子路之信义，信任他胜过信任鲁君和当时鲁国执政季康子，故只愿和子路结盟，才肯归降，然子路不愿同不臣之人结盟。

⑨赵熹：字伯阳，以信义著称，曾劝降舞阴城。《后汉书·赵熹传》：“更始

即位，舞阴大姓李氏拥城不下，更始遣柱天将军李宝降之，不肯，云：‘闻宛之赵氏有孤孙憙，信义著名，愿得降之。’”

译　文

人的双脚所踩踏的地方，面积不过数寸，然而在咫尺宽的山路上行走，常常会失足掉下山崖，过独木桥时，也往往会掉到河里，这是为什么呢？因为人的脚旁边没有余地。君子立身处世的情况，也是这个道理。至诚之言，别人不一定会相信；至洁之行，反而会招致有些人的怀疑，这都是因为人的一言一行、声望名誉没有余地造成的。每当我被别人诋毁的时候，常常因此而自我反省。如果立身处世做到像走在宽广的大道、广阔的浮桥上一样留有余地，那么你说的话就像仲由的言语一样，胜过诸侯登坛结盟的誓言；你所做的事就像赵熹劝降一城，胜过冲锋陷阵的大将。

原　文

吾见世人，清名登而金贝①入，信誉显而然诺②亏，不知后之矛戟③，毁前之干橹④也。虙子贱⑤云：“诚于此者形于彼。”人之虚实真伪在乎心，无不见乎迹，但察之未熟耳。一为察之所鉴，巧伪不如拙诚，承之以羞大矣。伯石⑥让卿，王莽辞政⑦，当于尔时，自以巧密；后人书之，留传万代，可为骨寒毛竖也。近有大贵，以孝著声，前后居丧，哀毁逾制，亦足以高于人矣。而尝于苫块⑧之中，以巴豆⑨涂脸，遂使成疮，表哭泣之过。左右僮竖，不能掩之，益使外人谓其居处饮食，皆为不信。以一伪丧百诚者，乃贪名不已故也。

注　释

①金贝：金钱，货币。

②然诺：许诺，诚信。

③矛戟：此处代指成名之后的亏德之行。

④干橹：盾牌。此处代指先前建立的名声。前为“矛”，后为“盾”，亦指前后之行自相矛盾。《韩非子·难势》：“人有鬻矛与盾者，誉其盾之坚，‘物莫能陷也’，俄而又誉其矛曰：‘吾矛之利，物无不陷也。’人应之曰：‘以子之矛，陷子之盾，何如？’其人弗能应也。以为不可陷之盾，与无不陷之矛，为名不可两立也。”

⑤虙子贱：即宓子贱，宓姓，名不齐，字子贱人，春秋末年鲁国人，一说

宋国人，孔子弟子。《孔子家语·屈节解》："孔子弟子有宓子贱者，仕于鲁为单父宰……三年，孔子使巫马期远观政焉。巫马期阴免衣，衣敝裘，入单父界。见夜渔者得鱼辄舍之。巫马期问焉，曰：'凡渔者为得，何以得鱼即舍之？'渔者曰：'鱼之大者名为鲭，吾大夫爱之；其小者名为鱦，吾大夫欲长之，是以得二者辄舍之。'巫马期返，以告孔子曰：'宓子之德，至使民暗行，若有严刑于旁。敢问宓子何行而得于是？'孔子曰：'吾尝与之言曰："诚于此者刑乎彼。"宓子行此术于单父也'"

⑥伯石：春秋时郑国大夫。《左传·襄公三十年》："伯有既死，使太史命伯石为卿，辞。太史退，则请命焉。复命之，又辞。如是三，乃受策入拜。子产是以恶其为人也，使次己位。"

⑦王莽辞政：《汉书·王莽传》："根因乞骸骨，荐莽自代，上遂擢为大司马……辅政岁余，成帝崩，哀帝即位，尊皇太后为太皇太后。太后诏莽就第，避帝外家。莽上疏乞骸骨，哀帝遣尚书令诏莽曰：'先帝委政于君而弃群臣，朕得奉宗庙，诚嘉与君同心合意。今君移病求退，以著朕之不能奉顺先帝之意，朕甚悲伤焉。已诏尚书待君奏事。'又遣丞相孔光、大司空何武、左将军师丹、卫尉傅喜白太后曰：'皇帝闻太后诏，甚悲。大司马即不起，皇帝即不敢听政。'太后复令莽视事。"后王莽又与傅太后生怨怒，王莽再次请求辞职。

⑧苫（shān）块：指居丧。苫：草席。块：土块。古礼，居父母之丧，孝子以草荐为席，土块为枕。《礼记·问丧》："寝苫枕块，哀亲之在土也。"

⑨巴豆：《本草》曰："巴豆，出巴郡，有大毒。"

译 文

我看到世上有些人，有了清廉的名声后，就开始聚敛财富；有了显耀的信誉后，就开始不再信守诺言。这些人不知道他们后来的行为，会把前面辛辛苦苦建立的名声全毁掉。

虙子贱说过："在这件事上做得真诚，就给另一件事树立了榜样。"人的虚实真伪都发自内心，没有不在行动上表现出来的，只是别人观察得不够仔细罢了。一旦被别人看出了真相，那么巧妙掩饰的虚假还不如笨拙不加掩饰的真实，接着招来的羞辱就大了。伯石假意辞让卿位，王莽佯装辞谢政权，在当时他们自以为事情做到机巧缜密，但真相还是被后人记载了下来，并留传万代，让人读后毛骨悚然。

近来有一位大贵人，以至孝著称，前后为父母居丧期间，他表示哀痛之情的举动都超出了一般礼制的要求，也足以获得高于常人的名声了。可他曾经在居丧时，以巴豆涂脸，故意使脸上长出疮疤，以造成哀痛哭泣过度的假象。左右侍奉的僮仆，却没能为他掩盖这件事，于是，真相流露，反而使外人认为他服丧时的居住饮食等其他行为，全都不可信。像他这样因为一件事作假，就毁掉了百件事的真实，都是因为无休止地贪求名声造成的。

原文

有一士族，读书不过二三百卷，天才钝拙，而家世殷厚，雅自矜持，多以酒犊[①]珍玩，交诸名士，甘其饵者[②]，递共吹嘘。朝廷以为文华[③]，亦尝出境聘[④]。东莱王韩晋明[⑤]笃好文学，疑彼制作，多非机杼[⑥]，遂设宴言，面相讨试。竟日欢谐，辞人满席，属音赋韵，命笔为诗，彼造次[⑦]即成，了非向韵[⑧]。众客各自沉吟，遂无觉者。韩退叹曰："果如所量！"韩又尝问曰："玉珽杼上终葵首[⑨]，当作何形？"乃答云："珽头曲圜[⑩]，势如葵叶耳。"韩既有学，忍笑为吾说之。

注释

①酒犊：酒和牛。此指吃喝。

②甘其饵者：指受其"酒犊"的人，即得其好处的人。饵：谓以利诱人。

③文华：文采。

④聘：旧时国与国之间通问修好。

⑤韩晋明：北齐名士，韩轨之子，封东莱王。《北齐书·韩轨传》："子晋明嗣。天统中，改封东莱王。晋明有侠气，诸勋贵子孙中最留心学问。好酒诞纵，招引宾客，一席之费，动至万钱，犹恨俭率。朝庭处之贵要之地，必以疾辞。告人云：'废人饮美酒、封名胜，安能作刀笔吏返披故纸乎？'武平末，除尚书左仆射，百余日便谢病解官。"

⑥机杼：织布机，此处比喻诗文创作中构思和布局的新巧。

⑦造次：仓促，急遽。

⑧了非：全不是。向：从前。韵：指文学作品的风格。卢文弨曰："了非向韵，言绝非向来之体韵也。韵之为言，始自晋、宋以来，有神韵、风韵、远韵、雅韵之语。"

⑨玉珽：玉笏，古代朝臣上朝时所执手版。终葵首：椎。《周礼·考工记·玉人》："大圭长三尺。杼上终葵首，天子服之。"郑玄注："终葵，椎也。为推于其杼上，明无所屈也。"卢文弨曰："杼上终葵首，本《周礼·考工记·玉人》文，杼者，杀也，于三尺圭上除六寸之下，两畔杀去之，使已上为椎头。"据此，终葵首当为椎形，世家子弟不学无术，纯从字面信口作答，故颜之推与韩晋明笑之。复有"终葵繁露"之语，是终葵又为草名，其叶圜叶，有似椎头。如此，此世家子弟之答，前半句非，后半句非，亦可笑矣。

⑩曲圜：弯而圆。

译　文

有一个世家子弟，所读的书不过二三百卷，又天资鲁钝笨拙，但他家世殷实富有，故而附庸风雅，自视甚高。他常用酒肉珍宝来利诱结交名士，那些得到他好处的人，便争相吹捧他。朝廷也以为他真的才华过人，曾经派他作为使者聘问他国。

东莱王韩晋明十分喜爱文学，怀疑他的作品大多数不是他本人命意构思的，于是就设宴邀他叙谈，打算当面向他请教试探。宴会那天，气氛欢乐和谐，文人才子们聚集一堂，大家按声韵提笔赋诗，这位世家子弟竟一挥而就，顷刻即成，但再一阅读，全不似向来神韵。众宾客各自专心沉思吟咏，没有人发现这一情况。退席后，韩晋明感叹说："果然不出我所料！"

韩晋明又曾问这位世家子弟，说："玉珽杼上的终葵之首，是什么形状？"他回答说："珽头弯曲，大概像终葵叶子的形状吧。"韩晋明是个有学问的人，忍着笑对我说了这件事。

原　文

治点[①]子弟文章，以为声价，大弊事也。一则不可常继，终露其情；二则学者有凭，益不精励[②]。

注　释

①治点：修改润色。

②精励：亦作"精厉"。精勤奋勉。

译　文

为子弟修改润色文章，以此提高他们的名声地位，是一大坏事。一则不能永远为他们修改润色，总有一天会露出真相；二来使学习的人有所依凭，会使其更加懒惰，不勤奋钻研。

原　文

邺下有一少年，出为襄国[①]令，颇自勉笃。公事经怀，每加抚恤，以求声誉。凡遣兵役，握手送离，或赍梨枣饼饵，人人赠别，云："上命相烦，情所不忍。道路饥渴，以此见思。"民庶称之，不容于口。及迁为泗州别驾[②]，此费日广，不可常周，一有伪情，触涂难继，功绩遂损败矣。

注释

①襄国：旧县名。《魏书·地形志》："北广平郡襄国，秦为信都，项羽更名。二汉属赵国，晋属广平郡。"

②泗州：《隋书·地理志》："下邳郡，后魏置南徐州，后周改为泗州。"别驾：官名，亦称别驾从事，为州刺史的佐官。《通典·职官十四》："州之佐史，汉有别驾、治中、主簿等官，别驾从刺史行部，别乘传车，故谓之别驾。"

译文

邺下有一位年轻人，出任襄国县令，他做事非常勤勉用心，处理公务时十分认真，对下面的人体恤爱护，想以此博取好名声。每当派遣本地男丁去服兵役时，他都要与服役的人握手送别，有时还送给他们梨、枣、糕饼等食品，与每个人都告别一番，说："因为要执行上级的命令，要劳烦你们，我心中实在不忍。你们路上难免饥渴，备这点薄礼略表思念之情。"百姓们因此都称颂他，对他赞不绝口。等到他迁任泗州别驾时，这类费用就更多了，他无法每次都遍赠食物，做得面面俱到，时间一长，势必矫情虚饰，而一旦如此，就处处难以继续下去，他原有的声名也因此而毁败了。

原文

或问曰："夫神灭形消，遗声余价，亦犹蝉壳蛇皮，兽迒[①]鸟迹耳，何预于死者，而圣人以为名教[②]乎？"对曰："劝也劝其立名，则获其实[③]。且劝一伯夷，而千万人立清风矣；劝一季札[④]，而千万人立仁风矣；劝一柳下惠[⑤]，而千万人立贞风矣；劝一史鱼[⑥]，而千万人立直风矣。故圣人欲其鱼鳞凤翼[⑦]，杂沓参差[⑧]，不绝于世，岂不弘哉？四海悠悠，皆慕名者，盖因其情而致其善耳。抑又论之，祖考之嘉名美誉，亦子孙之冕服墙宇也，自古及今，获其庇荫者亦众矣。夫修善立名者，亦犹筑室树果，生则获其利，死则遗其泽。世之汲汲[⑨]者，不达此意，若其与魂爽[⑩]俱升，松柏偕茂者，惑矣哉！"

注释

①迒（háng）：野兽或车辆经过后留下的痕迹。

②名教：指以正名定分为主的封建礼教。

③实：此指实际行动与名声相符。

④季札：春秋时吴国公子，又称公子札、延陵季子，传其为避王位，“弃其室而耕”舜过山下。季札不仅品德高尚，而且是具有远见卓识的政治家和外交家。事见《史记·吴太伯世家》。

⑤柳下惠：春秋时鲁国大夫，展氏，名获，字子禽，一字季，谥惠，食邑在柳下，故称。《孟子》中说“柳下惠，圣之和者也”，所以他有“和圣”之称。《孟子·万章下》：“孟子曰：‘柳下惠不羞污君，不辞小官，进不隐贤，必以其道，遗佚而不怨，厄穷而不悯，与乡人处，自由然不忍去也，尔为尔，我为我，虽袒裼裸裎于我侧，尔焉能浼我哉？故闻柳下惠之风者，鄙夫宽，薄夫敦。’”

⑥史鱼：春秋时卫国大夫，也称史鳅，字子鱼，以正直敢谏著称。他临死时嘱咐家人不要“治丧正室”，将其尸放在窗下，以劝戒卫灵公进贤去佞，史称“尸谏”。孔子赞曰：“直哉史鱼，邦有道如矢，邦无道如矢。”

⑦鱼鳞凤翼：代指杰出的人物。一说指杰出人才层出不穷。“鱼鳞”指密集相从。“凤翼”指杰出人才。一说形容多。一说“鱼鳞”指普通人，则此句与下三句谓：圣人希望天下之民，不论其天资禀赋的差异，都纷纷起而仿效伯夷诸人。

⑧杂沓：纷杂繁多貌。参差：不齐貌。

⑨汲汲：急切貌。此指汲汲于名利。

⑩魂爽：魂魄，精神。

译　文

有人问道：“一个人的灵魂湮没，形体消失之后，他留下的名声，也就像蝉蜕下的壳，蛇蜕掉的皮以及鸟兽留下的足迹一样了，与死人有何关系，而圣人却用它来教化百姓呢？”

回答道：“是为了勉励。勉励人们树立好名声，就能得到实效。况且褒扬一个伯夷，就会在千万人中形成清正的风气；褒扬一个季札，就会在千万人中形成仁爱的风气；褒扬一个柳下惠，就会在千万人中形成坚贞的风气；褒扬一个史鱼，就会在千万人中形成正直的风气。所以圣人希望这类有美好名声的人不断出现，美名一直流传在世上，这意义不是很大吗？天地如此之大，人们无不仰慕美名，应该根据他们的这种感情而引导他们达到美好的境界。

“或许还可以这样说，祖先的好名声，就如同是子孙们的冕服和华堂，从古至今，获得祖先声誉庇荫的人太多了。多行善事，树立名声，就好像建筑房屋和栽种果树，在世的时候能得到好处，去世后又能泽被子孙。世上那些急急忙忙只知道追逐实利的人，不懂得这个道理，如果他们与那些美名与灵魂一起升华，与松柏一样长青的贤人相比，那就实在是太愚蠢了！”

涉务[1]第十一

原　文

士君子处世，贵能有益于物耳，不徒高谈虚论，左琴右书，以费人君禄位也。国之用材，大较[2]不过六事：一则朝廷之臣，取其鉴达治体[3]，经纶博雅；二则文史之臣，取其著述宪章，不忘前古；三则军旅之臣，取其断决有谋，强干[4]习事；四则藩屏[5]之臣，取其明练[6]风俗，清白爱民；五则使命之臣，取其识变从宜，不辱君命；六则兴造[7]之臣，取其程功[8]节费，开略[9]有术，此则皆勤学守行者所能辨也。人性有长短，岂责具美于六涂哉？但当皆晓指趣[10]，能守一职，便无愧耳。

注　释

①涉务：谓专心致力。

②大较：大略，大致。

③鉴达：明察洞彻。治体：治国的纲领、要旨。

④强干：强力能干。

⑤藩屏：藩篱屏蔽，比喻藩国、边疆。

⑥明练：熟悉，通晓。

⑦兴造：指土木建筑之事。

⑧程功：计算、考核工程的进度。

⑨开略：开创经营。一说思路开阔。

⑩指趣：要旨，大意。

译　文

士大夫君子立身处世，贵在能够做一些有益于人的事，不能光是高谈阔论，每日以琴书自娱，虚耗君主给予的官爵俸禄。

国家使用人材，大体不外六种：一是在朝廷处理政务的大臣，需要他能明察治理国家的体制纲要，且满腹经纶，博学文雅；二是掌管文史的大臣，需要他能撰述各种典章法令，阐明前人治乱兴革之由，使今人不忘前代的经验教训；三是统领军队的大臣，需要他能多谋善断，强悍干练，且熟悉用兵之事；四是驻守边疆的大臣，需要他能熟悉当地风俗，为政廉洁，爱护百姓；五是出使外邦的大臣，需要他能机智灵活，随机应变，不辱没君王的使命；六是负责兴造的大臣，需要他能考核工程，节省开支，且在开创筹划方面很有办法。以上种种，都是勤于学习、品行端正的人所能办到的。不过，人的资质各有高下，哪能强求一个人把以上六个方面都做得完美呢？只要对这些都通晓大意，而做好其中的一个方面，也就可以无愧了。

原文

吾见世中文学之士，品藻①古今，若指诸掌②，及有试用，多无所堪。居承平③之世，不知有丧乱之祸；处庙堂④之下，不知有战陈之急；保俸禄之资，不知有耕稼之苦；肆吏民之上，不知有劳役之勤，故难可以应世经务也。晋朝南渡⑤，优借⑥士族，故江南冠带⑦，有才干者，擢为令仆已下尚书郎中书舍人已上⑧，典掌机要。其余文义之士，多迂诞浮华，不涉世务。纤微过失，又惜行捶楚⑨，所以处于清高，盖护其短也。至于台阁令史⑩，主书监帅⑪，诸王签省⑫，并晓习吏用，济办时须⑬，纵有小人之态，皆可鞭杖肃督，故多见委使，盖用其长也。人每不自量，举世怨梁武帝父子爱小人而疏士大夫⑭，此亦眼不能见其睫耳。

注释

①品藻：品评，鉴定。颜师古曰："品藻者，定其差品及文质。"

②指诸掌：指示掌中之物，言易知也。比喻事理浅显易明或对事情非常熟悉了解。

③承平：治平相承，谓太平持久。

④庙堂：宗庙明堂，旧时帝王祭祀、议事之处，故也指朝廷。

⑤晋朝南渡：指建武元年（317）西晋灭亡后，司马睿南渡，在建康建立东晋事。

⑥优借：优待，借重。

⑦冠带：士族、缙绅的代称，以其戴冠束带故称。

⑧令：即尚书令，为尚书省的最高长官。仆：即尚书仆射，为尚书省的副官。尚书令为虚职后，尚书仆射成为尚书省的长官，唐朝初年和北宋后期成为名副其实的首席宰相。《晋书·职官志》："尚书令秩千石，受拜则策命之，以在端右故也。仆射，服秩与令同。"尚书郎：官名，东汉始置，取孝廉中有才能者入尚书台，在皇帝左右处理政务，初入台称守尚书郎中，满一年称尚书郎，三年称侍郎。魏晋以后尚书各曹有侍郎、郎中等官，综理职务，通称为尚书郎。

晋时为清要之职，号为大臣之副。中书舍人：见前注。

⑨捶楚：杖击，鞭打。

⑩台阁：指尚书省。东汉以尚书直接辅佐皇帝以处理政务，三公之权渐轻。令史：尚书省属下的官员，居郎之下，掌文书事务，历代因之。隋唐以后，成为三省、六部及御史台低级事务员之称，位卑秩下，不参官品。至明代遂废。

⑪主书：主文书之官。监帅：监督军务的官员。

⑫签省：指签帅和省事。签帅：见前《慕贤第七》“典签”注。省事：《通鉴》卷一五四胡三省注：“省事，盖犹今之通事，两敌相向，使之往来通传言语。”卢文弨曰：“签谓签帅，省谓省事。自主书监帅以下，名位卑微，志故不载，而时见于列传中。”

⑬时须：指适应时事需要。

⑭梁武帝父子：指梁武帝萧衍及其子梁简文帝萧纲、梁元帝萧绎。小人：此指庶人出身的吏员，这些人有真才实学，无士族骄靡气，且行事谦卑，于国有利，故梁武帝父子用之。

译　文

我看世上那些文学之士，品评古今，好似指点掌中之物一般，非常熟悉，但等到真正让他们去处理实际事务时，却多数不能胜任。他们生活在太平年代，不知道有丧乱之祸；身在朝廷为官，不知道战争攻伐的危急；享有安定的俸禄，不知道农民耕稼的艰辛；肆意横行于吏民之上，不知道从事劳役之人的奔波之苦，因此他们就很难应付时世和处理政务。

晋室南渡后，朝廷对士族特别优待，因此江南的文士缙绅中，凡是有才干的，都能提拔到尚书令、尚书仆射以下，尚书郎、中书舍人以上，执掌国家机要。其余只懂得一点文义的人，大多迂阔荒诞，华而不实，不涉世务。有了点小过错，又不好对他们严厉杖责，因此只好把他们放在名高职轻的位置上，来遮掩他们的短处。至于尚书省的令史、主书、监帅、诸王身边的签帅、省事等一类职务，都要求对官吏的那一套工作通晓熟练，且处理事务能适应需要。这些官吏多由庶族担任，他们如有小人骄纵之态，都可以对他们施行鞭打杖责的刑罚，并严加监督，所以这些人多被委任使用，大概是用其所长吧。人往往没有自知之明，梁朝时，世人都怨梁武帝父子亲近粗鄙小人而疏远士大夫，这与自己的眼睛看不到自己的睫毛是一个道理。

原　文

梁世士大夫，皆尚褒衣博带[①]，大冠高履，出则车舆，入则扶侍，郊郭之内，无乘马者。周弘正为宣城王[②]所爱，给一果下马[③]，常服御之，举朝以为放达。至乃尚书郎乘马，则纠劾之。及侯景之乱，肤脆骨柔，不堪行步，体羸气弱，不耐寒暑，坐死仓猝者，往往而然。建康令王复性既儒雅，未尝乘骑，见马嘶喷陆梁[④]，莫不震慑，乃谓人曰："正是虎，何故名为马乎？"其风俗至此。

注释

①褒、博：形容宽大。

②宣城王：即梁哀太子萧大器。《梁书·哀太子传》："哀太子大器，字仁宗，太宗嫡长子也。普通四年五月丁酉生。中大通四年，封宣城郡王，食邑二千户。"

③果下马：一种罕见马匹，为当时珍品。《三国志·魏书·东夷传》裴松之注："果下马高三尺，乘之可于果树下行，故谓之果下马。"《岭南代答》："果下马，土产小驷也，以出德庆之泷水者为最。高不逾三尺，骏者有两脊骨，故又号双脊马。健而善行，又能卒苦，泷水人多孳牧。"

④陆梁：跳跃。

译文

梁朝的士大夫，都喜欢着宽袍，系阔带，戴高帽子，穿高齿屐，出门就乘坐车舆，进门就有人搀扶伺候，当时的城郊以内，看不到骑马的士大夫。周弘正为宣城王所宠爱，得其赏赐一匹果下马，他经常骑着这匹马外出，结果满朝官员都认为周弘正放荡不羁。至于像尚书郎这样的官员如果骑马，就会被人弹劾。等到侯景之乱爆发，士大夫们一个个都皮肤细嫩，体格柔弱，承受不了步行的辛苦，他们体气虚弱，又耐不得寒暑，在变乱中因此而死的，到处都是。

建康令王复，性情温文尔雅，从未骑过马，他一见到马嘶叫腾跃，就吓得魂飞魄散，对别人说："这分明是老虎，为什么叫马呢？"当时的社会风气竟然到了这种程度。

原文

古人欲知稼穑之艰难，斯盖贵谷务本之道也。夫食为民天，民非食不生矣，三日不粒[①]，父子不能相存[②]。耕种之，茠[③]锄之，刈获[④]之，载积之，打拂[⑤]之，簸扬[⑥]之，凡几涉手，而入仓廪，安可轻农事而贵末业哉？江南朝士，因晋中兴[⑦]，南渡江，卒为羁旅，至今八九世，未有力田，悉资俸禄而食耳。假令有者，皆信[⑧]僮仆为之，未尝目观起一墢土[⑨]，耘一株苗，不知几月当下，几月当收，安识世间余务乎？故治官则不了[10]，营家则不办，皆优闲之过也。

注 释

①粒：指进食。

②存：指省视。

③茠（hāo）：除草。

④刈获：收割，收获。

⑤打拂：谓以连枷击禾。连枷：一个长柄和一组平排的竹条或木条构成的农具，用来拍打谷物使脱粒。

⑥簸扬：扬去谷物中的糠秕杂物。

⑦中兴：此指东晋之建立。

⑧信：随意，放任。

⑨一墢土：一犁土。墢：耕地翻起的土块。

⑩了：了事，即晓事。

译 文

古代帝王常亲自耕作，是为了让全国士民知道农事的艰难，这也体现了古代重视粮食、以农为本的思想。民以食为天，没有粮食，人民就无法生存。三天不吃饭，恐怕父子之间也顾不得互相问候了。种一季庄稼，需要经过耕种、锄草、收割、储存、脱粒、扬场等诸多程序，然后粮食才能够入仓，怎么可以轻视农业而看重商业呢？

江南朝廷的士大夫们，因为晋室的复兴，南渡过江，最后客居他乡的，到如今也经历了八九代了，可他们中从来没有人亲自从事农业生产，全都靠俸禄生活。即使有点田产，也都随意交给仆役耕种，从没亲眼看见过别人挖一块泥土，种一棵苗。他们不知道什么时候该耕种，也不知道什么时该收获，又哪能懂得社会上的其他事务呢？因此，他们做官时不识时务，治家时又不能处理得宜，这都是养尊处优带来的危害。

卷五

省事[①]第十二

原　文

铭金人[②]云："无多言，多言多败；无多事，多事多患。"至哉斯戒也！能走者夺其翼，善飞者减其指[③]，有角者无上齿，丰后者无前足，盖天道不使物有兼焉也。古人云："多为少善，不如执一；鼫鼠五能[④]，不成伎术。"近世有两人，朗悟[⑤]士也，性多营综[⑥]，略无成名。经不足以待问，史不足以讨论，文章无可传于集录，书迹未堪以留爱玩，卜筮射六得三[⑦]，医药治十差[⑧]五，音乐在数十人下，弓矢在千百人中[⑨]，天文、画绘[⑩]、棋博[⑪]，鲜卑语、胡书[⑫]，煎胡桃油[⑬]，炼锡为银[⑭]，如此之类，略得梗概，皆不通熟。惜乎，以彼神明，若省其异端[⑮]，当精妙也。

注　释

①省事：言不费事，即不该说的话不要说，不该做的事不要做。

②铭金人：即《金人铭》。《汉书·艺文志》有《黄帝铭》六篇，今已亡。《金人铭》据学者考证，即为《黄帝铭》六篇之一。铭：一种刻在器物上用来警戒自己、称述功德的文字，后来成为一种文体。《说苑·敬慎篇》："孔子之周，观于太庙，右陛之前，有金人焉，三缄其口，而铭其背曰：'古之慎言人也，戒之哉！戒之哉！无多言，多言多败；无多事，多事多患。'"

③指：通"趾"。

④鼫（shí）鼠：鼠名。《尔雅·释兽》："鼫鼠，形大如鼠，颈似兔，尾有毛，青黄色，好在田中食粟豆，关西呼为鼩鼠。"五能：指鼫鼠有五种技能。《说文·鼠部》："鼫，五技鼠也，能飞不能过屋，能缘不能穷木，能游不能度谷，能穴不能掩身，能走不能先人。"

⑤朗悟：指天资聪明，悟性极强。

⑥营综：为多所经营综理。

⑦卜筮：古人预测吉凶，用龟甲称卜，用蓍草称筮，合称卜筮。射：猜度。

⑧差（chài）：病愈。

⑨在千百人中：指不出众。

⑩画绘：绘画。王利器以为此指北朝尚之胡画。胡画或以为是一种博戏。

⑪棋：围棋。博：六博。古代一种掷采行棋的博戏类游戏，因使用六根博箸，所以称为六博，以吃子为胜。

⑫胡书：指鲜卑文字。

⑬煎胡桃油：指以胡桃油涂画，为当时所尚。

⑭炼锡为银：当指炼丹之术。卢文弨曰："《神仙传》载尹轨能炼铅为银，后世亦有得其术者，然久未有不变者也。"

⑮异端：古代儒家称其他持不同见解的学派为异端，后泛称不合正统者为异端。此指多余的爱好。

译　文

《金人铭》上说："不要多言，多言必多失；不要多事，多事必多患。"这个训诫说得对极了！就动物来说，善于奔跑的上天不让它生翅膀，善于飞翔的上天不让它长前爪，有角的就没有上齿，后肢发达的前肢就退化，大概是天道不让生物兼具各种长处吧。古人说："做得多却做好的少，还不如专心做好一件事；鼫鼠有五种本领，可都成不了技术。"

近代有两个人，皆天资聪颖，悟性极强，他们兴趣广泛，涉猎很广，却没有一样赖以成名。他们的经学知识禁不起人家提问，史学知识不足以和别人讨论，文章不能入选集录以流传于世，书法墨迹不堪存留赏玩，占卜六次只有三次卜中，医治十人才有五人能痊愈，他们的音乐水平在数十人之下，射箭技术也不出众，天文、绘画、棋博，鲜卑语、胡书，煎胡桃油，炼锡为银，诸如此类，他们都只是略懂大概，都不精通熟练。可惜啊，以他们的天资，如果能舍弃其他爱好，专攻一项，必定能达到精妙的程度。

原　文

上书陈事，起自战国，逮于两汉，风流①弥广。原其体度：攻人主之长短，谏诤②之徒也；讦③群臣之得失，讼诉之类也；陈国家之利害，对策之伍也；带私情之与夺，游说之俦也。总此四涂，贾诚④以求位，鬻言以干禄。或无丝毫之益，而有不省⑤之困，幸而感悟人主，为时所纳，初获不赀⑥之赏，终陷不测之诛，则严助⑦、朱买臣⑧、吾丘寿王⑨、主父偃⑩之类甚众。良史所书，盖取其狂狷一介⑪，论政得失耳，非士君子守法度者所为也。今世所

睹，怀瑾瑜而握兰桂者[12]，悉耻为之。守门诣阙，献书言计，率多空薄，高自矜夸，无经略之大体，咸秕糠之微事，十条之中，一不足采，纵合时务，已漏先觉，非谓不知，但患知而不行耳。或被发奸私，面相酬证，事途回穴[13]，翻惧愆尤[14]；人主外护声教，脱加含养[15]，此乃侥幸之徒，不足与比肩也。

注释

①风流：风气。

②谏诤：直言规劝，使人改过。

③讦（jié）：揭发别人的隐私或攻击别人的短处。

④贾（gǔ）诚：即贾忠，避隋文帝父杨忠讳改。

⑤不省：即不见省，不被理解。

⑥不赀：不可计量。

⑦严助：西汉辞赋家。汉武帝时任中大夫。建元三年（前138），闽越兵围东瓯，东瓯向汉朝告急，太尉田蚡力主不救，严助和他辩论并取得上风，汉武帝最终出兵援救。严助与朱买臣、淮南王刘安交好，而刘安谋反，严助受御史张汤指控，牵连而诛。

⑧朱买臣：字翁子，西汉人。早年家贫好学，靠卖柴生活，经同乡严助推荐，拜为中大夫。东越多次反叛，朱买臣向汉武帝献平定东越的计策，获得信任。约一年后，因平定东越叛乱的军功升官为主爵都尉，列于九卿。数年后，朱买臣犯法被免官。不久复任丞相长史。后因事被汉武帝诛杀于长安。

⑨吾丘寿王：字子赣。少时，因善于下棋而被召为待诏。令跟董仲舒学习《春秋》。因聪明好学，任侍中中郎。后犯法被免职。东郡盗贼起，拜为东郡都尉。后征入为光禄大夫侍中，反对丞相公孙弘禁止百姓持有弓、刀。后坐事诛。

⑩主父偃：汉武帝时大臣。出身贫寒，早年学长短纵横之术，后学《易》《春秋》和百家之言。在齐受到儒生的排挤，于是北游燕、赵、中山等诸侯王国，但都未受到礼遇。元光元年（前134），主父偃抵长安。后直接上书汉武帝刘彻，当天就被召见，与徐乐、严安同时拜为郎中。不久又迁为谒者、中郎、中大夫，一年中升迁四次。后为齐相，刺齐王阴事，齐王遂自杀。汉武帝因此大怒，公孙弘请诛主父偃，遂族诛偃。严、朱、吾丘、主父四人于《汉书》合传，盖四人为同类也。

⑪狂狷：激进与拘谨保守，因为二者都偏于一端，后泛指偏激。狷：洁身自好。《论语·子路篇》："子曰：'不得中行而与之，必也狂狷乎。狂者进取，狷者有所不为也。'"一介：或作"耿介"。

⑫瑾瑜：美玉。兰桂：皆有异香。比喻怀才抱德之士。

⑬回穴：犹纡曲。

⑭愆（qiān）尤：过失，罪咎。

⑮脱：或者。此处用作表推度的副词。含养：包容。一般形容帝德博厚。

译　文

向君主上书陈事，起源于战国，到了两汉，这种风气流行更广。推究它的体制，有四种情况：指责君主的得失，这属于直言规谏一类；攻讦群臣的得失，这属于诉讼一类；陈述国家政策的利弊，这属于对策一类；带着个人感情进行褒贬辩论，这属于游说一类。总的来看这四类人，都是靠贩卖忠心来求取官位，出售言论来谋求厚禄。然而他们的上书，有的不但不能带来丝毫利益，反而可能会因君主不理解而招致困厄，即使侥幸打动了君主的心，获得当世采纳，最初他们也能得到不可比拟的奖赏，可最终也往往招致难以预料的杀身之祸，像严助、朱买臣、吾丘寿王、主父偃之类的例子有很多。优秀的史官之所以记录这些，是取其狂狷耿介，敢于评论时政得失罢了，但这并不是士大夫君子和遵守国家法度的人所该干的事。

我们现在看到，凡是怀才抱德的君子都耻于上书言事。那些守候于国君出入的门户，或趋赴朝堂，向国君上书言计的人，大多是些空疏浅薄、自命不凡、自吹自擂的人。他们上书所陈述的不是处理国事、有关大局的道理，都是些微不足道的小事，十条建议，没有一条值得采纳。纵然其中所言也有合乎时务的，也都是君主早就已经认识到的，君主不是不明白，只是担心不能实行罢了。有的上书者被人揭发出奸诈营私的事，与人当面对质，他们因为事情变化无常，反而畏惧自己的罪过。君主为了维护朝廷的声威教化，或许会对他们加以包容，这些都是侥幸获免之辈，不足以与他们为伍。

原　文

谏诤之徒，以正人君之失尔，必在得言之地，当尽匡赞之规①，不容苟免偷安，垂头塞耳。至于就养②有方，思不出位③，干非其任，斯则罪人。故《表记》④云："事君，远而谏，则谄也；近而不谏，则尸利⑤也。"《论语》曰："未信而谏，人以为谤己也⑥。"

注　释

①匡赞：匡正，辅佐。规：此指职责，义务。

②就养：侍奉，奉养。

③思不出位：《论语·宪问篇》："君子思不出其位。"集注：孔曰："不越其

职。”

④《表记》:《礼记》篇名。

⑤尸利：指空占着职位而不做事，白受俸禄。《礼记》郑玄注曰：“尸谓不知人事，无辞让也。”《吕氏春秋》曰：“陵节犯分，以求自达，故曰谄；怀禄固宠，主于为利，故曰尸利也。”

⑥“未信而谏”两句:《论语·子张篇》:“子夏曰:‘君子信而后劳其民。未信，则以为厉己也。信而后谏，未信，则以为谤己也。’”

译文

处于谏诤之位的臣子，其职责就是纠正君主的过失。必须在该进言的情况下，尽其匡正辅佐的职责，不容许苟且偷安，低头塞耳装作什么都不知。然而侍奉君主也要有一定的方法，考虑问题不要超出自己的职责范围，如果做的事不是自己职务分内的，那就是朝廷的罪人。所以《礼记·表记》上说：“侍奉君主，与君主关系疏远而进谏，有谄媚的嫌疑；与君主关系亲近却不进谏，就是尸位素餐。”《论语》又说：“还没取得对方的信任就向其进谏，对方会认为你在讥谤他。”

原文

君子当守道崇德，蓄价[①]待时，爵禄不登，信由天命。须求趋竞[②]，不顾羞惭，比较材能，斟量功伐[③]，厉色扬声，东怨西怒；或有劫持宰相瑕疵，而获酬谢，或有喧聒[④]时人视听，求见发遣。以此得官，谓为才力，何异盗食致饱，窃衣取温哉！世见躁竞[⑤]得官者，便谓“弗索何获”，不知时运之来，不求亦至也；见静退未遇者，便谓“弗为胡成”，不知风云[⑥]不与，徒求无益也。凡不求而自得，求而不得者，焉可胜算乎！

注释

①价：声价，名望。

②趋竞：奔走钻营，争名夺利。

③功伐：功劳，功勋。

④喧聒：喧嚣刺耳。

⑤躁竞：浮躁而急进。

⑥风云：此指时势，人的际遇。

译文

君子当谨守正道，推崇德行，蓄养声价名望，等待合适的时机，就算不能得到高官厚禄，那也是由上天安排的。可有些人，主动奔走索求，不顾羞耻，与别人比较才能大小，计量功劳高低，声色俱厉，高声呼喊，怨这怨那；有的甚至以宰相的短处相要挟，以获得酬谢，有的则在世人面前喧嚣吵嚷，混淆视听，以求早日被派遣官职。靠这些手段得到官职，认为是有能力，这跟偷盗食物来填饱肚子，窃取衣服来求得温暖有什么区别！

世人看到那些奔走钻营而得到官职的人，便说："不主动索取，哪里会得到？"他们不知道一个人的时运若是到来，不去索取也能得到；世人看到那些恬淡谦退而没有得到重用的人，便说："不去争取，怎么会有收获呢？"他们不知道如果时势不允许，再怎么追求也不会有所得。世上那些不去索求却能获得的人，竭力索取却一无所获的人，多到不可胜数！

原文

齐之季世①，多以财货托附外家，喧动女谒②。拜守宰者，印组③光华，车骑辉赫，荣兼九族，取贵一时。而为执政所患，随而伺察，既以利得，必以利殆。微染风尘④，便乖肃正，坑阱⑤殊深，疮痏⑥未复，纵得免死，莫不破家，然后噬脐⑦，亦复何及。吾自南及北，未尝一言与时人论身分也，不能通达，亦无尤焉。

注释

①季世：末世。

②喧动：聒噪鼓动。女谒：或言妇谒，指通过宫中得势的女子干求请托。北齐末年，宫中最得势之妇，莫过于陆令萱。

③印组：指官印和系官印的绶带。

④风尘：指世间俗事，为六朝人习用语。

⑤坑阱：即用以捕兽或擒敌的陷阱，常比喻害人的圈套。

⑥疮痏（wěi）：疮疡，伤痕。

⑦噬脐：指因遭受极大损失而后悔不及。《左传·庄公六年》："楚文王过邓，邓三甥请杀之，曰：'若不早图，后君噬脐。'"杜预注云："若啮腹脐，喻不可及。"

译文

北齐朝末世时，很多人用财物贿赂依附外戚权贵，通过宫中的宠妇来为自己干求请托。那些被授予地方官职的人，身上官印绶带光华闪耀，车马光辉显赫，其荣光遍及九族，一时即为显贵。然而这些人往往为执政者所厌恶，随即对其进行侦视观察，他们既然是通过钱财取得好处，也必定会因为钱财而招致危亡。这些人稍微沾染世间庸俗之事，便违背了端正之道，且掉入陷阱太深，受的创伤没有恢复，纵然能免于一死，也免不了家族破败，这时候后悔莫及，还有什么用？我从南方到北方，从未和别人说过一句论及身份地位的话，即使不能亨通显达，也没有怨言。

原　文

王子晋[①]云：“佐饔得尝，佐斗得伤。”此言为善则预，为恶则去，不欲党人非义之事也。凡损于物，皆无与焉。然而穷鸟入怀，仁人所悯；况死士归我，当弃之乎？伍员之托渔舟[②]，季布之入广柳[③]，孔融之藏张俭[④]，孙嵩之匿赵岐[⑤]，前代之所贵，而吾之所行也，以此得罪，甘心瞑目。至如郭解[⑥]之代人报仇，灌夫[⑦]之横怒求地，游侠之徒，非君子之所为也。如有逆乱之行，得罪于君亲者，又不足恤焉。亲友之迫危难也，家财己力，当无所吝。若横生图计，无理请谒，非吾教也。墨翟[⑧]之徒，世谓热腹，杨朱[⑨]之侣，世谓冷肠。肠不可冷，腹不可热，当以仁义为节文尔。

注　释

①王子晋：周灵王太子。《国语·周语下》引王子晋之言：“佐雍者尝焉，佐斗者伤焉。”“雍”与“饔”通，本指熟食，此指烹饪。”又《淮南子·说林训》：“佐祭者得尝，救斗者得伤。”

②伍员：字子胥，春秋末期楚国人，因父兄为楚平王所杀，入吴为将，辅佐吴王阖闾和吴王夫差，助吴崛起。后伐楚，大败楚军，攻入楚都，掘楚平王墓，鞭尸三百。伍子胥自楚出逃吴国时，曾得到一位渔人的帮助。《史记·伍子胥列传》：“伍胥惧，乃与胜俱奔吴。到昭关，昭关欲执之。伍胥遂与胜独身步走，几不得脱。追者在后。至江，江上有一渔父乘船，知伍胥之急，乃渡伍胥。伍胥既渡，解其剑曰：‘此剑直百金，以与父。’父曰：‘楚国之法，得伍胥者赐粟五万石，爵执珪，岂徒百金剑邪！’不受。”

③季布：秦末楚人，曾为项羽帐下将领，多次围困刘邦军队。项羽败亡后，被汉高祖刘邦悬赏缉拿。后在夏侯婴的说情下，刘邦饶赦了他，并拜他为郎中。季布为人仗义，好打抱不平，以信守诺言、讲信用著称，因此楚人中流传着“得黄金百斤，不如得季布一诺”的谚语。《史记·季布栾布列传》：“季布者，楚人

也。为气任侠，有名于楚。项籍使将兵，数窘汉王。及项羽灭，高祖购求布千金，敢有舍匿，罪及三族。季布匿濮阳周氏。周氏曰：'汉购将军急，迹且至臣家，将军能听臣，臣敢献计；即不能，原先自刭。'季布许之。乃髡钳季布，衣褐衣，置广柳车中，并与其家僮数十人，之鲁朱家所卖之。朱家心知是季布，乃买而置之田。诫其子曰：'田事听此奴，必与同食。'朱家乃乘轺车之洛阳，见汝阴侯滕公。"广柳车：原指古代载运棺柩的大车。柳为棺车之饰。后亦泛指载货大车。

④孔融：见前注。张俭：字元节，东汉名士，他曾投奔孔融的哥哥孔褒，正巧孔褒不在家，孔融便自作主张收留了他。《后汉书·孔融传》："山阳张俭为中常侍侯览所怨，览为刊章下州郡，以名捕俭。俭与融兄褒有旧，亡抵于褒，不遇。时融年十六，俭少之而不告。融见其有窘色，谓曰：'兄虽在外，吾独不能为君主邪？'因留舍之。后事泄，国相以下，密就掩捕，俭得脱走，遂并收褒、融送狱。二人未知所坐。融曰：'保纳舍藏者，融也，当坐之。'褒曰：'彼来求我，非弟之过，请甘其罪。'吏问其母，母曰：'家事任长，妾当其辜。'一门争死，郡县疑不能决，乃上谳之。诏书竟坐褒焉。融由是显名。"

⑤赵岐：字邠卿，东汉经学家，因为得罪宦官，出逃至北海，得到孙嵩的救助。《后汉书·赵岐传》："延熹元年，玹为京兆尹，岐惧祸及，乃与从子戬逃避之。玹果收岐家属宗亲，陷以重法，尽杀之。岐遂逃难四方，江、淮、海、岱，靡所不历。自匿姓名，卖饼北海市中。时安丘孙嵩年二十余，游市见岐，察非常人，停车呼与共载。岐惧失色，嵩乃下帷，令骑屏行人。密问岐曰：'视子非卖饼者，又相问而色动，不有重怨，即亡命乎？我北海孙宾石，阖门百口，势能相济。'岐素闻嵩名，即以实告之，遂以俱归。嵩先入白母曰：'出行，乃得死友。'迎入上堂，飨之极欢。藏岐复壁中数年，岐作《厄屯歌》二十三章。"

⑥郭解：字翁伯，西汉时游侠。《史记·游侠列传》："解为人短小精悍，不饮酒。少时阴贼，慨不快意，身所杀甚众。以躯借交报仇，藏命作奸剽攻，休铸钱掘冢，固不可胜数。"

⑦灌夫：字仲孺，西汉时人，性格刚正不阿，又嗜酒暴躁，后因不敬之罪被杀，更因族人横暴被灭族。《史记·魏其武安侯列传》："灌夫为人刚直，使酒，不好面谀……不喜文学，好任侠，已然诺。诸所与交通，无非豪杰大猾……丞相尝使籍福请魏其城南田，魏其大望曰：'老仆虽弃，将军虽贵，宁可以势夺乎？'不许。灌夫闻，怒骂籍福。籍福恶两人有郄，乃谩自好谢丞相，曰：'魏其老且死，易忍，且待之。'已而武安闻魏其、灌夫实怒不予田，亦怒，曰：'魏其子尝杀人，蚡活之。蚡事魏其，无所不可，何爱数顷田？且灌夫何与也？吾不敢复求田！'武安由此大怨灌夫、魏其。"

⑧墨翟：即墨子，战国时期思想家、教育家、科学家，墨家学派的创始人。墨家在先秦时期影响很大，与儒家并称"显学"。

⑨杨朱：字子居，战国时期魏国人，著名哲学家、思想家，道家杨朱学派创始人。

译文

王子晋说："助人烹调可以吃到佳肴，帮人打架会受到伤害。"这话是说别人做好事要参与，别人做坏事则要避开，不要与人结党做不正当的事。凡是有损他人利益的事，都不要参与。

立身处世，虽说多一事不如少一事，然而穷途末路的小鸟飞到怀中，仁慈的人都会怜悯它，更何况是敢死的勇士前来投奔我，难道要抛弃他吗？伍子胥托身渔舟，季布被人藏在广柳车中，孔融收留张俭，孙嵩藏匿赵岐，这些都是受到前人崇尚的行为，也是我所遵从奉行的，就算因此而获罪，我也心甘情愿，死而瞑目。至于像郭解那样替别人报仇，灌夫为魏其侯怒责田蚡求田，则是游侠一类，不是君子所当为。若是因为谋逆叛乱的行为，受君主和长辈的怪罪与责罚，那就不值得同情了。亲友处在窘迫为难的时候，当倾尽全力和家财加以救助，不可有丝毫吝惜。但如果有人图谋不轨，提出一些无理的请托，那就不是我教你们怜悯的人。

墨子的门人，世人认为是心肠热忱的人；杨朱的门人，世人认为是心肠冷漠的人。一个人的心肠不可太冷，也不可太热，应该以礼制和道义来节制。

原文

前在修文令曹[①]，有山东学士与关中太史竞历[②]，凡十余人，纷纭累岁，内史牒付议官平之[③]。吾执论曰："大抵诸儒所争，四分[④]并减分两家尔[④]。历象[⑤]之要，可以晷景测之[⑥]；今验其分至薄蚀[⑦]，则四分疏而减分密。疏者则称政令有宽猛，运行致盈缩[⑧]，非算之失也；密者则云日月有迟速，以术求之，预知其度[⑨]，无灾祥也。用疏则藏奸而不信，用密则任数而违经[⑩]。且议官所知，不能精于讼者，以浅裁深，安有肯服？既非格令[⑪]所司，幸勿当也。"举曹贵贱，咸以为然。有一礼官，耻为此让，苦欲留连，强加考核。机杼[⑫]既薄，无以测量，还复采访讼人，窥望长短，朝夕聚议，寒暑烦劳，背春涉冬，竟无予夺，怨诮滋生，赧然而退，终为内史所迫：此好名之辱也。

注释

①在修文令曹：指颜之推在北齐待诏文林馆之时。《北齐书·颜之推传》：

“河清末，被举为赵州功曹参军，寻待诏文林馆，除司徒录事参军。之推聪颖机悟，博识有才辩，工尺牍，应对闲明，大为祖珽所重。”

②太史：官名。传夏代末已有此职。先秦时太史掌管起草文书，策命诸侯卿大夫，记载史事，编写史书，兼管国家典籍、天文历法、祭祀等，为朝廷大臣。秦汉设太史令，职位渐低。魏晋以后修史的任务划归著作郎，太史仅掌管推算历法。《隋书·百官志下》：“秘书省领著作、太史二曹，太史曹置令丞各二人，司历二人，监候四人。其历、天文、漏刻、视祲，各有博士及生员。”竞历：指争论历法。王利器按：此当指武平七年董峻、郑元伟立议非难天保历事，见《隋书·律历志》中。志称其“争论未定，遂属国亡”，与此言“竟无予夺”合。

③内史：官名。隋代改中书省为内史省。《隋书·百官志下》：“内史省，置监、令各一人。寻废监。置令二人，侍郎四人，舍人八人，通事舍人十六人，主书十人，录事四人。”牒：官府公文的一种。议官：言官，谏官。《汉书·艺文志》：“杂家者流，盖出于议官。”

④四分：即四分历，亦称“后汉四分历”，东汉章帝元和二年（85）实施的历法。编䜣、李梵等创制。

⑤历象：推算观测天体的运行。

⑥晷（guǐ）：指日晷，本义是指太阳的影子，后指的是古代利用日影测得时刻的一种计时仪器，又称“日规”。其原理就是利用太阳的投影方向来测定并划分时刻。亦指监测日月星等天象的仪器。景：通“影”。

⑦分至：指春分、秋分和夏至、冬至。薄蚀：指日食、月食。

⑧盈缩：也称赢缩，《汉书·天文志》：“岁星超舍而前为赢，退舍为缩。”王先谦补注：《占经》引《七曜》云：“超舍而前，过其所舍之宿以上一舍二舍三舍谓之赢，退舍以下一舍二舍三舍谓之缩。”

⑨度：躔度。日月星辰运行的度次。

⑩任数：指顺应天数。违经：违背《春秋》经灾异说。汉代经师说《春秋》，惯用灾异说，以日食、月食等异常天象比附人间灾异。采用减分历，则可以推算日食、月食的发生日期，是运用历数得法，却违背经义。

⑪格令：法令，律令。

⑫机杼：言其胸中之经纬，即学识阅历。

译文

从前我在修文令曹的时候，有山东学士与关中太史争论历法，一起参与争论的有十多人，相互之间乱争了好几年也没有结果，以致内史下公文交付议官来评定是非。我提出异议说：“基本上大家所争论的，不过是四分历和减分历两家。推测天体运行的关键，可以通过晷仪的影子来测算，现在以此来检验两种历法的春分秋分、夏至冬至以及日食月食等现象，可以看出四分历太疏而减分历太密。主张四分历的一方认为政令有宽猛之别，天体的运行也会产生超前与不足，这并不是历法计算的失误；主张减分历的一方则说日月运行有快有慢，运用一定的方法推求，就可以预先知道它们运行的度次，并没存在什么祸福之说。如果采用较疏的四分历，就可能藏奸而不明确；如果采用较密的减分历，虽然顺应天数，却违背经义。况且议官所懂得的天文知识，不可能精于论争的双方，以学识浅薄的人去评判学识渊博的人，怎么会让人信服呢？既然这事不是律令所掌管，就最好不要由他们来处理。”

令曹上下，不论地位高低，都认为我说的有道理。有一位礼官，却耻于做出这种让步，他苦苦纠缠，不肯放手，想方设法对两种历法进行考核验证。他本身学问就浅，又没有办法进行测量计算，于是就不断对争论双方进行搜求访问，暗中查测双方短长，他们时常聚在一起讨论，寒来暑往，为之劳烦，然而由春至冬，最后还是无法裁决，很多人埋怨他，讥笑他。他也只好含羞而退，最终受到内史的斥责，这就是好名声出风头所招致的羞辱啊。

止足[1]第十三

原　文

《礼》云：“欲不可纵，志不可满[2]。”宇宙可臻[3]其极，情性不知其穷，唯在少欲知足，为立涯限[4]尔。先祖靖侯戒子侄曰：“汝家书生门户，世无富贵；自今仕宦不可过二千石[5]，婚姻勿贪势家。”吾终身服膺[6]，以为名言也。

注　释

①止足：指凡事知止知足，不能贪得无厌。

②“欲不可纵”两句：出自《礼记·曲礼上》，曰：“敖不可长，欲不可从，志不可满，乐不可极。”

③臻：到，达到。

④涯限：界限，限度。

⑤二千石：汉制，郡守俸禄为二千石，即每月俸禄为百二十斛。世因称郡守为“二千石”。自汉、魏以来，因仕途凶险，一般浮沉宦海者多以俸禄二千石的官职为限。《汉书·疏广传》：“今仕宦至二千石，宦成名立。”

⑥服膺：铭记在心，衷心信奉。

译文

《礼记》上说："欲望不可放纵，志向不可满足。"宇宙之大，尚可到达它的极限，而人之天性却没个尽头，想要安身泰然，唯有寡欲而知足，给自己立个限度。先祖靖侯曾经告诫子侄说："你们家是书生门户，世世代代都没有出过大富大贵之人。从现在起，你们做官，不可担任年俸超过二千石的官职。缔结婚姻，也不要攀附势家豪门。"这些话我终身铭记在心，并把它当作至理名言。

原文

天地鬼神之道，皆恶满盈。谦虚冲损①，可以免害。人生衣趣②以覆寒露，食趣以塞饥乏耳。形骸之内，尚不得奢靡，己身之外，而欲穷骄泰③邪？周穆王④、秦始皇⑤、汉武帝⑥，富有四海，贵为天子，不知纪极⑦，犹自败累，况士庶乎？常以二十口家，奴婢盛多，不可出二十人，良田十顷，堂室才蔽风雨，车马仅代杖策，蓄财数万，以拟⑧吉凶急速，不啻此⑨者，以义散之；不至此者，勿非道求之。

注释

①冲损：淡泊，谦让。

②趣：通"取"，仅足之意。

③骄泰：骄恣，放纵。

④周穆王：姬姓，名满，西周第五位君主，喜漫游。《左传·昭公十二年》"昔穆王欲肆其心，周行天下，将皆必有车辙马迹焉。"《史记·秦本纪》："造父以善御幸于周缪王，得骥、温骊、骅骝、騄耳之驷，西巡狩，乐而忘归。徐偃王作乱，造父为缪王御，长驱归周，一日千里以救乱。"

⑤秦始皇：嬴姓，名政，战国末年秦国国君，他吞灭六国，建立秦朝，是首位完成华夏大一统的铁腕政治人物。完成统一大业后，秦始皇治驰道、筑长城、作阿房宫、求不死药、焚书坑儒，他不惜民力，执政以暴，终致秦朝二世而亡。事见《史记·秦始皇本纪》。

⑥汉武帝：刘彻，西汉第七位皇帝，在位期间颇有建树，使汉朝国力达到鼎盛，但后期穷兵黩武，昏庸不察。桓谭《新论》："汉武帝材质高妙，有崇先广统之规，然多过差。既欲斥境广土，又乃贪利争物，闻大宛有名马，攻取历年，士众多死，但得数十匹耳。多征会邪僻，求不急之方，大起宫室，内竭府库，外罢天下，此可谓通而蔽矣。"

⑦纪极：终极，限度。

⑧拟：预备。

⑨不啻此：言过于此，即超过。

译文

天地鬼神之道，皆厌恶满盈。谦虚淡泊，可以免除祸害。人生在世，穿衣的目的不过是用它来遮盖身体以免寒冷袒露，饮食的目的也仅仅在填饱肚子以免饥饿乏力而已。在衣、食这两件与人本身密切相关的事情上，尚且不应该奢侈浪费，何况在那些非身体所急需的事情上，又何必要穷奢极欲呢？周穆王、秦始皇、汉武帝，富有天下，贵为天子，不懂得适可而止，还招致败损受害，何况一般人呢？

我总以为，二十口之家，奴婢最多不可超出二十人，良田只需十顷，房屋只求能遮风避雨，车马只求可以代替扶杖步行。钱财当积蓄数万，以备婚丧和应急之用，超出这个标准，就该仗义疏财；没有达到这个标准，也切勿用不正当的手段去求取。

原文

仕宦称泰，不过处在中品，前望五十人，后顾五十人，足以免耻辱，无倾危也。高此者，便当罢谢，偃仰[①]私庭。吾近为黄门郎[②]，已可收退。当时羁旅，惧罹谤讟[③]，思为此计，仅未暇尔。自丧乱已来，见因托风云，徼幸富贵，旦执机权[④]，夜填坑谷，朔欢卓、郑[⑤]，晦泣颜、原[⑥]者，非十人五人[⑦]也。慎之哉！慎之哉！

注释

①偃仰：偃息，安居。

②黄门郎：即黄门侍郎。《隋书·百官志上》："门下省置侍中、给事黄门侍郎各六人。"王利器按：《隋书·百官志中》，记后齐官制云："门下省，掌献纳谏正及司进御之职。侍中、给事黄门侍郎各六人。"

③罹：遭。谤讟（dú）：怨恨毁谤。

④机权：机要权柄。

⑤卓、郑：指西汉时蜀地富豪卓氏和郑氏。《史记·货殖列传》："蜀卓氏之先，赵人也，用铁冶富。秦破赵，迁卓氏。卓氏见虏略，独夫妻推辇，行诣迁处。诸迁虏少有余财，争与吏，求近处，处葭萌。唯卓氏曰：'此地狭薄。吾闻汶山之下，沃野，下有蹲鸱，至死不饥。民工于市，易贾。'乃求远迁。致之

临邛，大喜，即铁山鼓铸，运筹策，倾滇蜀之民，富至僮千人。田池射猎之乐，拟于人君。程郑，山东迁虏也，亦冶铸，贾椎髻之民，富埒卓氏，俱居临邛。”

⑥颜、原：指春秋时孔子弟子颜回和原宪，二人皆是贫寒之士。

⑦十人五人：十人当中有五人，指一半的概率。

译文

我认为做官可以称得上稳妥的位置，是处在中品的官位，前面有五十人，后面有五十人，这就足以避免耻辱，也没有倾覆的危险。若处高于中品的官职，就应当告退谢绝，闭门闲居。我前不久获任黄门侍郎这一职务，已经该收敛告退了，但是因为正客居他乡，怕遭人怨恨和毁谤，心中虽有这个打算，却没有机会。

自从丧乱发生以来，我见过很多乘势而起，侥幸取得富贵的人，可他们中有些人早上还大权在握，晚上就尸填坑谷了；有些人月初还是像卓氏、郑氏那样快乐的富豪，可到了月底却成了像颜回、原宪那样贫苦的寒士。有这种遭际的概率，十人里面不止五人啊！一定要谨慎，一定要谨慎啊！

诫兵第十四

原文

颜氏之先[①]，本乎邹[②]、鲁，或分入齐，世以儒雅为业，遍在书记。仲尼门徒，升堂者七十有二[③]，颜氏居八人[④]焉。秦、汉、魏、晋，下逮齐、梁，未有用兵以取达者。春秋世，颜高、颜鸣、颜息、颜羽[⑤]之徒，皆一斗夫[⑥]耳。齐有颜涿聚[⑦]，赵有颜聚[⑧]，汉末有颜良[⑨]，宋有颜延之[⑩]，并处将军之任，竟以颠覆。汉郎颜驷[⑪]，自称好武，更无事迹。颜忠[⑫]以党楚王受诛，颜俊[⑬]以据武威见杀，得姓已来，无清操者，唯此二人，皆罹祸败。顷世乱离，衣冠之士，虽无身手[⑭]，或聚徒众，违弃素业，徼幸战功。吾既羸薄[⑮]，仰惟[⑯]前代，故置[⑰]心于此，子孙志之。孔子力翘门关[⑱]，不以力闻，此圣证也。吾见今世士大夫，才有气干，便倚赖之，不能被甲执兵，以卫社稷，但微行险服[⑲]，逞弄拳腕，大则陷危亡，小则贻耻辱，遂无免者。

注释

①颜氏之先：颜姓源出有二：一是源于曹姓。西周末年，邾国国君名颜，字夷父，谥号邾武公。其次子友被封于小邾国，以父名为氏，称颜氏；二是源于姬姓。西周初年，周公旦长子伯禽受封于鲁国，伯禽又把子孙中的一支分封在颜邑，这支周公的后代遂称颜氏。

②邹：邹国，即邾国。周武王灭商后，封颛顼后人曹挟在邾（今山东邹城一带），建立邾国，为曹国附庸，后为楚国所灭。

③升堂：比喻学问技艺已入门。七十二之数，或作七十，或作七十七。

④颜氏居八人：据《史记·仲尼弟子列传》：孔子弟子中颜氏有颜回，字子渊；颜无繇，字路（颜回之父）；颜幸，字子柳；颜高，字子骄；颜祖，字襄；颜之仆，字叔；颜哙，字子声；颜何，字冉。共八人，皆为邹鲁人氏。

⑤颜高、颜鸣、颜息、颜羽：四人皆见于《左传》，同为鲁国武士。《左传·定公八年》："公侵齐，门于阳州，士皆坐列，曰：'颜高之弓六钧。'皆取而传观之。阳州人出，高夺人弱弓，籍丘子锄击之，与一人俱毙。偃且射子锄，中颊，殪。颜息射人，中眉，退曰：'我无勇，吾志其目也。'"《左传·昭公二十六年》："师及齐师战于炊鼻……林雍羞为颜鸣右，下。苑何忌取其耳，颜鸣去之。苑子之御曰：'视下顾！'苑子刜林雍，断其足。鑋而乘于他车以归。颜鸣三入齐师，呼曰：'林雍乘。'"《左传·哀公十一年》："孟孺子泄帅右师，颜羽御，邴泄为右……孟孺子语人曰：'我不如颜羽，而贤于邴泄。子羽锐敏，我不欲战而能默。'"

⑥斗夫：武夫，军人。

⑦颜涿聚：即颜庚。《左传·哀公二十三年》："晋荀瑶伐齐……齐师败绩。知伯亲禽颜庚。"杜预注曰："颜庚，齐大夫颜涿聚也。"《韩非子·十过》载颜涿聚谏齐景公事，曰："昔者田成子游于海而乐之。号令诸大夫曰：'言归者死。'颜涿聚曰：'君游海而乐之，奈臣有图国者何？君虽乐之，将安得？'田成子曰：'寡人布令曰："言归者死。"今子犯寡人之令。'援戈将击之。颜涿聚曰：'昔桀杀关龙逢而纣杀王子比干，今君虽杀臣之身以三之可也。臣言为国，非为身也。'延颈而前曰：'君击之矣！'君乃释戈趣驾而归。至三日，而闻国人有谋不内田成子者矣。田成子所以遂有齐国者，颜涿聚之力也。故曰：离内远游，则危身之道也。"

⑧颜聚：战国时赵国将领。《史记·赵世家》："（幽缪王迁）七年，秦人攻赵，赵大将李牧、将军司马尚将击之。李牧诛，司马尚免，赵忽及齐将颜聚代之。赵忽军破，颜聚亡去。以王迁降。"《战国策·赵策下》："秦使王翦攻赵，赵使李牧、司马尚御之……赵王疑之，使赵忽及颜聚代将，斩李牧，废司马尚。后三月，王翦因急击，大破赵，杀赵忽，虏赵王迁及其将颜聚，遂灭赵。"

⑨颜良：东汉末年袁绍部将，以勇敢闻名，后为关羽斩杀。事见《三国志》。

⑩颜延之：字延年，南朝宋文学家。据《宋书·颜延之传》记载，颜延之尝领步兵校尉，未尝为将军，此处疑指其子颜竣。《宋书·颜竣传》："颜竣，字士逊，琅邪临沂人，光禄大夫延之之子也……世祖践阼，以为侍中，俄迁左卫将军，加散骑常侍，辞常侍，见许……竣谏争恳切，无所回避，上意甚不说，多不见从。竣自谓才足干时，恩旧莫比，当赞务居中，永执朝政，而所陈多不被纳，疑上欲疏之，乃求外出，以占时旨……每对亲故，颇怀怨愤，又言朝事违谬，人主得失……竣频启谢罪，并乞性命。上愈怒……及竟陵王诞为逆，因此陷之……于狱赐死。"又钱大昕曰："按：延之未尝以将兵颠覆，其子竣虽不善终，亦非由将兵之故，且与其父何与？后读宋书刘敬宣传：'王恭起兵京口。以刘牢之为前锋，牢之至竹里，斩恭大将颜延。'乃悟此文颜延下衍一'之'字。牢之事本在晋末，而见于宋书，故之推系之宋耳。或后来校书者，因延之为宋人，妄改'晋'为'宋'也。"

⑪颜驷：西汉人，于汉文帝时为郎，历文帝、景帝、武帝三朝，不获任用，老于郎署。《汉武故事》："颜驷，不知何许人，文帝时为郎，武帝辇过郎署，见驷庞眉皓发，问曰：'叟何时为郎？何其老也！'对曰：'臣文帝时为郎，文帝好文而臣好武；至景帝好美，而臣貌丑；陛下即位，好少，而臣已老，是以三世不遇。'上感其言，擢拜会稽都尉。"

⑫颜忠：东汉人，曾参与楚王英的谋反，事发，被诛杀。《后汉书·光武十王列传》："十三年，男子燕广告英与渔阳王平、颜忠等造作图书，有逆谋，事下案验。有司奏英招聚奸猾，造作图谶，擅相官秩，置诸侯王公将军二千石，大逆不道，请诛之。"

⑬颜俊：三国时人。《三国志·魏书·张既传》："是时，武威颜俊、张掖和鸾、酒泉黄华、西平麹演等并举郡反，自号将军，更相攻击。俊遣使送母及子诣太祖为质，求助。太祖问既，既曰：'俊等外假国威，内生傲悖，计定势足，后即反耳。今方事定蜀，且宜两存而斗之，犹卞庄子之刺虎，坐收其毙也。'太祖曰：'善。'岁余，鸾遂杀俊，武威王祕又杀鸾。"

⑭身手：谓有勇力习武艺者。

⑮羸薄：瘦弱，单薄。

⑯惟：思。

⑰置：存，止。

⑱翘：举。门关：出入必经的国门、关门。《列子·说符篇》："孔子之劲，能招国门之关，而不肯以力闻。"

⑲微行：指悄无声息地行动。险服：不合礼制的服饰。或指奇装异服。卢文弨曰："微行，易为奸也。险服，如曼胡之缨、短后之衣是。"

译文

颜氏的祖先，祖居春秋时期的邹国、鲁国，有的分支迁入齐国，世代从事儒雅的事业，这在古籍上都有记载。孔子的弟子，学问精深的有七十二人，其中颜氏就有八人。从秦、汉、魏、晋到齐、梁，颜氏家族中从来没有人靠用兵打仗得志扬名。春秋时期，颜高、颜鸣、颜息、颜羽等人，都不过是一介武夫。春秋时齐国的颜涿聚，战国时赵国的颜聚，东汉末年的颜良，南朝宋时的颜延之，都担任过将军的职务，最终皆因此倾覆败亡。西汉的郎官颜驷，自称喜好武功，却不见他有事迹流传。东汉的颜忠因为党附楚王而受诛，三国时的颜俊因谋反占据武威而被杀，从有颜姓以来，节操不清白的，只有这两个人，他们都遭到祸患败亡。

近世以来，天下大乱，有些士大夫和贵族子弟，虽然没有勇力习武，却聚集众人，放弃一贯从事的诗书儒业，想侥幸获取战功。我的身体既瘦弱单薄，又想到颜氏前人好兵致祸的教训，所以仍旧把心思放在读书上面，希望子孙们把这一点牢记在心里。

孔子的力气大到可以举起关门，却不肯以力大闻名于世，这是圣人给我们树立的榜样。我看到当今的士大夫们，稍微有点气力，就以此为资本，他们不能披戴铠甲手执兵器去保卫国家，只知穿上奇装异服，行踪诡秘，到处卖弄拳勇。他们重则身陷危亡，轻则自取耻辱，最后没有人可以幸免。

原文

国之兴亡，兵之胜败，博学所至，幸讨论之。入帷幄①之中，参庙堂之上，不能为主尽规以谋社稷，君子所耻也。然而每见文士，颇读兵书，微有经略，若居承平之世，睥睨宫阃②，幸灾乐祸，首为逆乱，诖误③善良；如在兵革之时，构扇④反覆，纵横说诱，不识存亡，强相扶戴⑤：此皆陷身灭族之本也。诫之哉！诫之哉！

注释

①帷幄：指天子决策之处或将帅的幕府、军帐。《史记·太史公自序》："运筹帷幄之中，制胜于无形。"

②睥睨（pì nì）：窥伺。宫阃（kǔn）：帝王后宫。

③诖（guà）误：欺误，连累。

④构扇：亦作"构煽"，挑拨煽动。

⑤扶戴：推奉以为主。

译 文

国家的兴亡，战争的胜败这类问题，在学识够渊博的时候，也是可以讨论的。一个人在军队中运筹帷幄，在朝廷里参与议政，却不能为君主尽谋划之责以保全国家，这是君子所引以为耻的。然而我常常看见一些文人，只粗略读过几本兵书，稍微懂得一些谋略，如果是在太平盛世，他们就窥伺宫廷中的动静，幸灾乐祸，带头犯上作乱，以致牵连善良之辈；如果是战乱时期，他们就到处挑拨煽动，翻手为云，覆手为雨，四处游说，拉拢诱骗，不能识见存亡之机，强行扶持拥戴别人称王：这些行为都是招致身死族灭的祸根。一定要引以为诫啊！要引以为诫啊！

原 文

习五兵[①]，便乘骑，正可称武夫尔。今世士大夫，但不读书，即称武夫儿，乃饭囊酒瓮[②]也。

注 释

①五兵：五种兵器。《周礼·夏官·司兵》："掌五兵五盾。"郑玄注引郑司农云："五兵者，戈、殳、戟、酋矛、夷矛也。"此指车之五兵。步卒之五兵，则无夷矛，而有弓矢。

②饭囊酒瓮：即今俗称酒囊饭袋之意。讽刺无能的人只会吃喝，不会做事。瓮：一种盛水或酒的陶器。

译 文

熟练使用五种兵器，擅长骑马，方可称作武夫。可当今的士大夫，只要不读书，就自称是武夫，实际不过是酒囊饭袋罢了。

养生[①]第十五

原 文

神仙之事，未可全诬[②]，但性命在天，或难钟值[③]。人生居世，触途牵絷[④]：幼少之日，既有供养之勤；成立之年，便增妻孥之累。衣食资须，公私驱役；而望遁迹山林，超然尘滓[⑤]，千万不遇一尔。加以金玉之费[6]，炉器所须，益非贫士所办。学如牛毛，成如麟角。华山之下，白骨如莽[7]，何有可遂之理？考之内教[8]，纵使得仙，终当有死，不能出世，不愿汝曹专精于此。若其爱养神明，调护气息，慎节起卧，均适寒暄[9]，禁忌食饮，将饵药物，遂其所禀，不为夭折者，吾无间然。诸药饵法，不废世务也。庾肩吾常服槐实[10]，年七十余，目看细字，须发犹黑。邺中朝士，有单服杏仁、枸杞、黄精、术、车前得益者甚多[11]，不能一一说尔。吾尝患齿，摇动欲落，饮食热冷，皆苦疼痛。见《抱朴子》牢齿之法[12]，早朝叩齿三百下为良。行之数日，即便平愈，今恒持之。此辈小术，无损于事，亦可修也。凡欲饵药，陶隐居[13]《太清方》中总录甚备，但须精审，不可轻脱。近有王爱州在邺学服松脂[14]，不得节度，肠塞而死。为药所误者甚多。

注释

①养生:《文选·养生论》注:“嵇喜为康传曰:‘康性好服食，常采御上药。以为神仙禀之自然，非绩学所致，至于导养得理，以尽性命，若安期、彭祖之伦，可以善求而得也。着养生篇。’”六朝人养生之说，大较如此。

②诬：虚妄，虚假。

③钟值：正好遇上。

④牵絷：牵绊。

⑤尘滓：比喻世间繁琐的事务。

⑥金玉之费：魏晋、六朝人炼丹，常以金银或宝玉为原料。

⑦莽：草莽，丛生的野草。赵曦明曰:“华山，仙人多居焉。《初学记》引《华山记》云:‘山顶有千叶莲花，服之羽化。山下有集灵宫，汉武帝欲怀集仙者，故名。’今云‘白骨如莽’，言其不可信也。”《抱朴子·登涉篇》云:“凡为道合药及避乱隐居者，莫不入山。然不知入山法者，多遇祸害。故谚有之曰:‘太华之下，白骨狼藉。’”

⑧内教：此指佛教。

⑨寒暄：寒暖。

⑩庾肩吾：字子慎，南梁文学家、书法理论家。《梁书·文学传上》:“肩吾，字子慎。八岁能赋诗，特为兄於陵所友爱……初，太宗在藩，雅好文章士，时肩吾与东海徐摛、吴郡陆杲、彭城刘遵、刘孝仪、仪弟孝威，同被赏接……太清中，侯景寇陷京都。及太宗即位，以肩吾为度支尚书。时上流诸蕃，并据州拒景，景矫诏遣肩吾使江州，喻当阳公大心，大心寻举州降贼。肩吾因逃入建

昌界，久之，方得赴江陵，未几卒。”槐实：即槐角，豆科落叶乔木槐树的成熟果实。《名医别录》：“槐实味酸咸，久服，明目益气，头不白，延年。”

⑪枸杞：《本草经》：“枸杞，一名杞根，一名地骨，一名地辅，久服，坚筋骨，轻身，不老。”黄精：又名鸡头黄精、鸡爪参，黄精属植物，根茎横走，圆柱状，结节膨大。叶轮生，无柄。术：草名，多年生草本。有白术、苍术等数种，根茎可入药。车前：草名，多年生草本，多生长在山野、路旁、河边等湿地。《神仙服食经》：“车前实，雷之精也，服之行化。八月采地衣，地衣者，车前实也。”刘盼遂引吴承仕曰：“《别录》陶隐居曰：‘赤术叶细无桠，根小苦而多膏，可作煎用。’此术煎之说也。车前虽冷利，仙经亦服饵之。疑术煎、车前二物，或宜并列。”

⑫牢齿之法：《抱朴子·杂应篇》：“或问坚齿之道，抱朴子曰：‘能养以华池，浸以醴液，清晨建齿三百过者，永不动摇。’”

⑬陶隐居：即陶弘景，字通明，南朝齐、梁时人，著名的医药家、炼丹家、文学家，人称“山中宰相”。作品有《本草经注》《集金丹黄白方》《二牛图》《陶隐居集》等。《梁书·陶弘景传》：“及长，身长七尺四寸，神仪明秀，朗目疏眉，细形长耳。读书万余卷。善琴棋，工草隶……于是止于句容之句曲山。恒曰：‘此山下是第八洞宫，名金坛华阳之天，周回一百五十里。昔汉有咸阳三茅君得道，来掌此山，故谓之茅山。’乃中山立馆，自号华阳隐居。始从东阳孙游岳受符图经法。遍历名山，寻访仙药。每经涧谷，必坐卧其间，吟咏盘桓，不能已已……天监四年，移居积金东涧。善辟谷导引之法，年逾八十而有壮容。”

⑭爱州：一说为地名。梁置，属九真郡。松脂：《本草》：“松脂，一名松膏，久服，轻身，不老延年。”

译文

得道成仙的事情，不能说全是假的，但人的性命长短取决于天，很难遇到这种机会。人生在世，到处都有牵累羁绊：小时候，有侍奉父母的辛劳；成年以后，又增加了妻子儿女的拖累。既要解决家里的衣食需求，又要为公事、私事操劳奔波。虽然如此辛勤劳苦，但真正希望隐居山林，超脱于凡俗的人，千万人中也遇不到一个。加上炼丹要耗费黄金宝玉，需要炉鼎等器具，这更不是贫士所能办到的。学道炼丹的人多如牛毛，可成仙的人却稀如麟角。看华山下面，白骨多如野草，哪里有顺心如愿的道理。

再在佛理之中考校这个问题，即使能成仙，最后还是得死，并不能彻底摆脱人世间的羁绊，我不想你们专心致力于此事。如果是爱惜保养精神，调理护养气息，起居有规律，穿衣冷暖适当，饮食有所禁忌，吃些补药滋养，从而在应尽之年不致夭折，我对此是没有什么可批评的。

掌握各种服药的方法，不要因此耽误了世间事务。庾肩吾常服用槐树的果实，他七十岁时，眼睛还能看见小字，胡须头发还很黑。邺城有的朝廷官员专门服用杏仁、枸杞、黄精、白术、车前，从中获益很多，不能一一列举。我曾患有牙疼，牙齿松动几乎要掉了，不管是吃冷的还是热的都疼痛难耐。看了《抱朴子》里固齿的方法，早上起来叩牙齿三百次为佳。我坚持了几天，牙竟然好了，现在我还保持着这一习惯。这一类的小方法，并不妨碍别的事情，可以学学。想要服用补药的话，陶隐居的《太清方》中收录得很完备，但是也必须精心挑选，不可轻率去用。最近有个叫王爱州的人，在邺城效仿别人服用松脂，因为方法不当，结果因肠子堵塞而死。像这种为药物所害的例子有很多。

原文

夫养生者先须虑祸，全身保性，有此生然后养之，勿徒养其无生也。单豹养于内而丧外，张毅养于外而丧内[①]，前贤所戒也。嵇康著《养生》之论，而以傲物受刑；石崇[②]冀服饵之征，而以贪溺[③]取祸，往世之所迷也。

注释

①“单豹”二句：《庄子·达生》：“鲁有单豹者，岩居而水饮，不与民共利，行年七十而犹有婴儿之色，不幸遇饿虎，饿虎杀而食之。有张毅者，高门县薄，无不走也，行年四十而有内热之病以死。豹养其内而虎食其外，毅养其外而病攻其内，此二子者，皆不鞭其后者也。”

②石崇：字季伦，小名齐奴，西晋文学家，亦是著名富豪，史书载其与王恺斗富事。《晋书·石苞传》：“少敏惠，勇而有谋。苞临终，分财物与诸子，独不及崇。其母以为言，苞曰：‘此儿虽小，后自能得。’年二十余，为修武令，有能名……崇颖悟有才气，而任侠无行检。在荆州，劫远使商客，致富不赀……财产丰积，室宇宏丽。后房百数，皆曳纨绣，珥金翠。丝竹尽当时之选，庖膳穷水陆之珍。与贵戚王恺、羊琇之徒以奢靡相尚。”后赵王司马伦掌权，其亲党孙秀向石崇索要其爱姬绿珠，石崇不许。孙秀怀恨在心，劝司马伦诛杀石崇。绿珠跳楼而死。

③贪溺：贪于财货，溺于美色。

译文

养生的人首先要考虑的是避免祸患，保全自身性命，有了生命，然后才谈得上保养它，不要白费心思地去保养不存在的所谓长生不老的生命。单豹这人很重视保养身心，却因外界的因素而丧了命；张毅这人很重视防备外来侵害，但因患内热病而丧生，这些都是前代贤者所引以为诫的。

嵇康著《养生论》，却因傲慢无礼被杀害；石崇希望服药延年益寿，却因贪财好色招致杀身之祸，这都是那些糊涂人的例子。

原　文

夫生不可不惜，不可苟惜。涉险畏之途，干祸难之事，贪欲以伤生，谗慝[①]而致死，此君子之所惜哉；行诚孝而见贼，履仁义而得罪，丧身以全家，泯躯而济国，君子不咎也。自乱离已来，吾见名臣贤士，临难求生，终为不救，徒取窘辱，令人愤懑。侯景之乱，王公将相，多被戮辱，妃主姬妾，略无全者。唯吴郡太守张嵊[②]，建义[③]不捷，为贼所害，辞色不挠；及鄱阳王世子[④]谢夫人，登屋诟怒，见射而毙。夫人，谢遵女也。何贤智操行若此之难？婢妾引决[⑤]若此之易？悲夫！

注　释

①谗慝（tè）：进谗陷害，为奸作恶。

②张嵊：《梁书·张嵊传》："张嵊，字四山，镇北将军稷之子也。少方雅，有志操，能清言。父临青州，为土民所害，嵊感家祸，终身蔬食布衣，手不执刀刃……中大同元年，征为太府卿，俄迁吴兴太守。太清二年，侯景围京城，嵊遣弟伊率郡兵数千人赴援。三年，宫城陷，御史中丞沈浚违难东归。嵊往见而谓曰：'贼臣凭陵，社稷危耻，正是人臣效命之秋。今欲收集兵力，保据贵乡。若天道无灵，忠节不展，虽复及死，诚亦无恨。'浚曰：'鄙郡虽小，仗义拒逆，谁敢不从！'固劝嵊举义。于是收集士卒，缮筑城垒。时邵陵王东奔至钱唐，闻之，遣板授嵊征东将军，加秩中二千石。嵊曰：'朝廷危迫，天子蒙尘，今日何情，复受荣号。'留板而已。贼行台刘神茂攻破义兴，遣使说嵊曰：'若早降附，当还以郡相处，复加爵赏。'嵊命斩其使，仍遣军主王雄等帅兵于鳢渎逆击之，破神茂，神茂退走。侯景闻神茂败，乃遣其中军侯子鉴帅精兵二万人，助神茂以击嵊。嵊遣军主范智朗出郡西拒战，为神茂所败，退归。贼骑乘胜焚栅，栅内众军皆土崩。嵊乃释戎服，坐于听事，贼临之以刃，终不为屈。乃执嵊以送景，景刑之于都市，子弟同遇害者十余人，时年六十二。贼平，世祖追赠侍中、中卫将军、开府仪同三司。谥曰忠贞子。"

③建义：兴义军，举义旗。此指张嵊募兵讨伐侯景叛军。

④鄱阳王世子：即萧嗣。《梁书·太祖五王传》："鄱阳忠烈王恢，字弘达，太祖第九子也……世子范、嗣……及景围京邑，范遣世子嗣与裴之高等入援，迁开府仪同三司，进号征北将军……以晋熙为晋州，遣子嗣为刺史……世子嗣，

字长胤。容貌丰伟，腰带十围。性骁果有胆略，倜傥不护细行，而能倾身养士，皆得其死力。范之薨也，嗣犹据晋熙，城中食尽，士乏绝，景遣任约来攻，嗣躬擐甲胄，出垒距之。时贼势方盛，咸劝且止。嗣按剑叱之曰：‘今之战，何有退乎？此萧嗣效命死节之秋也。’遂中流矢，卒于阵。”王利器按：《南史》但言妻子为任约所虏，盖史脱略。

⑤引决：本指自杀。此指舍身就义。

译　文

生命不能不珍惜，但也不能无原则地吝惜。走上邪恶危险的道路，做下招致祸患的事情，追求欲望的满足而丧生，为奸作恶而致死，在这些方面，君主是爱惜他的生命的。奉行忠孝而被害，履行仁义而获罪，舍弃自身以保全家族，牺牲性命以拯救国家，那么，君子是不会抱怨的。

自从乱离以来，我看到那些名臣贤士，面对危难，苟且求生，最终求生不得，还白白遭受窘迫和侮辱，真叫人愤懑。侯景作乱时，王公将相，大多遭到杀戮侮辱，妃嫔、公主、姬妾，也几乎没有得以保全的。只有吴郡太守张嵊，兴师讨贼，失败后为贼所杀害，当他兵败被俘时，言辞神色至死都不屈服。还有鄱阳王世子萧嗣之妻谢夫人，登上房屋怒骂逆贼，中箭而死。谢夫人，是谢遵的女儿。为什么那些贤明智能之士坚守操行是那样困难，而婢妾之辈舍身就义却如此容易？真是可悲啊！

归心①第十六

原　文

三世②之事，信而有征，家世归心，勿轻慢也。其间妙旨，具诸经论③，不复于此，少能赞述，但惧汝曹犹未牢固，略重劝诱尔。

注　释

①归心：从心里归附。此指归心佛教，虔诚信佛。

②三世：佛教以过去、现在、未来为三世。

③经论：佛教以经、律、论为三藏。经为佛所自说，论是经义的解释，律即戒规。

译　文

佛教中所说的过去、现在、未来三世之事，是可信而且可以得到验证的，我们家世代归心佛教，不可对此轻视侮慢。佛教的精妙意旨，都记载于佛教的经、论中，我在这里就不多作赞美转述了，我只怕你们的信佛之心不够牢固，所以再对你们稍加劝勉诱导。

原　文

原夫四尘五荫①，剖析形有②，六舟三驾③，运载群生。万行归空，千门入善，辩才智惠，岂徒《七经》、百氏之博哉④？明非尧、舜、周、孔所及也。内外两教⑤，本为一体，渐积为异，深浅不同。内典初门，设五种禁⑥；外典仁义礼智信，皆与之符。仁者，不杀之禁也；义者，不盗之禁也；礼者，不邪之禁也；智者，不酒之禁也；信者，不妄之禁也。至如畋狩军旅，燕享刑罚，因民之性，不可卒⑦除，就为之节，使不淫⑧滥尔。归周、孔而背释宗⑨，何其迷也！

注　释

①四尘：佛教语，色、香、味、触的总称。五荫：即“五阴”，亦名“五蕴”，亦是佛教用语，指色、受、想、行、识五者假合而成的身心。色为物质现象，其余四者为心理现象。佛教不承认灵魂实体，以为身心虽由五蕴假合而不无烦恼、轮回。《心经》：“照见五蕴皆空。”注：“五蕴者，色与受、想、行、识也。五者皆能盖覆真性，封蔀妙明，故总谓之蕴。亦名五阴，亦名五众。”王利器按：佛书有五阴譬喻，谓以聚沫喻色，水中泡喻痛，热时欲喻想，芭蕉喻行，幻喻识，言皆空虚也。

②形有：即有形之万物。

③六舟：即“六度”，佛教语，又译为“六到彼岸”。度是梵文波罗蜜多的意译，指使人由生死之此岸度到涅槃（寂灭）之彼岸的六种法门：布施、持戒、忍辱、精进、禅定（止观）、智慧。三驾：佛教以羊车喻声闻乘，鹿车喻缘觉乘，牛车喻菩萨乘，称“三驾”。

④《七经》：汉以来历代封建王朝所推崇的七部儒家经典。东汉《一字石经》作：《易》《诗》《书》《仪礼》《春秋》《公羊》《论语》。百氏：即诸子百家。

⑤内外两教：即佛教和儒教。下文内典指佛书，外典指儒书。

⑥五种禁：《广弘明集》卷十三郗超《奉法要》：“五戒：一者不杀，不得教

人杀，常当坚持，尽形寿；二者不盗，不得教人盗，常当坚持，尽形寿；三者不淫，不得教人淫，常当坚持，尽形寿；四者不欺，不得教人欺，常当坚持，尽形寿；五者不饮酒，不得以酒为惠施，常当坚持，尽形寿。若以酒为药，当推其轻重，要于不可致醉。醉有三十六失，经教以为深戒。不杀则长寿，不盗则常泰，不淫则清净，不欺则人常敬信，不醉则神理明治。”《魏书·释老志》：“又有五戒：去杀、盗、淫、妄言、饮酒，大意与仁、义、礼、智、信同，名为异耳。”

⑦卒：通“猝”，立即。

⑧淫：过分。

⑨释宗：即佛教。因佛教的创始人为释迦牟尼，故称。

译文

推究“四尘”和“五荫”的道理，剖析世间万物的奥秘，运用“六度”、“三驾”的方法修行，普渡众生。佛教有众多的修行方法使人皈依空门，有许多的法门可以使人臻于善地，其高明辩才及超凡智慧，岂止像儒家《七经》和诸子百家那样只有广博的学问？佛教见事之明，不是尧、舜、周公、孔子所能及的。

佛教和儒教本来是一体的，但二者在悟道方式和目的上有所不同，所以境界的深浅程度也不相同。佛教的初学法门，设有五种禁戒；而儒家经典所提倡的仁、义、礼、智、信，皆与之相符合。仁，即不杀生的禁戒；义，即不偷盗的禁戒；礼，即不做奸邪之事的禁戒；智，即不酗酒的禁戒；信，即不妄言的禁戒。至于像狩猎、战争、宴会、刑罚这一类，都是人的本性使然，不能即刻全部拔除，就为它们设置一定的界限，使其不至于过分放纵。人们只知道尊崇周公、孔子，却违背佛家教义，是多么糊涂啊！

原文

俗之谤者，大抵有五：其一，以世界外事及神化无方为迂诞也。其二，以吉凶祸福或未报应为欺诳也。其三，以僧尼行业多不精纯为奸慝也①。其四，以縻费金宝减耗课役为损国也②。其五，以纵有因缘③如报善恶，安能辛苦今日之甲，利益后世之乙乎？为异人也。今并释之于下云。

注释

①精纯：纯洁，清白。奸慝：奸佞邪恶。

②课：指赋税。役：指徭役。六朝制，僧尼免课役。这对国家财政收入确为一大损失，且僧人数众，亦使国家可用男丁之数减少。

③因缘：佛教语。意指产生结果的直接原因及促成这种结果的条件。

译文

世人对于佛教的诽谤，大致有以下五种情况：第一，认为佛家所说的现实世界之外的事以及神灵的变化无常是荒诞不稽的事；第二，因为现实的吉凶祸福没有得到相对的报应，就认为佛家强调的因果报应是欺骗世人的说法；第三，因为僧尼中有很多不清白的人，便认为佛门乃藏污纳垢之所；第四，认为兴建佛寺和蓄养僧尼要耗费财物，且僧尼不纳税，不服役，这有损于国家利益；第五，认为即使存在因果轮回善恶报应，哪能让今天的甲辛苦坎坷，以使后世的乙获利受益呢？甲和乙是不同的两个人啊。现在我对上面五种指责一并作出如下解释。

原文

释一曰：夫遥大之物，宁可度量？今人所知，莫若天地。天为积气，地为积块，日为阳精，月为阴精，星为万物之精，儒家所安也。星有坠落，乃为石矣。精若是石，不得有光，性又质重，何所系属？一星之径，大者百里，一宿[①]首尾，相去数万。百里之物，数万相连，阔狭从斜，常不盈缩。又星与日月，形色同尔，但以大小为其等差。然而日月又当石也？石既牢密，乌兔[②]焉容？石在气中，岂能独运？日月星辰，若皆是气，气体轻浮，当与天合，往来环转，不得错违，其间迟疾，理宜一等。何故日月五星二十八宿[③]，各有度数，移动不均？宁当气坠，忽变为石？地既滓浊[④]，法应沉厚，凿土得泉，乃浮水上[⑤]。积水之下，复有何物？江河百谷，从何处生？东流到海，何为不溢？归塘尾闾[⑥]，渫[⑦]何所到？沃焦之石[⑧]，何气所然？潮汐去还，谁所节度？天汉[⑨]悬指，那不散落？水性就下，何故上腾[⑩]？天地初开，便有星宿，九州未划，列国未分，翦疆区野[⑪]，若为躔次[⑫]？封建已来，谁所制割？国有增减，星无进退，灾祥祸福[⑬]，就中不差。乾象[⑭]之大，列星之伙，何为分野，止系中国？昴[⑮]为旄头，匈奴之次，西胡、东越，雕题、交阯[⑯]，独弃之乎？以此而求，迄无了者，岂得以人事寻常，抑必宇宙外也？

注释

①宿：星宿，我国古代指某些星的集合体。

②乌兔：金乌和玉兔。我国古代神话传说日中有乌，月中有兔。《春秋元命苞》："阳数起于一，成于三，故日中有三足乌。月两设以蟾蜍与兔者，阴阳双居，明阳之制阴，阴之制阳。"《淮南子·精神训》："日中有踆乌，而月中有蟾蜍。"高诱注："踆犹蹲也，谓三足乌。蟾蜍，虾蟆。"

③五星：指水星、金星、火星、木星、土星五星。这五颗星最初分别叫北方辰星、西方太白、南方荧惑、东方岁星、中央镇星。《史记·天官书论》中记载道："天有五星，地有五行。"二十八宿：是古人为观测日、月、五星运行而划分的二十八个星区，用来说明日、月、五星运行所到的位置。每宿包含若干颗恒星。《淮南子·天文训》："五星，八风，二十八星宿。"高诱注云："二十八星宿，东方：角、亢、氐、房、心、尾、箕；北方：斗、牛、女、虚、危、室、壁；西方：奎、娄、胃、昴、毕、觜、参；南方：井、鬼、柳、星、张、翼、轸。"

④地既滓浊：《淮南子·天文训》："重浊者滞凝而为地。"《列子·天瑞篇》："浊重者下文地。"

⑤浮水上：《晋书·天文志》："天在地外，水在天外，水浮天而载地者也。"

⑥归塘：或作"归墟"，传说为海中无底之谷，是众水汇聚之处。《列子·汤问篇》："渤海之东，不知几亿万里，有大壑焉，实惟无底之谷，其下无底，名曰归墟，八纮九野之水，天汉之流，莫不注之，而无增无减焉。"张湛注曰："归墟或作归塘。"尾闾：亦是传说中海水所归之处。《庄子·秋水》："天下之水，莫大于海，万川归之，不知何时止而不盈。尾闾泄之，不知何时已而不虚。"

⑦渫（xiè）：泄。

⑧沃焦之石：《玄中记》："天下之强者，东海之沃焦焉。沃焦者，山名也，在东海南三万里，海水灌之而即消。"

⑨天汉：即天河、银河。《晋书·天文志》："天汉起东方，经尾箕之间，谓之天河，亦谓之汉津，分为二道，在七星南而没。"

⑩上腾：上腾之水指雨露。《淮南子·原道训》："天下之物，莫柔于水，上天则为雨露，下地则为润泽。"

⑪区野：分野。指与星次相对应的区域。古人依据十二星次的位置划分地面上州、国的位置与之相对应。就天文说，称作"分星"；就地面说，称作"分野"。

⑫躔（chán）次：日月星辰在运行轨道上的位次。

⑬灾祥祸福：《周礼·春官保章氏》："掌天星以志星辰日月之变动，以观天下之迁，辨其吉凶，以星土辨九州之地所封，封域皆有分星，以观妖祥。"

⑭乾象：天象。旧以为天象变化与人事有关。

⑮昴：星名，二十八星宿之一，西方白虎七宿的第四宿，又名髦头、旄头，有亮星七颗（古代以为五颗，故有昴宿之精转化为五老的传说）。

⑯西胡：中国古代对西域各族的泛称。因在匈奴西而得名。西汉时仅指葱岭以东，东汉起亦兼指葱岭西各族。东越：古族名。古代越人的一支，相传为越王勾践的后裔。秦汉时分布在今浙江省东南部、福建省北部一带。汉武帝元鼎六年(111)东越王馀善反汉，旋被其部属所杀。部分族人被迫迁入江淮地区。雕题：古代南方雕额文身之部族。交阯：或作交址、交趾，古地名，泛指五岭以南。汉武帝时为所置十三刺史部之一，辖境相当于今广东、广西大部和越南的北部、中部。东汉时改为交州。《后汉书·南蛮传》："《礼记》称南方曰蛮、雕题、交阯，其俗男女同川而浴，故曰交阯。"

译　文

我对第一个诽谤的解释是：那些遥远广大的东西，难道可以度量出来吗？现在人们所熟悉的最大的事物，没有什么能够比得上天和地的。天由云气堆积而成，地由土石聚集而成，太阳是阳气的精华凝聚，月亮是阴气的精华凝聚，星辰是宇宙万物的精华凝聚，这是儒家所信奉的说法。星辰有时会从天上坠落下来，到地上就变成了石头；精华若是石头，就不会有光亮，况且石头的特性又很沉重，是靠什么悬挂在天上的呢？一颗星的直径，大的约有百里，一个星宿的首与尾，相隔有数万里。百里大的物体，相隔万里联成一体，它们之间的距离宽窄纵横排列都有一定的形态，一般不会有盈缩变化。再者星辰与日月相比，形状和颜色都相同，不过以体积大小来作为等级区别。要是这样的话，日月也是石头吗？石头的特性坚固牢密，金乌和玉兔又怎能存身于日月之中呢？石头悬浮在大气中，怎么能够独立运转？日月星辰如果都是气体，那么气体轻飘，应当与天空合而为一，它们来回循环运转，不可能相互交错，它们运行的速度，按理说应该是一致的。但为何日月以及五星和二十八星宿各有一定的位置，运行速度快慢不均呢？难道是气体在坠落的时候忽然变成了石头？

大地既然是浊气下降凝集而成的物质，那么理应沉重厚实，可深挖土地能够挖到泉水，这说明地是浮在水上的。如此的话，积水下面又有什么呢？长江、黄河以及众多的河流，它们是从哪里发源的？百川向东流入大海，海水为什么不会溢出来？传说中水都汇集到归塘和尾闾，那它们最终又归于何处呢？如果说海水都被沃焦山的石头烧干了，那么又是什么气体使石头燃烧的呢？海水的潮汐涨落，由谁控制？银河悬挂在天空，为什么不会散落下来？水的特性是往低处流，又是什么原因使它升到天上？天地初开的时候，就有了星宿，当时九州还没有划分，列国还没有分封。这些星宿划断疆界，区分地域，又是谁为它们在运行轨道上安排的位次？自从封邦建国以来，又是谁在主宰这些事呢？地上的国家有增无减，而星辰的位置却没有移动，其对应的吉凶祸福都照样发生，并无偏差。天象这么大，星辰如此多，为什么星宿划分的州郡疆野只限于中原地区呢？被称作旄头的昴星，其位置对应匈奴的疆域，那么像西胡、东越、雕题、交阯这些区域，难道就被上天所抛弃不管了吗？以上这些问题，要是探求起来是永无尽头的，又怎能以人间事物的寻常道理去衡量宇宙之外的事呢？

原　文

凡人之信，唯耳与目，耳目之外，咸致疑焉。儒家说天，自有数义：或浑或盖，乍宣乍安①。斗极②所周，管维③所属，若所亲见，不容不同；若所测量，宁足依据？何故信凡人之臆说，迷大圣之妙旨，而欲必无恒沙世界、微尘数劫也④？而邹衍亦有九州之谈⑤。山中人不信有鱼大如木，海上人不信有木大如鱼；汉武不信弦胶⑥，魏文不信火布⑦；胡人见锦，不信有虫食树吐丝所成；昔在江南，不信有千人毡帐，及来河北，不信有二万斛船：皆实验也。

注　释

①“儒家说天”四句：指浑天说、盖天说、宣夜说、安天论，皆为我国古代天文学理论。《晋书·天文志》：“古言天者有三家，一曰盖天，二曰宣夜，三曰浑天……成帝咸康中，会稽虞喜因宣夜之说作《安天论》。”具体这四种理论之内容，可参考《晋书·天文志》。

②斗极：北斗星与北极星。《尔雅·释地》：“北戴斗极为空桐。”邢昺疏：“斗，北斗也。极者，中宫天极星。”

③管维：亦作“筦维”，即斗枢，古人指天宇所据以运转的枢纽。

④恒沙：即恒河沙数，佛教语，形容数量多得无法计算。微尘：佛教语。色体的极小者称为极尘，七倍极尘者称为微尘，常用以指极细小的物质。《金刚经》：“诸恒河所有沙数，佛世界如是，宁为多不？”《妙法莲华经》：“如人以力摩三千大千土，复尽末为尘，一尘为一劫，如此诸微尘数，其劫复过是。”

⑤邹衍：战国时期齐国人，阴阳家学派的创始人和代表人物，五行学说的创始人，曾著书讨论“大九州说”。《史记·孟子荀卿列传》：“（邹衍）以为儒者所谓中国者，于天下乃八十一分居其一分耳。中国名曰赤县神州。赤县神州内自有九州，禹之序九州是也，不得为州数。中国外如赤县神州者九，乃所谓九州也。于是有裨海环之，人民禽兽莫能相通者，如一区中者，乃为一州。如此者九，乃有大瀛海环其外，天地之际焉。”

⑥弦胶：即续弦胶。古代传说西海之中有凤麟洲，仙家以凤喙及麟角合煎

作胶，名之为续弦胶，又名集弦胶、连金泥。此胶能续弓弩已断之弦，连刀剑断折之金，更以胶连续之处，使力士掣之，他处乃断，粘合之处，终无所损。见汉东方朔《海内十洲记》、晋张华《博物志》卷三。《云笈七签》卷二六引《十洲记·凤麟洲》云："天汉三年，帝幸北海，祠恒山，四月，西国王使至，献灵胶四两，及吉光毛裘，武帝受以付外库，不知胶裘二物之妙用也，以为西国虽远，而上贡者不奇，稽留使者未遣。久之，武帝幸华林园射虎，而弩弦断，使者从驾，又上胶一分，使口濡以续弩弦。帝惊曰：'异物也。'乃使武士数人，共对掣引，终日不脱，如未续时。其胶色青如碧玉。"

⑦火布：即火浣布。《三国志·魏书·三少帝纪》："景初三年……西域重译献火浣布。诏大将军太尉临试，以示百僚。"《搜神记》："汉世西域旧献此布，中间久绝。至魏初时，人疑其无有。文帝以为火性酷烈，无含生之气，着之典论，明其不然。及明帝立，诏刊石庙门之外及太学，永示来世。至是西域献之，于是刊灭此论。天下笑之。"《抱朴子·论仙篇》："魏文帝穷览洽闻，自呼于物无所不经，谓天下无切玉之刀，火浣之布。及著典论，尝据言此事。其间未期，二物毕至。帝乃叹息，遽毁斯论。事无固必，殆为此也。"

译文

一般人所相信的，都是自己亲耳听到的和亲眼见到的，除此之外，他们都会加以怀疑。儒家对天的认识，有好几种学说：有浑天说，有盖天说，有宣夜说，有安天论。北斗星和北极星的运行，是依靠斗枢为转轴，若是亲眼所见就不会有不同的看法；若是猜测揣量，又怎么能够可靠呢？为什么信普通人的主观臆测，而怀疑佛祖的精妙教义，非得认为没有恒河沙子那样多的世界，不相信微小的尘埃也曾经历过多次劫难呢？况且，邹衍也曾提出过中国之外还有九州的说法。

生活在山中的人不相信有树那样大的鱼，生活在海边的人不相信有鱼那样大的树；汉武帝不相信世上有续弦胶，魏文帝不相信有火浣布；胡人看见锦缎，不相信那是吃树叶的虫子所吐的丝织成的；我从前在江南时，不相信有可以容纳千人的毡帐，等到了黄河以北地区，又发现这里的人不相信有可容纳两万斛的大船，这些都是我的亲身经验。

原文

世有祝师及诸幻术①，犹能履火蹈刃，种瓜②移井，倏忽之间，十变五化。人力所为，尚能如此；何况神通感应，不可思量，千里宝幢③，百由旬④座，化成净土，踊⑤出妙塔乎？

注释

①祝师：即巫师。幻术：张衡《西京赋》："奇幻倏忽，易貌分形，吞刀吐火，云雾杳冥，画地成川，流渭通泾。"《抱朴子·对俗篇》："变形易貌，吞刀吐火。"又云："瓜果结实于须臾，鱼龙瀺灂于盘盂。"大抵魏晋六朝之时，此类幻术甚多，诸书亦多有记载。

②种瓜：指种下瓜果立即成熟。刘盼遂曰："《太平御览》卷九百七十八引《搜神记》曰：'吴时有徐光，常行幻术。于市里从人乞瓜，其主弗与。便从索瓣，种之。俄而瓜蔓延生花实，乃取食之，因赐观者。及视所贳，皆亡耗矣。'黄门种瓜之说，殆用此事。"又曰："《洛阳伽蓝记·卷一景乐寺》云：'异端奇树，总萃其中。剥驴投井，植枣种瓜，须臾之间，皆得食之。'杨衒之与颜氏时代接近，故所言多相同也。"

③宝幢（chuáng）：即经幢。幢：原是中国古代仪仗中的旌幡，是在竿上加丝织物做成，又称幢幡。由于印度佛的传入，特别是唐代中期佛教密宗的传入，将佛经或佛像起先书写在丝织的幢幡上，为保持经久不毁，后来改书写为刻在石柱上，因刻的主要是《陀罗尼经》，因此称为经幢。

④由旬：古印度长度单位，其具体长度不详，我国故有八十里、六十里、四十里等诸多说。据佛音论师说，一由旬相当于一只公牛走一天的距离，大约七英里，即11.2公里。据《大唐西域记》卷二载，一由旬指帝王一日行军之路程。

⑤踊：向上升起，冒出。《妙法莲华经》："尔时，佛前有七宝塔，高五百由旬，纵广二百五十由旬，从地涌出，住在空中，种种宝物而庄校之。"

译文

世间有巫师和熟悉各种幻术的人，他们能踏火而行，在刀刃上行走，能使种下的瓜果立刻成熟，还可以移动深井，刹那之间，千变万化。人力的所作所为，尚能如此，何况佛的神通广大，更是无法估量的，能够变出高达千里的经幢，大至百由旬的莲花宝座，能够造化出庄严洁净的极乐世界，使地上涌出座座宝塔。

原文

释二曰：夫信谤之征，有如影响，耳闻目见，其事已多。或乃精诚不深，业缘[1]未感，时傥差阑[2]，终当获报耳。善恶之行，祸福所归。九流[3]百氏，皆同此论，岂独释典为虚妄乎？项橐、颜回之短折[4]，伯夷、原宪[5]之冻馁，盗跖、庄蹻之福寿[6]，齐景、桓魋之富强[7]，若引之先业，冀以后生，更为通耳。如以行善而偶钟祸报，为恶而傥值福征，便生怨尤，即为欺诡，则亦尧、舜之云虚，周、孔之不实也，又欲安所依信而立身乎？

注 释

①业缘：佛教语。谓苦乐皆为业力而起，故称为业缘。《维摩经·方便品》："是身如幻，从颠倒起；是身如梦，为虚妄见；是身如影，从业缘现。"

②差阑：略迟。此谓报应或有差亘而迟晚。

③九流：赵曦明曰："《汉书·艺文志》：一儒家流，二道家流，三阴阳家流，四法家流，五名家流，六墨家流，七纵横家流，八杂家流，九农家流，十小说家流，其可观者，九家而已。范宁《穀梁传序》：'九流分而微言隐。'疏不数小说家。"

④项橐（tuó）：春秋时期鲁国一位神童，孔子曾向其请教，后世尊项橐为圣公。《战国策·秦策五》："甘罗曰：'夫项橐生七岁而为孔子师，今臣生十二岁于兹矣！君其试焉，奚以遽言叱也？'"颜回：孔子弟子，早夭。

⑤原宪：孔子弟子，安贫乐道。《韩诗外传》："原宪居鲁，环堵之室，茨以蒿莱，蓬户瓮牖，桷桑而无枢，上漏下湿，匡坐而弦歌。子贡乘肥马，衣轻裘，中绀而表素，轩不容巷，而往见之。原宪楮冠黎杖而应门，正冠则缨绝，振襟则肘见，纳履则踵决。"

⑥盗跖：相传是黄帝时大盗之名。春秋时柳下惠的弟弟为大盗，所以世人称之为盗跖。《史记·伯夷列传》："盗跖日杀不辜，肝人之肉，暴戾恣睢，聚党数千人，横行天下，竟以寿终。"庄跻：春秋时人，本为楚威王将军，后为大盗。《华阳国志·南中志》："南中在昔，盖夷、越之地……周之季世，楚顷襄王是王遣将军庄跻泝沅水，出且兰，以伐夜郎……夜郎又降，而秦夺楚黔中地，无路得反，遂留王滇池。跻，楚庄王苗裔也。"

⑦齐景：即春秋时齐国国君齐景公。《论语》载齐景公有马千驷。桓魋（tuí）：春秋时宋国司马向魋，因是宋桓公之后，故称桓魋。孔子周游列国到宋国，桓魋对他很不友好，后竟带领人马去杀孔子，孔子万幸得以逃脱。《史记·孔子世家》："孔子去曹适宋，与弟子习礼大树下。宋司马桓魋欲杀孔子，拔其树。孔子去。弟子曰：'可以速矣。'孔子曰：'天生德于予，桓魋其如予何！'"《礼记·檀弓上》："桓司马自为石椁，三年而不成。"此足见桓魋之富强。

译 文

我对第二个诽谤的解释是：我深信世俗所诽谤的因果报应之说，那报应就好像影之随形，响之应声一样。我耳闻目睹的这类事情，已经很多了。有的时候或许是当事人的诚心不够，缘分不到，报应的时间可能较迟，但最终还是会得到报应的。一个人的善与恶的行为，将分别招致福与祸的报应。九流百家都认同这一观点，难道只有佛教典籍是虚假骗人的吗？

项橐、颜回的短命而死，伯夷、原宪的忍饥受冻，盗跖、庄蹻的有福长寿，齐景公、桓魋的富足强大，如果我们把这些看成是他们的前身的善业或恶业的报应，或者把他们从善或为恶的报应寄托在他们的后世身上，那就说得通了。如果因为行善而偶然招致灾祸，为恶却意外得福，便产生怨恨责怪之心，认为佛教所说的因果报应是欺诈蒙骗，那就好比是说尧、舜的事迹都是虚假的，周公、孔子的学说也是不可信的，那么你又能相信什么，又凭什么信念来立身处世呢？

原　文

释三曰：开辟已来，不善人多而善人少，何由悉责其精洁[①]乎？见有名僧高行，弃而不说；若睹凡僧流俗，便生非毁。且学者之不勤，岂教者之为过？俗僧之学经律，何异士人之学《诗》《礼》？以《诗》《礼》之教，格[②]朝廷之人，略无全行者；以经律之禁，格出家之辈，而独责无犯哉？且阙行之臣，犹求禄位；毁禁之侣，何惭供养乎？其于戒行，自当有犯。一披法服，已堕僧数，岁中所计，斋讲诵持[③]，比诸白衣[④]，犹不啻山海也。

注　释

①精洁：精粹纯洁。

②格：要求，评定。

③诵持：诵念经文并持守之。

④白衣：卢文弨曰："僧衣缁，故谓世人为白衣。山海以喻比流辈为高深也。颜氏此言，又显为犯戒者解脱矣。"王利器按：释氏称在俗人曰白衣，以天竺之婆罗门及俗人多服鲜白衣也。六朝以与缁流并称，则曰缁素，或曰黑白。

译　文

我对第三个诽谤的解释是：自从开天辟地有了人类以来，就是坏人多而好人少，怎么能要求每一位僧尼都是清白高尚的呢？有些人看见名僧高尚的德行，就抛在一旁不说；但若是看到凡庸僧人的粗俗行为，就竭力指责诋毁。况且，受学的人不勤勉用功，难道是教学者的过错吗？凡庸僧人学习佛经、戒律，跟士人学习《诗经》《礼记》有什么两样？用《诗经》《礼记》中所要求的标准去衡量朝廷中的大臣官员，恐怕没有几个人是完全符合的；用佛经、戒律中的禁条来衡量出家人，怎么能唯独要求他们一点都不犯过错呢？而且，那些品行很差的官员，还依然能获取高官厚禄；犯了禁律的僧尼，坐享供养又有什么可惭愧的呢？

出家人对于佛教的戒律规范，自然难免有违反的时候，但他们一旦披上法衣，就算加入了僧侣的行业，一年到头所干的事，无非是吃斋念佛，诵经修行，比起世俗之人，其道德修养的差距又不只是高山与深海那么大了。

原 文

释四曰：内教多途，出家自是其一法耳。若能诚孝在心，仁惠为本，须达、流水[①]，不必剃落须发。岂令罄井田而起塔庙，穷编户以为僧尼也？皆由为政不能节之，遂使非法之寺，妨民稼穑，无业之僧，空国赋算，非大觉[②]之本旨也。抑又论之：求道者，身计也；惜费者，国谋也。身计国谋，不可两遂。诚臣徇主而弃亲，孝子安家而忘国，各有行也。儒有不屈王侯高尚其事，隐有让王辞相避世山林；安可计其赋役，以为罪人？若能偕化黔首[③]，悉入道场[④]，如妙乐之世，禳佉[⑤]之国，则有自然稻米[⑥]，无尽宝藏[⑦]，安求田蚕之利乎？

注 释

①须达：即须达多，梵语sudatta的音译。意译为“善与”、“善给”、“善授”等。古印度拘萨罗国舍卫城富商，波斯匿王的大臣，释迦的有力施主之一，号称给孤独，后皈依佛陀。与祇陀太子共同施佛精舍，称祇树给孤独园。流水：即流水长者。《金光明经》多载其仁惠事迹。

②大觉：佛教语。僧肇曰：“佛者何也？盖穷理尽性，大觉之称也。”《佛地论》：“佛者，觉也，觉一切种智，复能开觉有情。”

③黔首：平民、老百姓。

④道场：寺院别名。

⑤禳佉（ráng qū）：或作“儴佉”、“穰佉”、“蠰佉”。印度古代神话中国王名，即转轮王。《佛说弥勒大成佛经》：“其国尔时有转轮圣王名儴佉，有四种兵，不以威武，治四天下。”

⑥自然稻米：指无须耕种自然长出的稻米。《大楼炭经·郁华曰品》：“有净洁粳米，不耕种，自然生出一切味，欲食者取净洁粳米炊之。有珠名焰珠，着釜下，光出热饭。四方人来悉共食之，食未竟，亦不尽。”《山海经·大荒南经》：“有载民之国……食谷，不绩不经，服也；不稼不穑，食也。”郭璞注：“言自然有布帛也，五谷自生也。”

⑦无尽宝藏：《南史·郭祖深传》："梁武时，上封事曰：'都下佛寺，五百余所，穷极宏丽，僧尼十余万，资产丰沃。所在郡县，不可胜言。道人又有白徒，尼则皆畜养女，皆不贯人籍；天下户口，几亡其半。向使偕化黔首，悉入道场，衣谁为织？田谁为耕？果有自然米稻，无尽宝藏乎？'"颜之推此文，即袭用之。

译文

我对第四个诽谤的解释是：佛教修持的方法有很多种，出家为僧仅仅是其中一种。如果一个人心存忠孝，以仁惠为立身根本，就像须达、流水两位长者那样，那就不必非得剃掉须发出家为僧不可了。

哪能把所有的田地都用来建造佛塔，让所有的在册人口都去当僧尼呢？那都是由于执政者不能合理地节制佛事，才使得那些非法而起的寺庙妨碍了百姓的农事生产，使得那些不事生计的僧人空享国家的赋税，这并非佛教的本旨。

或许也可以这样说：信佛求道，是为自身打算；节省费用，是为国家打算。为自身打算和为国家打算，二者不能两全。这就像是忠臣以身殉主而不能奉养双亲，孝子安定家庭而忽略了为国尽忠，二者各有不同的行为准则。儒家当中有不肯屈身侍奉王侯，以高尚标准行事的人，隐士中有辞去王爵相位而避世山林的人，哪能再计算他们应当承担的赋税徭役，把他们当成逃避税役的罪人呢？如果能将百姓全部感化，使他们统统皈依佛教，那么世间就会像佛经中所说的妙乐之地、禳佉之国一样，就会有自然生长的稻米，无尽的宝藏，哪里还用得着再去追求种田、养蚕的微利呢？

原文

释五曰：形体虽死，精神犹存。人生在世，望于后身[①]似不相属；及其殁后，则与前身似犹老少朝夕耳。世有魂神，示现梦想，或降童妾，或感妻孥，求索饮食，征须福佑，亦为不少矣。今人贫贱疾苦，莫不怨尤前世不修功业。以此而论，安可不为之作地乎？夫有子孙，自是天地间一苍生耳，何预身事？而乃爱护，遗其基址[②]，况于己之神爽[③]，顿欲弃之哉？凡夫蒙蔽，不见未来，故言彼生与今非一体耳。若有天眼[④]，鉴其念念[⑤]随灭，生生[⑥]不断，岂可不怖畏邪？又君子处世，贵能克己复礼[⑦]，济时益物。治家者欲一家之庆，治国者欲一国之良，仆妾臣民，与身竟何亲也，而为勤苦修德乎？亦是尧、舜、周、孔虚失愉乐耳。一人修道，济度几许苍生？免脱几身罪累？幸熟思之！汝曹若观俗计，树立门户，不弃妻子，未能出家，但当兼修戒行，留心诵读，以为来世津梁[8]。人生难得，无虚过也。

注　释

①后身：佛教认为人死后会转生，故有前身、后身之说。

②基址：建筑物的地基、基础。此指产业、事业的根基。

③神爽：灵魂，心神。

④天眼：佛教所说五眼之一。即天趣之眼，能透视六道、远近、上下、前后、内外及未来等。

⑤念念：指极短的时间。

⑥生生：佛教指轮回。

⑦克己复礼：儒家指约束自己，使一言一行都符合先王之礼。语出《论语·颜渊篇》。

⑧津梁：桥梁。

译　文

我对第五个诽谤的解释是：人的形体虽然会死去，但精神依然存在。人活在世上，觉得自己与来世的后身似乎没有什么联系；等到死后，才发现后身与前身的关系，就好像老人与小孩、早晨与晚上一般关系密切。世上有死者的灵魂，会在活着的亲人梦里出现，有的托梦给童仆侍妾，有的托梦给妻子儿女，向他们索要饮食，这验证了后身需要前世的福佑，且这类事是不少的。

如今的人若是生活贫贱疾苦，没有不怨恨前世不修功德的。从这一点来说，生前怎么能不为来世的灵魂开辟一片安乐之地呢？至于人有子孙，也不过同是天地间的普通人而已，跟其自身有什么相干？而人尚且对子孙尽心爱护，将房产基业留给他们，何况对于自己的灵魂，怎能舍弃不顾呢？凡夫俗子愚昧无知，看不见未来之事，所以他们说来生和今生不是一体。若是有一双能够洞察天机的慧眼，通过它看到自己的生命在一瞬间由诞生到消亡，又由消亡到诞生，这样生死轮回，连绵不断，难道不会感到害怕吗？

再说，君子活在世上，贵在能够克制私欲，谨守礼仪，匡时救世，有益他人。管理家庭的人希望家庭幸福美满，治理国家的人希望国家兴盛富强。其实仆人、婢妾、臣子、百姓和自身又有什么相干，值得这样辛苦地为他们操持？这也是尧、舜、周公、孔子之道，为了别人而空使自己失去快乐罢了。一个人修身求道，能够超度多少世人？使多少人免脱罪恶负累？一定要好好思考这个问题！你们若是顾及世俗的生计，要安家立业，不抛弃妻子儿女，不能出家修道，也应当兼顾修养持戒，留心于诵读佛经，以此为超度来世的桥梁。人生在世很难再得，千万不要虚度啊！

原文

儒家君子，尚离庖厨，见其生不忍其死，闻其声不食其肉[①]。高柴、折像[②]，未知内教，皆能不杀，此乃仁者自然用心。含生之徒[③]，莫不爱命，去杀之事，必勉行之。好杀之人，临死报验，子孙殃祸，其数甚多，不能悉录耳，且示数条于末。

注释

①“儒家君子”四句：《孟子·梁惠王上》：“君子之于禽兽也，见其生，不忍见其死；闻其声，不忍食其肉。是以君子远庖厨也。”

②高柴：春秋末期齐国人，字子羔，又称子皋、子高，孔子弟子。《孔子家语·弟子行》：“自见孔子，出入于户，未尝越礼；往来过之，足不履影；启蛰不杀，方长不折；执亲之丧，未尝见齿。是高柴之行也。”折像：字武伯，东汉人。《后汉书·方术传》：“像幼有仁心，不杀昆虫，不折萌芽。”

③含生之徒：指一切有生命者，人类、动物等。

译文

儒家的君子，尚且远离厨房，因为他们若是看见禽兽活着的样子，就不忍心见到它们被杀掉，听到禽兽的惨叫声，就不忍心吃它们的肉。高柴、折像二人，并不了解佛教的教义，却都能不杀生，这是仁爱之人天生的善心使然。一切生灵，没有不爱惜自己生命的，必须尽力使自己避开杀生之事。好杀生的人，临死时会遭到报应，且灾祸还会殃及子孙，这类事情有很多，我不能全部记录下来，姑且举几个例子列在本文的末尾。

原文

梁世有人，常以鸡卵白[①]和沐，云使发光，每沐辄二三十枚。临死，发中但闻啾啾数千鸡雏声。

注释

①鸡卵白：即鸡蛋白，蛋清。

译文

梁朝有个人，经常用鸡蛋白和在水里洗头发，说这样能使头发有光泽，他每次洗头都要用去二三十个鸡蛋。到他临死的时候，只听见头发中传来几千只雏鸡的啾啾叫声。

原　文

江陵刘氏，以卖鳝[1]羹为业。后生一儿头是鳝，自颈以下，方为人耳。

注　释

①鳝：通称“黄鳝”、“鳝鱼”，其体细长，黄色有黑斑，肉可食。

译　文

江陵的刘氏，以卖鳝鱼羹为生。他后来生了一个孩子，头是鳝鱼头，脖颈以下，才是人形。

原　文

王克为永嘉郡守[1]，有人饷[2]羊，集宾欲宴。而羊绳解，来投一客，先跪两拜，便入衣中。此客竟不言之，固无救请。须臾，宰羊为羹，先行至客。一脔入口，便下皮内，周行[3]遍体，痛楚号叫，方复说之。遂作羊鸣而死。

注　释

①王克：南朝梁人，与王褒、庾信同时。江陵陷落时，王克与王褒同至长安。陈朝时，北周与陈通好，王克得以南归。永嘉：今浙江永嘉县。《宋书·州郡志》：“永嘉太守，晋明帝太宁元年分临海立。”

②饷：赠送。

③周行：循环运行。

译　文

王克任永嘉郡守时，有人送他一只羊，他于是邀请宾客准备饮酒设宴。席间，那只羊挣脱了绳子，奔到一位客人面前，先跪下拜了两拜，然后便钻进了他的衣服里。这位客人竟然没说起这件事，更没有为救这只羊而向主人求情。过了一会儿，那只羊被宰杀后煮成了肉羹，肉羹先送到那位客人面前。他夹起一块羊肉，才入口中，便觉得那肉窜入皮肉，在自己全身循环运行，他痛得大声哭叫，才说起刚才那只羊向他求救的事。最后这位客人发出像羊一样的叫声，就死了。

原文

梁孝元在江州时，有人为望蔡县[①]令，经刘敬躬乱[②]，县廨[③]被焚，寄寺而住。民将牛酒作礼，县令以牛系刹柱[④]，屏除形像[⑤]，铺设床坐，于堂上接宾。未杀之顷，牛解，径来至阶而拜，县令大笑，命左右宰之。饮啖醉饱，便卧檐下。稍醒而觉体痒，爬搔隐疹[⑥]，因尔成癞[⑦]，十许年死。

注释

①望蔡县：今江西上高县。《宋书·州郡志》："豫章太守下有望蔡县，汉灵帝中平中，汝南上蔡民分徙此地，立县名曰上蔡，晋武帝太康元年更名。"

②刘敬躬乱：《梁书·武帝纪下》："大同八年春正月，安城郡民刘敬躬挟左道以反，内史萧诜委郡东奔。敬躬据郡，进攻庐陵，取豫章，妖党遂至数万，前逼新淦、柴桑。二月，江州刺史湘东王遣中兵曹子郢夺之，擒敬躬，送京师，斩于建康市。"

③廨（xiè）：官署。

④刹柱：佛教语。指寺前的幡竿。

⑤形像：或作"佛像"。

⑥隐疹：皮肤上起的小疙瘩。

⑦癞：恶疮，顽癣，麻风。

译文

梁孝元帝在江州时，有人任望蔡县的县令。经历了刘敬躬叛乱，县里的官署被烧掉了，县令只好暂时寄居在一所寺庙里。老百姓带来牛和酒作为礼物送给他。县令将牛拴在寺前的幡竿上，又搬除佛像，摆设好坐具，就在佛堂上接待宾客。牛在即将被宰杀时，挣脱了绳子，直冲到台阶前向他跪拜。县令大笑，让左右侍从把牛杀了。县令酒足饭饱后，便躺在屋檐下休息。稍后醒来时，便觉得身上发痒，抓挠之后就起了很多小疙瘩，他因此而得了恶疮，十多年后就死了。

原文

杨思达为西阳郡[①]守，值侯景乱，时复旱俭[②]，饥民盗田中麦。思达遣一部曲守视[③]，所得盗者，辄截手腕，凡戮十余人。部曲后生一男，自然无手。

注 释

①西阳郡：郡名。《晋书·地理志》："弋阳郡统西阳县，故弦子国。"《宋书·孝武帝纪》："大明二年，复西阳郡。"

②旱俭：指旱灾歉收。

③部曲：部下，部署。《续汉书·百官志》："大将军营五部，部校尉一人，部下有曲，曲有军候一人。"

译 文

杨思达任西阳郡守时，正值侯景之乱，当时又因为旱灾粮食歉收，饥饿的百姓就去偷官田里的麦子。于是杨思达派了一名部下在麦田看守，抓到偷麦子的人，就斩断他们的双手，一共砍了十多个人。这个部下后来生了一个儿子，天生就没有手。

原 文

齐有一奉朝请[1]，家甚豪侈，非手杀牛，啖之不美。年三十许，病笃，大[2]见牛来，举体如被刀刺，叫呼而终。

注 释

①奉朝请：古称春季的朝见为"朝"，秋季的朝见为"请"。奉朝请者，即有参加朝会的资格。东汉对罢省的三公、外戚、宗室、诸侯，给以此名。使得岁时朝见，以示优待。后在官名上加此字样，表示有享此待遇的资格，实非官名。晋代以奉车、驸马、骑三都尉为奉朝请。南朝常用以安置闲散官员。隋罢奉朝请，另设朝散大夫、朝散郎，作为文散官的官号。

②大：或作"便"。

译 文

北齐有一位奉朝请，家资雄厚，生活奢侈，如果不是自己亲手宰杀的牛，他吃起来就会觉得味道不够鲜美。他三十多岁时，病得很严重，迷糊间他看到有牛向他冲来，全身就好像被刀割一样，呼喊号叫之后就死了。

原 文

江陵高伟，随吾入齐，凡数年，向幽州淀[1]中捕鱼。后病，每见群鱼啮之而死。

注　释

①淀：浅的湖泊。王利器按：北方亭水之地，皆谓之淀。此幽州淀，疑即今赵北口地。

译　文

江陵人高伟，跟我一起来到北齐，前后好几年，一直在幽州的湖泊捕鱼。后来他生病，经常看见一大群鱼来咬他，最后竟因此而死了。

原　文

世有痴人，不识仁义，不知富贵并由天命。为子娶妇，恨其生资①不足，倚作舅姑②之尊，蛇虺其性，毒口加诬，不识忌讳，骂辱妇之父母，却成教妇不孝己身，不顾他恨。但怜己之子女，不爱己之儿妇。如此之人，阴纪其过，鬼夺其算③。慎不可与为邻，何况交结乎？避之哉！

注　释

①生资：指嫁妆。

②舅姑：指公婆。

③算：阳寿。

译　文

世上有一种愚痴的人，不懂得仁义，也不知道富贵皆由天命。为儿子娶媳妇，居然怨恨儿媳的嫁妆太少，仗着自己为人公婆的尊贵身份，怀着毒蛇般的心性，对儿媳恶意辱骂，不知忌讳，甚至辱骂儿媳的父母，其实，这反而是教媳妇不用孝顺自己，也不顾及她心里的怨恨。只知道疼爱自己的子女，却不知道爱护自己的儿媳，像这种人，阴司会把他的罪过记录下来，鬼神也会减掉他的寿命。你们千万不可与这种人做邻居，更何况与这种人交朋友呢？还是离他远点吧！

卷六

书证[1]第十七

原 文

《诗》云："参差荇菜[2]。"《尔雅》云："荇，接余也。"字或为"莕"。先儒解释皆云：水草，圆叶细茎，随水浅深。今是水悉有之，黄花似莼，江南俗亦呼为"猪莼[3]"，或呼为"荇菜"。刘芳[4]具有注释。而河北俗人多不识之，博士皆以参差者是苋菜[5]，呼人苋为人荇，亦可笑之甚。

注 释

①书证：即对经、史典籍的考证。黄叔琳曰："此篇纯是考据之学，当另为一书，全删。"黄说大谬，颜之推此处举这些例子来告诫子孙要博览群书，不可妄发议论，以免贻笑大方，亦有何不可？

②荇（xìng）菜：莕菜，多年生水生草本植物，叶呈对生圆形，颈圆柱形，嫩时可食，亦可入药。睡莲科，初夏开黄色小花。此句出自《诗经·国风·关雎》："参差荇菜，左右流之。"《齐民要术·卷九作菹藏生菜法第八十八》引《诗义疏》："接余，其叶白，茎紫赤，正圆，径寸余，浮在水上，根在水底，茎与水深浅等，大如钗股，上青下白，以苦酒浸之为菹，脆美，可案酒，其华蒲黄色。"此即下文所谓先儒解释。

③猪莼：荇菜俗称。陆玑《诗疏》："莼乃是茆，非荇也，茆荇二物相似而异，江南俗呼荇为猪莼，误矣。"

④刘芳：字伯文，北魏大臣。《隋书·经籍志》："毛诗笺音证十卷，后魏太常卿刘芳撰。""音证"又作"音义证"，本卷后亦云"刘芳义证"。

⑤苋（xiàn）菜：一年生草本植物。叶对生，卵形或菱形，有绿、紫两色。花黄绿色。种子极小，黑色有光泽。《本草图经》："苋有六种：有人苋，赤苋，白苋，紫苋，马苋，五色苋。入药者人、白二苋，其实一也，但人苋小而白苋大耳。"

译文

《诗经》上说："参差荇菜。"《尔雅》解释说："荇菜，就是接余。"这个字又写作"莕"。前代学者对它进行解释时都说：荇菜是一种水草，叶圆而茎细，随着水的流动而深浅沉浮。现在凡是有水的地方都有它，它开黄色的花，就好像莼菜一样，江南民间也称它为'猪莼'，也有叫它'荇菜'的。北魏刘芳的《毛诗笺音义证》里都有注释。黄河以北的人大多不认识这种植物，博学之士都以为《诗经》里说的这种长短不一的荇菜就是苋菜，把"人苋"称为"人荇"，也是十分可笑。

原文

《诗》云："谁谓荼苦①？"《尔雅》《毛诗传》并以荼，苦菜也。又《礼》云："苦菜秀②。"案：《易统通卦验玄图》③曰："苦菜生于寒秋，更冬历春，得夏乃成。"今中原苦菜则如此也。一名游冬，叶似苦苣④而细，摘断有白汁，花黄似菊。江南别有苦菜，叶似酸浆⑤，其花或紫或白，子大如珠，熟时或赤或黑，此菜可以释劳。案：郭璞注《尔雅》⑥，此乃蘵⑦，黄蒢也。今河北谓之"龙葵⑧"。梁世讲《礼》者，以此当苦菜，既无宿根⑨，至春方生耳，亦大误也。又高诱注《吕氏春秋》曰⑩："荣而不实曰英。"苦菜当言英，益知非龙葵也。

注释

①荼：苦菜。此句出自《诗经·邶风·谷风》："谁谓荼苦，其甘如荠。"

②苦菜秀：《礼记·月令》："孟夏之月，苦菜秀。"秀：植物开花。

③《易统通卦验玄图》：卢文弨曰："《隋书·经籍志》：'《易统通卦验玄图》一卷。'不着撰人。"

④苦苣：一二年生草本植物，嫩叶可食。《本草》："白苣，似莴苣，叶有白毛，气味苦寒。又苦菜一名苦苣。"

⑤酸浆：草名。

⑥郭璞：字景纯，东晋学者。好古文奇字，精天文、历算、卜筮，擅长诗赋。西晋末为宣城太守殷祐参军。晋元帝拜著作佐郎，与王隐共撰《晋史》。后为王敦记室参军。以卜筮不吉阻敦谋反，被杀。后追赠弘农太守。郭璞为《尔雅》《方言》《山海经》《穆天子传》作注，传于世。有辑本《郭弘农集》。《隋书·经籍志》："《尔雅》五卷，郭璞注。《图》十卷，璞撰。"

⑦蒩（zhí）：草名。即龙葵。《尔雅·释草》："蒩，黄蒢。"注："蒩草叶似酸浆，花小而白，中心黄，江东以作葅食。"

⑧龙葵：一年生草本植物，叶互生，卵形或椭圆形。夏秋间开白花，结浆果，圆球形，熟时紫黑色。有小毒。全草可供药用，有清热解毒、除湿止痒、消肿生肌的功效。

⑨宿根：某些二年生或多年生草本植物的根，这些植物的茎叶枯萎后可以继续生存，次年春重新发芽，所以称为宿根。

⑩高诱：东汉学者。《隋书·经籍志》："《吕氏春秋》二十六卷，秦相吕不韦撰，高诱注。"

译　文

《诗经》上说："谁谓荼苦？"《尔雅》《毛诗传》都认为荼就是苦菜。此外，《礼记》上说："农历四月苦菜开花而不结果。"据考证：《易统通卦验玄图》中说："苦菜长在深秋时节，经冬历春，到夏天才长成。"现在中原地区的苦菜就是这样的。它也叫"游冬"，叶子像苦苣但是比苦苣细，掐断后有白汁，花为黄色，像菊花。

江南地区另外有一种苦菜，叶子像酸浆叶一样，它的花有紫色有白色，果实像珠子一般大，成熟时颜色或为红色，或为黑色，这种菜可以消除疲劳。据考证：《郭璞》注的《尔雅》中，认为这种苦菜就是蒩草，即黄蒢。现在黄河以北的人称之为龙葵。梁朝讲《礼记》的人居然把这种江南的苦菜当作是中原的苦菜，但这种植物既没有多年生的根，又是在春天才发芽，这是个大错误。另外，高诱注的《吕氏春秋》中说："开花而不结果的，称为英。"由此，中原的苦菜应当被称为"英"，这更加说明它不是龙葵了。

原　文

《诗》云："有杕之杜①。"江南本并"木"傍施"大"，《传》曰："杕，独貌也。"徐仙民②音徒计反。《说文》曰："杕，树貌也。"在木部。《韵集》③音"次第"之"第"，而河北本皆为"夷狄"之"狄"，读亦如字④，此大误也。

注　释

①杕（dì）：树孤独挺立貌。杜：即杜梨，也叫棠梨。一种野生梨。本句出自《诗经·唐风·杕杜》："有杕之杜，其叶湑湑。"

②徐仙民：即徐邈，东晋时人。《晋书·儒林传》："邈姿性端雅，勤行励学，博涉多闻，以慎密自居。少与乡人臧寿齐名，下帷读书，不游城邑。及孝武帝

始览典籍，招延儒学之士，邈既东州儒素，太傅谢安举以应选。年四十四，始补中书舍人，在西省侍帝。虽不口传章句，然开释文义，标明指趣，撰正五经音训，学者宗之。”《隋书·经籍志》：“《毛诗音》二卷，徐邈撰。”

③《韵集》：《隋书·经籍志》：“《韵集》六卷，晋安复令吕静撰。”

④如字：一个字有两个或两个以上读音，依本音读叫“如字”。

译　文

《诗经》上说：“有杕之杜。”江南地区的抄本中，“杕”字都是“木”字旁加“大”字。《毛诗传》里说：“杕，孤独挺立的样子。”徐仙民给它注的音是徒计反。《说文解字》上说：“杕，是树的样子。”收在“木”部。《韵集》中把它读作“次第”的“第”，而黄河以北地区的抄本都写作“夷狄”的“狄”，读音也如“狄”字本音，这是个大错误。

原　文

《诗》云：“駉駉牡马①。”江南书皆作“牝牡②”之“牡”，河北本悉为“放牧”之“牧”。邺下博士见难云：“《駉颂》既美僖公牧于坰野之事③，何限騲骘乎④？”余答曰：“案:《毛传》云：‘駉駉，良马腹干肥张也⑤。’其下又云：‘诸侯六闲四种⑥：有良马，戎马，田马，驽马。’若作牧放之意，通于牝牡，则不容限在良马独得‘駉駉’之称。良马，天子以驾玉辂⑦，诸侯以充⑧朝聘郊祀，必无騲也。《周礼·圉人职》：‘良马，匹一人。驽马，丽⑨一人。’圉人所养，亦非騲也。颂人举其强骏者言之，于义为得也。《易》曰：‘良马逐逐⑩。’《左传》云：‘以其良马二⑪。’亦精骏之称，非通语也。今以《诗传》良马，通于牧騲，恐失毛生之意，且不见刘芳《义证》乎？”

注　释

①駉駉（jiōng）：马肥壮貌。牡马：公马。此句出自《诗经·鲁颂·駉》：“駉駉牡马，在坰之野。”

②牝（pìn）牡：指鸟兽的雌性与雄性。

③僖公：即鲁僖公姬申，春秋时鲁国君主。坰（jiōng）野：远郊，野外。

④騲（cǎo）：母马。骘（zhì）：公马。

⑤腹干：腹部和躯干。肥张：肥壮貌。

⑥闲：马厩。《周礼·夏官·校人》：“天子十有二闲，马六种；邦国六闲，

马四种；家四闲，马二种。”

⑦玉辂：帝王所乘之车，以玉装饰。

⑧充：用来。

⑨丽：偶，成对。此指两匹马由一人负责饲养。

⑩逐逐：马急速狂奔貌。

⑪以其良马二：语出《左传·宣公十二年》：“赵旃以其良马二，济其兄与叔父，以他马反……”

译　文

《诗经》上说：“駉駉牡马。”江南的书上都写作“牝牡”的“牡”，而黄河以北地区的版本都写作“放牧”的“牧”。邺下的博学之士进行诘难说：“《駉颂》这首诗既然是赞美鲁僖公野外放牧的事，为什么要限定是公马还是母马呢？”

我回答说：“据考证：《毛诗传》里说：‘駉駉，是说良马躯干肥壮。’下面又说：‘周代诸侯有六个马厩，养四种马：包括良马、战马、猎马、劣马。’如果解释为放牧的意思，那么‘駉駉’就通指公马和母马了，而不限定只有良马才能得到‘駉駉’的美誉。良马，天子用它来驾车，诸侯骑着它朝见天子、在郊外祭祀天地，它肯定不会是母马。《周礼·圉人职》中说：‘良马，一匹由一个人来饲养。劣马，每两匹由一个人饲养。’圉人所饲养的，也不会是母马。颂诗的作者列举强骏的马进行赞美，在意义上是恰当的。《周易》说：‘良马狂奔。’《左传》中说：‘赵旃用他的两匹良马……’也是说马强壮骏美，并不是提到所用的马都通用的说法。现在认为《毛诗传》里的良马通指公马和母马，恐怕是违背了作者的本意，况且你没读过刘芳的《毛诗笺音义证》吗？”

原　文

《月令》云：“荔挺出[①]。”郑玄注云：“荔挺，马薤[②]也。”《说文》云：“荔，似蒲而小，根可为刷。”《广雅》云：“马薤，荔也。”《通俗文》亦云马蔺[③]。《易统通卦验玄图》云：“荔挺不出，则国多火灾。”蔡邕《月令章句》云：“荔似挺[④]。”高诱注《吕氏春秋》云：“荔草挺出也。”然则《月令注》荔挺为草名，误矣。河北平泽率生之。江东颇有此物，人或种于阶庭，但呼为“旱蒲[⑤]”，故不识马薤。讲《礼》者乃以为马苋[⑥]。马苋堪食，亦名豚耳，俗名马齿。江陵尝有一僧，面形上广下狭。刘缓幼子民誉，年始数岁，俊晤善体物[⑦]，见此僧云：“面似马苋。”其伯父绍因呼为“荔挺法师”。绍亲[⑧]讲《礼》名儒，尚误如此。

注 释

①荔：即荔草，草本植物，根茎粗壮，须根细长而坚韧。耐盐碱，耐践踏，根系发达，生长于荒地路旁、山坡草丛。挺：通“莛”，植物茎。郑玄以“荔挺”合称，以为草名，是错误的。不止郑玄，后世学者亦多有此误。

②马薤：草名。叶似薤但较薤长厚，像蒲草，故称旱蒲，三月开花，五月结实，根可制刷。

③马蔺：多年生草本植物。根茎粗，叶子线形，花蓝色。叶子富于韧性，可用来捆东西，又可造纸，根可制刷。马蔺、马薤、荔草实为一草。

④荔似挺：卢文弨曰：“荔似挺，语不明，据《本草图经》引作‘荔以挺出’，当是也。”

⑤旱蒲：郝懿行曰：“谓之马薤者，此草叶似薤而长厚，有似于蒲，故江东名为旱蒲，三月开紫碧华，五月结实作角子，根可为刷。今时织布帛者，以火熨其根，去皮，东作糊刷，名曰炊帚是矣。俗人呼为马兰，非也，盖马蔺之讹尔。”

⑥马苋：即马齿苋，苋菜的一种。《本草纲目·菜部·马齿苋》引陶弘景曰：“马苋与苋别是一种，布地生，实至微细，俗呼马齿苋，亦可食，小酸。”

⑦俊晤：或作“俊悟”，聪明卓异。体物：描述、摹状事物。

⑧绍亲：即指刘绍本人。

译 文

《礼记·月令》中说：“荔挺出。”郑玄注释说：“荔挺，就是马薤。”可《说文解字》却说：“荔，形状像蒲草但是比蒲草小，根可以用来做刷子。”《广雅》中说：“马薤，就是荔。”《通俗文》也称它为马蔺。《易统通卦验玄图》说：“若是荔的茎儿长不出，那么国家就会多火灾。”蔡邕《月令章句》说：“荔草以它的茎冒出地面。”高诱注释《吕氏春秋》说：“荔草的茎冒出来。”这样看来，郑玄的《月令注》把“荔挺”作为草名是错误的。荔草在黄河以北地区的湖泊沼泽里到处都有生长。

江南地区也有不少这种荔草，有人把它种在台阶前的庭院内，只不过是称它为旱蒲，所以江南人并不知道马薤这个称呼。讲解《礼记》的人竟把它当成马苋。马苋可以食用，又名豚耳，俗称马齿。江陵有个和尚，脸型上宽下窄。刘缓的小儿子叫民誉，年龄也几岁，却异常聪明，善于描摹事物，他看见这位僧人就说：“他的脸像马苋。”孩子的伯父刘绍就称这位和尚为“荔挺法师”。刘绍本来就是讲解《礼记》的有名学者，尚且会有这样的误解。

原　文

《诗》云："将其来施施[①]。"《毛传》云："施施，难进之意。"郑《笺》[②]云："施施，舒行貌也。"《韩诗》亦重为"施施"[③]。河北《毛诗》皆云"施施"。江南旧本，悉单为"施"，俗遂是之，恐为少误。

注　释

①将其来施施：本句出自《诗经·王风·丘中有麻》："彼留子嗟，将其来施施。"

②郑《笺》：郑玄《毛诗传笺》的简称。

③《韩诗》：即《韩诗外传》，西汉韩婴著。重为：指重叠而用。

译　文

《诗经》里说："将其来施施。"《毛诗传》说："施施，是行进困难的意思。"郑玄的《毛诗传笺》说："施施，缓缓行走的样子。"《韩诗外传》中也是叠用了"施施"二字。黄河以北地区的《毛诗传》版本都作"施施"。而江南地区的旧版本，全部单写一个"施"字，众人于是都认为这是对的，这恐怕是个小小的错误。

原　文

《诗》云："有渰萋萋，兴云祁祁[①]。"《毛传》云："渰，阴云貌。萋萋，云行貌。祁祁，徐貌也。"《笺》云："古者，阴阳和，风雨时[②]，其来祁祁然，不暴疾也。"案：渰已是阴云，何劳复云"兴云祁祁"耶？"云"当为"雨"，俗写误耳。班固《灵台》诗云："三光宣精[③]，五行布序[④]，习习[⑤]祥风，祁祁甘雨。"此其证也。

注　释

①有渰（yǎn）萋萋，兴云祁祁：语出《诗经·小雅·大田》。段玉裁《说文解字注》曰："按：有渰凄凄，谓黑云如鬈，凄风怒生，此山雨欲来风满楼之象也；既而白云弥漫，风定雨甚，则兴云祁祁，雨我公田也：诗之体物浏亮如是。"据此则《诗经》文无误，颜之推之见实误。且自古典籍中无有言"兴雨"者，对此清代学者考据甚详。

②时：按时。

③三光：指日、月、星。宣精：指向人间播洒光明。

④五行：指金、木、水、火、土。我国古代称构成各种物质的五种元素，古人常以此说明宇宙万物的起源和变化。布序：依次展布。

⑤习习：微风和煦貌。

译文

《诗经》上说："有渰萋萋，兴云祁祁。"《毛诗传》说："渰，是指阴云之貌。萋萋，指云朵移动貌。祁祁，指舒缓貌。"《毛诗传笺》说："古代时，阴阳调和，风雨按时而来，来的时候非常舒缓，不迅猛。"据考证："渰"已经是指阴云，哪里用得着再说"兴云祁祁"呢？"云"应当是"雨"，是一般人写错了。班固的《灵台》诗云："三光宣精，五行布序，习习祥风，祁祁甘雨。"就是这一说法的证据。

原文

《礼》云："定犹豫，决嫌疑①。"《离骚》曰："心犹豫而狐疑。"先儒未有释者。案：《尸子》②曰："五尺犬为犹。"《说文》云："陇西谓犬子③为犹。"吾以为人将犬行，犬好豫④在人前，待人不得，又来迎候，如此往还，至于终日，斯乃"豫"之所以为未定也，故称"犹豫"。或以《尔雅》曰："犹如麂⑤，善登木。"犹，兽名也，既闻人声，乃豫缘木，如此上下，故称"犹豫"。狐之为兽，又多猜疑，故听河冰无流水声，然后敢渡。今俗云："狐疑，虎卜⑥。"则其义也。

注释

①定犹豫，决嫌疑：语出《礼记·曲礼下》："卜筮者，先圣之所以使民决嫌疑，定犹与也。"与：亦作"豫"。

②《尸子》：书名。《隋书·经籍志》："《尸子》二十卷，秦相卫鞅上客尸佼撰。"

③犬子：此指犬之幼崽。

④豫：预先，事先。

⑤麂：一种小型鹿类动物，雄麂有长牙和短角，腿细而有力，善跳跃。

⑥虎卜：卜筮的一种。传说虎能以爪画地，观奇偶以卜食，后人效之为一种卜术，称虎卜。

译　文

《礼记》上说："定犹豫，决嫌疑。"《离骚》中说："心犹豫而狐疑。"前代学者对此都没有解释。据考证：《尸子》中说："五尺长的狗叫作犹。"《说文解字》上说："陇西地区称狗的幼崽为犹。"我以为人带着狗行走时，狗喜欢先跑在人的前面，等人等不到，又返回来迎候，像这样来回往返，整天如此，这就是"豫"之所以表示不确定的缘故，所以才说"犹豫"。

也有人根据《尔雅》中的说法："犹的相貌像麂，善于爬树。"犹是一种野兽的名称，它听到人的声音后，就会提前爬到树上，像这样上上下下，因此称为"犹豫"。狐狸作为一种野兽，又性多疑，所以它过河时，要听到河面冰层下面没有流水声，然后才敢渡过。现在有句俗语说："狐狸性多疑，老虎会占卜。"就是这个意思。

原　文

《左传》曰："齐侯痎，遂痁[①]。"《说文》云："痎，二日一发之疟[②]。痁，有热疟也。"案：齐侯之病，本是间日一发，渐加重乎故，为诸侯忧也。今北方犹呼"痎疟"，音"皆"。而世间传本多以"痎"为"疥[③]"，杜征南[④]亦无解释，徐仙民音"介"，俗儒就为通云："病疥，令人恶寒，变而成疟。"此臆说也。疥癣小疾，何足可论，宁有患疥转作疟乎？

注　释

①齐侯痎（jiē），遂痁（shān）：出自《左传·昭公二十年》，原文为："齐侯疥，遂痁。"改"疥"为"痎"，见陆德明《释文》引梁元帝，及《正义》引袁狎说。颜之推跟随梁元帝多年，遂从其说。作"疥"还是作"痎"，历来颇有争论。针对颜之推本文中的观点，臧琳《经义杂记》卷十六驳曰："今人病疥，亦多寒热交发，俗呼为疮寒，转变成疟，势所固有。若作'痎'字，《说文》为二日一发疟，谓三日之中歇二日一发。疟有频日发者为轻，间日一发稍重，二日一发难愈为最重，故孔云：'俗人仍呼二日一发久不差者为痎疟。'可见疟疾轻重，古今同名。痁为有热疟，盖是频日发者，若云'痎而痁'，是重者转轻矣。颜引说文，又云：'齐侯之病，本间日一发，渐加重乎故。'是误解说文二日一发为二日之中一发矣。袁狎云：'痎是小疟，痁是大疟。'孔云：'齐侯之疟，初二日一发，后遂频日热发。'是皆未知疟之轻重而倒置之也。"

②疟：一种急性传染病。《礼记·月令》："（孟秋之月）寒热不节，民多疟疾。"郑玄注："疟疾，寒热所为也。"

③疥：一种皮肤病，又称“疥癣”。

④杜征南：即杜预，字元凯，西晋著名政治家、学者。曾任征南大将军，故称。《晋书·杜预传》：“预博学多通，明于兴废之道……既立功之后，从容无事，乃耽思经籍，为《春秋左氏经传集解》。又参考众家谱第，谓之《释例》。又作《盟会图》《春秋长历》，备成一家之学，比老乃成。又撰《女记赞》……时王济解相马，又甚爱之，而和峤颇聚敛，预常称‘济有马癖，峤有钱癖’。武帝闻之，谓预曰：‘卿有何癖？’对曰：‘臣有《左传》癖。’”

译文

《左传》里说：“齐侯得了痎病，后来转成了痁。”《说文解字》解释说：“痎，是两天一发作的疟疾。痁，是伴随着发热症状的疟疾。”据考证：齐侯的病，本来是隔天发作一次，逐渐加重，才为诸侯所担忧。现在北方地区仍然说“痎疟”，读作“皆”。然而世间流传的版本大多认为“痎”是“疥”，杜预对此也没有解释，徐仙民把“痎”读作“介”，一般的学者就把它解释称：“得了疥病，使人怕寒，转为疟疾。”这是主观臆测的说法。疥癣这样的小毛病，哪里值得一说，再说哪有得了疥这种病而转化成疟疾的呢？

原文

《尚书》曰：“惟影响①。”《周礼》云：“土圭测影②，影朝影夕。”《孟子》曰：“图影失形③。”《庄子》云：“罔两④问影。”如此等字，皆当为“光景”之“景”。凡阴景者，因光而生，故即谓为“景”。《淮南子》呼为“景柱”，《广雅》云：“晷柱⑤挂景。”并是也。至晋世葛洪《字苑》⑥，傍始加“彡⑦”，音于景反。而世间辄改治《尚书》《周礼》《庄》《孟》从葛洪字，甚为失矣。

注释

①惟影响：出自《尚书·大禹谟》。

②土圭：古代用以测日影、正四时和测量土地的器具。《周礼·地官·大司徒》：“以土圭之法测土深，正日景，以求地中。日南则景短，多暑；日北则景长，多寒；日东则景夕，多风；日西则景朝，多阴。”

③图影失形：此句不见于今本《孟子》，当是外篇。卢文弨曰：“《孟子外书·孝经第三》：‘传言失指，图景失形，言治者尚核实。’”图影：画影。

④罔两：影子边缘的淡薄阴影。此句出自《庄子·齐物论》。

⑤晷柱：即晷表，日晷上测量日影的标杆。赵曦明曰：“《广雅·释天》：‘晷柱，景也。’无‘挂’字，此疑衍。”

⑥《字苑》：赵曦明曰："洪传及《隋书·经籍志》皆不载所撰《字苑》，《南史·刘杳传》尝引其书。"王利器按：两《唐志》都著录葛洪《要用字苑》一卷，今有任大椿辑本。

⑦彡（shān）：一种部首。段玉裁曰："惠定宇说汉张平子碑即有影字，不始于葛洪；汉末所有之字，洪亦采集而成，非自造也。"

译文

《尚书》上说："惟影响。"《周礼》中说："土圭测影，影朝多阴，影夕多风。"《孟子》中说："图影失形。"《庄子》中说："罔两问影。"像这些"影"字，都应当是"光景"的"景"字。凡是阴影，都是依托光亮而产生的，所以就称之为"景"。《淮南子》称"景柱"，《广雅》上说："晷柱挂景。"都是这么回事。到了晋代葛洪写的《字苑》里，才开始在"景"字旁边加上"彡"，注音为于景反。而世间的人就把《尚书》《周礼》《庄子》《孟字》等书中的"景"字改成葛洪所说的"影"，这实在是个很大的错误。

原文

太公《六韬》[①]，有天陈、地陈、人陈、云鸟之陈。《论语》曰："卫灵公问陈于孔子[②]。"《左传》："为鱼丽之陈[③]。"俗本多作"阜"傍"车乘"之"车"。案诸陈队，并作"陈、郑"之"陈"。夫行陈之义，取于陈列耳，此六书为假借也[④]，《苍》《雅》及近世字书，皆无别字；唯王羲之《小学章》[⑤]，独"阜"傍作"车"，纵复俗行，不宜追改《六韬》《论语》《左传》也。

注释

①《六韬》：我国古代兵书。旧题周吕望撰。书分《文韬》《武韬》《龙韬》《虎韬》《豹韬》《犬韬》六卷。

②"卫灵公"句：出自《论语·卫灵公篇》："卫灵公问陈于孔子。孔子对曰：'俎豆之事，则尝闻之矣；军旅之事，未之学也。'明日遂行。"

③鱼丽之陈：古代军阵名，是一种将步卒队形环绕战车进行疏散配置的阵法。事出《左传·桓公五年》："原繁、高渠弥以中军奉公，为鱼丽之阵，先偏后伍，伍承弥缝。"杜预注："《司马法》：'车战二十五乘为偏。'以车居前，以伍次之，承偏之隙而弥缝阙漏也。五人为伍，此盖鱼丽阵法。"

④六书：古人分析汉字造字的理论，包括象形、指事、会意、形声、转注、假借。假借：许慎《说文叙》："假借者，本无其字，依声托事，令长是也。"

⑤《小学章》：古代字书。《隋书·经籍志》："《小学篇》一卷，晋下邳内史王义撰。"据此，"王羲之"当为"王义"，盖因"义"繁体"義"与"羲"形近而误。

译文

姜太公的《六韬》中，有天阵、地阵、人阵、云鸟之阵。《论语·卫灵公篇》里说："卫灵公问阵于孔子。"《左传》里有："为鱼丽之阵。"而一般的版本大多数是将以上几个"陈"字，写成"阜"字旁加上"车乘"的"车"字。据考证：表示各种军队陈列队伍的"陈"，都写作"陈国、郑国"的"陈"字。行陈之义，是取义于陈列，将"陈"写作"阵"，这在六书中属于假借法。在《苍颉篇》《尔雅》以及近代的字书里，"陈"都没有写成别的字，只有王羲之的《小学章》里，唯独将"陈"写成"阜"字旁加"车"字，即使这种写法在世间流行，也不应该再去更改《六韬》《论语》《左传》中的"陈"字。

原文

《诗》云："黄鸟于飞，集于灌木①。"《传》云："灌木，丛木也。"此乃《尔雅》之文，故李巡②注曰："木丛生曰灌。"《尔雅》末章又云："木族生为灌。"族亦丛聚也。所以江南《诗》古本皆为"丛聚"之"丛"③，而古"丛"字似"最"字④，近世儒生，因改为"最"，解云："木之最高长者。"案：众家《尔雅》及解《诗》无言此者，唯周续之⑤《毛诗注》，音为徂会反，刘昌宗⑥《诗注》，音为在公反，又祖会反：皆为穿凿，失《尔雅》训也。

注释

①"黄鸟"二句：出自《诗经·周南·葛覃》。

②李巡：东汉末年宦官。《后汉书·宦者列传》："时，宦者济阴丁肃、下邳徐衍、南阳郭耽、汝阳李巡、北海赵祐等五人称为清忠，皆在里巷，不争威权。"《隋书·经籍志》："梁有汉中黄门李巡《尔雅注》三卷，亡。"

③古本皆为"丛聚"之"丛"：此指《毛诗传》作："灌木，丛木也。"非指《诗经》内文。

④古"丛"字似"最"字：古"丛"字作"菆"或"藂"，皆与最字形近。而段玉裁《说文解字注》以为"丛"之异文作"冣"，《毛诗传》中"丛木"本作"冣木"，而"冣"与最字则更为形似，更易误也。又按："冣"本与"聚"音义皆同，至南北朝时，"冣"误作"最"，后亦沿袭，竟至通用，其原因由颜之推此文可见。

⑤周续之：字道祖，东晋时隐士。《宋书·隐逸传》："续之年十二，诣宁受业。居学数年，通《五经》并《纬候》，名冠同门，号曰'颜子'。既而闲居读

《老》《易》，入庐山事沙门释慧远。时彭城刘遗民遁迹庐山，陶渊明亦不应征命，谓之‘寻阳三隐’。以为身不可遣，余累宜绝，遂终身不娶妻，布衣蔬食。”

⑥刘昌宗：晋人。有《周礼音》《仪礼音》各一卷，《礼记音》五卷。

译文

《诗经》上说：“黄鸟于飞，集于灌木。”《毛诗传》中说：“灌木，就是丛生的树木。”这是《尔雅》里的解释，所以李巡注的《尔雅》中说：“树木丛生称为灌。”《尔雅》中这一解释的段末又说：“树木族生就是灌。”族，也是丛聚的意思。所以江南地区的《毛诗传》古本皆写作“丛聚”的“丛”，而“丛”的古字与“最”字形似，近代的儒生因此就改“丛”为最，并解为：“树木中长得最高大的。”据考证：各家的《尔雅》和注释《诗经》的都没有这样讲的，只有周续之的《毛诗注》把这个字的音注称徂会反，刘昌宗的《诗注》，给它注的音是在公反，也作徂会反：这些都是牵强附会的说法，不符合《尔雅》的注释。

原文

“也”是语已及助句之辞①，文籍备有之矣。河北经传，悉略此字，其间字有不可得无者，至如“伯也执殳②”，“于旅也语③”，“回也屡空④”，“风，风也，教也”⑤，及《诗传》云：“不戢，戢也；不傩，傩也⑥。”“不多，多也。”如斯之类，傥削此文，颇成废阙。《诗》言：“青青子衿。”《传》曰：“青衿，青领也，学子之服。”按：古者，斜领下连于衿，故谓领为“衿”。孙炎、郭璞注《尔雅》，曹大家注《列女传》⑦，并云：“衿，交领也。”邺下《诗》本，既无“也”字，群儒因谬说云：“青衿、青领，是衣两处之名，皆以青为饰。”用释“青青”二字，其失大矣！又有俗学，闻经传中时须“也”字，辄以意加之，每不得所，益成可笑。

注释

①语已：指语尾。助句之辞：指语气助词。

②伯也执殳（shū）：出自《诗经·卫风·伯兮》：“伯也执殳，为王前驱。”殳：古代一种兵器，以竹或木制成，有棱无刃。

③于旅也语：出自《仪礼·乡射礼》：“古者于旅也语，凡旅不洗，不洗者不祭；既旅，士不入。”

④回也屡空：出自《论语·先进篇》：“回也其庶乎！屡空。”回：指颜回。

⑤“风”三句：出自《诗·小序》。风：风教，教化。

⑥“不戢（jí）”四句：出自《诗经·小雅·桑扈》：“不戢不难，受福不那。”不：语气助词。戢：克制。

⑦曹大家（gū）：即班昭，一名姬，字惠班，她是班彪之女，班固、班超之妹，是东汉史学家。汉和帝时，班昭常出入宫廷，担任皇子和妃嫔们的教师，因她的丈夫是曹世叔，被称为“曹大家”。大家：即大姑，是古代对女子的尊称。“家”通“姑”。《隋书·经籍志》：“《列女传》十五卷，刘向撰，曹大家注。”

译 文

“也”字一般用作句末语气词和语气助词，文章典籍都会用到这个字。北方的经书即传本中大多省略了这个字，而其中有些地方的“也”是不能省略的，比如“伯也执殳”，“于旅也语”，“回也屡空”，“风，风也，教也”，以及《毛诗传》说的：“不戢，戢也；不傩，傩也。”“不多，多也。”诸如此类的句子，如果省略了“也”字，文章句意就会残缺不全。

《诗经》中说：“青青子衿。”《毛诗传》说：“青衿，即青色的衣领，是学子所穿的衣服。”据考证：古代的人，衣服领子斜着下来与衣襟连在一起，所以将领子称作“衿”。孙炎、郭璞注的《尔雅》，班昭注的《列女传》，都说：“衿，就是交领。”邺下的《诗经》传本，都没有“也”字，许多儒生因此错误地解释说：“青衿、青领，是衣服上两个部位的名称，都用青色作装饰。”用这种说法来解释“青青”二字，实在是大错特错！还有一些平庸的学者，听说经书的传注中常常用到“也”字，就根据自己的主观臆测随意添补，往往添加得不是地方，更加可笑。

原 文

《易》有蜀才注，江南学士，遂不知是何人。王俭《四部目录》①，不言姓名，题云：“王弼后人。”谢炅、夏侯该②，并读数千卷书，皆疑是谯周③。而《李蜀书》，一名《汉之书》④，云：“姓范名长生，自称蜀才。”南方以晋家渡江后，北间传记，皆名为“伪书”，不贵省读，故不见也。

注 释

①王俭：字仲宝，南齐文学家、目录学家。《南齐书·王俭传》：“幼有神彩，专心笃学，手不释卷……上表求校坟籍，依《七略》撰《七志》四十卷，上表献之，表辞甚典。又撰定《元徽四部书目》。”《隋书·经籍志》：“魏氏代汉，采掇遗亡，藏在秘书中外三阁，秘书郎郑默始制中经，秘书监荀勖，更着新簿，分为四部：一曰甲部，二曰乙部，三曰丙部，四曰丁部。其后，中朝遗书，稍

流江左。宋元嘉八年，秘书监谢灵运造四部目录，大凡六万四千五百八十二卷。元徽元年，王俭又造目录，大凡一万五千七百四卷。”

②谢炅：即梁中书郎谢吴，撰有《梁史》四十九卷。夏侯该：即夏侯咏，撰有《汉书音》二卷、《四声韵略》十三卷。

③谯周：字允南，三国时蜀汉学者，著名儒学大家和史学家，被誉为“蜀中孔子”。

④《汉之书》：《隋书·经籍志》：“《汉之书》十卷，常璩撰。”《史通·古今正史篇》：“蜀初号成，后改称汉，李势散骑常侍常璩撰《汉书》十卷，后入晋秘阁，改为《蜀李书》。”

译文

《易经》有署名蜀才的注本，江南的学士都不知道蜀才是何人。王俭的《四部目录》中也没有说他的姓名，只写道：“他是王弼的后人。”谢炅、夏侯该都是读过千卷书的大学者，他们都怀疑蜀才就是谯周。又有一本《李蜀书》，又名《汉之书》，上面说：“这个人姓范，名长生，自称蜀才。”南方地区自从晋室渡江后，把北方地区的经传文章都称作“伪书”，不重视阅读它们，所以没有见到这段文字。

原文

《礼·王制》云：“裸股肱①。”郑注云：“谓揎衣出其臂胫②。”今书皆作“擐③甲”之“擐”。国子博士萧该④云：“‘擐’当作‘揎’，音‘宣’，‘擐’是穿著之名，非出臂之义。”案《字林》，萧读是，徐爰⑤音“患”，非也。

注释

①股肱：大腿和胳膊。

②揎（xuān）：捋起。胫：小腿。

③擐（huàn）：穿，贯。

④萧该：南朝梁鄱阳王萧恢之孙，隋朝学者。《隋书·儒林传》：“性笃学，《诗》《书》《春秋》《礼记》并通大义，尤精《汉书》，甚为贵游所礼。开皇初，赐爵山阴县公，拜国子博士。奉诏书与妥正定经史，然各执所见，递相是非，久而不能就，上谴而罢之。该后撰《汉书》及《文选》音义，咸为当时所贵。”

⑤徐爰：本名瑗，字长玉，南朝学者。《隋书·经籍志》：“《礼记音》二卷，宋中散大夫徐爰撰。”

译 文

《礼记·王制》中说："裸股肱。"郑玄注释说："是指捋起衣服露出胳膊和腿。"现在的书上都写作"擐"。国子博士萧该说："'擐'应当写作'揎'，读作'宣'，'擐'是穿着的意思，不是露出手臂的意思。"根据《字林》来考证，萧该的读音是正确的，徐爰读作"患"，是错误的。

原 文

《汉书》："田肯贺上①。"江南本皆作"宵"字。沛国刘显②，博览经籍，偏精班《汉》，梁代谓之"《汉》圣"。显子臻③，不坠家业。读班史，呼为"田肯"。梁元帝尝问之，答曰："此无义可求，但臣家旧本，以雌黄改'宵'为'肯'。"元帝无以难之。吾至江北，见本为"肯"。

注 释

①田肯贺上：此句出自《汉书·高帝纪》。

②刘显：字嗣芳，南梁学者，著有《汉书音》二卷。《梁书·刘显传》："显好学，博涉多参通，任昉尝得一篇缺简书，文字零落，历示诸人，莫能识者，显云是《古文尚书》所删逸篇，昉检《周书》，果如其说，昉因大相赏异……显与河东裴子野、南阳刘之遴、吴郡顾协，连职禁中，递相师友，时人莫不慕之。显博闻强记，过于裴、顾，时魏人献古器，有隐起字，无能识者，显案文读之，无有滞碍，考校年月，一字不差，高祖甚嘉焉。"

③臻：刘臻，字宣挚，南梁学者。《隋书·文学传》："臻无吏干，又性恍惚，耽悦经史，终日覃思，至于世事，多所遗忘……精于《两汉书》，时人称为《汉》圣。"

译 文

《汉书》上说："田肯贺上。"其中"肯"字江南地区的版本都写作"宵"字。沛国人刘显，博览经书典籍，尤其精通班固的《汉书》，梁朝人称他为"《汉》圣"。刘显的儿子刘臻，继承了家传的学业。他读班固的《汉书》时，读作"田肯"。梁元帝曾问他为何这样读，他回答说："这没有什么意义可探究，只是我家中的旧抄本中，用雌黄把'宵'改成了'肯'。"梁元帝也没法诘难他。我到了江北地区，看见那里的版本就写作"肯"。

原 文

《汉书·王莽赞》云："紫色蛙声，余分闰位。"盖谓非玄黄[①]之色，不中律吕[②]之音也。近有学士，名问甚高，遂云："王莽非直鸢髆虎视[③]，而复紫色蛙声。"亦为误矣。

注 释

①玄黄：黑色和黄色，是正色。

②律吕：古代校正乐律的器具。

③髆：胳膊。虎视：像老虎那样雄视，有伺机攫取之意。

译 文

《汉书·王莽赞》说："紫色蛙声，余分闰位。"意思是说紫色不是玄黄正色，蛙声不合声音标准，暗示王莽篡位名不正，言不顺。近代有学士，名望很高，竟然说："王莽不但像鸢鸟那样双肩高耸，像老虎那样雄视四方，而且还有紫色的皮肤和蛙鸣一样的声音。"这也是弄错了。

原 文

简"策"[①]字，"竹"下施"朿"，末代隶书[②]，似杞、宋[③]之"宋"，亦有"竹"下遂为夹者；犹如"刺"字之傍应为"朿"，今亦作"夹"。徐仙民《春秋》《礼音》，遂以"筴"为正字[④]，以"策"为音，殊为颠倒。《史记》又作"悉"字，误而为"述"，作"妒"字，误而为"妬"，裴、徐、邹皆以"悉"字音"述"[⑤]，以"妒"字音"妬"。既尔，则亦可以"亥"为"豕"字音[⑥]，以"帝"为"虎"字音乎[⑦]？

注 释

①简"策"：编连成册的竹简。

②隶书：字体名，由篆书简化演变而成。始于秦代，普遍使用于汉魏。

③杞、宋：指春秋时的杞国和宋国。杞国为夏之后，宋国为商之后，在周朝时二国地位相当，故常并称。

④正字：字形或拼法符合标准的字。区别于异体字、错字、别字等，亦指本字。

⑤裴：裴骃，字龙驹。徐：徐广，字野民。邹：邹诞生。《隋书·经籍志》：

"《史记》八十卷，宋南中郎外兵参军裴骃注。《史记音义》十二卷，宋中散大夫徐野民撰。《史记音》三卷，梁轻车录事参军邹诞生撰。"

⑥以"亥"为"豕"字音：典出《孔子家语·七十二弟子解》："卜商，卫人。无以尚之。尝返卫，见读史志者云：'晋师伐秦，三豕渡河。'子夏曰：'非也，"己亥"耳。'读史志者问诸晋史，果曰'己亥'。"

⑦以"帝"为"虎"字音：《抱朴子·遐览篇》："谚曰：'书三写，鱼成鲁，帝成虎。'此之谓也。"

译文

简策的"策"字，是"竹"下面加"朿"，秦末的隶书中，这个字的字形类似"杞国、宋国"的"宋"，也有在"竹"下面写成"夹"的，就好像"刺"的偏旁应该是"朿"，现在也写成了"夹"。徐仙民的《春秋》和《礼记音》中，竟以"筴"为正字，把"策"作为读音，实在是本末倒置。《史记》中写"悉"字，误写成"述"，写"妒"字，误写成"妬"，裴骃、徐广、邹诞生在为《史记》作注时，都用"悉"字给"述"字注音，用"妒"字给"妬"字注音。既然这样，难道也可以用"亥"字为"豕"字注音，以"帝"字为"虎"字注音吗？

原文

张揖云："虙，今伏羲[①]氏也。"孟康[②]《汉书·古文注》亦云："虙，今伏。"而皇甫谧云："伏羲或谓之宓羲。"按诸经史纬候[③]，遂无"宓羲"之号。"虙"字从"虍"，"宓"字从"宀"，下俱为"必"，末世传写，遂误以"虙"为"宓"，而《帝王世纪》因误更立名耳。何以验之？孔子弟子虙子贱为单父[④]宰，即虙羲之后，俗字[⑤]亦为"宓"，或复加"山"。今兖州永昌郡城，旧单父地也，东门有子贱碑，汉世所立，乃曰："济南伏生[⑥]，即子贱之后。"是"虙"之与"伏"，古来通字，误以为"宓"，较可知矣。

注释

①伏羲：古代传说中的三皇之一。风姓。相传他始画八卦，又教民渔猎，取牺牲以供庖厨。

②孟康：字公休，三国时曹魏学者，曾注《汉书》。

③纬候：纬书与《尚书中候》的合称。亦为纬书的通称。

④单（shàn）父：春秋时鲁国邑名，故址在今山东单县南。

⑤俗字：即俗体字。旧时指通俗流行而字形不合规范的汉字，别于正体字

而言。

⑥伏生：西汉经学家，名胜，一说字子贱。曾为秦博士。秦时焚书，于壁中藏《尚书》，汉初，仅存二十九篇，以教齐鲁之间。文帝时求能治《尚书》者，以年九十余老不能行，乃使晁错往受之。西汉今文《尚书》学者，皆出其门。

译 文

张揖说："虙，就是现在的伏羲氏。"孟康《汉书·古文注》也说："虙，就是现在的伏字。"而皇甫谧说："伏羲，也称作宓羲。"考证各种经书和典籍记载，都没有宓羲这个称呼的。"虙"字属于"虍"部，"宓"字属于"宀"部，两个字的下半部分都为"必"，大概是后世传抄誊写时，将"虙"误写成"宓"，而皇甫谧的《帝王世纪》就是因此错误地给伏羲氏另立了名号。

如何来验证这一说法？孔子的弟子虙子贱曾经做过单父宰，他就是虙羲的后人，他的姓的俗体字也写作"宓"，或者再加个"山"字。如今的兖州永昌郡城，就是过去的单父地区，那里的东门有子贱碑，为汉朝时所立，上面写着："济南的伏生，就是子贱的后人。"由此可知，"虙"字和"伏"字，自古以来就是通用的字，而伏羲氏的"伏"被错作为"宓"的原因，就清楚可知了。

原 文

《太史公记》[①]曰："宁为鸡口，无为牛后[②]。"此是删《战国策》耳。案：延笃[③]《战国策音义》曰："尸，鸡中之王。从，牛子。"然则，"口"当为"尸"，"后"当为"从"，俗写误也。

注 释

①《太史公记》：即《史记》。汉、魏、南北朝人，称司马迁《史记》为《太史公记》。

②宁为鸡口，无为牛后：意为宁居小者之首，不为大者之后。

③延笃：字叔坚，东汉学者。《后汉书·延笃传》："少从颍川唐溪典受《左氏传》，旬日能讽之，典深敬焉。又从马融受业，博通经传及百家之言，能著文章，有名京师……笃论解经传，多所驳正，后儒服虔等以为折中。所著诗、论、铭、书、应讯、表、教令，凡二十篇云。"《隋书·经籍志》载其撰有《战国策论》一卷。

译 文

《史记》上说："宁为鸡口，无为牛后。"这句话是删减了《战国策》中的文字而得来的。据考证：延笃的《战国策音义》上说："尸，指鸡群中的主宰。从，指跟在大牛后的牛犊。”这样的话，《史记》中的“口”当为“尸”，“后”当为“从”，世俗流行的写法是错误的。

原　文

应劭《风俗通》云：“《太史公记》：‘高渐离[1]变名易姓，为人庸保[2]，匿作于宋子[3]，久之作苦，闻其家堂上有客击筑[4]，伎痒，不能无出言。’”案：伎痒者，怀其伎而腹痒也。是以潘岳《射雉赋》亦云：“徒心烦而伎痒。”今《史记》并作“徘徊”，或作“彷徨不能无出言”，是为俗传写误耳。

注　释

①高渐离：战国末期燕国人，荆轲好友，擅长击筑。荆轲刺秦王时，高渐离与太子丹送之于易水河畔，高渐离击筑，高歌“风萧萧兮易水寒，壮士一去兮不复还”。荆轲身死，秦统一天下后，高渐离隐姓埋名，隐居于宋子，后因伎痒难耐而显露身份。秦始皇因爱惜他的音乐才能，赦免了他的死罪，只熏瞎了他的眼睛，使他击筑为乐。秦始皇放松对他的警惕后，他利用机会把铅块放进筑中，在进宫击筑时，举筑击秦始皇，没有击中，被秦始皇杀害。事见《史记·刺客列传》。

②庸保：旧谓受雇于人充当酒保、杂工等贱役的人。庸：通“佣”。

③宋子：县名。在河北巨鹿。

④筑：古代弦乐器，形似琴，有十三弦，弦下有柱。演奏时，左手按弦的一端，右手执竹尺击弦发音。起源于楚地，其声悲亢而激越，在先秦时广为流传。自宋代以后失传。

译　文

应劭的《风俗通义》上说：“《史记》里写道：‘高渐离改名换姓，给人家做杂役，隐匿在宋子县，日子久了感到很劳苦，他听到主人家堂上有人在击筑，心痒难耐，不能一言不发，总要评论几句。’”据考证：伎痒，是指人身怀某种技能因不能展示而心痒难耐。因此潘岳的《射雉赋》里也说：“徒心烦而伎痒。”现在的《史记》中把“伎痒”写作“徘徊”，或是写作“彷徨不能无出言”，这是人们传写造成的错误。

原　文

太史公论英布[1]曰：“祸之兴自爱姬，生于妒媚，以至灭国。”又《汉书·外戚传》亦云：“成结[2]宠妾妒媚之诛。”此二“媚”并当作“媢”，媢亦妒也，义见《礼记》《三苍》。且《五宗世家》亦云：“常山宪王[3]后妒媢。”王充《论衡》云：“妒夫媢妇生，则忿怒斗讼。”益知“媢”是“妒”之别名。原英布之诛为意贲赫[4]耳，不得言“媚”。

注释

①英布：秦末汉初名将，曾犯法受黥刑，故又称黥布。秦末大起义时，英布起兵，初属项梁，后为项羽帐下五大将之一，封九江王。后叛楚归汉，汉朝建立后封淮南王，与韩信、彭越并称汉初三大名将。汉初，刘邦清除异姓王，韩信、彭越先后被杀，英布十分害怕，暗中部署，集结军队。后英布怀疑爱妾与中大夫贲赫有染，要逮捕贲赫。贲赫惊惧，遂往长安，告发英布造反。英布遂杀贲赫全家，起兵造反，被汉高祖击败后，为长沙王诱杀。事见《史记·黥布列传》。

②成结：形成，酿成。

③常山宪王：即刘舜，汉景帝之子。《史记·五宗世家》：“常山宪王舜，以孝景中五年用皇子为常山王。舜最亲，景帝少子，骄怠多淫，数犯禁，上常宽释之。……初，宪王舜有所不爱姬生长男棁。棁以母无宠故，亦不得幸于王。王后脩生太子勃。王内多，所幸姬生子平、子商，王后希得幸。及宪王病甚，诸幸姬常侍病，故王后亦以妒媢不常侍病，辄归舍。医进药，太子勃不自尝药，又不宿留侍病。及王薨，王后、太子乃至。”

④贲赫：西汉人，初为淮南王中大夫，后因揭发英布谋反有功，封为将军。

译文

太史公司马迁在《史记》中评论英布说：“灾祸因他的爱姬而兴起，根源于妒媚之心，以致邦国覆灭。”另外，《汉书·外戚传》上也说：“杀身之祸是由宠妾妒媚酿成的。”这两处的“媚”字都应当作“媢”，媢也是嫉妒的意思，它的释义参见《礼记》《三苍》。而且《史记·五宗世家》也说：“常山宪王的王后为人妒媢。”王充《论衡》说：“妒夫媢妇生，则忿怒斗讼。”由此更加可知“媢”是“妒”的别名。推究英布被杀的原因，应是意指贲赫，不能说是“媚”。

原文

《史记·始皇本纪》：“二十八年，丞相隗林、丞相王绾等[1]，议于海上[2]。”诸本皆作“山林”之“林”。开皇二年五月，长安民掘得秦时铁称权，旁有铜涂镌铭二所。其一所曰：“廿六年，皇帝尽并兼天下诸侯，黔首大安，立号为皇帝，乃诏丞相状、绾，法度量则不一、歉疑者[③]，皆明一之。”凡四十字。其一所曰：“元年，制诏丞相斯、去疾[④]，法度量，尽始皇帝为之，皆□[⑤]刻辞焉。今袭号而刻辞不称始皇帝，其于久远也，如后嗣为之者，不称成功盛德，刻此诏□[⑥]左，使毋疑。”凡五十八字，一字磨灭，见有五十七字，了了分明，其书兼为古隶。余被敕写读之，与内史令李德林[⑦]对，见此称权，今在官库。其“丞相状”字，乃为“状貌”之“状”，“爿”旁作“犬”；则知俗作“隗林”，非也，当为“隗状”耳。

注释

①隗（wěi）林：由颜之推所考，当为隗状，战国末期楚国人，秦王嬴政执政时就官至秦国丞相。秦统一中国后，隗状奉命与王绾共同主持统一度量衡事宜。二十八年(前219)，秦始皇东巡，隗状等十人从行，与始皇议功德于海上，立石于琅邪台下。王绾：秦国丞相，曾主张秦朝像西周一样实行分封制，但秦始皇没有采纳。

②海上：指东海之滨。

③法：废弃。则：标准权衡器。

④去疾：秦朝右丞相。

⑤□：此处缺空别本作“有”。

⑥□：此处缺空别本作“故刻”或“于”。

⑦李德林：字公辅，隋朝官员。《隋书·李德林传》：“德林幼聪敏，年数岁，诵左思《蜀都赋》，十余日便度……年十五，诵五经及古今文集，日数千言。俄而该博坟典，阴阳纬候，无不通涉。善属文，辞核而理畅。”

译文

《史记·秦始皇本纪》中记载：“二十八年，丞相隗林、丞相王绾等人，在东海之滨议事。”各种版本都写作“山林”的“林”。开皇二年（582）五月，长安的百姓挖到秦朝的铁秤锤，铁秤锤的边侧有两处镀铜的铭刻。其中一处刻着：“廿六年，皇帝尽并兼天下诸侯，黔首大安，立号为皇帝，乃诏丞相状、绾，法度量则不一、嫌疑者，皆明一之。”一共四十个字。另一处刻着：“元年，制诏丞相斯、去疾，法度量，尽始皇帝为之，皆□刻辞焉。今袭号而刻辞不称始皇帝，其于久远也，如后嗣为之者，不称成功盛德，刻此诏□左，使毋疑。”一共五十八字，其中有一个字磨灭了，能看见的只有五十七个字，都可以清楚辨明。铭文的字体都是古隶书。我被委派抄写、点断这些铭文，与内史李德林一起校对，见到了这个铁秤锤，如今它被保存在官库里。它上面的“丞相状”几个字，就是“状貌”的状，“爿”字旁加个“犬”字，由此可知世人写作“隗林”是错误的，应该是“隗状”。”。

原 文

《汉书》云：“中外禔福[1]。”字当从“示”。禔，安也，音“匙匕”之“匙”，义见《苍》《雅》《方言》[2]。河北学士皆云如此。而江南书本，多误从“手”，属文者对耦，并为“提挈”之意，恐为误也。

注 释

①禔（zhī）福：安宁幸福。此句出自《汉书·司马相如传》。

②《方言》：西汉扬雄所著的一部训诂学工具书，也是中国第一部汉语方言比较词汇集，全名《輶轩使者绝代语释别国方言》。

译 文

《汉书》上说：“中外禔福。”其中“禔”字当从“示部”，是安宁的意思，读作“匙匕”的“匙”，其释义参见《三苍》《尔雅》《方言》。黄河以北地区的学者都是这么认为的。而江南地区的版本中，都把“禔”错写成从“手”部的字，写文章的人为了对偶，都把它了解为“提挈”的意思，恐怕是搞错了。

原 文

或问：“《汉书注》：‘为元后[1]父名禁，故禁中为省中。’何故以‘省’代‘禁’？”答曰：“案：《周礼·宫正》：‘掌王宫之戒令纠禁。’郑注云：‘纠，犹割也，察也。’李登[2]云：‘省，察也。’张揖云：‘省，今省詧也。’然则小井、所领二反，并得训‘察’。其处既常有禁卫省察，故以‘省’代‘禁’。詧，古察字也。”

注 释

①元后：指汉元帝皇后王政君，其父名叫王禁。

②李登：三国时曹魏学者，著有《声类》十卷，以宫、商、角、徵、羽五声区别字音，尚未分立韵部，是最早的一部韵书。书已不传。

译文

有人问我："《汉书注》上说：'因为汉元帝皇后的父亲名禁，所以禁中为省中。'为什么以'省'来代替'禁'呢？"

我回答说："据考证：《周礼·宫正》上说：'掌管王宫的禁令，负责纠察禁绝之事。'郑玄注释说：'纠，相当于割、察的意思。'李登说：'省，就是察。'张揖说：'省，就是如今的省詧。'这样的话，那么小井反、所领反两种读音所代表的意义，都要解释为'察'。那里王宫既然总有禁卫军负责省察之事，所以用'省'来代替'禁'字。詧，是古代的察字。"

原文

《汉·明帝纪》："为四姓小侯立学。"按：桓帝加元服[①]，又赐四姓及梁、邓小侯帛，是知皆外戚也。明帝时，外戚有樊氏、郭氏、阴氏、马氏为四姓。谓之小侯者，或以年小获封，故须立学耳。或以侍祠猥朝[②]，侯非列侯，故曰小侯，《礼》云："庶方小侯[③]。"则其义也。

注释

①加元服：即行冠礼。

②侍祠：陪从祭祀。此处指侍祠侯，汉代，王子封为侯者称列侯，群臣异姓以功封者称彻侯。在长安者，皆奉朝请。其有赐特进者，位在三公下，称朝侯。位次九卿下者，只是陪从祭祀而没有朝位，称侍祠侯。猥朝：即猥朝侯。汉代异姓侯的一种，不是朝侯也是侍祠侯，而是被分封到偏远小国的皇室至亲，若公主子孙，有奉先后坟墓在京师的，随时接受皇帝的见会，称猥朝侯。

③庶方小侯：出自《礼记·曲礼下》："庶方小侯，入天子之国曰某人，于外曰子，自称曰孤。"

译文

《后汉书·明帝纪》上记载："为四姓小侯立学。"据考证：汉桓帝行冠礼时，又赏赐给四姓和梁、邓等小侯丝帛，由此可知这些人都是外戚。汉明帝时，外戚有樊氏、郭氏、阴氏、马氏，被称为四姓。把他们称为小侯，可能是因为他们受封时年龄还小，因此须为其设立学校。也可能是因为他们都是侍祠侯或猥朝侯，虽然是侯，但并不是上等列侯，所以称小侯。《礼记》上说："荒远地区的方国小侯。"就是这个意思。

原文

《后汉书》云："鹳雀[①]衔三鳝鱼。"多假借为"鳣鲔"之"鳣"[②]，俗之学士，因谓之为"鳣鱼"。案：魏武[③]《四时食制》："鳣鱼大如五斗奁[④]，长一丈。"郭璞注《尔雅》："鳣长二三丈。"安有鹳雀能胜一者，况三乎？鳣又纯灰色，无文章也。鳝鱼长者不过三尺，大者不过三指，黄地黑文，故都讲[⑤]云："蛇鳝，卿大夫服之象也。"《续汉书》及《搜神记》亦说此事[⑥]，皆作"鳝"字。孙卿云："鱼鳖鳅鳣。"及《韩非》《说苑》皆曰[⑦]："鳣似蛇，蚕似蠋[⑧]。"并作"鳣"字。假"鳣"为"鳝"，其来久矣。

注释

①鹳雀：水鸟名。

②鳣（zhān）：鲟鳇鱼的古称。鲔（wěi）：白鲟的古称。

③魏武：疑即魏武帝曹操。曹操好饮食，《三国志·魏书·武帝纪》裴松之注引傅子曰："太祖又好养性法，亦解方药。招引方术之士，左慈、华佗、甘始、郗俭等，无不毕至。又习啖野葛至一尺，亦得少多饮鸩酒。"

④奁（lián）：大号匣子等容器。

⑤都讲：古代学舍中协助博士讲经的儒生。《后汉书·杨震传》："常客居于湖，不答州郡礼命数十年，众人谓之晚暮，而震志愈笃。后有冠雀衔三鳣鱼，飞集讲堂前，都讲取鱼进曰：'蛇鳣者，卿大夫服之象也。数三者，法三台也。先生自此升矣。'"

⑥《续汉书》：晋司马彪撰，共八十三卷。《搜神记》：晋干宝撰，共三十卷，收集了大量民间传闻和鬼神灵异之事。

⑦《韩非》：即《韩非子》。《隋书·经籍志》："《韩非子》二十卷，韩公子非撰。"《说苑》：《隋书·经籍志》："《说苑》二十卷，汉刘向撰。"

⑧蠋：鳞翅目昆虫的幼虫。色青，形似蚕，大如手指。

译文

《后汉书》上说："鹳雀衔着三条鳝鱼。"其中"鳝"字常常假借为"鳣鲔"的"鳣"字，而世间的学者，因此就认为《后汉书》中所说的就是鳣鱼。据考证：魏武的《四时食制》上说："鳣鱼有能盛五斗的盒子那样大，身长一丈。"郭璞注《尔雅》说："鳣鱼身长有两三丈。"如此，鹳雀哪能衔住一条鳣鱼啊，更何况是三条。且鳣鱼是纯灰色，没有花纹，而鳝鱼长的也不超过三尺，大的也没有三指宽，鱼身是黄色的，有黑色的花纹，所以《后汉书》中都讲说："蛇鳝，是卿大夫官服上的装饰图样。"《续汉书》和《搜神记》中也说到这件事，两本书中都写作"鳝"字。荀子说："鱼鳖鳅鳣。"又《韩非》《说苑》中都说："鳣似蛇，蚕似蠋。"都写作"鳣"字。假借"鳣"字为"鳝"字，这种用法由来已久了。

原文

《后汉书》："酷吏樊晔为天水郡守①，凉州②为之歌曰：'宁见乳虎③穴，不入冀府寺④。'"而江南书本"穴"皆误作"六"。学士因循，迷而不寤。夫虎豹穴居，事之较⑤者，所以班超⑥云："不探虎穴，安得虎子？"宁当论其六七耶？

注释

①樊晔：字仲华，东汉时人。《后汉书·酷吏传》："樊晔，字仲华，南阳新野人。与光武少游旧……隗嚣灭后，陇右不安，乃拜晔为天水太守。政严猛，好申、韩法，善恶立断。人有犯其禁者，率不生出狱，吏人及羌胡畏之。道不拾遗。行旅至夜，聚衣装道傍，曰'以付樊公'。凉州为之歌曰：'游子常苦贫，力子天所富。宁见乳虎穴，不入冀府寺。大笑期必死，忿怒或见置。嗟我樊府君，安可再遭值！'"天水郡：郡名。《隋书·地理志》："天水郡统县六，有冀城。"《续汉书·郡国志》："凉州汉阳郡。"刘昭注："武帝置为天水，永平十七年更名。"

②凉州：汉代十三刺史部之一，因在中国西部，故又称西凉。

③乳虎：指育子的母虎。颜师古曰："猛兽产乳，养护其子，则搏噬过常，故以喻也。"

④冀：冀城，天水郡守治所。府寺：官署。

⑤较：明白，显著。

⑥班超：字仲升，东汉著名军事家、外交家。他口齿辩给，博览群书。不甘于为官府抄写文书，投笔从戎，随窦固出击北匈奴，又奉命出使西域，在三十一年的时间里，平定了西域五十多个国家，为西域回归、促进民族融合，做出了巨大贡献。

译文

《后汉书》记载："酷吏樊晔任天水郡守时，凉州人为他编了首歌，唱道：'宁见乳虎穴，不入冀府寺。'"而江南的版本，都将"穴"误写作"六"。学者们居然沿袭了这一谬误，受到迷惑而不察觉。虎豹住在洞穴之中，这是很明显的事，所以班超说："不探虎穴，安得虎子？"怎么能去计量乳虎是六个还是七个呢？

原 文

《后汉书·杨由[①]传》云:“风吹削肺[②]。”此是削札牍之柹耳[③]。古者，书误则削之，故《左传》云“削而投之”是也。或即谓“札”为“削”，王褒《童约》曰:“书削代牍。”苏竟[④]书云:“昔以摩研编削之才[⑤]。”皆其证也。《诗》云:“伐木浒浒[⑥]。”毛《传》云:“浒浒，柹貌也。”史家假借为“肝肺”字，俗本因是悉作“脯腊”之“脯”，或为“反哺”之“哺”。学士因解云:“削哺，是屏障之名。”既无证据，亦为妄矣！此是风角占候耳[⑦]。《风角书》[⑧]曰:“庶人风者，拂地扬尘转削[⑨]。”若是屏障，何由可转也?

注 释

①杨由：东汉方士。《后汉书·方术传上》:“杨由字哀侯，蜀郡成都人也，少习《易》，并七政、元气、风云占候。为郡文学掾。时，有大雀夜集于库楼上，太守廉范以问由。由对曰:‘此占郡内当有小兵，然不为害。’后二十余日，广柔县蛮夷反，杀伤长吏，郡发库兵击之。又有风吹削哺，太守以问由。由对曰:‘方当有荐木实者，其色黄赤。’顷之，五官掾献橘数包。”

②肺：当指“柹”，亦误作“肺”、“脯”，史籍一般作“哺”。

③札牍：札与牍都是古代书写用的小木片，因借指簿册。柹：削下的木片。

④苏竟:《后汉书·苏竟传》:“苏竟字伯况，扶风平陵人也。平帝世，竟以明《易》为博士讲《书》祭酒。善图纬，能通百家之言。”

⑤摩研：切磋研究。编削：编次简册。

⑥浒浒：今本作“许许”，伐木声。本句出自《诗经·小雅·伐木》。

⑦风角：古代占卜之法，以五音占四方之风而定吉凶。占候：指根据天象变化预测自然界的灾异和天气变化。

⑧《风角书》：记述风角占候的古籍有《风角集要占》《风角要占》《风角要集》等。

⑨庶人风：指卑恶之风。此二句出自宋玉《风赋》。

译 文

《后汉书·杨由传》上说:“风吹削肺。”这里的“肺”是指削札牍时落下的小木片，即“柹”。古时候，字写错了就用刀将它削掉，所以《左传》中的“削而投之”，说的就是这个。也有人认为“札”就是“削”，王褒的《童约》中说:“书削代牍。”苏竟写道:“昔以摩研编削之才。”都是证明“札”就是“削”的依据。《诗经》中说："伐木浒浒。"《毛诗传》中说："浒浒，削下木片的样子。"史家将"柿"假借成"肝肺"的"肺"，世上流行的版本又据此全都写成了"脯腊"的"脯"，或是"反哺"的"哺"。学者因而解释《后汉书》中的"削哺"一词说："削哺，是屏风的名称。"这种解释既没有证据，也很无知。原文指的是利用风角来占卜吉凶。《风角书》上书："恶劣的风，吹过地面扬起尘土，吹动碎木屑。"若是"削哺"是指屏风，怎么可能被吹转动呢？

原 文

《三辅决录》云："前队大夫范仲公[①]，盐豉蒜果共一筒。""果"当作"魏颗[②]"之"颗"。北土通呼物一甴[③]，改为一颗，"蒜颗"是俗间常语耳。故陈思王《鹞雀赋》曰："头如果蒜，目似擘椒[④]。"又《道经》[⑤]云："合口诵经声璅璅[⑥]，眼中泪出珠子碟[⑦]。"其字虽异，其音与义颇同。江南但呼为"蒜符"，不知谓为"颗"。学士相承，读为"裹结"之"裹"，言盐与蒜共一苞裹，内筒中耳。《正史削繁音义》[⑧]又音"蒜颗"为苦戈反，皆失也。

注 释

①前队大夫：即南阳郡太守。王莽时，改南阳郡为前队。李贤曰："王莽置六队，郡置大夫一人，职如太守。南阳为前队，河内为后队，颍川为左队，弘农为右队，河东为兆队，荥阳为祈队。"《太平御览》卷九七七引《三辅决录》："平陵范氏，南陵旧语曰：'前队大夫范仲公，盐豉蒜果共一筒。'言其廉俭也。"

②魏颗：春秋时晋国大臣。

③甴：通"块"。

④擘：分开，剖裂。

⑤《道经》：根据下文两句可知此指《老子化胡经》。

⑥璅璅（suǒ）：形容声音细碎。

⑦碟：通"颗"。

⑧《正史削繁音义》：《隋书·经籍志》："《正史削繁》九十四卷，阮孝绪撰。"

译 文

《三辅决录》中说："前队大夫范仲公，盐豉蒜果共一筒。"这里的"果"应当是魏颗的"颗"。北方都把一块物体叫作一颗，"蒜颗"是民间的常用语。所以陈思王曹植的《鹞雀赋》中说："头如果蒜，目似擘椒。"又有《道经》上说："合口诵经声璅璅，眼中泪出珠子碟。""果"、"颗"、"碟"这几个字虽然字形不同，但是读音和意义却大致相同。

江南地区都说“蒜符”，不知道《三辅决录》中的“果”应称为“颗”。读书人前后沿袭，都读作“裹结”的“裹”，解释成把盐和蒜放在同一个包裹里，装进筒里。《正史削繁音义》又给“蒜颗”的“颗”注音为苦戈反，这些都是错误的。

原　文

有人访吾曰：“《魏志》蒋济上书云‘弊攰之民’[①]，是何字也？”余应之曰：“意为‘攰’即是‘攱[②]倦’之‘攱’耳。张揖、吕忱并云：‘支傍作刀剑之刀，亦是剞字[③]。’不知蒋氏自造“支”傍作‘筋力’之‘力’，或借‘剞’字，终当音九伪反。”

注　释

①蒋济：字子通，三国时曹魏重臣，历仕曹操、曹丕、曹叡、曹芳四代，官至太尉，曾多次上书反对大修宫室。攰（guì）：困疲。《三国志·魏书·蒋济传》：“今其所急，唯当息耗百姓，不至甚弊。弊攰之民，傥有水旱，百万之众，不为国用。”

②攱（guì）：疲弊。

③剞（jī）：刻镂的道具。六朝时，“力”与“刀”两字在俗体上本不区分，故颜之推疑“攰”是“剞”的假借。

译　文

有人询问我说：“《三国志·魏书》上中记载蒋济上书说‘弊攰之民’，这个‘攰’是什么字？”我回答他说：“我认为‘攰’就是‘攱倦’的‘攱’字。张揖和吕忱都说：‘“支”字旁加上刀剑的刀，也就是“剞”字。’不知道蒋济是自己造了这个支字旁加‘筋力’的‘力’组成的‘攰’字，还是假借了‘剞’字，但不管是哪种情况，这个字终究都应当读作九伪反。”

原　文

《晋中兴书》[①]：“太山羊曼[②]，常颓纵任侠[③]，饮酒诞节，兖州号为䵢伯。”此字皆无音训。梁孝元帝常谓吾曰：“由来不识。唯张简宪[④]见教，呼为‘嚃羹[⑤]’之‘嚃’。自尔便遵承之，亦不知所出。”简宪是湘州刺史张缵谥也，江南号为硕学。案：法盛[⑥]世代殊近，当是耆老[⑦]相传。俗间又有“䵢䵢”语，盖无所不施，无所不容之意也。顾野王[⑧]《玉篇》误为“黑”傍“沓”。顾虽博物，犹出简宪、孝元之下，而二人皆云重边。吾所见数本，并无作“黑”者。“重沓⑨”是多饶积厚之意，从“黑”更无义旨。

注释

①《晋中兴书》:《隋书·经籍志》:“《晋中兴书》七十八卷，起东晋，宋湘东太守何法盛撰。”

②羊曼：字祖延，晋人。性放纵，好饮酒。咸和三年（328）苏峻作乱，羊曼为其所害。《晋书·羊曼传》:“曼任达颓纵，好饮酒。温峤、庾亮、阮放、桓彝同志友善，并为中兴名士。时州里称陈留阮放为宏伯，高平郗鉴为方伯，泰山胡毋辅之为达伯，济阴卞壸为裁伯，陈留蔡谟为朗伯，阮孚为诞伯，高平刘绥为委伯，而曼为䵍伯，凡八人，号兖州八伯，盖拟古之八儁也。”

③颓纵：颓放。任侠：以侠义自任。

④张简宪：即张缵，字伯绪，南朝梁藏书家。张弘策之子，张缅三弟。张缅有藏书万余卷，他昼夜披读，朝中举荐他为官，他固辞不就。欲遍观朝中所藏图籍。晚年嗜好聚书，积图书有数万卷之多。后赴江陵，因性贪婪，积物甚多，侯景之乱，他参与诸王混战之中，被岳阳王萧察所杀。及死后，湘东王萧绎，命令查抄其家，有图书2万余卷。元帝承制，赠开府仪同三司，谥简宪公。著有《鸿宝》100卷，文集20卷。

⑤嚃（tà）羹：指吃羹时不加咀嚼而囫囵吞咽。

⑥法盛：即何法盛，南朝宋人，官至湘东太守。

⑦耆老：老年人。六十曰耆，七十曰老。

⑧顾野王：字希冯，原名体伦，南朝梁陈间官员、文字训诂学家、史学家。《隋书·经籍志》:“《玉篇》三十一卷，陈左将军顾野王撰。”《唐书·经籍志》以为有三十卷。

⑨重沓：此二字别本或作“䵍”。

译文

《晋中兴书》上说:“太山羊曼，常颓纵任侠，饮酒诞节，兖州号为䵍伯。”其中“䵍”字在各种书中都没有注释。梁孝元帝曾对我说:“我从前也不认识这个字。只有张简宪教过我，说这个字应读作‘嚃羹’之‘嚃’。从那以后我便遵从这个读音，但我也不知道这个说法的出处。”简宪是相州刺史张缵的谥号，江南的人都称他为大学问家。

据考证:《晋中兴书》的作者何法盛生活的年代距离羊曼生活的年代很近，“䵍伯”这说法应当是听年纪大的老人说的。民间又有“䵍䵍”这个词，大致是无所不施、无所不包的意思。顾野王的《玉篇》中，将这个字写成“黑”字旁加“沓”字。顾野王虽然博学多识，但他的学问还是在张缵和孝元帝之下的，而他们二人都说这个字应该是“重”字旁。我所见的数个版本中，都没有把这个字写作“黑”字旁的。“重沓”是多饶积厚的意思，要是这个字从“黑”部则完全搞不明白它的含义了。

原文

《古乐府》歌词[1]，先述三子，次及三妇，妇是对舅姑之称。其末章云：“丈人且安坐，调弦未遽央[2]。”古者，子妇供事舅姑，旦夕在侧，与儿女无异，故有此言。“丈人”亦长老之目，今世俗犹呼其祖考为先亡丈人。又疑“丈”当作“大”，北间风俗，妇呼舅为“大人公”。“丈”之与“大”，易为误耳。近代文士，颇作《三妇诗》[3]，乃为匹嫡并耦己之群妻之意[4]，又加郑、卫之辞，大雅君子，何其谬乎？

注释

①《古乐府》歌词：据下文，当为《相逢行》：“相逢狭路间，道隘不容车。不知何年少，夹毂问君家。君家诚易知，易知复难忘。黄金为君门，白玉为君堂；堂上置尊酒，作使邯郸倡。中庭生桂树，华灯何煌煌。兄弟两三人，中子为侍郎。五日一来归，道上自生光，黄金络马头，观者盈道傍。入门时左顾，但见双鸳鸯，鸳鸯七十二，罗列自成行。音声何噰噰，鹤鸣东西厢。大妇织绮罗，中妇织流黄，小妇无所为，挟瑟上高堂，丈人且安坐，调丝方未央。”

②未遽央：或作“方未央”、“未渠央”。此句言瑟曲未结束，弹瑟正在进行。

③《三妇诗》：《相逢行》中，关于三妇织锦调瑟的段落则被单独划分出来，名为“三妇艳”，在古代乐府诗中频繁反复出现，成为富贵人家的象征，后成为歌辞篇名，亦省作“三妇”。何焯曰：“然则三妇艳‘艳’乃是曲调，犹昔昔盐‘盐’字，非艳冶也。”刘孝绰、沈约、王筠、张正见、王融等皆作有《三妇艳诗》。

④匹嫡：缔结婚姻。并耦：成双。《三妇艳诗》中，以三妇为妻妾，改“丈人”为“佳人（指男子）”、“良人”。

译文

《古乐府·相逢行》的歌词中，先叙述三个儿子，其次叙述三个儿媳妇，妇是相对公婆而言的称呼。歌词的末章说：“丈人且安坐，调弦未遽央。”古时候，儿媳妇侍奉公婆，早晚都陪在他们身旁，与亲生儿女没什么区别，所以才有诗里这种话。

“丈人”也是对年长者的称呼，现在民间百姓还称呼他们已去世的祖父为

"先亡丈人"。我又怀疑歌词中的"丈"字应当是"大"字，北方地区的风俗，儿媳妇称公公为"大人公"。"丈"字与"大"字是很容易弄错的。

近代的文人写了很多《三妇诗》，但他们都把"妇"当作与己缔结婚姻，每日成双入对的群妻妾的称呼，诗中用了很多淫词艳语，这些高尚雅正的君子，怎么能荒谬至此呢！

原 文

《古乐府》歌百里奚[①]词曰："百里奚，五羊皮。忆别时，烹伏雌，吹扊扅[②]；今日富贵忘我为！""吹"当作"炊煮"之"炊"。案：蔡邕《月令章句》曰："键，关牡[③]也，所以止扉[④]，或谓之剡移。"然则当时贫困，并以门牡木作薪炊耳。《声类》作扊，又或作扂[⑤]。

注 释

①百里奚：春秋时虞国人（一说楚国人），本为虞国大夫，晋灭虞时被俘，为秦穆公夫人陪嫁之臣，后逃至楚国宛，被楚人抓获。秦穆公听说他很贤能，以五张羊皮将其赎回，拜为上大夫。下文指歌词当为百里奚之妻所唱。

②扊扅（yǎn yí）：门闩。

③关牡：门闩。

④扉：门扇。

⑤扂（diàn）：门闩。

译 文

《古乐府》中歌唱百里奚的歌词说："百里奚，五羊皮。忆别时，烹伏雌，吹扊扅；今日富贵忘我为！""吹"字应当是"炊煮"的"炊"。据考证：蔡邕的《月令章句》说："键，就是门闩，是用来闩门的也有把它叫作剡移的。"这样看来，百里奚夫妇当时很贫困，甚至把门闩当作薪柴烧了。《声类》把这些字写作"扊"，有的书也写作"扂"。

原 文

《通俗文》，世间题云"河南服虔字子慎造"。虔既是汉人，其《叙》乃引苏林、张揖。苏、张皆是魏人。且郑玄以前，全不解反语[①]，《通俗》反音，甚会近俗。阮孝绪又云"李虔所造[②]"。河北此书，家藏一本，遂无作李虔者。《晋中经簿》及《七志》[③]，并无其目，竟不得知谁制。然其文义允惬[④]，实是高才。殷仲堪《常用字训》[5]，亦引服虔《俗说》，今复无此书，未知即是《通俗文》，为当有异？近代或更有服虔乎？不能明也。

注释

①反语：即反切，是古代的一种注音方法。即用两个汉字来注另一个汉字的读音。两个字中，前者称反切上字，后者称反切下字。被切字的声母和清浊与反切上字相同，被切字的韵母和声调与反切下字相同。

②阮孝绪：字士宗，南朝梁目录学家。事见《梁书·处士传》。李虔：据《两唐志》记载，李虔著《续通俗文》二卷，非《通俗文》。或以为李虔即李密。李密一名虔。

③《晋中经簿》：亦作《中经新簿》，晋荀勖撰。《七志》：《隋书·经籍志》："王俭又撰《七志》：一曰经典志，纪六艺、小学、史记、杂传；二曰诸子志，纪古今诸子；三曰文翰志，纪诗赋；四曰军书志，纪兵书；五曰阴阳志，纪阴阳图纬；六曰术艺志，纪方技；七曰图谱志，纪地域及图书；其道、佛附见，合九条。"

④允惬：妥帖，适当。

⑤殷仲堪：东晋将领、大臣，能清谈，擅长写文章，官至荆州刺史，曾两度响应王恭讨伐朝臣的起事，在王恭死后与桓玄及杨佺期结盟对抗朝廷，逼令朝廷屈服。后来却被桓玄袭击，逼令自杀。《隋书·经籍志》："梁有《常用字训》一卷，殷仲堪撰，亡。"

译文

《通俗文》这本书，世间都标作"河南服虔字子慎造"。服虔既是汉朝人，而《通俗文》的《叙》却引用了苏林、张揖等人的话。苏、张二人都是三国时魏国人。而且郑玄以前，人们根本不懂反切，可《通俗文》中的反切注音十分符合近代的注音习惯。

阮孝绪又称《通俗文》是李虔所作。北方地区抄录的这本书，我家就收藏了一本，根本没有署名李虔所作的。《晋中经簿》和《七志》，都没有关于这本书的条目，竟然没法知道是谁写了这本书。然而这本书文辞妥帖恰当，作者确是高才之士。殷仲堪的《常用字训》，也引用到服虔的《俗说》，现在也没有这本书，不知道《俗说》是否就是《通俗文》，或者还有不同？近代或许另外有个叫服虔的人？真是搞不清楚啊。

原文

或问："《山海经》，夏禹及益所记[1]，而有长沙、零陵、桂阳、诸暨[2]，如此郡县不少，以为何也？”答曰：“史之阙文，为日久矣；加复秦人灭学[3]，董卓焚书[4]，典籍错乱，非止于此。譬犹《本草》[5]神农所述，而有豫章、朱崖、赵国、常山、奉高、真定、临淄、冯翊等郡县名[6]，出诸药物；《尔雅》周公所作，而云‘张仲[7]孝友’；仲尼修《春秋》，而《经》[8]书孔丘卒；《世本》左丘明所书[9]，而有燕王喜、汉高祖；《汲冢琐语》[10]，乃载《秦望碑》[11]；《苍颉篇》李斯所造，而云‘汉兼天下，海内并厕[12]，豨黥韩覆[13]，畔讨灭残’；《列仙传》刘向所造，而《赞》云‘七十四人出佛经’；《列女传》亦向所造，其子歆又作《颂》，终于赵悼后[14]，而传有更始韩夫人、明德马后及梁夫人嫕[15]：皆由后人所羼[16]，非本文也。”

注 释

①益：即伯益，上古东夷部落联盟的首领，是大禹治水的第一助手。关于《山海经》的作者，久未能定，杨慎《升庵集》以为“出于太史终古、孔甲之流，疑莫能定，文多冗复，似非一时一手所为”。

②“长沙”等四郡：《汉书·地理志》：“长沙国，秦郡。零陵郡，武帝元鼎六年置。桂阳郡，高帝置。会稽郡，秦置，有诸暨县。”

③秦人灭学：指秦始皇焚书坑儒事。《史记·秦始皇本纪》：“丞相李斯曰：‘五帝不相复，三代不相袭，各以治，非其相反，时变异也……臣请史官非秦记皆烧之；非博士官所职，天下敢有藏诗、书、百家语者，悉诣守、尉杂烧之；有敢偶语诗、书者，弃市以古非今者族。吏冗不举者与同罪。令下三十日不烧，黥为城旦。’”

④董卓焚书：指东汉末年董卓作乱时，烧概观阁、焚烧经典之事。《后汉书·董卓传》：“迁天子西都长安，悉烧宗庙官府居家，二百里内，无复孑遗。”

⑤《本草》：《隋书·经籍志》：“《神农本草》八卷，又四卷，雷公集注。”

⑥“豫章”等郡县：《汉书·地理志》：“豫章郡，高帝置。合浦郡，武帝元鼎六年开……县五……朱卢（朱崖），都尉治。赵国，故秦邯郸郡，高帝四年为赵国。常山郡，高帝置。泰山郡，高帝置……县二十四：奉高，有明堂，在西南四里。真定国，武帝元鼎四年置。齐郡，县十二：临淄，师尚父所封。左冯翊，故秦内史，武帝太初元年更改。”

⑦张仲：西周宣王时人，在周公之后百余年。

⑧《经》：此指《春秋左氏传》。

⑨《世本》：《汉书·艺文志》：“《世本》十五篇，古史官记黄帝以来讫春秋

时诸侯大夫。”《史记集解》序索隐引刘向曰：“世本，古史官明于古事者之所记也，录黄帝已来帝王诸侯及卿大夫系谥名号，凡十五篇也。”《史通·正史篇》：“楚、汉之际，有好事者，录自古帝王公卿大夫之世，终乎秦末，号曰世本，十五篇。”书在唐代时已有残缺，至宋时亡佚。左丘明：春秋末期鲁国史官。

⑩《汲冢琐语》：西晋太康二年，汲郡人不准盗发魏襄王墓，得书数十车，有《琐语》十一篇，记载战国时期各国卜梦妖怪相书。考其成书时代，大致在战国中期以前。

⑪《秦望碑》：指秦始皇东游秦望山时所立的碑。《史记·秦始皇本纪》：“三十七年，上会稽，祭大禹，望于南海，而立石刻颂秦德。”

⑫厕：混杂，一统。

⑬豨：即陈豨，西汉时刘邦部将，因叛乱被杀。韩：指秦末汉初名将韩信。一说指西汉初年诸侯韩王信。

⑭赵悼后：战国时赵悼襄王赵偃的王后，赵幽缪王的生母。

⑮更始韩夫人：汉更始帝刘玄的宠姬韩夫人。《后汉书·刘圣公传》：“圣公为更始将军，众虽多而无所统一，诸将遂共议立更始，为天子……更始纳赵萌女为夫人，有宠……韩夫人尤嗜酒，每侍饮，见常侍奏事，辄怒曰：‘帝方对我饮，正用此时持事来乎？’起抵破书案。”明德马后：东汉明帝刘庄的皇后。梁夫人嫕：《列女传》：“梁夫人嫕者，梁竦之女，樊调之妻，汉孝和皇帝之姨，恭怀皇后之同产姊也。恭怀后以选入掖庭，进御于孝章皇帝，有宠，生和帝……窦后骄咨，欲专咨害外家，乃诬陷梁氏，后窦后崩，嫕从民间上书讼焉。”

⑯羼（chàn）：本指群羊杂居，引申为错乱掺杂。

译　文

有人问：“《山海经》这本书，是夏禹和伯益所记述的，而里面却有长沙、零陵、桂阳、诸暨等地名，像这样的秦汉郡县名在书中还提到不少，你认为这是怎么回事呢？”

我回答说：“史书的文章残缺不全，这种情况由来已久。再加上秦人灭绝学术，董卓又作乱焚书，导致经书典籍杂乱无序，失去本来面貌，所造成的问题还不只你说的这些。譬如《本草》这本书是神农氏所记述，而里面却有豫章、朱崖、赵国、常山、奉高、真定、临淄、冯翊等汉代郡县名以及它们出产的各种药物；《尔雅》这本书是周公所作，而书中却说西周人‘张仲孝敬父母，友爱兄弟’；《春秋》是孔子所编修，而《春秋左氏传》中却写到了孔子去世；《世本》是左丘明所著，而书中却提到战国时期的燕王喜和西汉的汉高祖；《汲冢琐语》在战国时成书，里面竟然记载了秦始皇出巡天下时所立的石刻碑文；《苍颉篇》是秦朝丞相李斯所著，而书中却说‘汉朝兼并天下，四海之内统一，陈豨被黥，韩信覆灭，叛臣被讨伐，残贼被消灭’；《列仙传》是西汉刘向所著，而这本书的《赞》中却说有七十四人出自佛经;《列女传》也是刘向所著，其子刘歆又为本书写了《颂》的部分，书中的记录截止到战国时期的赵悼后，然而传中却有汉朝更始帝的宠姬韩夫人、东汉明帝的马皇后以及汉和帝之姨梁夫人嫕：以上所述都是由后人掺杂到书中的，并不是那些书的原文。”

原文

或问曰：“《东宫旧事》何以呼‘鸱尾’为‘祠尾’①？”答曰：“张敞者，吴人，不甚稽古②，随宜③记注，逐④乡俗讹谬，造作书字耳。吴人呼‘祠祀’为‘鸱祀’，故以‘祠’代‘鸱’字；呼‘绀’为‘禁’，故以‘糸’傍作‘禁’代‘绀⑤’字；呼‘盏’为竹简反，故以‘木’傍作‘展’代‘盏’字；呼‘镬⑥’字为‘霍’字，故以‘金’傍作‘霍’代‘镬’字；又‘金’傍作‘患’为‘镮⑦’字，‘木’傍作‘鬼’为‘魁’字，‘火’傍作‘庶’为‘炙’字，‘既’下作‘毛’为‘髩’字；金花则‘金’傍作‘华’，窗扇则‘木’傍作‘扇’：诸如此类，专辄⑧不少。”

注释

①《东宫旧事》：晋张敞撰，共十卷。鸱尾：一种海兽，或作蚩尾、鸱吻。或以为即螭吻，传说龙子之一。

②稽古：考察古代事迹。

③随宜：随顺时宜。

④逐：因循，顺随。

⑤绀（gàn）：天青色，深青透红之色。

⑥镬（huò）：古代煮牲肉的大型烹饪铜器。

⑦镮：通“环”，圆形有孔可以贯穿的器物。

⑧专辄：专断，专擅。

译文

有人问道：“《东宫旧事》这本书中为什么把‘鸱尾’称为‘祠尾’？”我回答说：“《东宫旧事》的作者张敞是吴地人，不注重考察古事，他随意记述注解，顺随民间时俗的讹传误说，伪造了这类错字。吴地人称‘祠祀’为‘鸱祀’，所以张敞以‘祠’字代替‘鸱’字；把‘绀’读成‘禁’，所以用‘糸’字旁加‘禁’来代替‘绀’字；把‘盏’读作竹简反，所以用‘木’字旁加‘展’来代替‘盏’字；把‘镬’字读成‘霍’字，所以用‘金’字旁加‘霍’来代替‘镬’字；又在‘金’

字旁加‘患’造‘镮’字，在‘木’字旁加‘鬼’作‘魁’字，在‘火’字旁加‘庶’作‘炙’字，在‘既’字下面加‘毛’作‘髻’字；金花则在‘金’字旁加‘华’来表示，窗扇就在‘木’字旁加‘扇’来表示：诸如此类主观妄写的字实在不少。

原文

又问：“《东宫旧事》‘六色罽[①]䋎’，是何等物？当作何音？”答曰：“案：《说文》云：‘莙，牛藻也，读若威。’《音隐》[②]：‘坞瑰反。’即陆机所谓‘聚藻，叶如蓬’者也[③]。又郭璞注《三苍》亦云：‘蕴，藻之类也，细叶蓬茸生。’然今水中有此物，一节长数寸，细茸如丝，圆绕可爱，长者二三十节，犹呼为‘莙’。又寸断五色丝，横着线股间绳之，以象莙草，用以饰物，即名为‘莙’；于时当绀[④]六色罽，作此莙以饰绲带[⑤]，张敞因造‘糸’旁‘畏’耳，宜作‘隈’。”

注释

①罽（jì）：一种毡类毛织品。

②《音隐》：书名。《隋书·经籍志》中记载有《说文音隐》四卷。

③陆机：或以为当为“陆玑”，字元恪，三国吴学者，仕太子中庶子，乌程令。聚：或作“蕴”。蓬：杂乱松散貌。

④绀：拴、缚。

⑤绲（gǔn）带：以色丝织成的束带。

译文

又问道：“《东宫旧事》中提到的‘六色罽䋎’是什么东西？应该怎么读？”

我回答说：“据考证：《说文解字》上说：‘莙，就是牛藻，读音如威。’《音隐》中注的音是坞瑰反。它也就是陆机所说的‘聚藻，叶子像蓬草’的那种植物。此外，郭璞注的《三苍》中也说：‘蕴，是藻类的一种，它的细叶上长着松散的茸毛。’现在的水中生长着这种植物，一节枝茎有数寸长，细细的茸毛像丝一样，随着水流回环缭绕，十分令人喜爱，此藻长的有二三十节枝茎，仍称为‘莙’。另外，将五色丝线截成一寸长，横着加在线股中编成绳子，做成莙草形状，用来装饰物品，这种丝织物就称为‘莙’。那时候应该是编结六色的丝毛，做成这种莙来装饰丝带，张敞就因此造了‘纟’旁加‘畏’的字，其实应该是‘隈’字。”

原　文

柏人城[1]东北有一孤山，古书无载者。唯阚骃《十三州志》[2]以为舜纳于大麓，即谓此山，其上今犹有尧祠焉；世俗或呼为“宣务山”，或呼为“虚无山”，莫知所出。赵郡士族有李穆叔、季节兄弟、李普济[3]，亦为学问，并不能定乡邑此山。余尝为赵州佐，共太原王邵读柏人城西门内碑。碑是汉桓帝时柏人县民为县令徐整所立，铭曰：“山有巏嵍[4]，王乔[5]所仙。”方知此“巏嵍”山也。“巏”字遂无所出。“嵍”字依诸字书，即“旄丘[6]”之“旄”也；“旄”字，《字林》一音亡付反，今依附俗名，当音“权务”耳。入邺，为魏收说之，收大嘉叹。值其为《赵州庄严寺碑铭》，因云“权务之精”，即用此也。

注　释

①柏人城：古地名。在今河北唐山西。春秋晋地，战国属赵，汉置县。

②阚骃：字玄阴，北魏敦煌人，《魏书》有传。《十三州志》：书名，共十卷。

③李穆叔、季节兄弟：即李公绪、李概兄弟。《北史·李公绪传》：“公绪字穆叔，性聪敏，博通经传……公绪雅好著书，撰《典言》十卷、《礼质疑》五卷、《丧服章句》一卷、《古今略记》二十卷、《玄子》五卷、《赵记》八卷、《赵语》十二卷，并行于世……绪弟概，字季节，少好学。然性倨傲，每对诸兄弟，露髻披服，略无少长之礼……撰《战国春秋》及《音谱》并行于世。又自简诗赋二十四首，谓之《达生丈人集》。”李普济：李裔族孙，赵郡平棘人也。《北史·李裔传》：“暎子普济，学涉有名，性和韵，位济北太守，时人语曰‘入粗入细李普济’。武定中，位北海太守。”

④巏嵍（quán wù）：即尧山，在今河北隆尧西。《寰宇记》曰：“邢州尧山县有宣务山，一曰虚无山，在西北四里，高一千一百五十尺。”

⑤王乔：古代传说中的仙人，在邢台为柏人县令数年，后弃官在宣务山修炼道术，得道后骑白鹤升天。

⑥旄丘：前高后低的山丘。

译　文

柏人城东北有一座孤山，古书中都没有关于它的记载。只有阚骃的《十三州志》中认为尧曾经纳舜于大麓，指的就是这座山，山上现在还有尧的祠堂。世人有的称它为宣务山，有的称它为虚无山，皆不知其出处。赵郡的士大夫中有李穆叔、李季节兄弟，以及李普济，都很有学问，但都不能确定自己家乡的这座山的名称及其由来。

我曾经为赵州佐，与太原人王邵一起研读柏人城西门内的石碑。此碑是东汉桓帝时柏人县的百姓为县令徐整所立，上面刻着："县内有巏嵍，是王乔成仙的地方。"这才知道这座山就是巏嵍山。"巏"字不知道它的出书。"嵍"字根据字书记载，就是"旄丘"的"旄"字。"旄"这个字，《字林》注音为亡付反，现在依照通俗的名称，应当将"巏嵍"读作"权务"音。我到了邺城后，向魏收说起这事，他大为赞叹。等到他撰《赵州庄严寺碑铭》，因而写了"权务之精"，就是用了我说的这个典故。

原　文

或问："一夜何故五更？更何所训？"答曰："汉、魏以来，谓为甲夜、乙夜、丙夜、丁夜、戊夜，又云'鼓'，一鼓、二鼓、三鼓、四鼓、五鼓，亦云一更、二更、三更、四更、五更，皆以'五'为节。《西都赋》亦云：'卫以严更[①]之署。'所以尔者，假令正月建寅[②]，斗柄[③]夕则指寅，晓则指午矣。自寅至午，凡历五辰[④]。冬夏之月，虽复长短参差，然辰间辽阔，盈不过六，缩不至四，进退常在五者之间。更，历也，经也，故曰五更尔。"

注　释

①严更：督察巡夜的更鼓。

②建寅：古代以北斗星斗柄的运转计算月分，斗柄指向十二辰中的寅即为夏历正月。《淮南子·天文训》："天一元始，正月建寅。"

③斗柄：北斗七星中，玉衡、开阳、摇光三星组成斗柄，称作"杓"。

④五辰：五个时辰。辰：古代计时单位，把一昼夜平分为十二段，每段称为一个时辰，相当于现在的两个小时。

译　文

有人问："一夜为什么有五更？'更'是什么意思？"回答说："汉、魏以来，一夜的五个时辰称为甲夜、乙夜、丙夜、丁夜、戊夜，又叫作'鼓'，分为一鼓、二鼓、三鼓、四鼓、五鼓，也叫作一更、二更、三更、四更、五更，都以'五'为节数。《西都赋》中也说：'卫以严更之署。'之所以这样，是因为假如把正月作为建寅之月，北斗星的斗柄日落时指向寅星，日出时就指向午星。从寅转到午，总共经过五个时辰。冬天和夏天的月份，白昼和夜晚的时间虽然长短不齐，但是就时辰的宽广来说，最长的不会超过六个时辰，最短的不会少于四个时辰，或长或短基本都在五个时辰左右。更，是历、经的意思，所以称五更。”

原 文

《尔雅》云：“术[1]，山蓟也。”郭璞注云：“今术似蓟而生山中。”案：术叶其体似蓟，近世文士，遂读“蓟”为“筋肉”之“筋”，以耦“地骨”用之[2]，恐失其义。

注 释

①术：草名。多年生草本，有白术、苍术等数种，根茎可入药。因叶似蓟草，且长于山中，故别名山蓟。

②耦：对偶。地骨：枸杞的别名。

译 文

《尔雅》上说：“术，就是山蓟。”郭璞注释说：“术长得像蓟草，生在山中。”据考证：术叶的形状确实像蓟草，而近代文人，竟然把“蓟”读作“筋肉”的“筋”，把“山蓟”误作“山筋”，与“地骨”对偶使用，这恐怕不是它的本意。

原 文

或问：“俗名‘傀儡子’为‘郭秃’[1]，有故实乎？”答曰：“《风俗通》云：‘诸郭皆讳秃。’当是前代人有姓郭而病秃者，滑稽戏调[2]，故后人为其象，呼为‘郭秃’，犹《文康》象庾亮耳[3]。”

注 释

①傀儡子：即傀儡戏，也即木偶戏。郭秃：段安节《乐府杂录》：“傀儡子，自昔传云，起于汉祖在平城为冒顿所围，其城一面，即冒顿妻阏氏……陈平访知阏氏妒忌，即造木偶人，运机关，舞于陴间。阏氏望见，谓是生人，虑其下城，冒顿必纳妓女，遂退军……后乐家翻为戏，其引歌舞，有郭郎者，发正秃，善优笑，闾里呼为郭郎，凡戏场必在俳儿之首也。”

②戏调：滑稽，开玩笑。

③《文康》：舞乐名，又名《礼毕》。《通典・乐六》：“《礼毕》者，本自晋太尉庾亮家，亮卒，其伎追思亮，因假为其面，执翳以舞，象其容，取谥以号之，谓文康乐。每奏九部乐，终则陈之，故以礼毕为名。”或以为“文康”非指庾亮。周舍《上云乐词》曰：“西方老胡，其名文康，遨游六合，傲诞三皇。”庾亮：字元规，东晋时外戚、名士，庾太后临朝时，执掌朝政，谥曰文康。

译　文

有人问："俗称'傀儡戏'为'郭秃'，有什么典故出处吗？"回答说："《风俗通义》上说：'所有姓郭的人都忌讳秃字。'当是前代中有姓郭而得了秃头病的人，善于滑稽调笑，所以后人就把木偶做成他的样子，称为'郭秃'，就好像《文康》舞模仿庾亮一样。"

原　文

或问曰："何故名'治狱参军'为'长流'乎①？"答曰："《帝王世纪》云：'帝少昊②崩，其神降于长流之山，于祀主秋。'案：《周礼·秋官》，司寇主刑罚、长流之职，汉、魏捕贼掾③耳。晋、宋以来，始为参军，上属司寇，故取秋帝所居为嘉名焉。"

注　释

①治狱参军：也称长流参军，司禁防。《宋书·百官志上》："其后又有直兵、长流、刑狱、城局、水曹、右户、墨曹七曹。"

②少昊：上古东夷族首领，名挚，号金天氏。东夷曾以鸟为图腾，相传少昊曾以鸟名为官名，传说他死后为西方之神。

③捕贼掾（yuàn）：当为贼捕掾，主捕盗贼的小吏。

译　文

有人问道："为什么称'治狱参军'为'长流'？"回答说："《帝王世纪》上说：'帝少昊死的时候，他的神灵降在长流山上，掌管秋天的祭祀。'据考证：《周礼·秋官》中记载，秋官司寇掌管刑罚、长流的职责，也就是汉、魏时期的贼捕掾。晋、宋以来，朝廷才设立参军之职，向上归属于司寇，所以用秋帝少昊所处的地名作为它的美称。"

原　文

客有难主人曰："今之经典，子皆谓非，《说文》所言，子皆云是，然则许慎胜孔子乎？"主人拊掌①大笑，应之曰："今之经典，皆孔子手迹耶？"客曰："今之《说文》，皆许慎手迹乎？"答曰："许慎检以六文②，贯以部分③，使不得误，误则觉之。孔子存其义而不论其文也。先儒尚得改文从意，何况书写流传耶？必如《左传》'止戈'为'武'，'反正'为'乏'，'皿虫'为'蛊'，'亥'

有‘二首六身’之类，后人自不得辄改也，安敢以《说文》校其是非哉？且余亦不专以《说文》为是也，其有援引经传，与今乖[4]者，未之敢从。又相如《封禅书》曰：‘导一茎六穗于庖，牺双觡共抵之兽[5]。’此‘导’训‘择’，光武诏云：‘非徒有豫养导择[6]之劳’是也。而《说文》云：‘䆃[7]是禾名。’引《封禅书》为证。无妨自当有禾名䆃，非相如所用也。‘禾一茎六穗于庖’，岂成文乎？纵使相如天才鄙拙，强为此语；则下句当云‘麟双觡共抵之兽’，不得云‘牺’也。吾尝笑许纯儒，不达文章之体，如此之流，不足凭信。大抵服其为书，隐括[8]有条例，剖析穷根源，郑玄注书，往往引以为证。若不信其说，则冥冥[9]不知一点一画，有何意焉？”

注　释

①拊（fǔ）掌：拍手，鼓掌。表示欢乐或愤激。

②六文：即六书，包括指事、象形、形声、会意、转注、假借。

③贯以部分：按部首分类，分别部居。

④乖：违背，差别。

⑤牺：即牺牲。此处当作动词，谓选为牺牲。觡（gé）：骨角。抵：角的底部。

⑥导择：在光武帝诏书中是精选稻米之意。

⑦䆃：别本作“导”。

⑧隐括：即“隐栝”，用以矫正邪曲的器具。此指修订，使符合规范。

⑨冥冥：糊涂，懵懂无知貌。

译　文

有位客人责难我说：“现在流传的经书典籍中的文字，你都说是错误的，而《说文解字》中对文字的解释，你认为都是正确的，这样说来，许慎比孔子还要高明吗？”

我拍手大笑，回答他说：“现在的经典，难道都是孔子的亲笔手迹吗？”

客人反问说：“现在的《说文解字》都是许慎的亲笔手迹吗？”

我回答说：“许慎依据六书来分析字形解释字义，将文字按部首分类，使文字的形、音、义都没有错误，一旦有错误就能发现错在何处。孔子校订经书，重视经书的文章大意，而不推究文字本身。前辈学者尚且还得改动文字以顺从文意，何况又经过了众人的抄写流传？必定得是像《左传》中的‘止戈’为‘武’，‘反正’为‘乏’，‘皿虫’为‘蛊’，‘亥’有‘二首六身’这种明确地说出字体结构的情况，后人自然无法随意改变，我又怎么敢用《说文解字》去考校它们的对与错呢？”

“况且我也不认为《说文解字》是完全正确的，书中引用的经传的文句，与今天通行的经传文句不相符合的，我就不敢盲目依从。例如司马相如的《封禅书》中说：‘导一茎六穗于庖，牺双觡共抵之兽。’这里的‘导’解释成‘择’，汉光武帝的诏书中说：‘非从有豫养导择之劳’其中的‘导’也是这个意思。而《说文解字》中说：‘䆃是一种禾的名字。’却引用《封禅书》作为例证。或许真的有一种禾名叫䆃，但那并不是司马相如《封禅书》中所用的‘导’。如果照许慎的解释，那就是‘禾一茎六穗于庖’，这个句子还能讲得通么？纵然是司马相如天生粗鄙拙劣，生硬地写出这种句子，那么下句就应该写成‘麟双觡共抵之兽’，而不会说‘牺双觡共抵之兽’。我曾经笑话许慎是个纯粹的儒生，不懂得文学作品的体制和风格，像这一类的情况，就不足以凭信。但总的来说我还是信服许慎写的这本书，书中对文字的审定分类有明确体例，通过分析字的形体来探求字的本义，郑玄注释经书时，常常引用《说文解字》作为证据。如果我们不相信许慎的学说，就会稀里糊涂不懂得字的一点一画有什么意义。”

原　文

世间小学者，不通古今，必依小篆，是正[①]书记，凡《尔雅》《三苍》《说文》，岂能悉得苍颉本指哉？亦是随代损益，互有同异。西晋已往字书，何可全非？但令体例成就，不为专辄耳。考校是非，特须消息[②]。至如“仲尼居”，三字之中，两字非体，《三苍》“尼”旁益“丘”，《说文》“尸”下施“几”：如此之类，何由可从？古无二字[③]，又多假借，以“中”为“仲”，以“说”为“悦”，以“召”为“邵”，以“閒”为“闲”：如此之徒，亦不劳改。自有讹谬，过成鄙俗，“乱”旁为“舌”，“揖”下无“耳”，“鼋”、“鼍”从“龟”，“奋”、“夺”从“雚”，“席”中加“带”[④]，“恶”上安“西”，“鼓”外设“皮”，“凿”头生“毁”，“离”则配“禹”，“壑”乃施“豁”，“巫”混“经”旁，“皋”分“泽”片[⑤]，“猎”化为“獦[⑥]”，“宠”变成“寵[⑦]”，“业”左益“片”，“灵”底着“器”，“率”字自有“律”音，强改为别，“单”字自有“善”音，辄析成异：如此之类，不可不治。吾昔初看《说文》，蚩薄[⑧]世字，从正则惧人不识，随俗则意嫌其非，略是不得下笔也。所见渐广，更知通变，救前之执，将欲半焉。若文章著述，犹择微相影响[⑨]者行之，官曹文书，世间尺牍，幸不违俗也。

注释

①是正：校正。

②消息：斟酌。

③二字：此指一个字有两种形体，两种写法。

④“席”中加“带”：《文选·上林赋》：“逡巡避廗。”李善注：“‘廗’与‘席’古字通。”

⑤“皋”分“泽”片：卢文弨曰：“《家语·困誓篇》：‘望其圹、睪如也。’《荀子·大略篇》作‘皋如也’，如此尚多。”郝懿行曰：“‘皋’、‘睪’古通用，《大戴礼》及《荀子》书，并有此字。”

⑥獵（liè）：兽名，出自《山海经》。后通“猎”。

⑦寵（lǒng）：孔，洞。

⑧蚩薄：讥笑鄙薄。“蚩”与“嗤”古通。

⑨微相影响：稍微近似。

译文

世间研究文字学的学者，不明白古今字体的演变规则，必定依据小篆的形体来校正现在的文字，只是《尔雅》《三苍》《说文解字》等书，哪能尽得苍颉所造字体的本意呢？这些字书也是随着时代的发展而有所变化，相互之间有同有异。西晋以前的字书，怎么能够全部加以否定呢？只要它们体例完备自成系统而不是任由人随意发挥就可以了。

考订校正文字的对错，尤其需要仔细斟酌。像“仲尼居”三个字中，就有两个字不合正体。《三苍》中的“尼”字左边多了个“丘”字，《说文解字》中的“居”是在“尸”字下面加“几”字：像这样的情况，怎么能够因循依从呢？

古时候不存在一个字有两种形体这种情况，同时有很多假借的现象，把“中”假借成“仲”，把“说”假借成“悦”，把“召”假借成“邵”，把“閒”假借成“闲”：像这种情况的字，也不需要更改。自然也有讹误错谬的文字，这些错误形成了鄙陋的习俗，如把“乱”的偏旁写成“舌”，“揖”字下面没有“耳”，“鼋”、“鼍”写成“龟”字旁，把“奋”、“夺”写成“雚”旁，在“席”字中加“带”，“恶”字上安“西”，在“鼓”字外部加“皮”，“凿”字顶部写成“毁”，将“离”字配上“禹”，“壑”字居然加了“豁”，“巫”字与“经”字的部首相混，把“皋”字写成“泽”的半边，“猎”字变成了“獵”字，“宠”字变成了“寵”字。“业”字左边加上“片”，“灵”字底下添了个“器”字，“率”字本来就有读成“律”的时候，非得改成别的字，“单”字本来就有“善”这个读音，往往被分析成别的读音：像以上这类情况，不能不修改。

我过去初读《说文解字》时，很鄙薄这些通行的俗字，可是我如果坚持按照正体写又怕别人不认识，顺从时俗写自己心里又嫌其错谬，且不用这些字又没法下笔。随着见识渐渐增加，才懂得适时变通，改变以前用字时过分拘泥的习惯，打算取二者中间。若是撰文著述，就选择稍微近似的字来用，要是写官府公文，以及与别人来往的书信，就不违背通行的用字习惯了。

原　文

案：弥“亙[①]”字从二间舟，《诗》云“亙之秬秠”是也。今之隶书，转“舟”为“日”；而何法盛《中兴书》乃以“舟”在“二”间为舟“航”字，谬也。《春秋说》以“人十四心”为“德”，《诗说》以“二在天下”为“酉”[②]，《汉书》以“货泉”为“白水真人”[③]，《新论》以“金昆”为“银”[④]，《国志》以“天上有口”为“吴”[⑤]，《晋书》以“黄头小人[⑥]”为“恭”，《宋书》以“召刀”为“邵”[⑦]，《参同契》[⑧]以“人负告”为“造”：如此之例，盖数术谬语，假借依附，杂以戏笑耳。如犹转“贡”字为“项”，以“叱”为“七”，安可用此定文字音读乎？潘、陆诸子《离合诗》《赋》《栻卜》《破字经》[⑨]，及鲍昭《谜字》，皆取会流俗，不足以形声论之也。

注　释

①亙：假借为“亘”字。

②“《春秋说》”二句：卢文弨曰：“《春秋说》《诗说》，皆纬书也，今多不传。德本作悳，乃直心也；酉本作丣：二说所言，皆非本谊。”

③“《汉书》”句：《后汉书·光武帝纪论》：“及王莽篡位，忌恶刘氏，以钱文有金刀，故改为货泉，或以货泉为白水真人。”货泉：汉代钱币。

④金昆：指银子。“银”字拆开为“金”和“艮”，“艮”又近“昆”，故讹作“金昆”。又龚向农曰：“《御览》八百十二引桓谭《新论》：‘鋡则金之公，而银者金之昆弟也。’”

⑤《国志》：即《三国志》。《三国志·吴书·薛综传》：“综下行酒，因劝酒曰：‘蜀者何也？有犬为独，无犬为蜀，横眉句身，虫入其腹。’奉曰：‘不当复说君吴邪？’综应声曰：‘无口为天，有口为吴，君临万邦，天子之都。’”

⑥黄头小人：暗指“恭”字。《宋书·五行志二》：“王恭在京口，民间忽云：‘黄头小人欲作贼，阿公在城下指缚得。’又云：‘黄头小人欲作乱，赖得金刀作蕃扞。’黄字上，恭字头也；小人，恭字下也。寻如谣者言焉。”

⑦召刀：即“卲”，通“劭”。《宋书·二凶传》：“初命之曰卲，在文为召刀，

后恶焉，改刀为力。”邵：当作“卲”。

⑧《参同契》：全名《周易参同契》，是最早系统论述道教炼丹的书。

⑨《离合诗》：杂体诗名。常见之一是拆开字形合成诗句，实际是文字游戏。汉、魏六朝时即有之。栻：占卜所用之星盘。破字：即拆字。以汉字加减笔划，拆开偏旁或打乱字体结构，加以附会，以推算吉凶。

译　文

据考证："弥亙"中的"亙"字，是"二"字中间加"舟"字，《诗经》上说的"亙之秬秠"的"亙"就是这个字。现在的隶书，把"二"字中间的"舟"改成"日"，而何法盛在《晋中兴书》中竟然认为"舟"字加在"二"字中间所组成的字是"航"字，这是相当荒谬的。

《春秋说》中以"人十四心"为"德"字，《诗说》中以"二在天下"暗指"酉"字，《汉书》中把"货泉"称为"白水真人"，《新论》之中以"金昆"暗指"银"字，《三国志》中以"天上有口"暗指"吴"字，《晋书》中以"黄头小人"暗指"恭"字，《宋书》中以"召刀"暗指"卲"字，《周易参同契》中以"人负告"为"造"字：像这些例子，都是术数附会的荒谬说法，不过是假托附会，混杂乱说用来游戏取乐罢了。就好像把"贡"字转化为"项"字，把"叱"字转化为"七"字，哪能根据这些说法来确定文字的读音呢？潘岳、陆机等人的《离合诗》《赋》《栻卜》《破字经》，以及鲍昭的《谜字》，都是迎合社会流俗的作品，根本不配用形声造字的方法理论来评价它们。

原　文

河间邢芳语吾云："《贾谊传》云：'日中必熭①。'注：'熭，暴也。'曾见人解云：'此是暴疾之意，正言日中不须臾，卒然便昃②耳。'此释为当乎？"吾谓邢曰："此语本出太公《六韬》，案字书，古者"暴晒"字与"暴疾"字相似③，唯下少异，后人专辄加傍'日耳'。言'日'中时，必须暴晒，不尔者，失其时也。晋灼④已有详释。"芳笑服而退。

注　释

①熭（wèi）：暴晒。

②昃（zè）：指太阳西斜。

③暴：通"暴"。

④晋灼：河南人，晋尚书令，著有《汉书音义》十七卷。

译　文

河间人邢芳对我说："《贾谊传》上说：'日中必熭。'注释说：'熭，就是暴的意思。'我曾经见到别人解释说：'这是迅猛的意思，就是说正午的时间不长，太阳很快就西斜了。'这个解释合适吗？"

我对邢芳说："这句话出自太公望的《六韬》，考证字书中的说法，古代的'暴'字与'暴疾'的'暴'字字形相似，只是下半部分稍有不同，后人擅自给'暴'字加了"日"字旁。这句话的意思是说正午时太阳当中，一定要抓紧时间暴晒物品，不这样的话，就错过了最好的时机。关于这点晋灼已经有详细的解释。"邢芳听后心悦诚服，笑着回去了。

卷七

音辞第十八

原　文

夫九州之人，言语不同，生民已来，固常然矣。自《春秋》标齐言[1]之传，《离骚》目[2]《楚词》之经，此盖其较明之初也。后有扬雄著《方言》，其言大备。然皆考名物[3]之同异，不显声读之是非也。逮郑玄注《六经》，高诱解《吕览》《淮南》，许慎造《说文》，刘熹制《释名》[4]，始有譬况[5]假借以证音字耳。而古语与今殊别，其间轻重清浊，犹未可晓，加以内言外言[6]、急言徐言[7]、读若[8]之类，益使人疑。孙叔言创《尔雅音义》[9]，是汉末人独知反语。至于魏世，此事大行。高贵乡公[10]不解反语，以为怪异。自兹厥后，音韵锋出[11]，各有土风[12]，递相非笑，指马[13]之谕，未知孰是。共以帝王都邑，参校方俗，考核[14]古今，为之折衷[15]。搉[16]而量之，独金陵[17]与洛下耳。南方水土和柔，其音清举而切诣[18]，失在浮浅，其辞多鄙俗。北方山川深厚，其音沉浊而𫔂钝[19]，得其质直[20]，其辞多古语。然冠冕君子，南方为优；闾里小人，北方为愈[21]。易服而与之谈，南方士庶，数言可辩；隔垣而听其语，北方朝野[22]，终日难分。而南染吴、越，北杂夷虏，皆有深弊，不可具论。其谬失轻微[23]者，则南人以“钱”为“涎”，以“石”为“射”，以“贱”为“羡”，以“是”为“舐”；北人以“庶”为“戍”，以“如”为“儒”，以“紫”为“姊”，以“洽”为“狎”。如此之例，两失甚多。至邺[24]已来，唯见崔子约、崔瞻叔侄[25]，李祖仁、李蔚兄弟[26]，颇事言词，少为切正[27]。李季节著《音韵决疑》[28]，时有错失；阳休之[29]造《切韵》，殊为疏野[30]。吾家儿女，虽在孩稚，便渐督正之，一言讹替[31]，以为己罪矣。云为品物，未考书记者，不敢辄名，汝曹所知也。

注　释

①齐言：齐国方言。何休《春秋公羊解诂》曾指明《公羊传》有用齐国方言者。如《公羊传·隐公五年》："公曷为远而观鱼？登来之也。"何休解诂："登，读言得。得来之者，齐人语也。齐人名求得为得来，作登来者，其言大而急，由口授也。"又《公羊传·桓公六年》："曷为慢之？化我也。"何休解诂："行过无礼谓之化，齐人语也。"清人淳于鸿恩著《公羊方言疏笺》一卷，言之甚详。

②目：视为。《离骚》多楚人之语，如羌字些字等，故有此说。

③名物：事物的名称、特征等。

④刘熹制《释名》：《隋书·经籍志》："《释名》八卷，刘熙撰。"《册府元龟》："汉刘熙为安南太守，撰礼谥法八卷，释名八卷。"而《直斋书录解题》又称《释名》是汉征士北海刘熙成国撰。郝懿行曰："刘成国名熙，或言熹者，盖古字通用。"

⑤譬况：古代一种注音方法，即用近似的字来比照说明某个字的发音。

⑥内言外言：古代注家譬况字音用语。所谓内外指韵之洪细而言，内言发洪音，外言发细音。

⑦急言：汉代注家譬况字音用语。徐言：犹缓言，缓气言之。

⑧读若：又作"读如"、"读若某同"，古代注音、释义用语，即用一个读音相近的字来注音。

⑨孙叔言：即孙炎，字叔然。此称"叔言"，疑误。陆德明《释文》云："炎字叔然。今此作'叔言'，亦似取庄子'大言炎炎'为义。得无炎本有两字耶？故仍之。"《尔雅音义》：《隋书·经籍志》："《尔雅音义》八卷，孙炎撰。"郝懿行曰："按：反语非起于孙叔然，郑康成、服子慎、应仲远年辈皆大于叔然，并解作反语，具见《仪礼》《汉书》注，可考而知。余尝以为反语，古来有之，盖自叔然始畅其说，而后世因谓叔然作之尔。"周祖谟曰："案反切之兴，前人多谓创自孙炎。然反切之事，决非一人所能独创，其渊源必有所自。"

⑩高贵乡公：即曹髦，三国时曹魏第四位皇帝，魏文帝曹丕之孙，东海定王曹霖之子，在位七年。曹髦对司马氏兄弟的专横跋扈十分不满，曾言"司马昭之心，路人皆知"。后讨伐司马昭失败，被杀。

⑪锋出：谓如锋刃齐起，言锐而难拒也。

⑫土风：土音，此指方言。

⑬指马：战国时名家公孙龙提出"物莫非指，而指非指"、"白马非马"等命题，讨论名与实之间的关系。《庄子·齐物论》则谓"以指喻指之非指，不若以非指喻指之非指也，以马喻马之非马，不若以非马喻马之非马也。天地一指也，万物一马也"。谓世界是一个统一体，应各任自然，不分彼此、是非、长短、多少。后遂以"指马"为争辩是非、差别的代称。

⑭考核：研究考查。

⑮折衷：取正，用为判断事物的准则。一说指调和不同意见或争执。

⑯搉：商讨，商量。

⑰金陵：即建康，为南朝之都城。洛下：即洛阳，为曹魏、西晋、北魏之都城。

⑱清举：指声音清脆而悠扬。切诣：指发音迅急。

⑲铫钝：浑厚，不尖锐。

⑳质直：质朴，平直。

㉑愈：胜过。

㉒朝野：朝廷与民间。指官员和民间普通百姓。

㉓轻微：指发音过于轻微。一说谬误轻微。

㉔至邺：指颜之推归北齐。周祖谟曰："按：之推入邺，当在齐天保八年(557)，《观我生赋》自注云：'至邺便值陈兴。'是也。"

㉕崔子约：《北史·崔儦传》："子聿弟子约。五岁丧父，不肯食肉。后丧母，居丧哀毁骨立……长八尺余，姿神俊异，潜观梁使刘孝仪，宾从见者骇目。武定中，为平原公开府祭酒。与兄子赡俱诣晋阳，寄居佛寺。赡长于子约二岁，每退朝久立，子约冯几对之，仪望俱华，俨然相映。诸沙门窃窥之，以为二天人也。"崔瞻：《北史》作"崔赡"。《北齐书·崔瞻传》："瞻字彦通，聪明强学，有文情，善容止，神采嶷然，言不妄发……瞻性简傲，以才地自矜，所与周旋，皆一时名望。"

㉖李祖仁、李蔚兄弟：《北史·李谐传》："谐长子岳，字祖仁，官中散大夫。性纯至，居期惨，未曾听婢过前。追思二亲，言则流涕……岳弟庶，方雅好学，甚有家风……庶弟蔚，少清秀，有襟期伦理，涉观史传，兼属文词。"

㉗切正：切磋补正。

㉘李季节：即李概，字季节。见前注。《隋书·经籍志》："《修续音韵决疑》十四卷，李概撰。"

㉙阳休之：字子烈，仕北齐，卒于隋。《北齐书·阳休之传》："休之俊爽有风概，少勤学，爱文藻，弱冠擅声，为后来之秀……休之好学不倦，博综经史，文章虽不华靡，亦为典正。邢、魏殂后，以先达见推。位望虽高，虚怀接物，为搢绅所爱重。"

㉚疏野：粗略草率。

㉛讹替：差误。

译文

九州之内的人，言语各不相同，自从有人类以来，就一向如此。自从《春秋公羊传》中标出对齐地方言的解释，《离骚》被视为楚人语词的经典，这大概是古人明白各地语言存在差异的开始。后来扬雄著《方言》，其中关于各地方言的不同，论述非常详备。然而这本书中的内容都是考辨事物名称的异同，并不显示读音的是与非。等到郑玄注释《六经》，高诱注解《吕氏春秋》《淮南子》，许慎撰写《说文解字》，刘熹编著《释名》的时候，才开始用譬况或假借的方法来为音同或音近的字注音。然而古代的读音和现代的发音很不一样，其中语音的轻重、清浊，还不能明了，再加上他们注音时采用了内言外言、急言徐言、读若之类的方法，更加让人疑惑不解。

孙叔言撰写了《尔雅音义》一书，他是汉朝末年中唯一懂得反切注音法的人。到了曹魏时期，用反切法为字注音的方法大为盛行。高贵乡公曹髦因为不懂得反切注音法，被当时人看作是一件怪异的事。从此以后，关于音韵的著作大量出现，这些书中各自记录不同地区的方言，相互之间非难嘲笑，彼此展开争辩，让人搞不懂哪种说法是正确的。后来大家都用帝王都城所在地区的语言，参考比较各地方言俗语，研究考查古今读音，制定一个恰当的准则来调和这些争执。

经过反复的商讨和斟酌以后，可以认定只有建康地区和洛阳地区的发音足以分别代表南北地区的发音标准。南方地区水土柔和，故南方语音清脆悠扬而发音急切，其不足之处在发音浅而浮，言辞多鄙陋粗俗。北方地区山高水深，故北方语音低沉浊重而浑厚，其长处是质朴平直，言辞中保留着很多古语。然而就士大夫的言谈水平而论，南方优于北方；而从市井百姓的说法水平来看，则北方胜过南方。让南方两个不同阶层的人交换服装，与他们交谈，士大夫还是平民，只需听他们说过几句话之后就可以分辨；隔着墙听人家说话，若是谈话的是北方官员和百姓，即使听一整天也难以区分二人的身份。然而南方的语言沾染了吴越地区的方言，北方的语言夹杂着蛮夷外族的口音，二者都存在着很大的弊病，在此不能够一一加以评论。

有些情况错在发音过于轻微，例如南方人把“钱”读作“涎”，把“石”读作“射”，把“贱”读作“羡”，把“是”读作“舐”；北方人把“庶”读作“戍”，把“如”读作“儒”，把“紫”读作“姊”，把“洽”读作“狎”。像以上这些情况，南方和北方都错得很多。

我到邺城以来，只知道崔子约、崔瞻叔侄和李祖仁、李蔚兄弟对语言略有研究，稍微做了些切磋补正的工作。李季节写的《音韵决疑》，经常会出现错误不当之处；阳休之撰的《切韵》，十分粗略草率。我家的儿女，虽然还在孩童时代，我就逐步纠正他们的发音。他们若是有一个字读得不对，我就认为是我的过错。所有物品，没有在书籍记录中得到考证的，就不敢随便称呼，这些都是你们所知道的。

原文

古今言语，时俗不同。著述之人，楚、夏各异[1]。《苍颉训诂》[2]，反“稗”为“逋卖”，反“娃”为“於乖”；《战国策》音“刎”为“免”，《穆天子传》[3]音“谏”为“间”；《说文》音“戛”为“棘”，读“皿”为“猛”；《字林》音“看”为“口甘反”，音“伸”为“辛”；《韵集》以成、仍、宏、登合成两韵，为、奇、益、石分作四章；李登《声类》以“系”音“羿”；刘昌宗《周官音》读“乘”若“承”。此例甚广，必须考校。前世反语，又多不切，徐仙民《毛诗音》反“骤”为“在遘”，《左传音》切“椽”为“徒缘”，不可依信，亦为众矣。今之学士，语亦不正。古独何人，必应随其讹僻[4]乎？《通俗文》曰：“入室求曰搜。”反为“兄侯”。然则“兄”当音“所荣反”。今北俗通行此音，亦古语之不可用者。玙璠[5]，鲁人宝玉，当音“余烦”，江南皆音“藩屏”之“藩”。“岐”山当音为“奇”，江南皆呼为“神祇”之“祇”。江陵陷没，此音被[6]于关中，不知二者何所承案[7]。以吾浅学，未之前闻也。

注释

①楚：即东周时楚国。楚在南方，长期被中原国家视为蛮夷。夏：华夏，指中原国家。

②《苍颉训诂》：东汉杜林撰，见《唐书·经籍志》。

③《穆天子传》：关于周穆王事迹的带有虚构成分的传记作品，共六卷，作者不详。

④讹僻：讹误。

⑤玙璠：美玉。

⑥被：通行。

⑦承案：依从，出自。

译文

古今的语音，因为时俗习惯的变化而有所不同。进行著述的人，也是南楚北夏各不相同。《苍颉训诂》中，给“稗”注音为“逋卖反”，给“娃”注音为“於乖反”；《战国策》中，把“刎”注音为“免”；《穆天子传》中，把“谏”注音为“间”；《说文解字》中，将“戛”注音为“棘”，将“皿”读作“猛”；《字林》

中，将“看”注音为“口甘反”，将“伸”注音为“辛”；《韵集》中，把“成”、“仍”、“宏”、“登”合为两个韵，又把“为”、“奇”、“益”、“石”分入四个韵部；李登的《声类》，用“系”给“羿”注音；刘昌宗的《周官音》，将“乘”读若“承”。像这样的例子有很多，必须注意考证校正。

前代的反切注音，又有很多是不确切的。徐仙民的《毛诗音》将“骤”注音为“在遘反”，《左传音》将“椽”注音为“徒缘切”，这些不能信从的例子也是有很多的。当今的学者，注音也有不正确的。古人难道有什么特殊的地方，后人一定要沿袭他们的错误吗？《通俗文》中说：“入室求曰搜。”作者将“搜”注音为“兄侯反”。如果这样的话，那么“兄”就应该读作“所荣反”。现在北方地区通行这个读音，这也是古代语言中不能沿用的例子。

玙璠，是鲁国的宝玉，应该读成“余烦”，江南地区都把“璠”读成“藩屏”的“藩”。“岐山”的“岐”应当读作“奇”，江南地区都读作“神祇”的“祇”。江陵陷落后，这两种读音在关中流行，不知道它们的依据是什么。我才疏学浅，还没有听说过。

原　文

北人之音，多以“举”、“莒”为“矩”，唯李季节云：“齐桓公与管仲于台上谋伐莒[①]，东郭牙[②]望见桓公口开而不闭，故知所言者莒也。然则莒、矩必不同呼[③]。”此为知音矣。

注　释

①莒：莒国，春秋时小国。

②东郭牙：春秋时齐国谏臣，齐桓公时期五杰之一，由管仲推举，任“大谏之官”。

③呼：音韵学名词。汉语音韵学家依据口、唇的形态将韵母分为开口呼、齐齿呼、合口呼、撮口呼四类，合称四呼。《吕氏春秋·重言》：“齐桓公与管仲谋伐莒，谋未发而闻于国，桓公怪之，曰：‘与仲父谋伐莒，谋未发而闻于国，其故何也？’管仲曰：‘国必有圣人也。’桓公曰：‘嘻！日之役者，有执柘杵而上视者，意者其是邪！’乃令复役，无得相代。少顷，东郭牙至。管仲曰：‘此必是已。’乃令宾者延之而上，分级而立。管子曰：‘子邪言伐莒者？’对曰：‘然。’管仲曰：‘我不言伐莒，子何故言伐莒？’对曰：‘臣闻君子善谋，小人善意。臣窃意之也。’管仲曰：‘我不言伐莒，子何以意之？’对曰：‘臣闻君子有三色：显然喜乐者，钟鼓之色也；湫然清静者，衰绖之色也；艴然充盈、手足矜者，兵革之色也。日者臣望君之在台上也，艴然充盈、手足矜者，此兵革之色也。君呿而不吟，所言者“莒”也；君举臂而指，所当者莒也。臣窃以虑诸

侯之不服者，其惟莒乎！臣故言之。'”此问《管子·小问篇》《韩诗外传》等亦有载。

译 文

北方人的读音，经常把“举”、“莒”读作“矩”，只有李季节说：“齐桓公和管仲在台上商议讨伐莒国的事，东郭牙远远望见齐桓公说话时口张开而不闭拢，因而知道他们所谈论的是莒国。这样的话，‘莒’和‘矩’二字的发音必然有开口、合口的不同。”他是通晓音韵的人。

原 文

夫物体自有精粗，精粗谓之好恶[1]；人心有所去取，去取谓之好恶[2]。此音见于葛洪、徐邈。而河北学士读《尚书》云好生恶杀[3]。是为一论物体，一就人情，殊不通矣。

注 释

①好恶（hǎo è）：好坏。此为形容词。

②好恶（hào wù）：喜欢和讨厌。此为动词。

③好生恶杀：爱惜生灵，厌恶杀生。此处“好、恶”当读作“hào wù”，河北地区的学者可能读成了“hǎo è”，故颜之推以为误。

译 文

物品本身有精良、粗劣的分别，这种精良或粗劣就称之为好或恶；人的感情对某样事物有舍弃或保留，这种舍弃或保留的心理也称之为好或恶。后一种“好、恶”的读音见于葛洪和徐邈的著作。而黄河以北地区的人在读《尚书》时却将“好（hào）生恶（wù）杀”读成“好（hǎo）生恶（è）杀”。这两种读音一种是评论物品质地的，一种是表达人的情绪的，将这二者混为一谈，就太说不通了。

原 文

甫者，男子之美称，古书多假借为“父”字；北人遂无一人呼为“甫”者，亦所未喻[1]。唯管仲、范增之号[2]，须依字读耳。

注 释

①喻：知晓，明白。

②管仲、范增之号：管仲被齐桓公尊称“仲父”，范增是秦末项羽帐下谋士，

项羽尊其为“亚父”。

译 文

甫，是男子的美称，而古书中多通假为“父”字。北方人竟然没有一个人把假借为“甫”的“父”字读成“甫”音，这是因为他们不明白二者的通假关系。只有管仲“仲父”和范增“亚父”这两个名号中的“父”字应该依本字而读。

原 文

案：诸字书，焉者鸟名，或云语词①，皆音“于愆反”。自葛洪《要用字苑》分焉字音训：若训“何”训“安”，当音“于愆反”，“于焉逍遥”，“于焉嘉客②”，“焉用佞”，“焉得仁”之类是也③；若送句及助词，当音“矣愆反”，“故称龙焉”，“故称血焉④”，“有民人焉”，“有社稷焉⑤”，“托始焉尔⑥”，“晋、郑焉依⑦”之类是也。江南至今行此分别，昭然易晓；而河北混同一音，虽依古读，不可行于今也。

注 释

①语词：即语辞，文言虚词。

②“于焉逍遥”，“于焉嘉客”：出自《诗经·小雅·白驹》。

③“焉用佞”，“焉得仁”：出自《论语·公冶长篇》。

④“故称龙焉”，“故称血焉”：出自《周易·坤卦·文言》。

⑤“有民人焉”，“有社稷焉”：出自《论语·先进篇》。

⑥“托始焉尔”：出自《公羊传·隐公二年》。

⑦“晋、郑焉依”：出自《左传·隐公六年》。

译 文

据考证：各种字书都认为“焉”是鸟名，也有说是虚词的，都注音为“于愆反”。自从葛洪《要用字苑》起，才开始区分“焉”字的读音和意义：如果解释作“何”、“安”，就应当读作“于愆反”，“于焉逍遥”，“于焉嘉客”，“焉用佞”，“焉得仁”之类的句子就是这样；如果“焉”字用作句末语气词及结构助词，就应当读作“矣愆反”，“故称龙焉”，“故称血焉”，“有民人焉”，“有社稷焉”，“托始焉尔”，“晋、郑焉依”之类句子就是这样。江南地区至今沿用这种不同的读音，字的意思非常明了易懂；而黄河以北地区则把两种读音混为一种，这虽然遵从古音，却不能用在当今。

原　文

邪者，未定之词[①]。《左传》曰："不知天之弃鲁邪？抑鲁君有罪于鬼神邪？"《庄子》云："天邪地邪？"《汉书》云："是邪非邪"之类是也。而北人即呼为也，亦为误矣。难者曰："《系辞》云：'乾坤，易之门户邪？'此又为未定辞乎？"答曰："何为不尔！上先标问，下方列德以折之耳[②]。"

注　释

①未定之词：即疑问词。

②列德：即阐明乾坤之德。列：一说当作"効"。折：判断，裁决。

译　文

"邪"是表示疑问语气的词。《左传》说："不知天之弃鲁邪？抑鲁君有罪于鬼神邪？"《庄子》说："天邪地邪？"《汉书》说："是邪非邪？"这些例子中的"邪"就是这种用法。而北方人却把"邪"读作"也"，这是错误的。有人诘难我说："《系辞》上说：'乾坤，易之门户邪？'这里的'邪'难道也是疑问语气词吗？"我回答说："为什么不是呢！前面先提出疑问，下面才阐明乾坤之德来作裁断啊。"

原　文

江南学士读《左传》，口相传述，自为凡例[①]，军自败曰"败"，打破人军曰"败"。诸记传未见"补败反"，徐仙民读《左传》，唯一处有此音，又不言自败、败人之别，此为穿凿耳。

注　释

①凡例：体制，章法。

译　文

江南学者读《左传》，是靠口授递相传述，自行制定了一套音读章法，军队自己溃败称"败"，打败对方军队也称"败"。各种记载和传本中都没见过"补败反"这个注音，徐仙民读《左传》时，只在一处注了这个音，又没说自败和打败别人的区别，这就显得有些牵强附会了。

原 文

古人云："膏粱难整[1]。"以其为骄奢自足，不能克励[2]也。吾见王侯外戚，语多不正，亦由内染贱保傅[3]，外无良师友故耳。梁世有一侯，尝对元帝饮谑，自陈"痴钝"，乃成"飔段"，元帝答之云："飔[4]异凉风，段非干木[5]。"谓"郢州"为"永州"，元帝启报简文，简文云："庚辰吴入[6]，遂成司隶[7]。"如此之类，举口皆然。元帝手教诸子侍读，以此为诫。

注 释

①膏粱：六朝以膏粱为富贵之美称。整：当作"正"。《国语·晋语七》："悼公曰：'夫膏粱之性难正也，故使惇惠者教之，使文敏者道之，使果敢者谂之，使镇靖者修之。'"

②克励：刻苦自励。

③保傅：古代保育、教导太子等贵族子弟及未成年帝王、诸侯的男女官员，统称为保傅。

④飔（sī）：凉风。

⑤干木：段干木，战国初期魏国名士，师子夏，为孔子再传弟子。此二句是梁元帝调侃语。

⑥庚辰吴入：指春秋时期吴国军队攻入楚国郢都事。《左传·定公四年》："冬十有一月庚午，蔡侯以吴子及楚人战于柏举，楚师败绩，楚囊瓦出奔郑。庚辰，吴入郢。"

⑦司隶：指东汉司隶校尉鲍永。此两句是简文帝戏谑侯爵以"永"代"郢"。

译 文

古人云："膏粱子弟，其性难正。"这是因为他们多骄横奢侈自我满足，且不能克制私欲，力求上进。我见到的王侯外戚，语音多数都不标准，这也是因为他们在内受到那些低贱保傅的熏染，在外又没有良师益友对其进行帮助的缘故。梁朝时有一位侯爵，曾经和梁元帝一起饮酒戏谑，他自称"痴钝"，却把这两个字说成"飔段"。梁元帝戏答他说："你说的这个'飔'可不是凉风，'段'也不是段干木。"他还把"郢州"说成"永州"，元帝把此事告诉了简文帝，简文帝说："庚辰日吴国攻入的地方，却成了东汉的司隶校尉。"像这种发音不准的例子，那些王公贵戚张口就是。梁元帝亲自为诸位皇子授书讲学时，就拿这件事来告诫他们。

原 文

河北切“攻”字为“古琮”，与“工”“公”“功”三字不同，殊为僻也。比世有人名暹，自称为“纤”；名琨，自称为“衮”；名洸，自称为“汪”；名犹，自称为“獡”。非唯音韵舛错[1]，亦使其儿孙避讳纷纭[2]矣。

注 释

①舛错：差错。

②纷纭：盛多、杂乱貌。

译 文

黄河以北地区的人将“攻”字注音为“古琮切”，与“工”、“公”、“功”三字的读音都不同，这是极端错误的。近代有人名“暹”，却自己读成“纤”；名“琨”，却自己读成“衮”；名“洸”，却自己读成“汪”；名“犹”，却自己读成“獡”。这不仅在音韵上有错误，也使其子孙后代的避讳变得纷繁杂乱了。

杂艺第十九

原 文

真草[1]书迹，微须留意。江南谚云：“尺牍书疏[2]，千里面目也。”承晋、宋余俗，相与事之，故无顿狼狈者。吾幼承门业，加性爱重，所见法书亦多，而玩习[3]功夫颇至，遂不能佳者，良由无分故也。然而此艺不须过精。夫巧者劳而智者忧，常为人所役使，更觉为累。韦仲将[4]遗戒，深有以也。

注 释

①真草：书体名，真书和草书。真书：楷书。一说隶书。

②尺牍、书疏：皆指书信。

③玩习：玩味，研习。

④韦仲将：韦诞，字仲将，三国曹魏书法家，诸书并善，题署尤精。《世说新语·巧艺》：“韦仲将能书。魏明帝起殿，欲安榜，使仲将登梯题之。既下，

头鬓皓然。因敕儿孙勿复学书。”

译文

楷书、草书等书法技艺，需要稍加用心。江南有谚语说：“一封信函，就是千里之外给人看的面目。”现在的人都继承了东晋、刘宋以来的风气，都用功学习书法，所以在这方面从没有突然感到为难窘迫的时候。我自幼继承家传学业，加上本身也很爱好书法，所见到的书法字帖也多，而且在临摹玩味上也下了不少功夫，但我最终还是不能达到很高的书法水平，确实是我缺少天分的缘故吧。然而书法这门技艺也不需要过于精湛。巧者多劳，智者多忧，若因为字写得好而常被人役使，反而觉得是一种负累。韦仲将给子孙留下“不要学书法”的训诫，是很有道理的。

原文

王逸少风流才士，萧散①名人，举世惟知其书，翻以能自蔽也。萧子云每叹曰：“吾著《齐书》②，勒③成一典，文章弘义，自谓可观。唯以笔迹得名，亦异事也。”王褒地胄清华④，才学优敏，后虽入关⑤，亦被礼遇。犹以书工，崎岖碑碣之间⑥，辛苦笔砚之役，尝悔恨曰：“假使吾不知书，可不至今日邪？”以此观之，慎勿以书自命。虽然，厮猥⑦之人，以能书拔擢者多矣。故道不同不相为谋也。

注释

①萧散：潇洒，不受拘束。

②《齐书》：据史载,《齐书》乃萧子显所著。萧子云著有《晋书》一百十卷，已佚。盖此误记也。

③勒：编。

④地胄：南北朝时，称皇族帝室为天潢，世家豪门为地胄。后亦泛指门第。清华：谓清流华胄，指门第高或职位清高显贵。

⑤入关：王褒是南朝人，江陵沦陷后，被迫入西魏，后仕于北周。西魏、北周都城在关中长安，故称“入关”。

⑥崎岖：跋涉，奔波。碑碣：石碑方首者称碑，圆首者称碣。后多不分，以之为碑刻的统称。

⑦厮猥：地位卑微。

译 文

王羲之是一位洒脱飘逸的才子，潇洒而不受约束的名士，举世之人都知道他的书法精妙，反而把他其他方面的才华都掩盖了。萧子云常感叹道：“我撰《齐书》，编纂成一部史籍典策，书中的文章大义，我自以为很值得一看。可到头来却只是因抄写的书法精妙而使我得名，也真是怪事。”王褒出身高贵，学识渊博，文思敏捷，后来虽然被迫入关，也依然受到礼遇。但他还是因为工于书法，经常困顿于碑碣之间，辛辛苦苦替别人写字，他曾后悔地说：“假如我不懂得书法，就不至于像现在这样吧？”由此看来，千万不要以精通书法而自命不凡。话虽这样说，那些地位卑下的人，因为会书法而得到提拔的也有很多。所以说，处境不同的人是不能互相谋划的。

原 文

梁氏秘阁散逸以来①，吾见二王②真草多矣，家中尝得十卷。方知陶隐居、阮交州、萧祭酒诸书③，莫不得羲之之体，故是书之渊源。萧晚节所变，乃右军④年少时法也。

注 释

①秘阁：即内府，古代宫中珍藏图书秘籍之处。南梁时，爆发“侯景之乱”，叛军入建康，烧毁大量内府书卷。又梁元帝时，西魏军入江陵，元帝自焚名画书法及典籍等二十四万卷。

②二王：即王羲之、王献之父子。王献之：字子敬，东晋书法家。《晋书·王羲之传》：“献之字子敬。少有盛名，而高迈不羁，虽闲居终日，容止不怠，风流为一时之冠……工草隶，善丹青。七八岁时学书，羲之密从后掣其笔不得，叹曰：‘此儿后当复有大名。’尝书壁为方丈大字，羲之甚以为能，观者数百人。”

③陶隐居：即陶弘景。阮交州：即阮研，南朝书法家。陈思《书小史》卷七：“阮研，字文几，陈留人。官至交州刺史。善书，其行草出于逸少，精熟尤甚。其势若飞泉交注，奔竞不息。张怀瓘云：‘文几与子云齐名，时称萧、阮等各得右军一体。’”萧祭酒：即萧子云。

④右军：即王羲之。他曾为右军将军，故称。

译 文

梁朝秘阁的图书散佚以来，我见过很多王羲之、王献之的真书、草书作品，我家中曾收藏有十卷。看了这些作品，才知道陶弘景、阮研、萧子云等人的书法，无不是学习了王羲之的字体布局，所以说王羲之的字是书法的渊源。萧子云晚年时的书体有所变化，就是学习了王羲之年轻时期的笔法。

原文

晋、宋以来，多能书者。故其时俗，递相染尚[①]，所有部帙，楷正可观，不无俗字，非为大损。至梁天监之间，斯风未变；大同之末，讹替滋生。萧子云改易字体，邵陵王颇行伪字[②]，朝野翕然，以为楷式[③]，画虎不成，多所伤败。至为一字，唯见数点，或妄斟酌，逐便转移。尔后坟籍，略不可看。北朝丧乱之余，书迹鄙陋，加以专辄造字，猥拙甚于江南。乃以“百”“念”为“忧”，“言”“反”为“变”，“不”“用”为“罢”，“追”“来”为“归”，“更”“生”为“苏”，“先”“人”为“老”，如此非一，遍满经传。唯有姚元标[④]工于楷隶，留心小学，后生师之者众。洎于齐末，秘书缮写[⑤]，贤于往日多矣。

注释

①染尚：濡染，崇尚。

②邵陵王：梁武帝萧衍第六子，封邵陵王，少聪颖，博学，善属文，尤工尺笺。伪字：不合规范的字。

③楷式：法则，典范。

④姚元标：北朝人，官至左光禄大夫，以工书知名于时。

⑤缮写：誊写，编录。

译文

东晋、刘宋以来，有很多精通书法的人。所以一时形成了风气，人们相互影响，所有的书籍文献都抄录得非常端正美观，即使难免出现个别俗体字，也并没有多大损害。直到梁天监年间，这种风气也没有改变；到了大同末年时，异体错讹之字开始滋生蔓延。萧子云改变字的形体，邵陵王常使用不规范字，朝野上下竟一致效仿，将他们奉为典范，结果画虎不成反类犬，造成很大的损害。到最后，一个字甚至简化得只有几个点，有的将字体随意安排，任意改变偏旁的位置。自那以后的文献书籍，基本没法看。

北朝经历了长期的战乱，书写字迹鄙陋难看，再加上擅自生造新字，其拙劣程度比江南更甚。甚至出现将“百”、“念”二字组成“忧”字，将“言”、“反”二字组成“变”字，将“不”、“用”二字组成“罢”字，将“追”、“来”二字组成“归”字，将“更”、“生”二字组成“苏”字，将“先”、“人”二字组成“老”

字，像这样的情况并不是个别的，而是遍布于经籍传书之中。只有姚元标工于楷书、隶书，专心研究文字训诂学，师从他学习的年轻人很多。到了北齐末年，秘阁书籍的抄写就比以前规范多了。

原　文

江南闾里间有《画书赋》①，乃陶隐居弟子杜道士所为。其人未甚识字，轻为轨则②，托名贵师，世俗传信，后生颇为所误也。

注　释

①《画书赋》：卢文弨曰："按：林罕《字源偏傍小说序》云：'俗有《隶书赋》者，假托许慎为名，颇乖经据。《颜氏家训》云："斯实陶先生弟子杜道士所为，大误时俗，吾家子孙，不得收写。"'按：此作'画书'，林作'隶书'，此云'贵师'，即隐居也，而林以为'假托许慎'，未知实一书否。"

②轨则：规则，准则。

译　文

江南地区有《画书赋》一书流传，是陶弘景的弟子杜道士所撰。这个人认不得多少字，却轻率地规定绘画和书法的法则，还假托名师，世人以讹传讹，信以为真，后生晚辈多有被其误导的。

原　文

画绘之工，亦为妙矣，自古名士，多或能之。吾家尝有梁元帝手画蝉雀白团扇及马图，亦难及也。武烈太子偏能写真①，坐上宾客，随宜②点染，即成数人，以问童孺，皆知姓名矣。萧贲、刘孝先、刘灵③，并文学已外，复佳此法。玩阅古今，特可宝爱。若官未通显，每被公私使令，亦为猥役。吴县顾士端出身湘东王国侍郎，后为镇南府刑狱参军，有子曰庭，西朝④中书舍人，父子并有琴书之艺，尤妙丹青⑤，常被元帝所使，每怀羞恨。彭城刘岳，橐之子也，仕为骠骑府管记⑥、平氏⑦县令，才学快士，而画绝伦。后随武陵王⑧入蜀，下牢之败⑨，遂为陆护军⑩画支江寺壁，与诸工巧杂处。向使三贤都不晓画，直运素业，岂见此耻乎？

注　释

①武烈太子：即梁元帝长子萧方等，字实相。写真：画人的肖像。

②随宜：随其所宜，随意。

③萧贲：字文奂，南齐竟陵王萧子良之孙。《南史·齐武帝诸子传》："贲，字文奂，形不满六尺，神识耿介。幼好学，有文才，能书善画，于扇上图山水，咫尺之内，便觉万里为遥。矜慎不传，自娱而已。好著述，尝著《西京杂记》六十卷。"刘孝先：南梁诗人。《梁书·刘潜传》："第七弟孝先，武陵王法曹、主簿。王迁益州，随府转安西记室。承圣中，与兄孝胜俱随纪军出峡口，兵败，至江陵，世祖以为黄门侍郎，迁侍中。兄弟并善五言诗，见重于世。文集值乱，今不具存。"刘灵：即《勉学第八》所言"思鲁等姨夫"。

④西朝：指江陵。梁元帝建都于此。

⑤丹青：丹砂和青雘，为中国画中常用颜色。此泛指绘画艺术。

⑥管记：指记室，掌章表书记文檄。

⑦平氏：地名，属南阳。《宋书·州郡志》："南义阳太守，领县二，有平氏令，汉旧名，属南阳。"

⑧武陵王：即梁武帝萧衍第八子萧纪，字世询。《梁书·武陵王纪传》："少勤学，有文才，属辞不好轻华，甚有骨气。天监十三年，封为武陵郡王，邑二千户。"后出任益州刺史。侯景之乱时，萧纪按兵不动。梁武帝死后，萧纪据蜀自立，后被梁元帝派军击败。

⑨下牢：梁朝宜州旧治，在今湖北宜昌市西北。下牢之败：指梁元帝承圣二年（553）武陵王萧纪被陆法和击败之事。

⑩陆护军：即陆法和，初仕南梁，后入北齐。《北齐书》有传。

译 文

绘画技艺的工巧，也是十分奇妙的，自古以来的名士，很多人都擅长此道。我家曾收藏梁元帝亲手画的蝉雀白团扇和马图，他的画技也是一般人难以企及的。武烈太子尤其擅长人物写生，座上的宾客，他只用笔随意点染，就能画出这些人的肖像，拿了画像问小孩，小孩都能分辨画中人是谁。萧贲、刘孝先、刘灵，这些人除了精通文学创作，皆擅长绘画。他们平时鉴别赏玩古今名画，特别当成宝贝珍爱。

但如果精通绘画的人为官不能通达显贵，就会经常被公家或私人使唤，作画也就成了一种下贱的差役。吴县的顾士端曾为湘东王国侍郎，后来担任镇南府刑狱参军，他有个儿子名叫顾庭，在西朝梁元帝那里任中书舍人。他们父子俩都通晓琴艺和书法，尤其精通绘画，因而经常被梁元帝使唤，为此他们常感到羞愧悔恨。彭城人刘岳，是刘橐之子，担任过骠骑府管记、平氏县令，是位很有才学的豪爽之士，其绘画技艺高超绝伦。后来他随武陵王入蜀地，下牢关战败后，他被陆护军遣去画支江寺的壁画，整日与工匠杂处。假如以上三位贤才都不懂得绘画，一直专心致力于清高儒雅的事业，又哪能蒙受这种耻辱呢？

原　文

弧矢[①]之利，以威天下，先王所以观德择贤，亦济身之急务也。江南谓世之常射，以为兵射，冠冕儒生，多不习此。别有博射[②]，弱弓长箭，施于准的[③]，揖让升降，以行礼焉。防御寇难，了无所益。乱离之后，此术遂亡。河北文士，率晓兵射，非直葛洪一箭[④]，已解追兵，三九燕集，常縻[⑤]荣赐。虽然要[⑥]轻禽，截狡兽，不愿汝辈为之。

注　释

①弧矢：弓箭。

②博射：我国古代一种游戏性的习射方式。

③准的：目标，箭靶。

④葛洪一箭：《抱朴子·自叙篇》："昔在军旅，曾手射追骑，应弦而倒，杀二贼一马，遂得免死。"

⑤縻（mí）：分得，获得。

⑥要：通"邀"，邀击。

译　文

弓箭的锋利，可以威服天下，前代帝王以射箭来考察人的德行，选择贤能，同时操弓射箭也是保全自己性命的紧要事情。江南地区将世上常见的射箭叫作"兵射"，士大夫和读书人都不肯学习此道。另有一种博射，弓的力量很弱，且箭身很长，设有箭靶。射箭时，宾主揖让进退，按照一定的礼仪致敬。这种射箭对于防御敌寇毫无用处。战乱之后，这种射法就失传了。

黄河以北地区的文人，大多懂得兵射，不仅能像葛洪那样一箭射死追兵，而且在三公九卿的宴会上，也常常因精于射箭而获得赏赐。虽然如此，用射箭去猎获飞禽走兽这种事，我还是不愿你们去做。

原　文

卜筮者，圣人之业也，但近世无复佳师，多不能中。古者，卜以决疑，今人生疑于卜，何者？守道信谋，欲行一事，卜得恶卦，反令恅恅[①]，此之谓乎！且十中六七，以为上手[②]，粗知大意，又不委曲[③]。凡射奇偶[④]，自然半收，何足赖也。世传云："解阴阳者，为鬼所嫉，坎壈[⑤]贫穷，多不称泰。"吾观近古以来，尤精妙者，唯京房、管辂、郭璞耳[6]，皆无官位，多或罹灾，此言令人益信。傥值世网[7]严密，强负此名，便有诖误，亦祸源也。及星文[8]风气，率不劳为之。吾尝学《六壬式》[9]，亦值世间好匠，聚得《龙首》《金匮》《玉軨变》《玉历》十许种书[10]，讨求无验，寻亦悔罢。凡阴阳之术，与天地俱生，亦吉凶德刑[11]，不可不信。但去圣既远，世传术书，皆出流俗，言辞鄙浅，验少妄多。至如反支[12]不行，竟以遇害；归忌[13]寄宿，不免凶终：拘而多忌，亦无益也。

注　释

①恜（chì）恜：忧惧不安貌。

②上手：上等手艺，即高手。

③委曲：指事情的底细和原委。不委曲：言不知其详尽，不精通。

④射奇偶：指对是或否两种结果进行占卜。

⑤坎壈（lǎn）：困顿，不顺利。

⑥京房：字君明，西汉学者，开创京氏易学。《汉书·京房传》："京房字君明，东郡顿丘人也。治《易》，事梁人焦延寿。延寿字赣……赣常曰：'得我道以亡身者，必京生也。'其说长于灾变，分六十四卦，更直日用事，以风雨寒温为候，各有占验。房用之尤精。"后石显等将京房排挤出朝廷，后又诬其诽谤政治，归恶天子，诖误诸侯王，竟遭弃市。管辂：字公明，三国时曹魏术士，精通《周易》，善于卜筮。《三国志·魏书·管辂传》："管辂字公明，平原人也。容貌粗丑，无威仪而嗜酒，饮食言戏，不择非类，故人多爱之而不敬也。"注引《辂别传》曰："辂年八九岁，便喜仰视星辰，得人辄问其名，夜不肯寐。父母常禁之，犹不可止。自言：'我年虽小，然眼中喜视天文。'常云：'家鸡野鹄，犹尚知时，况于人乎？'与邻比儿共戏土壤中，辄画地作天文及日月星辰。每答言说事，语皆不常，宿学耆人不能折之，皆知其当有大异之才。及成人，果明周易，仰观、风角、占、相之道，无不精微。"管辂为己占卜，自知不是长寿之人，四十八岁卒。郭璞：东晋学者，精于占卜。《晋书·郭璞传》："璞好经术，博学有高才，而讷于言论，词赋为中兴之冠。好古文奇字，妙于阴阳算历。有郭公者，客居河东，精于卜筮，璞从之受业。公以《青囊中书》九卷与之，由是遂洞五行、天文、卜筮之术，禳灾转祸，通致无方，虽京房、管辂不能过也。"王敦作乱，命郭璞占卜。郭璞以卜筮不吉阻敦谋反，被杀。

⑦世网：比喻社会上法律礼教、伦理道德对人的束缚。

⑧星文：指根据星象、风向等天文气象要素来占卜吉凶。汉代尤其流行，

时人著述颇多。

⑨六壬式：用阴阳五行之说占卜吉凶的方法。《隋书·经籍志》："《六壬式经杂占》九卷，《六壬释兆》六卷。"俞正燮《癸巳类稿·六壬古式考曰》："《太白阴经》云：'元女式者，一名六壬式，元女所造，主北方万物之始，因六甲之壬，故曰六壬。'"

⑩《龙首》《金匮》《玉軨变》《玉历》：皆为占卜类书籍。《隋书·经籍志》著录有《太一龙首式经》一卷、《黄帝龙首经》二卷、《遁甲叙三元玉历立成》一卷。王利器按：《汉书·艺文志·数术略》有《堪舆金匮》十四卷，《通志·艺文略》天文类有《玉軨步气术》一卷，五行类有《齐人行兵天文龟眼玉軨经》二卷，《玉軨三命秘术》一卷，道家类有《太上玉历经》一卷。

⑪德刑：恩泽与惩罚。

⑫反支：即反支日。古术士以阴阳五行配合岁月日时，附会人事，造出许多吉凶辰名，以反支日为禁忌之日，不宜出行。《汉书·游侠传》："王莽败，二人俱客于池阳，（张）竦为贼兵所杀。"注：李奇曰："竦知有贼，当去，会反支日不去，因为贼所杀，桓谭以为通人之蔽也。"

⑬归忌：即归忌日，忌远行归家。《后汉书·郭躬传》："桓帝时，汝南有陈伯敬者，行必矩步，坐必端膝，呵叱狗马，终不言死，目有所见，不食其肉，行路闻凶，便解驾留止，还触归忌，则寄宿乡亭。年老寝滞，不过举孝廉。后坐女婿亡吏，太守邵夔怒而杀之。时人周忌禁者，多谈为证焉。"

译文

卜筮，是圣人从事的职业，但是近代没有高明的巫师，所以占卜大多数都不灵验。古时候，占卜是用来解除疑惑的，现在的人反而因为占卜而产生疑惑，这是什么原因呢？一个恪守道义，相信自己谋划的人，打算去办一件事，占卜时却得到了不好的卦，反而使他忧惧不安，这就是因占卜而产生疑惑的情况吧！

况且，现在有人占卜十次，其中有六七次应验，就被看成是占卜高手，实际上他只是粗略地知道占卜的大意，并不精通。但凡是猜测奇偶正负，本来就有一半猜中的机会，这样的结果怎么值得信赖呢？

世人传说："精通阴阳占卜之术的人，会被鬼神所憎恶，其命运坎坷，一生穷困潦倒，大多都过得不太平。"我看近古以来，特别精通占卜的人，也就京房、管辂、郭璞三人罢了，他们都没有官职，又多遭灾祸，因此这个传言更加让人觉得可信。倘若碰上世间法制严密，勉强地背负占卜的名声，就会受到牵累祸害，这也是招致祸患的根源啊。

至于观察天文星象、气候以察时变，占卜吉凶，你们一概不要去做。我曾经学过《六壬式》，也遇到过世间的占卜高手，搜集到《龙首》《金匮》《玉軨变》

《玉历》等十几种占卜的书，对它们进行探究后，发现书中所说的并没有应验，随即就因后悔而作罢了。阴阳占卜之术，与天地共生，它所昭示的吉兆凶象，施加恩泽与惩罚，是不能不信的。只是现在离圣人的年代已经很久远，世上流传的占卜书，都出自平庸者之手，言辞粗鄙浅陋，应验的少，虚妄的多。至于有人在反支日不敢出行，最终还是遇害；有人在归忌日寄宿在外，仍不免惨死：因拘泥于此类说法而忌讳甚多，是没什么益处的。

原　文

算术亦是六艺要事，自古儒士论天道，定律历者，皆学通之。然可以兼明，不可以专业[1]。江南此学殊少，唯范阳祖暅[2]精之，位至南康太守。河北多晓此术。

注　释

①专业：专门从事，以为正业。

②祖暅（xuǎn）：又名祖暅之，字景烁，南朝数学家，祖冲之之子。著有《天文录》三十卷。《南史·祖冲之传》：“暅之，字景烁，少传家业，究极精微，亦有巧思。入神之妙，般、倕无以过也。当其诣微之时，雷霆不能入。尝行遇仆射徐勉，以头触之，勉呼乃悟。父所改何承天历，时尚未行，梁天监初，暅之更修之，于是始行焉。位至太舟卿。”

译　文

算术也是六艺中很重要的一项，自古以来，学者中能谈论天文，推定律历的人，都精通算术。然而，可以在学别的技艺时附带学习算术，不要专门去学习它。江南地区通晓算术的人很少，只有范阳的祖暅精通它，他官至南康太守。河北地区的人大多通晓这门学问。

原　文

医方[1]之事，取妙极难，不劝汝曹以自命也。微解药性，小小和合[2]，居家得以救急，亦为胜事，皇甫谧、殷仲堪则其人也。

注　释

①医方：医术，医道。

②小小：稍稍。和合：调和。此指配药。

译文

医道这种事，要想达到精妙极为困难，我不鼓励你们以会看病自许。稍微懂得一些药性，能配一点药，日常生活中可以用来救急，也就是一件很好的事，皇甫谧、殷仲堪就是这样的人。

原文

《礼》曰："君子无故不彻①琴瑟。"古来名士，多所爱好。洎于梁初，衣冠子孙，不知琴者，号有所阙②；大同以末，斯风顿尽。然而此乐愔愔③雅致，有深味哉！今世曲解④，虽变于古，犹足以畅神情也。唯不可令有称誉，见役勋贵，处之下坐，以取残杯冷炙⑤之辱。戴安道⑥犹遭之，况尔曹乎！

注释

①彻：撤除，撤去。《礼记·曲礼下》："大夫无故不彻县，士无故不彻琴瑟。"

②阙：缺，缺憾。

③愔愔：和悦安舒貌。

④曲解：曲指琴曲歌辞，解指歌辞段数。琴一曲曰曲，一段曰解。后泛指乐曲。

⑤残杯冷炙：指残剩的饭菜，亦指权贵施舍的东西。

⑥戴安道：即戴逵，字安道，东晋画家、音乐家。《晋书·隐逸传》："戴逵，字安道，谯国人也。少博学，好谈论，善属文，能鼓琴，工书画，其余巧艺靡不毕综。总角时，以鸡卵汁溲白瓦屑作《郑玄碑》，又为文而自镌之，词丽器妙，时人莫不惊叹。性不乐当世，常以琴书自娱。师事术士范宣于豫章，宣异之，以兄女妻焉。太宰、武陵王晞闻其善鼓琴，使人召之，逵对使者破琴曰：'戴安道不为王门伶人！'晞怒，乃更引其兄述。述闻命欣然，拥琴而往。"

译文

《礼记》上说："君子无故不撤去琴瑟。"古往今来的名士，多爱好弹琴。到了梁朝初年，如果贵族子弟不懂得弹琴，就会被认为有缺憾；大同末年时，这种风气便不复存在了。然而，琴乐和悦安舒，清新雅致，确实有着深厚的韵味啊！当今的琴曲歌辞，虽然不同于古曲，但听后亦足以使人神情舒畅。只是不要以擅长弹琴闻名，那样就会被达官贵人所役使，坐在筵席下面，身受伶人般的屈辱。戴安道尚且遭遇过这样的事，何况你们呢？

原文

《家语》曰："君子不博[①]，为其兼行恶道故也。"《论语》云："不有博弈[②]者乎？为之，犹贤乎已。"然则圣人不用博弈为教，但以学者不可常精，有时疲倦，则傥为之，犹胜饱食昏睡，兀然[③]端坐耳。至如吴太子以为无益，命韦昭[④]论之。王肃、葛洪、陶侃之徒[⑤]，不许目观手执，此并勤笃之志也。能尔为佳。古为大博则六箸[⑥]，小博则二焭[⑦]，今无晓者。比世所行，一焭十二棋，数术浅短，不足可玩。围棋有手谈、坐隐[⑧]之目，颇为雅戏。但令人耽愦[⑨]，废丧实多，不可常也。

注释

①博：即博戏，又称"局戏"，古代一种游戏，六箸十二棋。《孔子家语·五仪解》："哀公问于孔子曰：'吾闻君子不博，有之乎？'孔子曰：'有之。'公曰：'何为？'对曰：'为其有二乘。'公曰：'有二乘则何为不博？'子曰：'为其兼行恶道也。'"

②博弈：即局戏和围棋。《论语·阳货篇》："子曰：'饱食终日，无所用心，难矣哉！不有博弈者乎？为之，犹贤乎已。'"

③兀然：昏然无知貌。

④韦昭：字弘嗣，三国时吴国重臣、史学家，史书为避晋司马昭之讳，改称其为"韦曜"。《三国志·吴书·韦曜传》："少好学，能属文，从丞相掾，除西安令，还为尚书郎，迁太子中庶子。时蔡颖亦在东宫，性好博弈，太子和以为无益，命曜论之。"

⑤王肃：字子雍，三国时曹魏著名经学家。葛洪：见前注。《抱朴子·自叙篇》："见人博戏，了不目眄，或强牵引观之，殊不入神，有若昼睡，是以至今不知棋局上有几道，樗蒲齿名。亦念此辈末技，乱意思而妨日月，在位有损政事，儒者则废讲诵，凡民则忘稼穑，商人则失货财。"陶侃：字士行，东晋名将。《晋中兴书》："陶侃为荆州，见佐吏博弈戏具，投之于江，曰：'围棋，尧、舜以教愚子；博，殷纣所造：诸君并国器，何以此为。'"

⑥箸：博戏之具，竹制。

⑦焭：古通"琼"，骰子，博戏之具。

⑧手谈、坐隐：皆是下围棋的别称。

⑨耽愦：沉迷，昏聩。

译文

《孔子家语》上说：“君子不参与博戏，是因为博戏会使人很快走上不正之道。”《论语》上则说：“不是有玩博戏下围棋等游戏吗？玩玩这些，总比什么都不干好。”话虽如此，但圣人并不是要用这个来教学生，只是认为读书人不能时时专注于学习，有时感到疲倦了，偶尔玩玩，要比吃饱了昏昏而睡，或呆呆地坐着要好。至于吴太子认为博弈毫无益处，命韦昭写文章论述它的害处，王肃、葛洪、陶侃等人，不许围观参与，这都是勤奋专一的表现。能这样当然是很好的。

古时候，大规模的博戏用六个竹箸，小规模的博戏用两个骰子，现在已经没人懂得这种玩法了。近代所流行的玩法，是用一个骰子十二个棋子，路数技巧简单乏味，不值得一玩。围棋有“手谈”、“坐隐”的名称，可算是一种高雅的游戏。但令人沉溺其中，从而旷废很多别的事，故不可经常玩。

原文

投壶①之礼，近世愈精。古者，实以小豆，为其矢之跃也。今则唯欲其骁②，益多益喜，乃有倚竿、带剑、狼壶、豹尾、龙首之名③。其尤妙者，有莲花骁④。汝南周璝⑤，弘正之子，会稽贺徽⑥，贺革之子，并能一箭四十余骁。贺又尝为小障，置壶其外，隔障投之，无所失也。至邺以来，亦见广宁、兰陵⑦诸王，有此校具⑧，举国遂无投得一骁者。弹棋⑨亦近世雅戏，消愁释愦，时可为之。

注释

①投壶：古代宴会礼制，亦为娱乐游戏。宾主依次用矢投向盛酒的壶口，以投中多少决胜负，负者饮酒。

②骁：投壶时竹箭往复不落地谓之骁，比于武士之骁勇也。

③倚竿、带剑、狼壶、豹尾、龙首：皆是投壶招数。司马光《投壶格》：“倚竿，箭斜倚壶口中。带剑，贯耳不至地者。狼壶，转旋口上而成倚竿者。龙尾，倚竿而箭羽正向己者。龙首，倚竿而箭首正向己者。”颜之推之“豹尾”，司马氏作“龙尾”。

④莲花骁：亦是投壶招数。疑为多箭齐投，箭在壶口呈莲花状。

⑤周璝：周弘正子，官至吏部侍郎。

⑥贺徽：《南史·贺革传》：“子徽，美风仪，能谈吐，深为革爱。先革卒，革哭之，因遘疾而卒。”

⑦广宁、兰陵：广宁王高孝珩和兰陵王高长恭，皆是北齐文襄帝高澄之子。《北齐书·文襄六王传》："广宁王孝珩，文襄第二子也……孝珩爱赏人物，学涉经史，好缀文，有伎艺。尝于厅事壁自画一苍鹰，见者皆以为真，又作朝士图，亦当时之妙绝……兰陵武王长恭，一名孝瓘，文襄第四子也。累迁并州刺史。突厥入晋阳，长恭尽力击之……长恭貌柔心壮，音容兼美。为将躬勤细事，每得甘美，虽一瓜数果，必与将士共之。"

⑧校具：此指投壶器具。

⑨弹棋：古代一种棋戏，初在宫廷和士大夫中间流行，后流入民间。《艺经》："弹棋，二人对局，黑白棋各六枚，先列棋相当，下呼上击之。"

译　文

投壶的讲究，近代越发精妙。古时候，要在壶里装满小豆子，防止箭从壶里跳出来。现在人投壶则只想让箭从壶中跳出来，跳出来的次数越多，就越高兴，于是有了倚竿、带剑、狼壶、豹尾、龙首等名目。其中最精妙的是莲花骁。汝南人周璝，是周弘正之子，会稽人贺徽，是贺革之子，他们都能使一支箭连续投跃四十多次。贺徽又曾设一小屏风，将壶放在屏风的外面，他自己隔着屏风投壶，没有投不进去的。我到邺城以来，看见广宁王、兰陵王等王公也有投壶的器具，但是举国上下都没有人能投一骁。弹棋也是近代的一种高雅游戏，能消愁解闷，偶尔可以玩一玩。

终制[1]第二十

原　文

死者，人之常分，不可免也。吾年十九，值梁家丧乱，其间与白刃为伍[2]者，亦常数辈[3]，幸承余福，得至于今。古人云："五十不为夭。"吾已六十余，故心坦然，不以残年为念。先有风气[4]之疾，常疑奄然[5]，聊书素怀，以为汝诫。

注　释

①终制：送终之制，相当于现在的遗嘱。

②与白刃为伍：指身逢战乱，出没于刀光剑影中。颜之推十九岁时，即大宝二年（551）四月，侯景击破郢州刺史萧方诸军。时颜之推在萧方诸军中，被俘，几死。

③数辈：即数次。

④风气：一种湿病。

⑤奄然：犹奄忽。指死亡。

译文

死亡，是人生注定的事，不可避免。我十九岁时，正值梁朝覆亡，动乱期间出没刀光剑影中也有很多次，幸亏蒙受祖上的福荫，得以活到今天。古人说：“活到五十岁就不算短命了。”我已经六十多岁了，所以面对死亡心里非常坦然，并不因剩下的年月无多而挂怀。先前我患有风气之疾，常怀疑自己会突然死去，因而姑且记下平时的一些想法，作为对你们的嘱告。

原文

先君先夫人皆未还建邺旧山①，旅葬②江陵东郭。承圣末，已启求扬都，欲营迁厝③。蒙诏赐银百两，已于扬州小郊北地烧砖，便值本朝沦没，流离如此，数十年间，绝于还望。今虽混一，家道罄穷④，何由办此奉营⑤资费？且扬都污毁，无复孑遗⑥，还被下湿⑦，未为得计。自咎自责，贯心刻髓。计吾兄弟，不当仕进，但以门衰，骨肉单弱，五服⑧之内，傍无一人，播越他乡，无复资荫⑨。使汝等沉沦厮役，以为先世之耻。故砚冒⑩人间，不敢坠失。兼以北方政教严切，全无隐退者故也。

注释

①旧山：旧茔。

②旅葬：谓旅死而已葬者。颜之推父颜勰，字子和，亦仕于江陵，曾为梁湘东王萧绎镇西府谘议参军。大同五年（539）卒于江陵。故“旅葬”。

③迁厝（cuò）：迁葬。厝：停柩，把棺材停放待葬，或浅埋以待改葬。

④家道：华族。罄穷：精光，荡然无存。

⑤奉营：奉祀营葬。

⑥孑遗：遗留，残存。

⑦被：处。下湿：低洼潮湿之地。

⑧五服：本指以亲疏为差等的五种丧服，此指远近亲戚。

⑨资荫：凭先代的勋功或官爵而得到授官封爵。

⑩砚冒：羞惭冒昧。

译文

我亡父亡母的灵柩都没能葬回建邺祖坟，因为客死他乡就暂时葬在江陵城的东郊。承圣末年，我已经启奏要求回建邺，准备迁葬。承蒙圣上下诏赐给银子百两，我已经在扬州近郊北边烧制墓砖，却赶上梁朝灭亡，我辗转来到这里，几十年来，早已灭绝了归还的希望。如今天下虽然已经统一，但是家境贫困，哪有门路筹集这笔奉祀营葬所需的费用？而且建邺如今已破败，什么也没有残存下来，将亡父亡母的灵柩运返葬在低洼潮湿的地方，也不算得当。为此我深深自责，愧疚之情刻骨铭心。

思量我们兄弟几个，本不应该出仕做官，只是因为家道衰落，人口孤单，力量薄弱，至亲之中，没有一人可以依傍，且逃亡在外地，更不可能凭先代勋功得到荫庇。如果因为家贫而使你们沦落到给人做杂役的境地，那就是先祖的耻辱。所以我才厚着脸皮混迹于社会，不敢有任何差池。同时也有北方政纪严格，根本不允许官员隐退的缘故。

原文

今年老疾侵，傥然奄忽，岂求备礼乎？一日放臂[①]，沐浴而已，不劳复魄[②]，殓[③]以常衣。先夫人弃背[④]之时，属世荒馑，家涂空迫，兄弟幼弱，棺器率薄[⑤]，藏[⑥]内无砖。吾当松棺二寸，衣帽已外，一不得自随，床上唯施七星板[⑦]。至如蜡弩牙、玉豚、锡人之属[⑧]，并须停省，粮罂明器[⑨]，故不得营，碑志旒旐[⑩]，弥在言外。载以鳖甲车[⑪]，衬土而下，平地无坟。若惧拜扫不知兆域[⑫]，当筑一堵低墙于左右前后，随为私记耳。灵筵勿设枕几，朔望祥禫[⑬]，唯下白粥清水干枣，不得有酒肉饼果之祭。亲友来餟酹[⑭]者，一皆拒之。汝曹若违吾心，有加先妣，则陷父不孝，在汝安乎？其内典功德，随力所至，勿刳竭[⑮]生资，使冻馁也。四时祭祀，周、孔所教，欲人勿死其亲，不忘孝道也。求诸内典，则无益焉。杀生为之，翻增罪累。若报罔极之德，霜露之悲[⑯]，有时斋供，及七月半盂兰盆[⑰]，望于汝也。

注释

①放臂：指人死亡。

②复魄：古丧礼，将始死者之衣升屋，北面三呼，以冀还魂复苏。《仪礼·士丧礼》："复者一人，以爵弁服，簪裳于衣，左何之，扱领于带。升自前

东荣、中屋，北面招以衣，曰：‘皋某复！’三。降衣于前。”郑玄注：“复者，有司招魂复魄也。”

③殓：给死者穿衣入棺。

④弃背：婉言死亡。多用于尊亲。

⑤棺器：棺材。率薄：草率，简单。

⑥藏（zàng）：墓穴，坟墓。

⑦七星板：古代停尸床上及棺中所用垫尸之板，上凿七孔，斜凿枧槽一道，使七孔相连，大殓时纳于棺内。

⑧蜡弩牙：古明器。蜡制的弩弓。弩牙：弩上发矢的机件。玉豚：古玉器名。古代死人手握的豚形玉器。锡人：用锡铸造的人像。古代用以殉葬。

⑨粮罂（yīng）：盛粮的陶器。大肚小口，古代墓葬用为明器。明器：即冥器。专为随葬而制作的器物，一般用竹、木或陶土制成。

⑩碑志：碑记。立碑刻文以纪念。旒旐：指铭旌。即人死后，按死者生前等级身份，用绛色帛制一面旗幡，上以白色书写死者官阶、称呼，用与帛同样长短的竹竿挑起，竖在灵前右方。

⑪鳖甲车：又称鳖盖车，即灵车。

⑫兆域：指墓地四周的疆界。《周礼·春官·冢人》：“掌公墓之地，辨其兆域而为之图。”孙诒让曰：“辨其兆域者，谓墓地之四畔有营域塥埒也。”

⑬朔望：朔日和望日。旧历每月初一日和十五日。祥禫（dàn）：丧祭名。《礼记·杂记下》：“期之丧，十一月而练，十三月而祥，十五月而禫。”

⑭餟酹（zhuì lèi）：以酒浇地，表示祭奠。

⑮刳（kū）竭：耗尽。

⑯霜露之悲：指对父母先祖的悲思。《礼记·祭义》：“霜露既降，君子履之，必有凄怆之心，非其寒之谓也！”注：“非其寒之谓，谓凄怆及怵惕，皆为感时念亲也。”

⑰盂兰盆：《盂兰盆经》：“见其亡母生饿鬼中，不见饮食，皮骨连立。目莲悲哀，即钵盛饭，往饷其母。母得体饭，便以左手障钵，右手抟食，食未入口，化成火炭，遂不得食。目莲大叫，悲豪涕泣，驰还白佛。佛言：‘汝母罪根深结，非汝一人所奈何……当须十方众僧威神之力僧自恣时七月十五日，乃得解脱……当为七代父母厄难中者，具百味五果，以着盆中，供养十方大德。’佛敕众僧，皆为施主，祝愿七代父母，行禅定意，然后受食。是时，目莲母得脱一切饿鬼之苦。目莲白佛：‘未来世佛弟子行孝顺者，亦应奉盂兰盆供养。’佛言：‘大善。’”南朝梁以来，七月十五成为民间超度先人的节日，每年这一天请僧尼结盂兰盆会，诵经施食。后来演变成为只有祭祀仪式而不请僧尼的活动。

译　文

如今我已经年老，且疾病缠身，倘若突然死去，难道还要求丧事一定要礼仪完备吗？哪一天我撒手离世，只要帮我沐浴遗体就可以了，不用再举行复魄之礼，给我穿上我日常所穿的衣服装殓。我的亡母辞世的时候，正碰上闹饥荒，家境空乏窘迫，我们兄弟几个还年幼孤弱，所以她的棺木很简朴单薄，坟内也没有用砖。因此，我也只应备办二寸厚的松木棺材一口，除了衣服帽子，其他东西一概不要放进去，棺材的底部只须放一块七星板。至于像蜡弩牙、玉豚、锡人之类的随葬品，都要撤掉不用，粮罂之类的名器，不要置办，碑志铭旌，就更不用提了。棺材用鳖甲车运送，墓底用土衬垫就可下葬，墓顶跟地面平齐，不要垒坟。你们要是担心以后拜祭扫墓时不知道墓地的四周界限，可以在墓地的前后左右修筑一堵矮墙，随意在上面做一些标记。灵床上不要放置枕几，朔日、望日，以及祥日、禫日祭奠的时候，只需要放些白米粥、清水和干枣就行，不准用酒肉饼果作祭品。亲友们来祭奠的，一概谢绝。你们要是违背我的心愿，把我的丧礼规格置于你们祖母之上，就是陷你们父亲于不孝，你们能够心安吗？

至于诵经施舍等功德事，你们可量力而行，不要因此而耗尽资财，以致你们自己遭受冻馁之苦。一年四季的祭祀，是周公、孔子所教化的事，目的是希望人们不要忘记死去的亲人，不要忘记奉行孝道。可如果按照佛经的观点来看，这都是毫无用处的。要是宰杀生灵来进行祭祀，反而会增加罪孽。若是你们想要报答父母的无尽恩德，抒发追思之情，那么除了按时斋供，每年七月十五盂兰盆节，我也期望你们能来扫祭。

原　文

孔子之葬亲也，云：“古者，墓而不坟。丘东西南北之人也，不可以弗识①也。”于是封之崇四尺②。然则君子应世行道，亦有不守坟墓之时，况为事际③所逼也！吾今羁旅，身若浮云，竟未知何乡是吾葬地。唯当气绝便埋之耳。汝曹宜以传业扬名为务，不可顾恋朽壤④，以取堙没⑤也。

注　释

①识：做标识，留记号。

②封：积土为坟。崇：高度，自下而上的距离。孔子葬亲事出自《礼记·檀弓上》。

③事际：指多事之秋。

④朽壤：腐土，此指坟墓。

⑤堙没：埋没。

译文

孔子安葬父母亲时说："古时候，只筑墓而不垒坟。我孔丘是个东南西北四处漂泊的人，不能不留个标志。"于是就垒起了四尺高的坟。这样看来，君子顺应世事实践自己的主张，也有不能守着父母坟墓的时候，何况是为情势所逼呢！我现在客居他乡，像浮云一般飘泊不定，都不知道哪里是我的葬身之地。在我气绝死亡后，随地埋葬就行了。你们应该以传承家业、弘扬名声为人生第一要务，不要因为顾恋我的葬身之处，而埋没了自己的前程。

附录

颜之推传（《北齐书·文苑传》）

原　文

颜之推，字介，琅邪临沂人也。九世祖含[①]，从晋元东渡，官至侍中、右光禄、西平侯。父勰[②]，梁湘东王绎镇西府谘议参军。世善《周官》《左氏》学[③]。

注　释

①颜含：字宏都。事见《晋书·孝友传》。

②勰：颜勰，字子和。事见《南史·文学传》。

③《周官》：即《周礼》。《左氏》：即《春秋左氏传》。

译　文

颜之推，字介，琅邪临沂人。其九世祖颜含，随晋元帝东渡，官至侍中、右光禄大夫、西平县侯。其父颜勰，曾任梁湘东王萧绎镇西府谘议参军。颜氏世善《周官》《左氏》之学。

原　文

之推早传家业。年十二，值绎自讲《庄》《老》，便预门徒。虚谈非其所好，还[①]习《礼》《传》，博览群书，无不该洽[②]，词情典丽，甚为西府所称。绎以为其国左常侍，加镇西墨曹参军。好饮酒，多任纵，不修边幅，时论以此少[③]之。

注　释

①还：谓退而还家。

②该洽：博通，知晓。

③少：轻视。

译　文

颜之推很早就继承家传的学业。十二岁时，正值萧绎亲自讲说《庄子》《老子》，他便参与到门生行列。然而他对清谈并不爱好，遂退而自学《周礼》《左传》。他博览群书，无所不晓，为文词情典雅明丽，在江陵颇受称赞。萧绎任命他为湘东王国左常侍，加镇西墨曹参军。他嗜好饮酒，过分任性放纵，且不修边幅，当时的舆论因此而轻视他。

原　文

绎遣世子方诸[①]出镇郢州，以之推掌管记。值侯景陷郢州，频欲杀之，赖其行台郎中王则[②]，以获免，被囚送建邺。景平，还江陵。时绎已自立，以之推为散骑侍郎，奏舍人事。后为周军[③]所破。大将军李穆[④]重之，荐往弘农，令掌其兄阳平公远[⑤]书翰。值河水暴长，具船将妻子来奔，经砥柱[⑥]之险，时人称其勇决。

注　释

①方诸：字智相，梁元帝萧绎次子，母为王夫人。《南史》《梁书》并有传。

②王则：字元轨，初为北魏将领，后入北齐，从行台侯景。侯景降梁后，亦南渡。《北史》《北齐书》并有传。

③周军：北周军，当称西魏军。宇文觉虽掌西魏政，然于557年才废西魏帝自立，国号周，都长安，史称北周。破江陵在554年。

④李穆：字显庆，北周名将。《隋书·李穆传》："穆风神警俊，倜傥有奇节……从于谨破江陵，增邑千户，进位大将军。"

⑤远：即李远，字万岁，北周阳平公。《北史·李贤传》："贤弟远。远字万岁，幼有器局，志度恢然。尝与群儿为战斗之戏，指麾部分，便有军阵之法。郡守见而异之，召使更戏。群儿惧而散走，远持杖叱之，复为向势，意气雄壮，殆甚于前。"

⑥砥柱：即砥柱山，也作底柱山。《水经注》："砥柱者，山名也。昔禹治洪水，山陵当水者凿之，故破山以通河。河水分流，包山而过，山见于水中若柱然，故曰砥柱也。"

译　文

萧绎派遣世子萧方诸出镇郢州，以颜之推为掌管记。等到侯景攻破郢州，几次要杀他，幸赖侯景行台郎中王则相救，得获免，被囚送建邺。侯景之乱被平定，颜之推回到江陵。当时萧绎已自立为帝，任颜之推为散骑侍郎，奏舍人事。后江陵为北周军所破，颜之推被迁往长安。在北周时，大将军李穆看重颜之推的才华，推荐他去弘农，让颜之推在他的兄长阳平公李远处掌管书翰。但颜之推未从。北齐天保七年（557），当时黄河水暴涨，颜之推备办船只带妻子儿女逃奔北齐，中间经历险要的砥柱山，当时人都称赞他勇敢有决断。

原　文

显祖见而悦之，即除奉朝请，引于内馆中，侍从左右，颇被顾眄①。天保末，从至天池②，以为中书舍人，令中书郎段孝信③将敕书出示之推。之推营外饮酒，孝信还以状言，显祖乃曰："且停。"由是遂寝④。河清⑤末，被举为赵州功曹参军，寻待诏文林馆，除司徒录事参军。

注　释

①顾眄（miǎn）：环视。此指器重，重视。

②天池：《北史》作"天泉池"，在山西宁武县西南六十里管涔山上。《水经漯水注》："（溹涫水）潜通，承太原汾阳县北燕京山之大池，池在山原之上，世谓之天池，方里余，澄渟镜净，潭而不流。"《北齐书·文宣帝纪》："天保七年六月乙丑，帝自晋阳北巡，己巳，至祁连池。"《资治通鉴·卷一六七·高祖武皇帝永定二年》："六月己巳，齐主至祁连池。"胡三省注："祁连池，即汾阳之天池，北人谓天为祁连。"

③段孝信：王利器以为此为段荣之误。段荣：字孝言，历中书黄门，典机密。《北史》《北齐书》并有传。

④寝：息，止。

⑤河清：北齐武成帝高湛的年号，562年四月至565年四月。

译　文

北齐显祖高洋见到颜之推很高兴，立即授他奉朝请，召他至内馆，侍从左右，颇为重视。天保末年，颜之推随从显祖至天池。显祖准备任颜之推为中书舍人，派中书郎段孝信把敕书给颜之推看。颜之推正在营外饮酒，段孝信把这个情况回报给显祖，显祖说："暂且停下。"于是任命就作罢了。河清末年，颜之推被举为赵州功曹参军，不久又待诏文林馆，任司徒录事参军。

原　文

之推聪颖机悟，博识有才辩，工尺牍，应对闲明，大为祖珽所重，令掌知馆事，判署文书。寻迁通直散骑常侍，俄领中书舍人。帝时有取索，恒令中使①传旨，之推禀承宣告，馆中皆受进止。所进文章，皆是其封署，于进贤门奏之，待报方出。兼善于文字，监校缮写，处事勤敏，号为称职。帝甚加恩接，顾遇逾厚，为勋要者所嫉，常欲害之。崔季舒等将谏也[2]，之推取急还宅，故不连署。及召集谏人，之推亦被唤入，勘无其名，方得免祸。寻除黄门侍郎。

注释

①中使：宫中派出的使者，多指宦官。

②崔季舒：字叔正，北齐官吏。后主武平四年（573），与张雕、刘逖等谏止后主前往晋阳，被诛以谋反。《北齐书·崔季舒传》："季舒少孤，性明敏，涉猎经史，长于尺牍，有当世才具……属车驾将适晋阳，季舒字叔正，与张雕议，以为寿春被围，大军出拒，信使往还，须禀节度，兼道路小人，或相惊恐，云大驾向并州，畏避南寇。若不启谏，必动人情。遂与从驾文官连名进谏。时贵臣赵彦深、唐邕、段孝言等初亦同心，临时疑二，季舒与争，未决。长鸾遂奏云：'汉儿文官连名总署，声云谏止向并州，其实未必不反，宜加诛戮。'帝即召已署表官人集含章殿，以季舒、张雕、刘逖、封孝琰、裴泽、郭遵等为首，并斩之殿庭，长鸾令弃其尸于漳水。"

译文

颜之推聪颖机敏又善悟，博学多识而有辩才，又擅长书法，平素应对娴熟明晰，大为祖珽所器重。祖珽命他掌文林馆馆事，判署文书。不久又迁通直散骑常侍，慢慢升至中书舍人。皇帝不时有索取，常叫中使传达旨意，颜之推遵守旨意宣布，馆中人都听他的命令。馆里所进呈的文章，皆由颜之推封缄后复加印记，到进贤门奏上，等有了答复才出来。颜之推还擅长文字训诂之学，监察校对抄写，办事勤快敏捷，可谓称职。皇帝对他颇为恩宠，待遇也越来越优厚，这就为功勋卓著、官居要职的人所嫉妒，这些人常常想要加害他。崔季舒等人将向皇帝进谏，颜之推有急事回家，所以没有一起联合署名上书。等到皇帝召集进谏的人问罪，颜之推也被叫去，勘验奏书上没有他的名字，才得以逃过灾祸。不久，任黄门侍郎。

原文

及周兵陷晋阳[1]，帝轻骑还邺，窘急，计无所从。之推因宦者侍中邓长颙进奔陈之策，仍劝募吴士千余人，以为左右，取青、徐路共投陈国。帝甚纳之，以告丞相高阿那肱[2]等。阿那肱不愿入陈，乃云："吴士难信，不须募之。"劝帝送珍宝累重向青州，且守三齐[3]之地，若不可保，徐浮海南渡。虽不从之推计策，犹以为平原太守，令守河津。

注 释

①周兵陷晋阳：《北齐书·后主纪》："癸丑，入晋阳，忧惧不知所之……帝密遣王康德与中人齐绍等送皇太后、皇太子于北朔州。丙辰，帝幸城南军，劳将士，其夜欲遁，诸将不从。丁巳，大赦，改武平七年为隆化元年。其日，穆提婆降周。诏除安德王延宗为相国，委以备御，延宗流涕受命。帝乃夜斩五龙门而出，欲走突厥，从官多散。领军梅胜郎叩马谏，乃回之邺。"

②高阿那肱：北齐将领，曾任大丞相。后降北周，最终在蜀中随从王谦起兵，被诛杀。

③三齐：指今山东北部及中部地区。《三齐纪》云："右即墨，中临淄，左平陆，谓之三齐。"

译 文

等到北周军攻陷晋阳，北齐后主轻骑逃回邺城，形势困窘急迫，不知该怎么办才好。颜之推沿用宦者侍中邓长颙关于逃亡陈国的计策，仍劝后主招募吴地之士千余人，作为自己的左右随从，取道青州、徐州，一起投奔陈国。后主很想采纳这个计策，于是把它告诉给了丞相高阿那肱等人。但高阿那肱不愿意到陈国去，还说："吴地之士难以信任，不必招募。"又劝后主将珍宝辎重等送往青州，暂且守住三齐之地，如果不能保住，再由海路南渡去陈国。后主虽然没有听从颜之推的计策，但仍然任命他为平原太守，命其把守河津。

原 文

齐亡入周，大象[1]末，为御史上士。

隋开皇[2]中，太子召为学士，甚见礼重。寻以疾终。有文三十卷，《家训》二十篇，并行于世。

注 释

①大象：北周静帝宇文阐年号，579年至581年。

②开皇：隋文帝杨坚年号，581年二月至600年十二月。

译 文

北齐灭亡后，颜之推入北周。大象末年，为御史上士。

隋朝开皇年间，太子征召颜之推为学士，对他非常礼待。不久，因病去世。

有著作三十卷，《家训》二十篇，并流行于世。

原　文

曾撰《观我生赋》，文致清远，其词曰：

仰浮清之藐藐[1]，俯沉奥[2]之茫茫。已生民而立教，乃司牧[3]以分疆。内诸夏而外夷狄[4]，骤五帝而驰三王[5]。大道寝而日隐，《小雅》摧以云亡[6]。哀赵武[7]之作孽，怪汉灵[8]之不详。旄头玩其金鼎[9]，典午失其珠囊[10]。瀍、涧鞠成沙漠[11]，神华泯为龙荒[12]。吾王所以东运[13]，我祖于是南翔。去琅邪之迁越[14]，宅金陵之旧章。作羽仪[15]于新邑，树杞梓[16]于水乡。传清白而勿替[17]，守法度而不忘。逮微躬[18]之九叶，颓世济之声芳。问我辰之安在，钟厌恶于有梁。养傅翼之飞兽[19]，子贪心之野狼[20]。初召祸于绝域[21]，重发衅于萧墙[22]。虽万里而作限，聊一苇而可航[23]。指金阙以长铩[24]，向王路而蹶张[25]。勤王逾于十万，曾不解其扼吭[26]。嗟将相之骨鲠，皆屈体于犬羊[27]。武皇忽以厌世[28]，白日黯而无光。既飨国而五十，何克终之弗康？嗣君听于巨猾[29]，每凛然而负芒[30]。自东晋之违难，寓礼乐于江、湘。迄此几于三百，左衽浃于四方[31]。咏苦胡而永叹，吟微管[32]而增伤。世祖赫其斯怒[33]，奋大义于沮、漳[34]。授犀函与鹤膝[35]，建飞云及艅艎[36]。北征兵于汉曲，南发馔于衡阳[37]。

注　释

①浮清：指天。藐藐：大貌。

②沉奥：指地。班固《典引》："太极之元，两仪始分，烟烟煴煴，有沉而奥，有浮而清。"注："蔡邕曰：'奥，浊也。言两仪始分之时，其气和同，沉而浊者为地，浮而清者为天。'"

③司牧：管理，统治。《左传·襄公十四年》："师旷曰：'天生民而立之君，使司牧之，勿使失性。'"

④诸夏：指华夏各族。《公羊传·成公十五年》："春秋内其国而外诸夏，内诸夏而外夷、狄。"

⑤骤、驰：《孝经钩命决》曰："三皇步，五帝骤，三王驰。"宋均注云："步谓德隆道备，日月为步；时事弥须，日月亦骤；勤思不已，日月乃驰。"

⑥《小雅》摧以云亡：班固《两都赋序》："昔成、康没而颂声寝，王泽竭

而诗不作。”《孟子·离娄上》：“王者之迹熄而诗亡。”《毛诗序》：“《小雅》尽废，则四夷交侵，中国微矣。”

⑦赵武：即战国时赵武灵王，他胡服骑射，时人认为他摈弃华夏正统。事见《战国策·赵策二》。

⑧汉灵：即东汉灵帝。《续汉书·五行志》：“灵帝好胡服、胡帐、胡床、胡坐、胡饭、胡箜篌、胡笛、胡舞，京都贵戚皆竞为之，此服妖也。其后董卓多拥胡兵，填塞街衢，虏掠宫掖，发掘园陵。”

⑨旄头：《史记·天官书》：“昴曰旄头，胡星也。”此处代指华夏族以外的夷狄。玩其金鼎：春秋时楚国被中原诸侯国视为蛮，楚庄王曾有“问鼎”事。

⑩典午：“司马”的隐语。胡三省曰：“典，司也；午，马也。”晋帝姓司马氏，后因以“典午”指晋朝。珠囊：《太平御览》卷六引郑玄纬注曰：“日月遗其珠囊。珠囊谓五星也。遗其珠囊者，盈缩失度也。”此句言晋室失社稷，为胡人所灭。

⑪瀍（chán）、涧：《汉书·地理志》：“瀍水出河南谷城暨亭北。涧水出弘农新安县。”

⑫神华：谓中华。龙荒：汉人称匈奴之龙城为龙荒。此指荒蛮之地。

⑬吾王：指琅邪王司马睿，字景文，司马懿曾孙。西晋末年，被封为安东将军、都督扬州诸军事。后来在王导的建议之下前往建康，并且极力结交江东大族。晋愍帝被俘后，司马睿在晋朝贵族与江东大族的支持下称晋王，318年即帝位，为晋元帝。颜之推自注：“晋中宗以琅邪王南渡，之推琅邪人，故称吾王。”

⑭越：指建康。卢文弨曰：“金陵本吴地，后越灭吴，其地遂为越有，故称越也。”或以为迁越是流离播越之意。

⑮羽仪：《周易·渐卦上九》：“鸿渐于陆，其羽可用为仪。”孔颖达疏：“处高而能不以位自累，则其羽可用为物之仪表，可贵可法也。”后因以“羽仪”比喻居高位而有才德，被人尊重或堪为楷模。

⑯杞梓：以杞梓良材，取譬人物异才。

⑰替：废弃。

⑱微躬：谦辞。卑贱的身子。

⑲傅翼之飞兽：此指侯景。颜之推自注：“梁武帝纳亡人侯景，授其命，遂为反叛之基。”

⑳子：此指养为子。贪心之野狼：指萧正德。侯景之乱时，萧正德与侯景相勾结。颜之推自注：“武帝初养临川王子正德为嗣，生昭明后，正德还本，持封临贺王，犹怀怨恨，径叛入北而还，积财养士，每有异志也。”

㉑绝域：极远之地。此句言侯景自北而来，作乱南方。

㉒萧墙：指内部。《论语·季氏篇》：“吾恐季孙之忧，不在颛臾，而在萧墙之内也。”集注引郑玄云：“萧之言肃也；墙谓屏也；君臣相见之礼，致屏而加肃

敌焉，是以谓之萧墙。”颜之推自注：“正德求征侯景，至新林叛，投景，景立为主，以攻台城。”

㉓一苇而可航：比喻水面相隔很近，轻易可渡。一苇：一束芦苇。此两句言贼军进军迅速，瞬间杀至。

㉔金阙：天子所居宫阙。长铩：古兵器名。有长刃的矛。

㉕蹶张：以脚踏强弩，使之张开。此两句言贼军来势汹汹，杀气腾腾。

㉖扼吭（háng）：喻控制要害部位。此两句言当时各路勤王部队虽有十一万之众，但都不能解京城建康燃眉之急。当时诸王多观望，无急救意。

㉗屈体于犬羊：指屈身于叛军，向侯景投降。颜之推自注：“台城陷，援军并问讯二宫，致敬于侯景也。”

㉘厌世：指去世。台城陷落后，梁武帝萧衍被侯景囚禁。549年五月，死于台城。萧衍在位47年，故下文取概数，称其“飨国而五十”。

㉙嗣君：指简文帝萧纲。巨猾：指侯景。梁武帝死，简文帝虽即位，但实为俘虏，受制于侯景。

㉚负芒：背负芒刺。此句言简文帝虽有意振作，然贼仍在，终不得伸。大宝二年（551），简文帝为侯景所害。

㉛左衽：古代部分少数民族的服装，前襟向左掩，不同于中原一带人民的右衽。浃：整个，全部。此句言胡蛮遍布四方。

㉜微管：《论语·宪问篇》：“微管仲，吾其披发左衽矣。”此言管仲助齐桓公“攘夷”功劳巨大，六朝人便以“微管”来比喻对国家、民族能救之图存，有卓越功勋的大臣。“吟微管”则是期盼出现这样的人物，以挽救时局，扭转乾坤。

㉝赫其斯怒：即盛怒。

㉞沮、漳：沮水与漳水。《左传·哀公六年》：“江、汉、沮、漳，楚之望也。”颜之推自注：“孝元时为荆州刺史。”

㉟犀函：即犀甲。函：铠甲。鹤膝：矛的一种。

㊱飞云、艅艎：皆为战船名。《初学记》引《晋令》曰：“水战有飞云船、苍隼船、先登船、飞鸟船。”《左传·昭公十七年》：“大败吴师，获其乘舟余皇。”杜预注：“余皇，舟名。”

㊲发恽（yùn）：指运送粮食，以作军队供给。颜之推自注：“湘州刺史河东王誉、雍州刺史岳阳王察，并隶荆州都督府。”此两句言萧绎在辖区内征兵运粮，准备应战。

原文

昔承华之宾帝[①]，实兄亡而弟及[②]。逮皇孙之失宠[③]，叹扶车[④]之不立。间[⑤]王道之多难，各私求于京邑。襄阳阻其铜符[⑥]，长沙闭其玉粒[⑦]。遽自战于其地，岂大勋之暇集。子既殒而侄攻，昆亦围而叔袭。褚乘城而宵下，杜倒戈而夜入[⑧]。行路弯弓而含笑，骨肉相诛而涕泣。周旦其犹病诸[⑨]，孝武悔而焉及[⑩]。

注释

①承华：此指梁武帝长子、昭明太子萧统。李善注引《洛阳记》曰："太子宫在大宫东，中有承华门。"宾帝：谓"以先帝为宾"，婉指帝王死亡。萧统于531年英年早逝。

②兄亡而弟及：颜之推自注："昭明太子薨，乃立晋安王为太子。"晋安王即萧纲，萧统同母弟。

③皇孙之失宠：颜之推自注："嫡皇孙欢出封豫章王而薨。"萧欢：萧统长子，梁武帝嫡孙。

④扶车：卢文弨曰："'扶车'疑是'绿车'，《独断》：'绿车名曰皇孙车，天子有孙乘之。'"钱大昕曰："'扶车'疑是'扶苏'之讹，盖以秦太子扶苏比昭明太子也。"

⑤间：候，趁着。

⑥铜符：即铜虎符。古代传达命令或调兵遣将所用的凭证。阻其铜符：言按兵不动。

⑦玉粒：指粮。《梁书·河东王誉传》："台城没，誉还湘镇，世祖遣周弘直督其粮，前后使三反，誉并不从。"颜之推自注："河东、岳阳皆昭明子。"

⑧杜倒戈而夜入：颜之推自注："孝元以河东不供船艎，乃遣世子方等为刺史，大军掩至，河东不暇遣拒。世子信用群小，贪其子女玉帛，遂欲攻之，故河东急而逆战，世子为乱兵所害。孝元发怒，又使鲍泉围河东，而岳阳宣言大猎，即拥众袭荆州，求解湘州之围。时襄阳杜岸兄弟怨其见劫，不以实告，又不义此行，率兵八千夜降，岳阳于是遁走，河东府褚显族据投岳阳，所以湘州见陷也。"

⑨周旦：周公旦，曾率郡平定三监，杀掉弟弟管叔鲜，流放蔡叔度。病诸：难以做到。

⑩孝武：当指南朝宋孝武帝刘骏，他在位时，担心兄弟藩王会对自己不利，不惜骨肉相残，大杀兄弟。此两句言梁朝宗室相斗比周公旦、宋孝武帝之手足相残更甚。

原文

方幕府之事殷，谬见择于人群。未成冠而登仕，财解履[①]以从军。非社稷之能卫[②]，□□□□□□□□，仅书记于阶闼[③]，罕羽翼于风云。

注 释

①解履：指出仕。古代人臣见君须解履。颜之推自注："时年十九，释褐湘东国左常侍，以军功，加镇西墨曹参军。"

②非社稷之能卫：颜之推自注："童汪琦。"钱大昕曰："'童汪琦'三字，疑非本注。"

③阶闼：指朝廷。

原 文

及荆王之定霸，始仇耻而图雪。舟师次乎武昌，抚军镇于夏汭[1]。滥充选于多士，在参戎之盛列。惭四白[2]之调护，厕六友之谈说[3]。虽形就而心和，匪余怀之所说[4]。

注 释

①夏汭（ruì）：古地名。即今湖北汉水（下游古称夏水）入长江处。颜之推自注："时遣徐州刺史徐文盛领二万人，屯武昌芦州，拒侯景将任约。又第二子绥宁度方诸为世子，拜中抚军将军郢州刺史，以盛声势。""绥宁度"疑当为"绥宁侯"。

②四白：即商山四皓，汉初四位隐士。汉高祖时，吕后为稳固其子刘盈之太子位，用张良之计，请四皓辅佐太子。高祖见之，遂再无废太子意。

③六友：《初学记》引《晋公卿礼秩》曰："愍、怀立东宫，乃置六傅，省尚书事，始置詹事丞，文书关由六傅，时号太子六友。"颜之推自注："时迁中抚军外兵参军，掌管记，与文圭、刘民英等与世子游处。"此两句是颜之推对所处之位的谦辞。

④说：通"悦"。此两句言与世子游处，掌文书之事，非其所志。

原 文

繄深宫之生贵[1]，矧垂堂与倚衡[2]。欲推心以厉物，树幼齿以先声[3]。忾敷求之不器[4]，乃画地而取名[5]。仗御武于文吏[6]，委军政于儒生[7]。值白波之猝骇[8]，逢赤舌之烧城[9]。王凝[10]坐而对寇，向栩[11]拱以临兵。莫不变猿而化鹄[12]，皆自取首以破脑。将睥睨于渚宫[13]，先凭陵于地道[14]。懿永宁之龙蟠[15]，奇护军之电扫[16]。奔虏快其余毒，缧囚膏乎野草[17]。幸先主之无劝[18]，赖滕公之我保[19]。剟鬼录于岱宗[20]，招归魂于苍昊[21]。荷性命之重赐，衔若人以终老[22]。

注释

①繄（yī）：语气助词。此句言萧方诸生于深宫富贵之中，不知形势之艰难复杂。

②矧（shěn）：亦。垂堂：靠近堂屋檐下。因檐瓦坠落可能伤人，故以喻危险的境地。倚衡：比喻做危险事。骑：通“倚”。衡：楼殿边栏杆。

③树幼齿以先声：颜之推自注：“中抚军时年十五。”卢文弨曰：“树，立也。齿，年也。《汉书·韩信传》：‘广武君曰：“兵固有先声而后实者。”’”

④忾（xì）：叹息。敷求：遍求。

⑤画地而取名：《三国志·魏书·卢毓传》：“诏曰：‘得其人与否在卢生耳。选举莫取有名，名如画地作饼，不可啖也。’”

⑥仗御武于文吏：颜之推自注：“虞预为郢州司马，领城防事。”

⑦委军政于儒生：颜之推自注：“以鲍泉为郢州行事，总摄州府也。”

⑧白波：此指侯景叛军。《后汉书·献帝纪》：“白波贼寇河东。”章怀注：“薛莹书曰：‘黄巾郭泰等起于西河白波谷，时谓之白波贼。’”猝骇：突然来袭。

⑨赤舌之烧城：亦指叛军来犯。《太玄经·干次八》：“赤舌烧城，吐水于瓶。”

⑩王凝：即王凝之，王羲之次子，东晋官员。《晋书·王羲之传》：“次凝之凭陵，亦工草隶，仕历江州刺史、左将军、会稽内史。王氏世事张氏五斗米道，凝之弥笃。孙恩之攻会稽，僚佐请为之备。凝之不从，方入靖室请祷，出语诸将佐曰：‘吾已请大道，许鬼兵相助，贼自破矣。’既不设备，遂为孙所害。”

⑪向栩：字甫兴，东汉末年官员。《后汉书·独行传》：“会张角作乱，栩上便宜，颇讥刺左右，不欲国家兴兵，但遣将于河上北向读《孝经》，贼自当消灭。中常侍张让谗栩不欲令国家命将出师，疑与角同心，欲为内应。收送黄门北寺狱，杀之。”此两句是以王凝之、向栩作比，言郢州之不设防，抵抗不力。颜之推自注曰：“任约为文盛所困，侯景自上救之，舟舰弊漏，军饥卒疲，数战失利，乃令宋子仙、任约步道偷郢州，城预无备，故陷贼。”

⑫鹄：通“鹤”。《抱朴子·释滞篇》：“周穆王南征，久而不归，一军尽化：君子为猿为鹤，小人为沙为虫。”变猿而化鹄：谓战死。

⑬睥睨：斜视，窥伺。渚宫：春秋楚国宫名，此代指荆州治所江陵。

⑭凭陵：横行，猖獗。地道：代指巴陵。此两句言叛军欲占江陵，先袭巴陵。

⑮懿永宁之龙蟠：颜之推自注：“永宁公王僧辩据巴陵城，善于守御，景不能进。”

⑯奇护军之电扫：颜之推自注：“护军将军陆法和破任约于赤亭湖，景退走，大溃。”

⑰缧（léi）囚：被拘囚的人。此两句言侯景叛军在作战失利后，加紧了对占领区的荼毒，杀害大量俘虏。

⑱先主：指三国蜀汉先主刘备。《三国志·魏书·吕布传》："遂生缚布，布曰：'缚太急，小缓之。'太祖曰：'缚虎不得不急也。'布请曰：'明公所患不过于布，今已服矣，天下不足忧。明公将步，令布将骑，则天下不足定也。'太祖有疑色。刘备进曰：'明公不见布之事丁建阳及董太师乎？'太祖颔之。布因指备曰：'是儿最叵信者。'于是缢杀布。布与宫、顺等皆枭首送许，然后葬之。"此句颜之推是自言在被俘虏时没有刘备那样的人落井下石，使贼人急杀之。

⑲赖滕公之我保：颜之推自注："之推执在景军，例当见杀，景行台郎中王则初无旧识，再三救护，获免，囚以还都。"滕公：指夏侯婴，曾救韩信。《史记·淮阴侯列传》："汉王之入蜀，信亡楚归汉，未得知名，为连敖。坐法当斩，其辈十三人皆已斩，次至信，信乃仰视，适见滕公，曰：'上不欲就天下乎？何为斩壮士！'滕公奇其言，壮其貌，释而不斩。"此处以夏侯婴喻王则。

⑳剟（duō）：削。鬼录：迷信者所谓阴间死人的名簿。岱宗：即泰山。《遁甲开山图》："泰山在左，亢父在右。亢父知生，泰山主死。"

㉑招归魂于苍昊：颜之推自注："时解衣讫而获全。"

㉒衔：凭着。若人：此指王则。

原　文

贼弃甲而来复，肆觜距之雕鸢[①]。积假履而弑帝[②]，凭衣雾以上天。用速灾于四月，奚闻道之十年[③]！就狄俘于旧壤，陷戎俗于来旋。慨《黍离》[④]于清庙，怆《麦秀》于空廛[⑤]。鼖鼓卧而不考[⑥]，景钟[⑦]毁而莫悬。野萧条以横骨，邑阒[⑧]寂而无烟。畴百家[⑨]之或在，覆五宗而翦焉[⑩]。独昭君之哀奏，唯翁主之悲弦[⑪]。经长干[⑫]以掩抑，展白下[⑬]以流连。深燕雀之余思，感桑梓之遗虔。得此心于尼甫[⑭]，信兹言乎仲宣[⑮]。

注　释

①觜（zuǐ）距：禽兽的嘴和爪。雕鸢：雕和鸢，贪残之鸟。

②积假履而弑帝：指551年，侯景杀害简文帝萧纲，自立为皇帝，改国号为汉，称南梁汉帝。

③用速灾于四月，奚闻道之十年：颜之推自注："台城陷后，梁武曾独坐，叹曰：'侯景于文为小人百日天子。'及景以大宝二年十二月十九日僭位，至明年三月十九日弃城逃窜，是一百二十日，茾天道，继大数，故文为百日，言与公孙述俱禀十二而旬岁不同。"

④《黍离》:《诗经》篇名。《诗经·王风·黍离序》:“闵宗庙也。周大夫行役，至于宗周，过故宗庙，宫室尽为禾黍，闵周室之颠覆，彷徨不忍去，而作是诗也。”

⑤廛（chán）：古代城市平民的房地。《史记·宋微子世家》:“箕子朝周，过故殷虚，感宫室毁坏，生禾黍；箕子伤之，欲哭则不可，欲泣，为其近妇人，乃作《麦秀》之诗以歌咏之。”

⑥鼖（fén）鼓：大鼓。《周礼·考工记·韗人》:“鼓长八尺，鼓四尺，中围加三之一，谓之鼖鼓。”郑玄注:“大鼓谓之鼖。以鼖鼓鼓军事。”考：敲。

⑦景钟：春秋晋景公所铸之钟。此指大钟。

⑧阒（qù）寂：死寂。《南史·侯景传》:“时江南大饥，江、扬弥甚……千里绝烟，人迹罕见，白骨成聚，如丘陇焉。”

⑨百家：颜之推自注:“中原冠带，随晋渡江者百家，故江东有百谱；至是，在都者覆灭略尽。”

⑩五宗:《史记·五宗世家》:“孝景皇帝子凡十三人为王，而母五人，同母者为宗亲。”此指江南各大族。翦：尽。

⑪翁主:《史记·大宛传》:“乌孙以马千匹聘汉女，汉遣宗室女江都翁主往妻乌孙，乌孙王昆莫以为右夫人。”此两句以王昭君、翁主之嫁胡代指梁宗室女之受辱。颜之推自注:“公主子女，见辱见仇。”

⑫长干：古建康里巷名，在今江苏南京南。颜之推自注:“长干，旧颜家巷。”

⑬白下：卢文弨曰:“白下，一名白下门，今江宁县地。”颜之推自注:“靖侯以下七世坟茔，皆在白下。”

⑭尼甫：对孔子的尊称。

⑮仲宣：王粲，字仲宣。其《登楼赋》曰:“悲旧乡之壅隔兮，涕横坠而弗禁。昔尼父之在陈兮，有归欤之叹音；钟仪幽而楚奏兮，庄舄显而越吟；人情同于怀土兮，岂穷达而异心。”

原文

逖①西土之有众，资方叔②以薄伐。抚鸣剑而雷咤，振雄旗而云窜③。千里追其飞走④，三载穷于巢窟⑤。屠蚩尤于东郡，挂郅支于北阙⑥。吊幽魂之冤枉，扫园陵之芜没。殷道是以再兴，夏祀于焉不忽⑦。但遗恨于炎昆，火延宫而累月⑧。

注释

①逖（tì）：远。

②方叔：西周宣王时卿士，曾率军南征荆楚，北伐猃狁。此处代指王僧辩。颜之推自注："永宁公以司徒为大都督。"

③窣：或以为当作"崒"，危高。

④飞走：飞禽走兽。代指叛军。

⑤巢窟：代指叛军盘踞之地。

⑥郅支：指匈奴郅支单于，杀汉使者，后被西汉陈汤率西域诸国兵击杀。此处郅支单于和蚩尤皆代指侯景。颜之推自注："既斩侯景，烹尸于建业市，百姓食之，至于肉尽龁骨。传首荆州，悬于都街。"

⑦忽：尽。此两句以殷道再兴、夏祀不忽代指侯景之乱平定，梁朝转危为安。

⑧火延宫而累月：颜之推自注："侯景既平，我师采稆失火，烧宫殿荡尽也。"

原　文

指余棹于两东①，侍升坛之五让②。钦汉官之复睹③，赴楚民之有望④。摄绛衣以奏言⑤，忝黄散于官谤⑥。或校石渠之文⑦，时参柏梁之唱⑧。顾甂瓯之不算⑨，濯波涛而无量。属潇、湘之负罪⑩，兼岷、峨之自王⑪。竚既定以鸣鸾，修东都之大壮⑫。惊北风之复起，惨南歌之不畅⑬。守金城之汤池，转绛宫之玉帐⑭。徒有道而师直⑮，翻无名之不抗⑯。民百万而囚虏，书千两而烟炀。溥天之下，斯文尽丧⑰。怜婴孺之何辜，矜老疾之无状⑱。夺诸怀而弃草⑲，踣于途而受掠⑳。冤乘舆㉑之残酷，轸人神之无状㉒。载下车以黜丧㉓，掩桐棺之藁葬㉔。云无心以容与㉕，风怀愤而憀悢㉖。井伯㉗饮牛于秦中，子卿㉘牧羊于海上。留钏之妻㉙，人衔其断绝；击磬之子㉚，家缠其悲怆。

注　释

①两东：楚国郢城两东门。此指荆州。

②五让：卢文弨曰："元帝屡让王僧辩等劝进表，至大宝三年冬，始即位于江陵，故云。"

③汉官之复睹：《后汉书·光武帝纪》："更始将北都洛阳，以光武行司隶校尉，使前整修宫府。于是置僚属，作文移，从事司察，一如旧章。时三辅吏士东迎更始，见诸将过，皆冠帻，而服妇人衣，诸于绣掘，莫不笑之，或有畏而走者。及见司隶僚属，皆欢喜不自胜。老吏或垂涕曰：'不图今日复见汉官威

仪！’由是识者皆属心焉。”

④赴楚民之有望：《汉书·项籍传》：“于是梁乃求楚怀王孙心，在民间为人牧羊，立以为楚怀王，从民望也。”

⑤摄：提起。绛衣：戎服。

⑥忝黄散于官谤：颜之推自注：“时为散骑侍郎，奏舍人事也。”

⑦或校石渠之文：颜之推自注：“王司徒表送秘阁旧事八万卷。乃诏：‘比校部分，为正御、副御、重杂三本。左民尚书周弘正、黄门侍郎彭僧郎、直省学士王圭、戴陵校经部，左仆射王褒、吏部尚书宗怀正、员外郎颜之推、直学士刘仁英校史部，廷尉卿殷不害、御史中丞王孝纯、中书郎邓荩、金部郎中徐报校子部，右卫将军庾信、中书郎王固、晋安王文学宗菩善、直省学士周确校集部也。’”《隋书·牛弘传》载牛弘上表请开献书之路云：“萧绎据有江陵，遣将破平侯景，收文德之书，及公私典籍，重本七万余卷，悉送荆州，故江表图书，因斯尽萃于绎矣。及周师入郢，绎悉焚之于于外城，所收十才一二。”此王僧辩表送建康书之可考见者。石渠：古代藏典籍之府。

⑧时参柏梁之唱：此指与梁元帝及群臣诗文唱和。《古文苑》：“汉武帝元封三年，作柏梁台，诏群臣二千石，有能为七言诗，乃得上座。帝诗云：‘日月星辰和四时。’和者自梁孝王而下至东方朔，凡二十四人。”

⑨甂瓯（biān ōu）：泛指粗陋的陶质小盆、小瓮。不算：不足数。此两句自言器小而膺大遇。

⑩潇、湘之负罪：颜之推自注：“陆纳。”卢文弨曰：“潇、湘二水名，在荆南。《梁书·元帝纪》：‘大宝三年冬，执湘州刺史王琳于殿内，琳副将殷宴下狱死，林州长史陆纳及其将潘乌累等举兵反，袭陷湘州。’”

⑪岷、峨之自王：颜之推自注：“武陵王。”卢文弨曰：“岷、峨，蜀二山名。武陵王纪为益州刺史，蜀地也。《纪传》：‘侯景乱，纪不赴援。高祖崩后，纪乃僭号于蜀，将图荆、陕。时陆纳未平，蜀军复逼，世祖忧焉。既而纳平，樊猛获纪，杀之于硖口。’”

⑫修东都之大壮：颜之推自注：“诏司农卿黄文超营殿。”梁元帝平定诸乱后，曾有意还都建康。大壮：卦名，为阳刚盛长之象。《易·系辞下》：“上古穴居而野处，后世圣人易之以宫室，上栋下宇，以待风雨，盖取诸《大壮》。”

⑬惊北风之复起，惨南歌之不畅：颜之推自注：“秦兵继来。”《梁书·元帝纪》：“秦州刺史严超达自秦郡围泾州，侯瑱、张彪出石梁，为其声援……魏复遣将步六汗萨率众救泾州。癸未，有黑气如龙，见于殿内。……魏遣其柱国万纽于谨率大众来寇。”

⑭转绛宫之玉帐：颜之推自注：“孝元自晓阴阳兵法，初闻贼来，颇为厌胜，被围之后，每叹息，知必败。”卢文弨曰：“考绛宫玉帐，盖遁甲、六壬之书，元帝明于占候，见《金楼子》自序。”

⑮直：理由正当。言西魏军来犯，梁军抵抗侵略，为正义之师。

⑯无名之不抗：颜之推自注："孝元与宇文丞相断金结和，无何见灭，是师出无名。"

⑰斯文尽丧：颜之推自注："北于坟籍，少于江东三分之一。梁氏剥乱，散逸湮亡，唯孝元鸠合，通重十余万，史籍以来未之有也，兵败，悉焚之，海内无复书府。""北于"疑为"北方"之误。

⑱无状：无善形状，言处境凄惨。

⑲夺诸怀而弃草：此句言西魏军虐杀"婴孺"。

⑳踣（bó）于途而受掠：此句言西魏军杀掠"老疾"。踣：跌倒。

㉑乘舆：战车。

㉒轸：倾轧。无状：无礼。或以为当作"无仗"。

㉓下车：送葬之车。黜丧：指丧礼不全。

㉔藁（gǎo）葬：草草埋葬。

㉕容与：安闲自得。

㉖憀悢（liáo liàng）：怅恨貌。

㉗井伯：当是百里奚。《左传·僖公五年》："晋灭虢。师还，馆于虞，遂袭虞，灭之。执虞公及其大夫井伯，以媵秦穆姬。"百里奚亦为虞国大夫，亦为晋国所执，盖颜之推因此而误。《吕氏春秋·慎人》："百里奚之未遇也，亡虢而虏晋，饭牛于秦，传鬻以五羊之皮。公孙枝得而说之，献诸穆公。"

㉘子卿：指苏武，字子卿，西汉大臣。汉武帝时奉命以中郎将持节出使匈奴，被扣留，匈奴贵族多次威胁利诱，欲使其投降；后将他迁到北海（今贝加尔湖）边牧羊，扬言要公羊生子方可释放他回国。苏武历尽艰辛，留居匈奴十九年持节不屈。江陵陷落后，颜之推被俘入长安，此以百里奚、苏武自比，以明志。

㉙留钏之妻：《太平御览》七一八引《晋纪》云："王达妻卫氏，太安中为鲜卑所掠，路由章武台，留书并钗钏访其家。"

㉚击磬之子：《吕氏春秋·精通》："钟子期夜闻击磬者而悲，使人召而问之曰：'子何击磬之悲也？'答曰：'臣之父不幸而杀人，不得生；臣之母得生，而为公家为酒；臣之身得生，而为公家击磬。臣不睹臣之母三年矣。昔为舍氏睹臣之母，量所以赎之则无有，而身固公家之财也。是故悲也。'"

原　文

小臣耻其独死，实有愧于胡颜[①]。牵痾疻[②]而就路，策驽蹇[③]以入关。下无景而属蹈，上有寻而亟搴[④]。嗟飞蓬[⑤]之日永，恨流梗[⑥]之无还。

注释

①胡颜：有何面目。《毛诗》："何颜而不速死也。"此两句是颜之推为自己不能殉国殉主而羞耻。

②疴疻（kē zhǐ）：脚气病。颜之推自注："时患脚气。"

③驽蹇：劣马。颜之推自注："官给疲驴瘦马。"

④属：当为"屡"字之误。搴：通"褰"，撩起。《艺文类聚》引梁元帝《职贡图序》："高山寻云，深谷绝景。"此两句言迁入长安之路途艰难，地势险要。

⑤飞蓬：蓬草，根细身大而枝叶疏散，秋天遇风则拔起，随风狂飞。

⑥流梗：漂浮在水面上的桃梗。比喻飘泊不定的人生。《战国策·齐策三》："有土偶人与桃梗相与语……土偶曰：'……今子东国之桃梗也，刻削子以为人，降雨下，淄水至，流子而去，则子漂漂者将如何耳。'"

原文

若乃五牛之旌①，九龙之路②，土圭测影③，璇玑④审度，或先圣之规模，乍前王之典故⑤，与神鼎⑥而偕没，切仙弓之永慕⑦。

注释

①若乃：至于。五牛之旌：王利器按："五牛旗者，晋武帝平吴师所造，五色各一旗，以木牛承其下，盖取其负重而安稳也。"

②路：即辂。九龙之路：王利器按："言以九龙之形校饰辂车，犹言九龙之钟也。"

③土圭测影：《周礼·地官·大司徒》："以土圭之法测土深，正日景，以求地中。"

④璇玑：古代测天文的仪器，可运转。《尚书·舜典》："在璇玑玉衡，以齐七政。"

⑤典故：指典籍。此两句言西魏军在江陵的劫掠。《周书·于谨传》："虏其男女十余万人，收其府库珍宝。得宋浑天仪、梁日晷铜表、魏相风乌、铜蟠螭趺、大玉径四尺围七尺及诸舆辇法物以献，军无私焉。"

⑥神鼎：指先秦九鼎。《史记·封禅书》："秦灭周，周之九鼎入于秦。或曰：'宋太丘社亡而鼎没于泗水彭城下。'"

⑦仙弓之永慕：《史记·封禅书》："黄帝采首山铜，铸鼎于荆山下，鼎既成，有龙垂胡髯下迎黄帝，黄帝上骑，群臣后宫从上者七十余人，龙乃上去。余小臣不得上，乃悉持龙髯，龙髯拔堕，堕黄帝弓。百姓仰望，黄帝既上天，乃抱其弓及龙髯号；故后世因名其处曰鼎湖，其弓曰乌号。"本句即用此典。

原 文

尔其十六国之风教[1]，七十代[2]之州壤，接耳目而不通，咏图书而可想。何黎氓[3]之匪昔，徒山川之犹曩。每结思于江湖，将取弊于罗网[4]。聆代竹[5]之哀怨，听出塞[6]之嘹朗。对皓月以增愁，临芳樽而无赏。

注 释

①尔其：连词，表承接。辞赋中常用作更端之词，犹言至于，至如。十六国之风教：卢文弨曰："十六国当以诗有十五国风，并鲁数之为十六也。或者，身已入关，举崔鸿所记载之十六国为言，亦未可定。"

②七十代：卢文弨曰："管仲言：'古封禅之君七十二家。'今言七十代，举成数也。"

③黎氓：黎民。

④罗网：法网。此两句言有退隐意，但无奈朝廷不允许。与《终制第二十》相合。

⑤代竹：代地丝竹之乐。《汉书·艺文志》："代、赵之讴，秦、楚之风，皆感于哀乐，缘事而发。"

⑥出塞：《晋书·乐志》曰："出塞、入塞曲，李延年造。"

原 文

日太清之内衅[1]，彼天齐而外侵[2]，始蹙国[3]于淮浒，遂压境于江浔[4]，获仁厚之麟角[5]，可俊秀之南金[6]，爰众旅而纳主，车五百以敻临[7]，返季子[8]之观乐，释钟仪之鼓琴[9]。窃闻风而清耳，倾见日之归心。试拂蓍以贞筮[10]，遇交泰之吉林[11]。譬欲秦而更楚[12]，假南路于东寻。乘龙门[13]之一曲，历砥柱之双岑。冰夷风薄而雷呴[14]，阳侯山载而谷沉[15]。侔挈龟以凭浚[16]，类斩蛟[17]而赴深。昏扬舲于分陕[18]，曙结缆于河阴[19]。追风飚之逸气[20]，从忠信以行吟[21]。

注 释

①日：往日。内衅：指梁朝宗室内斗。

②齐：指北齐。此两句言当年梁朝内斗时，北齐乘机侵占梁朝国土。

③蹙国：国土收缩。

④压境于江浔：颜之推自注："侯景之乱，齐氏深斥梁家土宇，江北淮北，唯余庐江、晋熙、高唐、新蔡、西阳、齐昌数郡，至孝元之败，于是尽矣，以江为界也。"

⑤麟角：麒麟之角，比喻稀罕、可贵的人才。《诗经·周南·麟之趾》："麟之角，振振公族。"

⑥南金：南方的优秀人才。《晋书·薛兼传》："兼清素有器宇，少与同郡纪瞻、广陵闵鸿、吴郡顾荣、会稽贺循齐名，号为'五俊'。初入洛，司空张华见而奇之，曰：'皆南金也。'"此两句指南方士人多有投奔北齐者。

⑦敻（xiòng）临：远至。颜之推自注："齐遣上党王涣率兵数万，纳梁贞阳侯明为主。"《梁书·敬帝纪》："四年二月癸丑，（敬帝）至自寻阳，入居朝堂……三月，齐遣其上党王高涣送贞阳侯萧渊明来主梁嗣，至东关，遣吴兴太守裴之横与战，败绩，之横死……七月辛丑，王僧辩纳贞阳侯萧渊明，自采石济江。甲辰，入于京师，以帝为皇太子。九月甲辰，司空陈霸先举义，袭杀王僧辩，黜萧渊明。丙午，帝即皇帝位。"

⑧季子：即季札，春秋时吴王寿梦第四子。《左传·襄公二十九年》："吴公子来聘，请观于周乐。"

⑨钟仪：春秋时楚国宫廷琴师，楚、郑交战时被郑国俘虏，献给晋国。《左传·成公九年》："晋侯观于军府，见钟仪，问之曰：'南冠而絷者谁也？'有司对曰：'郑人所献楚囚也。'问其族，对曰：'泠人也。'使与之琴，操南音。公重为之礼，使归求成。"此两句言北齐释放了大批曾被扣押的南方士人。颜之推自注："梁武聘使谢挺、徐陵，始得还南；凡厥梁臣，皆以礼遣。"

⑩拂蓍以贞筮：指以蓍草卜筮。

⑪遇交泰之吉林：颜之推自注："之推闻梁人返国，故有奔齐之心，以丙子岁旦，筮东行吉不，遇泰之坎，乃喜，曰：'天地交泰，而更习坎，重险行而不失其信，此吉卦也，但恨小往大来耳，后遂吉也。'"

⑫欲秦而更楚：《吕氏春秋·首时》："墨者有田鸠，欲见秦惠王，留秦三年而弗得见。客有言之于楚王者，往见楚王，楚王说之，与将军之节以如秦，至，因见惠王。告人曰：'之秦之道，乃之楚乎？'"

⑬龙门：古渡口。《尚书·禹贡》："导河积石，至于龙门，南行至于华阴，东至于底柱。"《水经注》卷四："《魏土地记》曰：'梁山北有龙门山，大禹所凿。'"

⑭冰夷：即冯夷，传说黄河水神。雷响：指风吼声如雷响。

⑮阳侯：传说中的波涛之神。山载：或以为当作"山戴"。

⑯侔（móu）：齐等。挈龟以凭浚：《晏子春秋·内篇谏下》："古冶子曰：'吾尝从济于河，鼋衔左骖以入砥柱之流，冶潜行得鼋而杀之，左操骖尾，右挈鼋头，鹤跃而出。'"

⑰斩蛟：卢文弨曰："斩蛟，《博物志》载澹台灭明、次非、菑丘欣三事，《晋书·周处传》：'处投水搏蛟，蛟或沉或浮，行数十里，而处与之俱，经三日三夜，果杀蛟而返。'"

⑱舲：有窗的船。分陕：借指荆州。

⑲河阴：古县名，治所在今洛阳孟津东北。颜之推自注："路七百里，一夜而至。"

⑳追风飚之逸气：《晋书·王廙传》："廙性俊率，尝从南下，旦自寻阳迅飞帆，暮至都，倚舫楼长啸，神气甚逸。王导谓庾亮曰：'世将为伤时识事。'亮曰：'正足舒其逸气耳。'"

㉑从忠信以行吟：《列子·说符》："孔子自卫反鲁，息驾乎河梁而观焉。有悬水三十仞，圜流九十里，鱼鳖弗能游，鼋鼍弗能居；有丈夫厉之而出。孔子问之曰：'巧乎？有道术乎？'丈夫对曰：'始吾之入也，先以忠信，及吾之出也，又从以忠信，错吾躯于波流，而吾不敢用私，所以能入而复出也。'"

原 文

遭厄命而事旋，旧国从于采芑①。先废君而诛相②，讫变朝而易市③。遂留滞于漳滨④，私自怜其何已。谢黄鹄之回集，恧翠凤之高峙⑤。曾微令思⑥之对，空窃彦先之仕⑦，纂书盛化之旁，待诏崇文之里⑧。珥貂蝉而就列⑨，执麾盖以入齿⑩。款一相之故人⑪，贺万乘之知己。秪夜语之见忌⑫，宁怀刷之足恃⑬。谏谮言之矛戟⑭，惕险情之山水⑮。由重裘以寒胜⑯，用去薪而沸止⑰。

注 释

①旧国：指梁朝。从于采芑：言改朝换代。《史记·田敬仲完世家》："于是田常复修厘子之政，以大斗出贷，以小斗收，齐人歌之曰：'妪乎！采芑归乎田成。'"索隐曰："以刺齐国之政，将归陈氏也。"

②先废君而诛相：卢文弨曰："梁敬帝禅位于陈霸先。所诛之相谓王僧辩。"

③变朝而易市：颜之推自注："至邺，便值陈兴而梁灭，故不得还南。"

④漳滨：漳河之滨，指邺下，北齐都城。

⑤恧（nǜ）：自愧。《西京杂记》："始元元年，黄鹄下太液池，上为歌曰：'自顾薄德，愧尔嘉祥。'"此两句是颜之推婉言在北齐出仕。

⑥令思：即华谭，字令思。《晋书·华谭传》："太康中，刺史嵇绍举谭秀才……谭至洛阳，武帝亲策之……时九州秀孝策无逮谭者……博士王济于众中嘲之曰：'五府初开，群公辟命，采英奇于仄陋，拔贤俊于岩穴。君吴、楚之人，亡国之余，有何秀异而应斯举？'谭答曰：'秀异固产于方外，不出于中域

也。是以明珠文贝，生于江、郁之滨；夜光之璞，出乎荆、蓝之下。故以人求之，文王生于东夷，大禹生于西羌。子弗闻乎？昔武王克商，迁殷顽民于洛邑，诸君得非其苗裔乎？’济又曰：‘夫危而不持，颠而不扶，至于君臣失位，国亡无主，凡在冠带，将何所取哉！’答曰：‘吁！存亡有运，兴衰有期，天之所废，人不能支。徐偃修仁义而失国，仲尼逐鲁而逼齐，段干偃息而成名，谅否泰有时，曷人力之所能哉！’济甚礼之。”

⑦彦先：即顾荣，字彦先。《晋书·顾荣传》：“齐王冏召为大司马主簿。冏擅权骄恣，荣惧及祸，终日昏酣，不综府事。长沙王乂为骠骑，复以荣为长史。乂败，转成都王颖丞相从事中郎。惠帝幸临漳，以荣兼侍中，遣行园陵。会张方据洛，不得进，避之陈留。及帝西迁长安，征为散骑常侍，以世乱不应，遂还吴。东海王越聚兵于徐州，以荣为军谘祭酒……属广陵相陈敏反，南渡江，逐扬州刺史刘机、丹阳内史王旷，阻兵据州，分置子弟为列郡，收礼豪杰，有孙氏鼎峙之计。假荣右将军、丹阳内史。荣数践危亡之际，恒以恭逊自勉。”此两句是颜之推自谦无德无能，尸居禄位。

⑧待诏崇文之里：颜之推自注：“齐武平中，署文林馆，待诏者仆射阳休之、祖孝徵以下三十余人，之推专掌，其撰修文殿御览、续文章流别等，皆诣进贤门奏之。”崇文：此以魏文帝所置崇文馆代指北齐文林馆。

⑨珥：古代的珠玉耳饰，此作动词。貂蝉：官员帽上的装饰物。《独断》：“武官太尉以下及侍中、常侍，皆冠惠文冠，侍中、常侍加貂蝉。”

⑩执麾盖以入齿：颜之推自注：“时以通直散骑常侍迁黄门郎也。”

⑪一相之故人：颜之推自注：“故人祖仆射掌机密，吐纳帝令也。”

⑫袛夜语之见忌：姚姬传《惜抱轩笔记》七：“此用杜袭与魏武夜语，王粲忌之，事见袭传。”

⑬宁怀刷之足恃：《韩非子·内储说下》：“靖郭君相齐，与故人久语，则故人富；怀左右刷，则左右重。久语、怀刷小资也，犹以成富，况于吏势乎！”

⑭谮言之矛戟：《荀子·荣辱篇》：“与人善言，暖于布帛；伤人之言，深于矛戟。”

⑮险情之山水：《庄子·列御寇》：“孔子曰：‘凡人心险于山川，难于知天。’”

⑯重裘以寒胜：《三国志·魏书·王昶传》：“谚曰：‘救寒莫如重裘，止谤莫如自修。’”

⑰去薪而沸止：《后汉书·董卓传》：“臣闻扬沸止汤，莫若去薪。”颜之推自注：“时武职疾文人，之推蒙礼遇，每构创痏，故侍中崔季舒等六人以获诛，之推尔日邻祸而免。侪流或有毁之推于祖仆射者，仆射察之无实，所知如旧不忘。”

原文

予武成之燕翼[①]，遵春坊[②]而原始。唯骄奢之是修[③]，亦佞臣之云使[④]。惜染丝[⑤]之良质，惰琢玉之遗祉[⑥]。用夷吾而治臻，昵狄牙而乱起[⑦]。

注释

①武成：北齐武成帝高湛。燕翼：庇荫。

②春坊：卢文弨曰："按：春坊之名，《隋书·百官志》不载，《唐六典》注云：'北齐有门下坊、典书坊，龙朔二年，改门下坊为左春坊，典书坊为右春坊。'据此，则唐已前尚未以春坊为官名，以其东宫所在，故以春名之，是时俗所呼，后来即以为署名。"

③唯骄奢之是修：颜之推自注："武成奢侈，后宫御者数百人，食于水陆，贡献珍异，至乃厌饱，弃于厕中。裈衣悉罗锦绣珍玉，织成五百一段，尔后宫掖遂为旧事。后主之在宫，乃使骆提婆母陆氏为之，又胡人何洪珍等为左右，后皆预政乱国焉。"

④佞臣之云使：《北齐书·后主纪》："任陆令萱、和士开、高阿那肱、穆提婆、韩长鸾等，宰制天下，陈德信、邓长颙、何洪珍参预机权，各引亲党，超居非次，官由财进，狱以贿成，其所以乱政害人，难以备载。"此两句言北齐后主生活奢侈，重用奸臣。

⑤惜染丝：《墨子·所染篇》："墨子见染丝者，叹曰：'染于苍则苍，染于黄则黄，五入则为五色，故染不可不慎也。'"

⑥惰：或以为当作"堕"。遗祉：犹余福。

⑦臻：达到（美好）。昵：亲近。卢文弨曰："夷吾，管敬仲名，狄牙即易牙。谓齐桓公用管仲则霸，用狄牙等则乱起也。"自注："祖孝徵用事，则朝野翕然，政刑有纲纪矣。骆提婆等苦孝徵以法绳己，谮而出之，于是教令昏僻，至于灭亡。"

原文

诚怠荒于度政[①]，惋驱除[②]之神速。肇平阳之烂鱼[③]，次太原之破竹[④]。实未改于弦望，遂□□□□□，及都□而升降，怀坟墓之沦覆，迷识主而状人，竞己栖而择木。六马[⑤]纷其颠沛，千官散于奔逐。无寒瓜[⑥]以疗饥[⑥]，靡秋萤[⑦]而照宿。仇敌起于舟中[⑧]，胡、越生于辇毂[⑨]。壮安德之一战[⑩]，邀文、武之余福。尸狼藉其如莽，血玄黄以成谷。天命纵不可再来，犹贤死庙而恸哭⑪。

注释

①度政：疑当为“庶政”。

②驱除：此指北齐之覆灭。

③肇：发端。平阳：晋州。《公羊传·僖公十九年》：“梁亡，自亡也。其自亡柰何？鱼烂而亡也。”何休注：“鱼烂从内发，故云尔。”

④太原之破竹：颜之推自注：“晋州小失利，便弃军还并，又不守并州，奔走向邺。”

⑤六马：蔡邕《独断》：“法驾，上所乘曰金根车，驾六马。”

⑥寒瓜：《吴越春秋·夫差内传第五》：“越王复伐吴……吴王率其群臣遁去，昼驰夜走……王孙骆曰：‘饱食而去，前有胥山，西阪中可以匿止。’王行有顷，因得生瓜已熟，吴王掇而食之。”颜之推自注：“时在冬季，故无此物。”

⑦秋萤：《后汉书·灵帝纪》：“中常侍张让、段珪杀大将军何进，于是虎贲中郎将袁术烧东西宫，攻诸宦者……让、珪等复劫少帝、陈留王走小平津。尚书卢植追让、珪等，斩数人，其余投河而死。帝与陈留王协夜步逐荧光行数里，得民家露车，共乘之。”

⑧仇敌起于舟中：《说苑·贵德篇》：“吴起对魏武侯曰：‘在德不在险。若君不修德，船中之人尽敌国也。’”

⑨胡、越生于辇毂（gǔ）：《汉书·司马相如传》：“尝从至长杨猎，因上疏谏曰：‘今陛下好陵险阻，射猛兽，卒然遇逸材之兽，舆不及还辕，人不暇施巧，是胡、越起于毂下，而羌、夷接轸也，岂不殆哉？’”

⑩安德之一战：颜之推自注：“后主奔后，安德王延宗收合余烬，于并州夜战，杀数千人，周主欲退，齐将之降周者，告以虚实，故留至明，而安德败也。”

⑪死庙而恸哭：《三国志·蜀书·后主传》注：“《汉晋春秋》曰：‘后主将从谯周之策，北地王谌怒曰：“若理穷力竭，祸败必及，便当父子君臣，背城一战，同死社稷，以见先帝可也。”后主不纳，遂送玺绶。是日，谌哭于昭烈之庙，先杀妻子，而后自杀。’”

原文

乃诏余以典郡，据要路而问津①，斯呼航而济水②，郊乡导于善邻③。不羞寄公④之礼，愿为式微⑤之宾。忽成言而中悔，矫阴疏而阳亲。信谄谋于公主，竞受陷于奸臣⑥。曩九围以制命，今八尺而由人⑦。四七之期必尽⑧，百六之数溘屯⑨。

注释

①据要路而问津：颜之推自注："除之推为平原郡，据河津，以为奔陈之计。"

②斯呼航而济水：《淮南子·道应训》："公孙龙在赵之时，谓弟子曰：'人而无能者，龙不能与游。'有客衣褐带素而见曰：'臣能呼。'公孙龙顾谓弟子曰：'门下故有能呼者乎？'对曰：'无有。'公孙龙曰：'与之弟子籍。'后数日，往说燕王，至于河上，而航在一汜，使善呼者呼之，一呼而航来。"

③郊：或疑"效"字之误。或疑"郗"之误。此两句言颜之推为北齐后主南逃作准备。

④寄公：古指失国后寄居别国的诸侯。后亦泛称失位而流亡者。

⑤式微：原指天将黄昏，后多指事物衰弱。亦是《诗经》篇名。《诗小序》："式微，黎侯寓于卫，其臣劝以归也。"

⑥受陷于奸臣：颜之推自注："丞相高阿那肱等不愿入南，又惧失齐主，则得罪于周朝，故疏闲之推。所以齐主留之推守平原城，而索船度济向青州。阿那肱求自镇济州，乃启报应齐主云：'无贼，勿匆匆。'遂道周军追齐主而及之。"

⑦九围：九州。此两句言北齐后主从前是主宰天下的国君，一旦被俘，生死系于他人之手。

⑧四七之期必尽：颜之推自注："赵郡李穆叔调，妙占天文算术，齐初践祚，计止于二十八年。至是，如期而灭。"何焯曰："穆叔名公绪，'调'字疑。"

⑨百六之数溘（kè）屯：卢文弨曰："《汉书·律志》：'《易》九厄，曰："初入元百六阳九。"'孟康曰：'初入元百六岁有厄者，则前元之余气也。'又《谷永传》：'遭无妄之卦运，直百六之灾阨。'《说文》：'溘，奄忽也。'"

原文

予一生而三化①，备荼苦而蓼辛②。鸟焚林而铩翮③，鱼夺水而暴鳞④。嗟宇宙之辽旷，愧无所而容身。夫有过而自讼⑤，始发蒙⑥于天真，远绝圣而弃智⑦，妄锁义以羁仁⑧。举世溺而欲拯，王道郁以求申。既衔石以填海⑨，终荷戟以入榛⑩。亡寿陵之故步⑪，临大行以逡巡⑫。向使潜于草茅之下，甘为畎亩之人。无读书而学剑，莫抵掌以膏身⑬，委明珠而乐贱，辞白璧以安贫，尧、舜不能荣其素朴，桀、纣无以污其清尘。此穷何由而至，兹辱安所自臻？而今而后，不敢怨天而泣麟[14]也。

注 释

①一生而三化：颜之推自注："在扬都，值侯景杀简文而篡位，于江陵，逢孝元覆灭；至此而三为亡国之人。"王利器按：据此，则此赋作于齐亡入周之时。

②荼：苦菜。蓼：《说文》曰："蓼，辛菜蔷虞也。"

③铩翮（hé）：犹铩羽，指鸟之毛羽伤残。左思《蜀都赋》："鸟铩翮，兽废足。"

④暴鳞：指鱼脱水而暴腮。此两句是比喻极不得志，处境极为困难。

⑤自讼：自责，自我剖析。

⑥发蒙：启发，蒙昧。

⑦绝圣而弃智：指把头脑中的权威概念消灭掉，使自己不迷信任何人的观点，抛弃自作聪明自以为正确的主观性见解。《道德经》："绝圣弃智，民利百倍；绝仁弃义，民复孝慈。"

⑧妄锁义以羁仁：指不自量力地追求仁义之业。锁、羁：束缚。

⑨衔石以填海：《山海经·北山经》："发鸠之山，有鸟名曰精卫，是炎帝之少女，游于东海，溺而不返，常衔西山之木石以湮东海。"此用"精卫填海"之典是言力量微薄，无济于事。

⑩荷戟以入榛：扛着戟入树林，形容无用武之地。

⑪亡寿陵之故步：《庄子·秋水》："寿陵余子学行于邯郸，未得国能，又失其故行矣。"

⑫大行：山名，今太行山。逡巡：有顾虑而徘徊不前或退却。

⑬抵掌以膏身：此指出仕以文策谋生。抵掌：击掌，指人在谈话中的高兴神情。《战国策·秦策一》："苏秦见说赵王于华屋之下，抵掌而谈。"膏身：谋生。

⑭泣麟：哀叹悲泣世衰道穷。《公羊传·哀公十四年》："十有四年。春。西狩获麟……孔子曰：'孰为来哉！孰为来哉！'反袂拭面涕沾袍。颜渊死，子曰：'噫！天丧予。'子路死，子曰：'噫！天祝予。'西狩获麟，孔子曰：'吾道穷矣。'"王利器按：《论语·宪问篇》："子曰：'不怨天，不尤人。'"据《史记·孔子世家》，孔子此言盖发于获麟之后，之推即本之。

原 文

之推在齐有二子，长曰思鲁，次曰愍楚[1]，不忘本也。之推集在，思鲁自为序录。

注释

①愍楚：字面义是“痛于楚地”，盖是颜之推纪念江陵之祸事而为子取此名。“思鲁”则是思念江北鲁地之先祖义。颜之推又有子颜游秦，义为“游于秦地”，盖入北周后所生。北周、隋朝都城皆在长安，属秦地，故称。

译文

颜之推在北齐时有两子，长子颜思鲁，次子颜愍楚，是以子之名示不忘本。颜之推的文集现存于世，颜思鲁亲自为其作序录。